Hans-Dieter Otto

Lexikon der militärischen Irrtümer

Hans-Dieter Otto

Lexikon der militärischen Irrtümer

Von Salamis bis zum Irak-Krieg

Herbig

Besuchen Sie uns im Internet unter
http://www.herbig-verlag.de

Umschlaggestaltung: Wolfgang Heinzel
Umschlagbilder: oben rechts und links: akg-images, Berlin
unten rechts: AP, Frankfurt
unten links: SV-Bilderdienst, München
Herstellung und Satz: VerlagsService Dr. Helmut Neuberger
& Karl Schaumann GmbH, Heimstetten
Gesetzt aus der 11/14,5 Punkt Stempel-Garamond
Druck und Binden: GGP Media GmbH, Pößneck
Printed in Germany
ISBN 3-7766-2369-1

Für Anita,
Thomas und Norah
und
André und Alexander

»Sprich vom Kriege, aber geh nicht hin!«

Spanisches Sprichwort

Inhalt

7

Der Vater aller Dinge

Jahrhunderte und Jahrtausende vor Christi Geburt haben die Menschen nicht nur an einen Gott geglaubt. Sie hatten viele Götter, auch weibliche. Da diese untereinander nicht immer einer Meinung waren, Streit hatten und sich bekriegten, wie zum Beispiel in der griechischen Mythologie, taten die Menschen es den Göttern nach und führten selbst Kriege. Kein Wunder, dass da der griechische Philosoph Heraklit zu der Erkenntnis kam, der Krieg sei der Vater aller Dinge und aller Dinge König. »Die einen erweist er als Götter, die anderen als Menschen. Die einen macht er zu Sklaven, die anderen zu Freien.« Vielleicht ist wirklich alles Bedeutende im Strom des Lebens durch Sieg und Niederlage entstanden, wie der deutsche Geschichtsphilosoph Oswald Spengler in seinem Buch »Der Untergang des Abendlandes« meint. Fest steht, dass Kriege zu Urzeiten wegen des Kampfes um Nahrung geführt wurden. Später sind es vorwiegend ideologische Gründe, wie zum Beispiel die Behauptung, der Gegner wolle den Lebensraum verkürzen oder den Platz an der Sonne nicht gönnen.

Die menschliche Geschichte ist voll von Streit, Mord und Totschlag. Das ist seit dem Tag, da Kain seinen Bruder Abel erschlug, nicht anders geworden, eher schlimmer. Können die Menschen überhaupt in Frieden leben, ganz ohne Krieg auskommen? Napoleon Bonaparte soll, wenn wir einer Äußerung seines Zeitgenossen J. Bertraut Glauben schenken wollen, im Krieg sogar den natürlichen Zustand gesehen haben, »die Befreiung von dem bleiernen Mantel der Zivilisation«. Ein schrecklicher Gedanke. Da halten wir es lieber mit Aristoteles, der gesagt hat, der Krieg ist nur um des Friedens willen da.

Was ist überhaupt Geschichte und Kriegsgeschichte im engeren Sinne? Auf diese Frage gibt es viele Antworten. Der große deutsche

11

Dichter Johann Gottfried Herder zum Beispiel, ein Zeitgenosse Goethes, nannte die Geschichte eine Erziehung zum Menschengeschlecht. Und der Philosoph Hegel sah in ihr eine Selbstentfaltung des Weltgeistes. Gibt es einen Geist des Geschehens und der Geschichte, der in Lebensfluten und Tatensturm auf und ab wallt und hin und her webt? Mit diesen Worten hat ihn Goethe am Anfang seines »Fausts« geschildert. Faust erkennt staunend und ergriffen, »wie sich alles zum Ganzen webt, eins in dem andern wirkt und lebt!« Ist die Geschichte »geprägte Form, die lebend sich entwickelt?« Besitzt sie innere Logik? Oswald Spengler glaubte, allem Historischen läge eine biographische Urform zugrunde. Er sah in ihr das Bild einer ewigen Gestaltung und Umgestaltung, eines wunderbaren Werdens und Vergehens, einem Bandwurm ähnlich, der unermüdlich Epochen ansetzt.

So wie der Krieg ein Teil der menschlichen Geschichte ist, so ist es auch der Irrtum. »Es irrt der Mensch, solang er strebt!«, lässt Goethe in seinem »Faust« den Herrgott sagen. Deshalb kommen Irrtümer auch im Kriege vor, sogar verhältnismäßig häufig. Wohl, weil der Krieg die Domäne des Ungewissen ist, wie Clausewitz 1832 in seinem berühmten und grundlegenden Buch »Vom Kriege« schreibt, das alle strategischen Denker beeinflusst hat, von Moltke bis Schlieffen und Ludendorff. Auch Hitler war davon fasziniert. Und wenn »Dreiviertel derjenigen Dinge, worauf das Handeln im Kriege gebaut wird, im Ungewissen liegen«, ist der Raum für Irrtümer besonders groß. Sie geschehen immer wieder, zu allen Zeiten und auf jeder Seite. Hin und wieder sind sie kurios und sonderbar, bisweilen aber auch naheliegend und nachvollziehbar.

Von solchen Irrtümern der Kriegsgeschichte, die eine Schlacht oder einen Krieg beeinflusst oder sogar gewendet haben, handelt dieses Buch. 46 Fallstudien erzählen, dem Quellenmaterial getreu, von kleinen und großen Irrtümern, bekannten und weniger bekannten. Dabei öffnet sich zugleich ein bunter Ausblick auf die Historie verschiedenster Epochen und vor allem auf einzelne Menschen, die sie herausragend bestimmten. Um bei der Vielzahl der Fälle aus aller

Welt und allen Zeiten einen gewissen Überblick zu behalten, sind die Irrtümer in sechs Zeitabschnitte von der Antike bis in die Neuzeit unterteilt worden. Innerhalb dieser Komplexe reihen sich die einzelnen Features chronologisch aneinander. Das »Lexikon der Kriegsirrtümer« erhebt keinen Anspruch auf Vollständigkeit. Die Sammlung beschränkt sich auf die herausragendsten und interessantesten Fälle.

Wie aktuell militärische Irrtümer sind, beweist der erste größere Krieg des 21. Jahrhunderts. Der von März bis Mai 2003 während Irak-Krieg, dem ebenfalls am Schluss des Buches ein Kapitel gewidmet ist, wird von einer ganzen Kette von Irrtümern begleitet. Er beginnt bereits mit einem fundamentalen Irrtum. Denn die Massenvernichtungswaffen, neben den behaupteten Verbindungen Saddam Husseins zu den Terroristen der Al-Kaida der eigentliche Kriegsgrund, werden nicht gefunden. Der Propagandarummel um die C-Waffen als Rechtfertigung für die präventive Invasion fällt nach dem Krieg wie ein Kartenhaus zusammen und der amerikanische Präsident George W. Bush gerät in arge Beweisnot. Die amerikanische Opposition spricht von einer konfusen und chaotischen Kriegspolitik und von eklatanten Verstößen gegen das internationale Recht. Und die »Blitzkrieg«-Strategie erweist sich auch als Fehlschluss. Denn die Iraker kämpfen aus dem Untergrund weiter gegen die nicht willkommene Besatzungsmacht. Ein blutiger Guerillakrieg zeichnet sich ab, der fast täglich amerikanische Soldaten das Leben kostet. Schon erwacht in den USA ein Trauma der Vergangenheit zu neuem Leben: Vietnam.

Ein Schwerpunkt des Buches liegt auf dem Geschehen des Zweiten Weltkriegs. Es ist kein Zufall, dass sich hier die meisten Irrtümer finden lassen, bedeutsame und weniger bedeutsame, sowohl auf Seiten der Alliierten als vor allem auch auf Seiten der Achsenmächte (Deutschland und Italien). Die Komplexität und ungeheure Dramatik des Geschehens sowie die Vielfalt der beteiligten Waffengattungen haben zu teilweise haarsträubenden Fehlentscheidungen beigetragen. Sie alle aufzunehmen, würde den Rahmen dieses Buches

13

sprengen. Es beschränkt sich daher auf herausragende Beispiele, die den Verlauf des Krieges wesentlich beeinflusst haben. Eine Vielzahl weiterer Irrtümer wird in einem besonderen »Lexikon der militärischen Irrtümer des Zweiten Weltkriegs« Berücksichtigung finden.

Nach dem Bekenntnis des Altmeisters der modernen Geschichtswissenschaft, Leopold von Ranke, soll Geschichtsschreibung zeigen, »wie es eigentlich gewesen« ist. Das scheint schwer genug. Immer wieder stellen wir fest, dass geschichtliche Ereignisse ganz anders erzählt werden, als sie in Wahrheit geschehen sind. Die aufgeschriebene Weltgeschichte und auch die Geschichte ihrer Kriege ist voll von Legenden und Anekdoten, von Fälschungen und Lügen. Diese Irrtümer leben in der Vorstellung der Allgemeinheit weiter. So ist zum Beispiel die Bastille gar nicht erstürmt worden und Martin Luther hat seine Thesen überhaupt nicht öffentlich angeschlagen. Der Kindermord von Bethlehem ist ebenfalls eine literarische Erfindung. Auch in der Kriegsgeschichte gibt es derartige Fälle. Sie dürfen in einem »Lexikon der militärischen Irrtümer« nicht fehlen. Am Schluss des Buches sind einige Beispiele in einem besonderen Kapitel zusammengestellt, in denen Quellen und Aufzeichnungen irrtümlich falsch berichten oder sich Vorstellungen im Bewusstsein des Volkes festgesetzt haben, die nicht den Tatsachen entsprechen. Manchmal handelt es sich dabei nur um Episoden und Details. Manchmal aber auch um allgemein bekannte, bedeutsame Geschehnisse, von denen jeder zu wissen glaubt, wie sie abliefen, die aber in Wahrheit ganz anders waren.

Der Krieg ist nach Clausewitz nicht nur »eine bloße Fortsetzung der Politik mit anderen Mitteln«, sondern insbesondere »ein Akt der Gewalt, um den Gegner zur Erfüllung unseres Willens zu zwingen«. Sein Ziel ist es, »den Gegner niederzuwerfen und dadurch zu jedem ferneren Widerstand unfähig zu machen«. Ein hartes und grausames Geschäft. Nicht Gutmütigkeit, Mäßigung oder Rücksichtnahme sind die obersten Maximen, sondern rohe Wehrlosmachung und totale Vernichtung. Es ist ein Irrtum, sagt Clausewitz, anzunehmen, die wahre Tendenz der Kriegskunst sei, den Gegner zu entwaffnen oder niederzuwerfen, ohne zu viel Wunden zu verursachen. »Denn in so gefährlichen Dingen, wie der Krieg eins ist, sind die Irrtümer, welche aus Gutmütigkeit entstehen, gerade die schlimmsten.«

Warum beschäftigen wir uns immer wieder mit dem Krieg und seiner Geschichte, der Geschichte überhaupt? Friedrich Schiller, auch Professor für Geschichte, gibt in seiner Antrittsvorlesung, die er 1789 in Jena gehalten hat, eine eindeutige Antwort darauf: Weil wir aus ihr lernen können. Sie belehrt uns und unterhält uns auf angenehme und faszinierende Weise. Das gilt auch für die Kriegsgeschichte. »Die Geschichte eröffnet dem tätigen Weltmann herrliche Muster zur Nachahmung, dem Philosophen wichtige Aufschlüsse und jedem ohne Unterschied reiche Quellen des edelsten Vergnügens.« Das ist auch heute noch so. Aller Fortschritt, alle moderne und kaum noch erfassbare Supertechnik und Wissenschaft haben daran nichts geändert. Auch im Zeitalter der Raumfahrt, der simulierten Computerwelten und inmitten einer abgestumpften Spaßgesellschaft bewegen uns die bunten Bilder vergangener Zeiten noch. Uns interessiert, wie die Menschen sich kriegerisch auseinander gesetzt haben und welchen Irrtümern sie dabei unterlegen sind.

Denn trotz aller Veränderungen ist der Mensch im Grunde immer noch derselbe. Er denkt, fühlt, liebt und hasst und führt Kriege wie die Vorfahren. Sein Handeln ist den gleichen Mechanismen ausgesetzt, von den gleichen Zwängen bestimmt wie ehedem. Über der Historie unserer Tage schwebt die Geschichte der Vergangenheit. Oder um es mit Schillers Worten zu sagen: »Es zieht sich eine lange Kette von Begebenheiten von der Gegenwart bis zu den Anfängen des Menschengeschlechts, sie greifen wie Ursache und Wirkung ineinander.«

Das wird gerade an der gegenwärtigen Auseinandersetzung mit dem Islam deutlich. Ihre Ursachen reichen weit in die Vergangenheit zurück. Der globale Krieg des 21. Jahrhunderts ist der Kampf gegen den internationalen Terrorismus. Wir erleben ihn zum Teil hautnah und von Komfort umgeben am farbigen Fernsehschirm mit. Der verbrecherische Anschlag vom 11. September 2001 auf das World Trade

Center in New York hat die Welt verändert. Auch hier geht ein Fehlschluss voraus, nämlich die irrtümliche Annahme, dass so etwas niemals geschehen kann und niemals geschehen wird.

Was für die Kette der geschichtlichen Begebenheiten gilt, gilt auch für die damit verknüpften Irrtümer. Oft zieht der eine Irrtum den anderen nach sich. Sie sind auch kaum verändert. Im Grunde passieren sie immer wieder neu im alten Gewand, gleichen sich in ihren Grundstrukturen und Ursachen ebenso wie in ihren Auswirkungen. Der Streifzug durch 2500 Jahre dokumentierter Kriegsgeschichte wird das verdeutlichen. Die häufigsten Ursachen der Irrtümer im Kriege sind in einem Schlusskapitel zusammengefasst. Wenn bei der Spurensuche Verblüffendes und Kurioses zutage tritt, mag dies nicht verwundern. Es liegt in der Natur des Themas. Die häufige Wiederholung derselben Irrtümer, freilich in einer jeweils anderen Situation – »semper idem, sed aliter«, wie Cicero von der Geschichte gesagt hat, »immer dieselbe, aber anders« –, legt allerdings die Annahme nahe, dass die Menschen aus ihnen nichts gelernt haben. Und ob wir aus der Geschichte selbst wirklich gelernt haben, kann ebenfalls bezweifelt werden.

Die fortlaufende Konfrontation mit Tod und Verderben und die endlose Kette damit verbundener tragischer und verhängnisvoller, teilweise ganz und gar unbegreiflicher Irrtümer wird kaum den Eindruck zulassen, dass der Krieg hier verherrlicht wird. Im Gegenteil. Die Fallstudien zeigen, gerade durch die Deutlichmachung furchtbarer Fehlschlüsse und Falschbeurteilungen, das Grauenhafte des Gemetzels und die Sinnlosigkeit und Verabscheuungswürdigkeit des Blutvergießens in aller Deutlichkeit. Sie sind, zusammengenommen, ein Buch gegen den Krieg.

Trotz dieses Anliegens und fernab aller methodischen und oft vordergründigen Diskussionen aktueller Geschichtswissenschaft möchte dieses Kaleidoskop militärgeschichtlicher Irrungen und Wirrungen jedoch vor allem unterhalten. Die Schilderung weicht an vielen Stellen auch nicht der Lieblingsfrage der Historiker aus: Wie wäre die Geschichte weiter verlaufen, wenn die Irrtümer ausgeblieben wären? Die Spekulation über mögliche Antworten macht einen weiteren Reiz dieses Buches aus. Es schildert die kriegerischen Ereignisse in Form von interessanten und spannenden Geschichten und folgt damit einer weiteren Erkenntnis Schillers am Schluss seiner Vorrede zur ersten Ausgabe der »Geschichte des Abfalls der Niederlande«. Der Erkenntnis nämlich, »dass die Geschichte von einer verwandten Kunst etwas borgen kann, ohne deswegen notwendig zum Roman zu werden«.

Irrtümer in der Zeit von 500 v. Chr.–1000 n. Chr.

»Mit Toten füllten Küsten, füllten Klippen sich ...«
(Salamis, 28. September 480 v. Chr.)

Ein Dichter hat diese Worte gesagt, fast ein halbes Jahrtausend vor
Christi Geburt. Er heißt Aischylos und wird zum größten griechischen Dichter nach Homer. Auf einem attischen Schiff ist er Augenzeuge eines dramatischen Geschehens. Er schreibt es auf und nennt
die Tragödie »Die Perser«. Noch heute wird das Stück auf allen Büh-
nen der Welt gespielt. Das Ereignis ist von wahrhaft weltgeschicht-
licher Bedeutung und Tragweite. Kaum jemals zuvor und danach ist
in so kurzer Zeit so viel entschieden worden. Und nie wieder ist in
der Geschichte, wie der Philosoph Hegel meint, die Überlegenheit
der geistigen Kraft über die Masse in solchem Glanz erschienen.
Glanz? Dieser Glanz, ohne den es unsere heutige westliche Zivilisation vielleicht gar nicht geben würde, konnte sich aber nur entfalten,
weil es den Griechen gelang, ihre Feinde zu täuschen und zu einem
schlachtentscheidenden Irrtum zu bewegen.

Folgt man westlich von Athen der Straße nach Piräus und dann
zehn Kilometer weiter bis an die winklige und zerklüftete Küste, so
erreicht man bei dem kleinen Ort Perama die engste Stelle zwischen
dem Festland und der vorgelagerten Insel Salamis. Hier erhebt sich
der Ägaleus, ein kleiner Hügel, von dessen Spitze sich dem Touristen
ein prächtiger Rundblick auf die Bucht und das tiefblaue Meer bietet. Am 28. September 480 v. Chr. genießt ihn ein Mann, der sich aus
dem fernen Persien hierher begeben hat, um einem grandiosen
Schauspiel beizuwohnen. Und da er kein bloßer Tourist, sondern ein
König ist, ein Großkönig sogar, der »König der Könige und der Länder aller Stämme und der großen Erde auch in der Ferne«, sitzt er auf

einem reich geschmückten Thron. Der Mann heißt Xerxes, Sohn des Dareios I.

Er ist mit einem großen Heer und einer ungeheuren Flotte hierher gekommen, um die Geschichte zu korrigieren und die Niederlage zu rächen, die sein Vater vor zehn Jahren bei Marathon gegen die Athener erlitten hat. Nun muss ihm etwas gelingen, mit dem er ebenbürtig neben seine großen Vorgänger, die Reichsgründer Kyros und Darius, treten und die Weltherrschaft erringen kann. Dazu bedarf es nur noch eines letzten kleinen Stoßes. Die Niederlage Athens scheint besiegelt. Xerxes sitzt auf seinem Thron an der Küste und will den Sieg von einem Platz in der ersten Reihe erleben. Er bewundert den Sonnenaufgang und die schier endlose Kette seiner riesigen Schiffe, die sich von Südosten, aus dem Saronischen Golf an der Hafeneinfahrt von Piräus vorbei, in drei dichten Reihen in die schmale Wasserstraße vor Salamis hineinzwängen.

Was ist in Griechenland in den letzten zehn Jahren nach dem ruhmreichen Sieg des Miltiades bei Marathon geschehen? Erstaunlicherweise zunächst gar nichts. Die Politik geht weiter, als hätte es Marathon nie gegeben. Der Gedanke, dass der Waffengang mit Persien vielleicht noch nicht zu Ende ist, nimmt in den Köpfen der Griechen noch keine Gestalt an. Das ändert sich erst, als Miltiades nach einem missglückten Freibeuterunternehmen gegen die Insel Paros gestürzt wird und in Athen ein 45-jähriger Mann namens Themistokles an die Macht kommt. Wie außergewöhnlich, souverän und geschickt Themistokles ist, welche charismatische Persönlichkeit von seltsam dramatischer Größe, ein Glücksfall für Athen, zeigt sich in aller Deutlichkeit, als im Frühjahr 481 v. Chr. erschreckende Alarmnachrichten aus Persien herüberdringen. Der persische Großkönig Xerxes, heißt es, habe das Reichsheer aufgerufen und schicke sich an, mit einem riesigen Heer auf zwei Schiffsbrücken über die Dardanellen in das griechische Festland hineinzumarschieren, begleitet entlang der Küste von einer gewaltigen Flotte von über tausend Kriegsschiffen. Das sieht nach einem wohl überlegten Vernichtungsfeldzug aus!

21

Als ein abgesandter persischer Bote des Großkönigs »Verlangen nach Erde und Wasser« überbringt, lässt ihm Themistokles den Kopf abschlagen. Nicht wegen der Forderung nach Unterwerfung, sondern weil er so anmaßend ist, den Text in Griechisch und nicht in seiner eigenen »barbarischen« Sprache zu verlesen. Viele Städte und Provinzen unterwerfen sich, Ätolien, Epirus, Nord-Euböa, Lokris, die östlichen Kykladen-Inseln, Thessalien und Theben ebenso wie auf dem Peloponnes Achaia und Argos. Doch Athen lehnt ab, gleichfalls Sparta und Elis sowie Phokis, Thespiai, Platää, Megara und die Insel Ägina.

Xerxes ist wütend und befiehlt den Krieg. Er soll zu einem triumphalen Siegeszug werden. Obwohl der Großkönig keinerlei militärische Fähigkeiten besitzt, will er selbst daran teilnehmen. Die Vorbereitungen werden mit größter Sorgfalt und Umsicht getroffen und scheinen allein schon den Erfolg zu garantieren. Die persische Übermacht ist derart erdrückend, dass der Feldzug schon entschieden scheint, bevor er überhaupt begonnen hat. Alles läuft ab wie ein gut einstudiertes Bühnenstück. Das Landheer, fast 200 000 Krieger stark – die Zahlen schwanken schon in den antiken Quellen –, setzt ohne Zeitverlust über die Pontonbrücken im Bosporus und steht in ständigem Kontakt zur begleitenden Flotte. Für sie ist durch die östliche Halbinsel von Chalkidike extra ein Kanal gebohrt worden, um die schwierige Umschiffung des Athos-Vorgebirges zu vermeiden.

Was sollen die Griechen nun tun? Zunächst einmal treffen sich die Führer aller perserfeindlichen Städte im Herbst 481 v. Chr. zur Beratung der gemeinsamen Maßnahmen in Korinth. Ein allgemeiner Landfrieden wird verkündet, alle Streitigkeiten untereinander werden sofort begraben, damit man sich voll auf die Kriegsvorbereitungen konzentrieren kann. Das ist allerhand für Griechenland! Nie zuvor hat es so etwas gegeben. Wie soll man nun der persischen Bedrohung begegnen?

Sparta spricht sich dafür aus, die gesamte militärische Macht in den Norden zu werfen, um die Pässe zum Festland zu verriegeln. Doch

Themistokles hat einen anderen Plan. Ihm ist völlig klar, dass das kleine griechische Häuflein in einem Landkrieg nicht die geringste Chance gegen die persische Übermacht hat. Deshalb vertritt er eine neue, radikale und revolutionäre Idee. »Unsere Zukunft liegt auf dem Meer«, versucht er seinen Landsleuten unermüdlich klar zu machen. »Wir müssen Schiffe bauen, und zwar schleunigst! Wir brauchen mindestens 200 Schlachtschiffe sowie Docks und einen großen Kriegshafen in Piräus!« Die Silbermine in Laurion soll vollkommen ausgeschürft und das gesamte Staatsvermögen geopfert werden. Jeder wohlhabende Bürger soll zudem die Patenschaft für ein Kriegsschiff übernehmen und dessen Ausrüstung privat bezahlen. Jedermann hat sich, soweit er nicht sowieso schon im Heer dient, als Matrose oder Ruderer zur Verfügung zu stellen. Der »vierte Stand« der Lohnarbeiter kann nun endlich Vollbürger werden, ein lang gehegter Traum!

Die Athener schütteln entsetzt und ungläubig die Köpfe. Was Themistokles da vorschlägt, scheint absurd. »Ein Narr!«, lachen die Spartaner. »Ein echter Grieche kämpft nicht mit Rudern und Segeln, sondern mit dem Speer und dem Schwert!« Da Themistokles sie nicht überzeugen kann, schlägt er vor, das zu tun, was die Griechen in wichtigen Existenzfragen schon immer getan haben: Sie befragen ihr heiliges Orakel in Delphi. Die Antwort ist düster und niederschmetternd wie nie zuvor. Athen und Hellas stehe furchtbares Unheil bevor, die Einwohner sollen schnellstens ihr Land verlassen!

Für die stolzen Athener kommt das nicht in Frage. Sie geben sich mit diesem Spruch nicht zufrieden und bitten die Pythia in Delphi, bei Apollo ein günstigeres Orakel zu bestellen. Das ist ganz schön dreist. Und der zweite Spruch ist dann auch eine echte Nuss: »Athene kann den olympischen Zeus nicht versöhnen, wenn sie auch noch so viel Worte macht und ihn bittet. Doch dies sage ich Euch: Wenn gefallen ist, was die Grenze umschließt, so wird weitsehend Gott Zeus seiner Tochter Athene die hölzerne Mauer geben. Allein die hölzerne Mauer bleibt unzerstört! O göttliches Salamis, du wirst die Kinder der Weiber verlieren oder verderben.«

23

Die Athener rätseln herum. Die hölzerne Mauer sind die Palisaden der Akropolis, meinen die einen. Die anderen sehen darin eine Umschreibung für Schiffe, wie sie Themistokles gefordert hat. Ja, das muss es sein, das Orakel sieht in den Schiffen die einzige Chance! Also beginnen die Griechen in Windeseile mit dem Bau ihrer Flotte. Und als das Landheer von Xerxes im Juli des Jahres 480 den Norden Griechenlands erreicht hat, kann Athen 147 Schiffe vorweisen. Dazu kommen 40 von Korinth, 20 von Megara, 18 aus Ägina, zwölf aus Sykion, zehn aus Sparta und einige weitere aus kleineren Städten. Insgesamt 270 große, schwere Schiffe.

Da man höchstes Kontingent und oberste Befehlsgewalt voneinander trennen will, wird Eurybiades aus Sparta Oberbefehlshaber. Er hat keine Ahnung von der Marine und der Seekriegstaktik. Aber zum Glück wird Themistokles zum Ersten strategischen Berater gewählt. Eurybiades ist nach wie vor davon überzeugt, die Entscheidung könne nur auf dem Lande fallen, am besten bei den Thermopylen, einem von heißen Schwefelquellen umgebenen, kaum 15 Meter breiten Engpass zwischen Küste und Meer in Mittelgriechenland. Hier können die Perser vielleicht aufgehalten werden.

Themistokles glaubt das nicht. Er empfiehlt den Athenern, ihre Stadt zu verlassen, das Land preiszugeben und in andere Städte und auf die Schiffe auszuweichen. Die Entscheidung muss in der Bucht von Salamis gesucht werden. Vergeblich versucht König Leonidas mit einigen Spartanern den Engpass zu halten. Sie opfern sich auf. Die Perser gelangen über einen geheimen Gebirgspfad in den Rücken der Spartaner. Mittelgriechenland einschließlich Delphi ist verloren. Ganz Attika wird verwüstet, und Athen fällt in die Hände der Perser. Doch es ist eine Geisterstadt. Xerxes gibt den Befehl die Stadt einschließlich der Akropolis niederzubrennen. Der Untergang der westlichen Kultur steht unmittelbar bevor.

Nun ist der Zeitpunkt gekommen, wo ein Irrtum erzeugt wird, der das verhindert. Themistokles hat nämlich eine Idee und verfällt auf eine List. Eine ähnliche List, mit der schon Odysseus die Mauern Trojas bezwang. Themistokles schickt, wie der griechische

Geschichtsschreiber Herodot berichtet, in der Nacht seinen Sklaven Sikinnos zum persischen König, bietet ihm geheime Kapitulationsverhandlungen an und lässt durchblicken, die griechische Flotte habe sich entzweit, der Rest sei auf der Flucht nach Norden. Genau das ist der Kern des genialen Planes: Die persischen Schiffe sollen in die enge Bucht von Salamis hineingelockt werden, wo die langsamen griechischen Schiffe eine bessere Chance gegen die zahlenmäßige Überlegenheit des Feindes besitzen als auf dem offenen Meer. Hier können sie weniger leicht eingekreist und ausmanövriert werden.

Der leichtgläubige persische Großkönig kann der Verlockung nicht widerstehen. Er nimmt für bare Münze, was ihm da von der Auflösung und Flucht der griechischen Flotte berichtet wird, und tappt in die Falle. Er glaubt tatsächlich, die griechischen Schiffe hätten die Bucht von Salamis verlassen. Ein Irrtum, der ihn teuer zu stehen kommt. Gegen den Rat seiner Admirale befiehlt er, den griechischen Schiffen zu folgen und sie zu vernichten. Dann wäre der Krieg gewonnen und die Perser wären unwiderruflich auch Herr über ganz Griechenland. Am Morgen des 28. September 480 v. Chr. erscheint die persische Flotte in der Bucht von Salamis. An der Ostküste der Insel, an der engsten Stelle des Sunds, warten die griechischen Schiffe, bereit zum Kampf auf Leben und Tod. Xerxes sieht auf seinem Thron, wie sich seine stolzen Schiffe in einem großen, dicht gedrängten Bogen zur Gefechtsbereitschaft formieren.

Das ist der Augenblick, auf den Themistokles auf seinem Flaggschiff gewartet hat. Die griechischen Schiffe brechen plötzlich aus ihrer Deckung hervor und packen den völlig überraschten Gegner in einem schneidigen Angriff in der Flanke. Die robusten griechischen Trieren rammen mit ihrem spitzen, verstärkten Bug die persischen Schiffe der vorderen Linie und bohren sie in den Grund. Die nachfolgenden persischen Einheiten haben keinen Raum zum Manövrieren. Sie kommen sich in die Quere, verkeilen sich ineinander und versenken sich gegenseitig. Xerxes springt wütend auf. Auf jedes griechische Schiff kommen vier persische, das muss doch die Griechen erdrücken und vernichten! Die erfahrenen persischen Seeleute schlagen sich im Kampf Bord an Bord mit Bravour und großer Tapferkeit. Das Meer färbt sich blutrot und ist bald übersät mit Schiffstrümmern.

Gegen Mittag frischt der Wind auf, plangemäß und wie von Themistokles erwartet. Die Brise wird zum leichten Sturm und die kabbeligen, immer stärker und höher aufkommenden Wellen bereiten den Ruderern der persischen Geschwader große Schwierigkeiten. Die niedrigeren, flacher gebauten griechischen Schiffe kommen mit dem Seegang viel besser zurecht. Sie versenken Schiff um Schiff. Am Nachmittag versuchen die Perser die Schlacht abzubrechen, zu wenden und aus der Bucht zu fliehen. Aber die Griechen lassen das nicht zu. Nach zwölfstündigem Kampf verwandeln sie die Bucht in den Friedhof der größten Flotte, die die Welt bis dahin gesehen hat. Fast 100 000 persische Soldaten bleiben auf dem Grund des Meeres. Die Griechen verlieren nur 40 Schiffe.

Aischylos beschreibt das Ende des schicksalhaften, den ganzen Tag andauernden Kampfes so: »Mit Toten füllten Küsten, füllten Klippen sich. Wild flieht, wie's kommt, ein jedes Schiff und rudert los und Jammerschrei umfing die salzige Meeresflut, bis dann der Nacht, der dunklen, Aug' ein Ende schuf.« Die Griechen haben gesiegt. Xerxes gibt auf, sein Heer zieht ab. David hat Goliath geschlagen, indem er ihm Tatsachen vorspiegelte, die der Realität nicht entsprachen. Hätte der Trick nicht funktioniert und hätte sich Xerxes nicht geirrt, wäre Griechenland sehr wahrscheinlich persisch geworden und einen Alexander den Großen, eine in alle Welt verbreitete hellenistische Kultur hätte es nie gegeben. So aber wird Themistokles zum Retter des Vaterlandes, und die Nachricht vom Sieg bei Salamis eilt wie der Wind durch ganz Griechenland. Im Sund von Salamis ist nicht nur die persische Flotte begraben, sondern auch die Vision von der Vollendung eines Weltreichs.

Die Schlacht von Gaugamela
(Am Tigris, 1. Oktober 331 v. Chr.)

Unglaublich, er hat es gewagt! Alexander stößt tatsächlich mit seinem kleinen Heer von nur 35 000 Infanteristen und 7000 Reitern in das Herz des persischen Imperiums vor. Gut, er hat am Fluss Granikos gesiegt und vor zwei Jahren auch die Schlacht bei Issos gegen den persischen Großkönig Dareios gewonnen. Aber nun zieht er in die Weite des riesigen Reiches, durchquert die trockenen und heißen Wüsten- und Steppengebiete Mesopotamiens und geht am 19. September 331 v. Chr. mutig und unerschrocken über den reißenden Tigris, direkt auf das persische Heer zu. Alexander will, gestärkt durch die bisherigen unglaublichen Erfolge, die Entscheidungsschlacht, die Entscheidung in einem heroischen Kampf zwischen ihm und Dareios, zwischen Hellas und Asien. Er sieht sich als Nachkomme der größten Heroen der griechischen Heldensage und stellt sich auf eine Stufe mit Herakles und Achill. Dareios hat ihm Freundschaft und Bündnis angeboten und die Hälfte seines Reiches bis zum Euphrat, einschließlich Ägypten, dazu noch die Hand seiner Tochter. Doch der stolze Eroberer lehnt ab und lässt ihm ausrichten, er sei der Herr Asiens. Wenn Dareios das nicht anerkenne, müsse er mit ihm kämpfen.

Jetzt geht es also um alles, Dareios weiß das. Er, König der Könige, Herrscher der Welt, hat nun keine andere Wahl mehr, als den dreisten Eindringling zu vernichten. Sorgfältig bereitet er sich auf die Schlacht vor und stellt ein Riesenheer auf. Aus allen Ländern des Großkönigs östlich des Euphrat bis hin zum fernen Indus kommen Truppen zusammen, eine an Kraft und Zahl unglaubliche Streitmacht aus 24 Nationen, wie sie die Welt bisher noch nicht gesehen hat. Söldnereinheiten griechischer Hopliten gehören ebenso dazu wie Streitwagen mit Sicheln an den Rädern und die schreckenerregende Elitetruppe, die königliche Garde. Am gewaltigsten ist die Kavallerie, kampferprobte persische und medische Reiter mit an Brust und Flanken gepanzerten Pferden sowie Kappadokier und Armenier aus Anatolien, Parther vom Kaspischen Meer sowie tapfere Bagdier und Sogdier aus den Steppen nördlich des Hindukusch. Hinzu kommen alliierte Truppen, die erfahrenen skythischen Reiternomaden aus den zentralasiatischen Wüsten mit ihren Bögen und Wurf- und Stoßlanzen sowie Inder aus dem Punjab mit ihren Kriegselefanten.

Unter seinem Oberbefehl hat Großkönig Dareios III. die besten Truppenführer und Kommandeure des Reiches versammelt. Auf den Flügeln führen Bessos, Satrap von Baktrien, und Mazaios, Satrap von Syrien. Insgesamt steht die unglaubliche Zahl von 200 000 Soldaten und 40 000 Reitern in der breiten Ebene östlich des Tigris bei Gaugamela bereit, um das makedonische Heer bis auf den letzten Mann aufzureiben. Dareios hat keinen Zweifel daran, dass das angesichts seiner mehr als siebenfachen zahlenmäßigen Überlegenheit auch gelingen wird. Es kann nichts mehr schief gehen. Selbst das Schlachtfeld haben die Perser ausgesucht und für den Kampf eingeebnet und präpariert. Hier in den weiten Flächen der Ebene wird sich die zahlenmäßige Überlegenheit vor allem der Kavallerie besonders günstig auswirken, und die tödlichen Sichelwagen haben genug Raum zum Manövrieren. Die einzige Sorge ist eigentlich nur, würde der Gegner, nachdem man ihn tief ins Land gelockt hat, auch hierher kommen?

Alexander kommt. Bis auf elf Kilometer ist er bereits an das nahezu unüberschaubare persische Heer herangerückt, die Hügelketten am Rande des Geländes verhindern noch den Sichtkontakt. Aber am 30. September 331 v. Chr. sieht er die vier Kilometer breite und zugleich tief gestaffelte Schlachtordnung der Perser auf dem flachen, für sie günstigen Schlachtfeld. Er sieht die erdrückende zahlenmäßige Überlegenheit des Feindes. Er erkennt auch die bis ins Detail durchdachte, aber eben auch durchsichtige gegnerische Planung, die auf eine Umzingelung durch die Kavallerie angelegt ist. Der Schwerpunkt liegt offenkundig auf dem rechten Flügel, wo allein 9000 baktrische Reiter postiert sind, mehr als die gesamte Kavallerie Alexanders. Er tut nun etwas, womit die Perser überhaupt nicht gerechnet haben: Er nimmt sich Zeit. Eingehend studiert er mit einigen Reitereinheiten das Terrain und die gegnerische Aufstellung. Ihm wird schnell klar, dass er den Vorteil der Initiative besitzt. Die Perser haben zwar das Schlachtfeld bestimmt, aber nun müssen sie warten, bis der Feind angreift. Während das persische Riesenheer die Nacht zum 1. Oktober unter Waffen und in Kampfstellung verbringen muss, was sie schon im Voraus erschöpft, gönnt Alexander seinen Truppen Ruhe und Erholung. Er selbst schläft tief und fest bis in den Morgen hinein und kann nur mit Mühe geweckt werden.

Seine Armee umfasst nur 40 000 Fußsoldaten und 7000 Reiter. Dennoch ist sie die stärkste, die er bisher befehligt hat. Angesichts des erkennbaren Schlachtplans seines Gegners hat Alexander eine defensive Aufstellung gewählt. Seine Kavallerie ist ebenso wie die des Feindes auf den Flügeln massiert. Der Schwerpunkt liegt auf dem linken Flügel, wo der schon unter König Philipp bewährte ältere General Parmenion das Kommando führt. Hier stehen auch die kampfkräftigen, von ritterlichem Ethos geprägten Reiter aus den Ebenen Thessaliens. Sie sind dem Korinthischen Bund ebenso beigetreten wie andere griechische Staaten. Auf dem rechten Flügel führt der Reitergeneral Philotas die Kavallerie. Vor ihm sind Speerwerfer postiert und die Hälfte der makedonischen Bogenschützen. Im Zentrum hat Alexander die sechs Bataillone seiner Phalanx tief gestaffelt aufgestellt und hinter der Front eine zweite, aus griechischen Hopliten bestehende Phalanx. Diese schwer bewaffneten Fußkämpfer sollen für den Fall einer gegnerischen Umzingelung eine Kehrtwendung machen, sich in Gegenrichtung verteidigen und zum Gegenstoß ausholen. Eine originelle, sehr flexible Konzeption, wie sie bisher in der Militärgeschichte noch nicht vorgekommen ist. Die Verteidigung ist wohl durchdacht und ermöglicht einen schnellen und kühnen Angriff.

Am Morgen des 1. Oktober reitet Alexander, begleitet von dem weiß gewandeten und einen goldenen Kranz tragenden Seher Aristandros, die Front ab. Er ermuntert seine Soldaten und betet zu den Göttern. Sein eiserner Helm und sein eiserner, mit Edelsteinen besetzter Halsschmuck schimmern in der Sonne wie Silber. Ein kostbarer Umhang bedeckt den doppelten Panzer aus Leinen, und in der Rechten glänzt ein Schwert von wunderbarer Stählung und Leichtigkeit, ein Geschenk des zypriotischen Königs Kition.

29

Die Schlacht beginnt mit einem persischen Reiterangriff auf Alexanders schwächste Stelle, seinen rechten Flügel. Es entwickelt sich ein harter Kampf, der Alexander zwingt, immer neue Truppen ins Getümmel zu werfen, bis seine Kavallerie die feindliche Attacke auffangen kann und die Lanzenträger sie endgültig zurückschlagen. Jetzt ist die Stunde der persischen Streitwagen gekommen, sie rasen auf die gegnerische Reiterei zu. Dareios hat den triumphalen Erfolg vor Augen, schon gleich bei Beginn der Schlacht. Wer soll diese Berserker aufhalten? Alexander weicht schnell nach rechts aus und stellt ihnen seine Infanterie entgegen.

Nun tritt etwas ein, was Dareios überhaupt nicht ins Kalkül gezogen hat. Die Ebene ist knochentrocken. Die vielen Reiter und Kampfwagen haben große Mengen von Staub derart aufgewirbelt, dass die Sichtweite nur noch wenige Meter beträgt. Das beeinträchtigt die persische Kommunikation und Truppenführung. Die einzelnen Einheiten verlieren den Überblick und den Kontakt zueinander. Alexanders Truppen sind davon kaum betroffen, denn sie sind kleiner und kompakter und operieren eigenständig und flexibler, mit viel kürzeren Befehlswegen. Der Einsatz der Streitwagen, auf die Dareios so große Hoffnungen gesetzt hat, misslingt völlig. Die Annahme, sie könnten mit geballter Wucht zielgerecht operieren, erweist sich als Irrtum. Die Gespanne kurven bald orientierungslos herum, geraten in einen Hagel von Wurfspeeren und erleiden große Verluste. Die Pferde gehen durch und viele Wagenlenker fallen. Aber ein Rest kann bis zur Phalanx durchdringen. Jetzt geschieht wieder etwas Unerwartetes. Die Fußsoldaten öffnen ihre Reihen, weichen aus und lassen die Wagen durch die Lücken galoppieren, bis sie auf die zweite Phalanx treffen, die Hopliten mit den langen Speeren. Sie machen Streitwagen um Streitwagen nieder, bis keiner mehr übrig ist.

Durch den Angriff auf Alexanders rechten Flügel ist die persische Kavallerie sehr weit nach links gerückt. Alexander erkennt die Lücke sofort, die dadurch zwischen dem persischen Zentrum und ihrem linken Flügel entstanden ist. Mit der Infanterie seines Zentrums und bisher in Reserve gehaltenen Reitern und Eliteeinheiten bildet er

30

einen Keil, setzt sich selbst an die Spitze und führt mit lautem Kriegs-
geschrei einen raschen, wuchtigen und konzentrierten Gegenstoß
auf die Schwachstelle, direkt auf den Großkönig zu. Ein ebenso mu-
tiges wie riskantes Unterfangen. Aber es hat Erfolg. Die griechischen
Söldner packen die persische Garde in der Flanke und überrennen
sie. Als Alexander bis auf wenige Meter an den Streitwagen des
Großkönigs herangekommen ist, wendet sich Dareios zur Flucht
nach Nordosten in das medische Bergland. Alexander galoppiert
hinterher, er glaubt, die Schlacht sei bereits entschieden.

Doch das ist sie noch nicht. Denn die vier der Reiterei folgenden
Bataillone der Phalanx haben in der griechischen Front ebenfalls eine
Lücke gelassen. Auf dem persischen rechten Flügel setzt nun Mazaios zu einem Umfassungsangriff an, der Alexanders linken Flügel in
äußerste Bedrängnis bringt und bis zum griechischen Tross durch-
schlägt. Die makedonisch-griechischen Linien können trotz härtesten Widerstands den Angriff nicht aufhalten. Sie weichen zurück, die
Schlacht wendet sich. Mazaios wähnt sich dem Sieg nahe. Da erscheint Alexander plötzlich mit seiner Streitmacht in Mazaios' Flanke, um seinem schwer bedrängten linken Flügel zu helfen. Er hat die
Verfolgung des Großkönigs abgebrochen, als ihn ein von Parmenion
abgesandter Reiter mit dem Hilferuf seines Generals erreicht. Jetzt
zeigt sich, wie sehr im Gegensatz zur operativen Führung der Perser
Feldherr, Offiziere und Soldaten eine Einheit bilden. Alexander lässt
seine Truppen sofort wenden und führt sie, mitten am persischen
Zentrum vorbei, auf die andere Seite des Schlachtfeldes.

Hier stoßen sie auf die berittene persische Garde und die parthi-
schen und indischen Reiter. Es kommt zum heißesten Reitergefecht
der ganzen Schlacht, dem drei hohe Offiziere Alexanders zum Opfer
fallen, darunter auch Hephaistion, sein engster Freund. Alexander
verliert über 1000 Pferde. Aber die zunächst an der linken Flanke geschlagenen Thessalier gehen wieder vor, als sie sehen, dass der makedonische König ihnen zu Hilfe gekommen ist. Die persischen Soldaten des rechten Flügels müssen dagegen erkennen, dass Dareios sie
im Stich gelassen hat. Sie verlieren den Mut und wenden sich eben-

31

falls zur Flucht. Auch Bessos auf dem persischen linken Flügel zieht sich nun zurück und gibt die Schlacht verloren.

Alexander verfolgt die persische Armee noch 55 Kilometer weit bis Arbela und legt nur um Mitternacht eine kurze Rast ein. Noch auf dem Schlachtfeld jubeln seine Truppen ihm als dem »König von Asien« zu. Gaugamela, eine der größten Schlachten der Geschichte, hat dank der gravierenden Irrtümer auf persischer Seite und dank des militärischen Genies Alexanders, der die gegnerischen Fehlbeurteilungen geschickt ausnutzte, tatsächlich das Ende des Perserreichs entschieden. Alexander nimmt Babylon, Susa und Persepolis und wird zum Beherrscher Asiens.

Der »Halbmond« von Cannae
(2. August 216 v. Chr.)

Nachdem Hannibal, der karthagische Feldherr, im Zweiten Punischen Krieg mit seinem Heer 218 v. Chr. die Alpen überschritten hat, verlegt er im Jahr 217 den Kriegsschauplatz nach Italien selbst. Plündernd zieht er durch das Land, aber er marschiert nicht auf Rom, sondern nach Umbrien zur Küste des Adriatischen Meeres. Hier gönnt er seinem gut gegliederten und sehr beweglichen Heer eine Pause. Es besteht aus reinen Berufssoldaten, die schon seit Jahren gemeinsam Dienst tun und gut ausgerüstet, bestens ausgebildet und hervorragend aufeinander abgestimmt sind. Sie sollen sich nun erst einmal erholen und reorganisieren. Währenddessen sendet Hannibal seine Siegesbotschaften übers Meer nach Karthago.

Dann bricht er auf und marschiert langsam an der Küste entlang hinab ins südliche Italien, um eine Entscheidungsschlacht zu schlagen. Die weiten Felder Apuliens scheinen ihm dafür besonders geeignet, weil sie ihm gestatten, die ganze Überlegenheit seiner Kavallerie auszuspielen. Hannibals Heer ist nicht besonders groß, es zählt nur etwa 40 000 Mann Fußvolk. Und es ist bunt zusammengewürfelt, Libyer, Numidier, Phoiniker kämpfen neben Iberern, Balearen, Kelten, Ligurern, Italikern und Griechen. Aber seine 10 000 Reiter bilden eins der besten Reiterheere, die die Welt je gesehen hat. In der Hoffnung, dass die Römer hier eine Schlacht annehmen werden, lagert Hannibal bei Cannae am rechten Ufer des Flüsschens Aufidus.

Der Senat von Rom ist ebenfalls der Meinung, dass nun eine Entscheidungsschlacht herbeigeführt werden muss, um den Siegeszug Hannibals zu stoppen. Zu neuen Befehlshabern des römischen Heeres bestimmt er die beiden neu gewählten Konsuln Lucius Aemilius Paullus und Gaius Terentius Varro. Beide treffen zu Beginn des Sommers 216 v. Chr. mit der römischen Armee in Apulien ein. Sie hat nur 6000 Reiter, aber über 80 000 Mann zu Fuß, halb römische Legionäre, halb Bundesgenossen. Durch neue Aushebungen ist das Heer auf das Doppelte seiner gewöhnlichen Stärke angestiegen. Es ist das größte, das Rom bis dahin je aufgeboten hat. Aber es ist ein reines Milizheer, das nur in Kriegszeiten aufgestellt wird. Die römische Führung vertraut auf die Masse und Schlagkraft der römischen Infanterie. Sie ist davon überzeugt, dass es den Legionen gelingt, den numerisch erheblich unterlegenen Feind einfach niederzuwalzen. Ein gewaltiger Irrtum und eine einfallslose Fehleinschätzung, wie der Verlauf der Ereignisse zeigt. Die große Hoffnung der römischen Feldherren und Soldaten auf einen deutlichen Sieg über die karthagischen Invasoren wird noch zusätzlich genährt durch den Glauben, durch die bisherigen Niederlagen den Feind und seine Operationsweise nun genau zu kennen. Ein weiterer Irrtum. Hannibal hat einige Überraschungen parat und eine geniale Strategie für die Schlacht entworfen.

Die Römer errichten drei Tage vor der Schlacht auf der westlichen Seite des zu dieser Jahreszeit seichten Aufidus ein großes Lager für ihr Heer. Ein Drittel der Truppen lagert auf der anderen, östlichen Seite des Flusses, um die Versorgung des größeren Lagers zu sichern und Hannibal in Schach zu halten, der ebenfalls auf dem östlichen Ufer kampiert. Noch am gleichen Tag verlegt er jedoch sein Lager auf die westliche Seite des Flusses. Am Tag darauf stellt er seine Truppen zur Schlacht auf. Aber die Römer nehmen diese Herausforderung nicht an. Daraufhin lässt Hannibal seine numidischen Reiter ausschwärmen. Sie schneiden dem kleineren römischen Lager die Wasserzufuhr ab. Nun müssen die Römer handeln.

Varro, der an diesem Tag, nach dem alten römischen Kalender der 2. August 216, den Oberbefehl hat, lässt bei Sonnenaufgang die Truppen aus beiden Lagern ausrücken und stellt sie, mit der Front nach Süden, in Schlachtordnung auf. Auf dem rechten Flügel am Flussufer postiert er die römische Reiterei unter dem Kommando des Konsuls Paullus und auf dem linken Flügel unter Varro die der Bundesgenossen. Dazwischen steht das Fußvolk in einer einzigen geraden Linie unter dem Befehl von Servilius Geminus, dem Konsul des Vorjahres. Varro stellt die Legionäre tiefer gestaffelt auf als sonst, so dass die Fronbreite letztlich viel kleiner ist als die Tiefe. Er glaubt, auf diese Weise die erwarteten feindlichen Stöße im Zentrum besser auffangen und ein Durchstoßen verhindern zu können. Ein schwerwiegender Irrtum und ein ernsthafter strategischer Fehler, der die Beweglichkeit der Infanterie sträflich einschränkt. Die ungewöhnlich tiefe Staffelung verhindert auch, dass sich möglichst viele Soldaten am Kampfgeschehen beteiligen können. Vor den Legionen bilden dann schließlich die Leichtbewaffneten eine gerade dünne Linie.

Als Hannibal erkennt, dass die Römer ihm in dieser Position die Schlacht anbieten, lässt er sein ganzes Heer über den Fluss setzen, um es südlich der römischen Linien und östlich von Cannae ebenfalls in Stellung zu bringen. Auf seinem linken Flügel, unmittelbar am Fluss und der römischen Reiterei gegenüber, formieren sich seine iberischen und keltischen Reiter unter dem Befehl von Hasdrubal, auf dem rechten Flügel die numidischen Reiter, befehligt von Hanno. In der Mitte postiert sich das schwer bewaffnete Fußvolk, die Libyer, Iberer und Kelten. Hier führt Hannibal selbst zusammen mit seinem Bruder Mago. Und nun kommt das Besondere des Plans: Im Zentrum rücken die mittleren Abteilungen etwas vor und die links und rechts folgenden schließen sich gestaffelt an, so das sich ein Halbmond bildet.

Die leicht bewaffneten Römer in der vordersten Linie eröffnen mit einem Geschosshagel die Schlacht. Dann greifen die iberischen und keltischen Reiter auf Hannibals linkem Flügel an. Sie treffen auf die römische Kavallerie, deren Führer einem Irrtum unterliegen. Sie glauben nämlich, das Gefecht würde nach üblichem Schema verlaufen, mit Antritt, Wenden und erneutem Angriff. Aber zu ihrer Überraschung kämpfen die Reiter Hasdrubals diesmal ganz anders. Sie reißen gleich bei der ersten Attacke die Römer vom Pferd und fechten dann zu Fuß Mann gegen Mann. Auf diese Weise kommt ihre zahlenmäßige Überlegenheit besser zur Geltung. Die nur halb so starke römische Reiterei wird vollkommen vernichtet.

Aber im Zentrum stoßen die römischen Legionäre vor. Hannibals Truppen weichen unter schweren Verlusten zurück, so dass die halbmondförmige Vorwölbung verschwindet. Die Römer glauben, sie seien dem Sieg nahe. Sie folgen dem diszipliniert und geordnet zurückweichenden karthagischen Zentrum. Ein weiterer Irrtum, der die Schlacht entscheidet. Denn die römische Infanterie läuft in die tödliche Falle, die Hannibal für sie aufgestellt hat. Die dicht und tief gestaffelten römischen Abteilungen stürmen ungestüm vor und bilden nun ihrerseits einen Halbmond. In diesem Augenblick schwenken links und rechts von der Mitte die libyschen Soldaten ein und um die römischen Legionen herum. Das bringt den römischen Vorstoß zum Stehen, denn die Legionäre müssen sich nun gegen die Angriffe an ihren Flanken wenden. Eine Umfassung droht.

Auf dem linken römischen Flügel hat inzwischen die Kavallerie der Bundesgenossen den numidischen Reiterattacken standgehalten. Hier steht die Schlacht unentschieden. Doch Hasdrubal schwenkt nach seinem Sieg über den römischen rechten Flügel herüber auf den anderen Flügel und kommt den Numidiern zu Hilfe. Die römischen Reiter ergreifen daraufhin die Flucht, verfolgt von den Numidiern. Nun schwenkt Hasdrubal mit seinen Reitern noch einmal herum, zum Zentrum, und greift die römischen Legionen an mehreren Stellen im Rücken an. Dabei findet Konsul Aemilius Paullus den Tod, während Varro auf einem schnellen Pferd entkommen kann. Vor kurzem hat er noch im Senat in frechen Reden verkündet, er werde im Gegensatz zu seinen unfähigen Vorgängern den ganzen Krieg noch am Tag der ersten Feindberührung entscheiden. Nun ist die Katastrophe da, und der unfähige Terentius Varro wird zum Alleinschuldigen erklärt. »Er ertrug es zu leben«, sagt Theodor Mommsen treffend.

Die römische Niederlage ist total. Die Truppen werden vollständig eingekesselt und vernichtet, nur wenige können entkommen. Das Ausmaß des glänzenden Sieges Hannibals beeindruckt noch heute. Theodor Mommsen schreibt: »Es ist vielleicht nie ein Heer von dieser Größe so vollständig und mit so geringem Verlust des Gegners auf dem Schlachtfeld selbst vernichtet worden wie das römische bei Cannae. Hannibal hatte nicht ganz 6000 Mann eingebüßt, wovon zwei Drittel auf die Kelten kamen, die der erste Stoß der Legionen traf.« Dagegen blieben von den 76 000 Römern, die in der Schlachtlinie gestanden haben, 70 000 auf dem Schlachtfeld.

Ausschlaggebend für diesen beispiellosen Sieg waren katastrophale Fehler und Irrtümer. Eine Entscheidungsschlacht ist Cannae dennoch nicht geworden. Denn Hannibal ergreift nach seinem überwältigenden Sieg nicht die Gunst der Stunde. Er nutzt den Sieg nicht aus und marschiert nicht gegen Rom. So kommt es, dass er zwar eine Schlacht gewonnen, den Krieg aber letztlich verloren hat.

Das Schiff mit den purpurnen Segeln
(Actium, 2. September 31 v. Chr.)

Nach dem Sieg über die Caesarmörder Brutus und Cassius in der Schlacht bei Philippi sind Antonius und Octavian, der künftige Kaiser Augustus, die Herren der römischen Welt. Im Jahre 40 v. Chr. teilen sie das Reich unter sich auf. Octavian übernimmt die Westprovinzen und Antonius den Osten, wo er bei einer Zusammenkunft der Vasallenfürsten in Tarsos auch Kleopatra trifft, die Königin von

Ägypten und ehemalige Geliebte Caesars. Sie erkennt, dass Antonius von nun an vermutlich der erste Mann Roms sein und das Schicksal Ägyptens und ihrer Herrschaft damit in seinen Händen liegen wird. Es gelingt ihr, auch mit erotischen Mitteln, Antonius derartig für sich einzunehmen, dass er ihrer Einladung nach Ägypten folgt und dort ganz offen mit ihr zusammenlebt, obwohl er mit Octavia, der Schwester Octavians, verheiratet ist. Kleopatra, die ihm drei Kinder gebiert, ist für ihn der Hebel, das reiche Ägypten in die Hand zu bekommen und sich seiner großen materiellen Mittel zu bedienen.

In Rom sinkt sein Ansehen dadurch beträchtlich. Octavian nutzt die Situation zu seinem Vorteil aus. Als er 33 v. Chr. Konsul wird, bezichtigt er Antonius des Verrats am römischen Staat. Er nimmt dessen Privatleben aufs Korn und prangert das »ausschweifende Zusammenleben des Trunkenbolds Antonius mit der Hexe Kleopatra« an, die ihn mit ihren Zauberkünsten umgarnt habe. Octavian scheut auch nicht vor einem Rechtsbruch zurück, um Antonius moralisch zu diffamieren. Im Juli 32 erbricht er das in Rom deponierte private Testament des Antonius und macht öffentlich bekannt, dass darin umfangreiche Vermächtnisse für die Kinder vorgesehen sind, die Kleopatra ihm geschenkt hat. Für den Fall seines Ablebens in Rom soll seine Leiche nach Ägypten überführt werden, für Octavian der beste Beweis, dass Rom Ägypten untertan werden soll. Als Antonius seiner Frau den Scheidebrief schickt und sich endgültig für Kleopatra entscheidet, erklärt ihm der römische Senat den Krieg.

Antonius hat die letzten Jahre dazu benutzt, sein Heer aufzurüsten und insbesondere neue Schlachtschiffe und Großkampfschiffe zu bauen. Die bis zum Herbst 31 vom Stapel laufenden schweren Kriegsschiffe sind mit Katapulten ausgerüstet, die große Steine werfen können. Die Flotte wird an die dalmatinische Küste verlegt und geht südlich der Insel Kerkyra (Korfu) im Golf von Ambrakia vor Anker, dem die kleine Stadt Actium vorgelagert ist. Dahin setzt Antonius auch sein Heer in Marsch und errichtet südlich der Einfahrt zum Meerbusen sein erstes Lager. An der schmalsten, nur 600 Meter breiten Stelle lässt er Küstenbefestigungen bauen, die mit Geschützen bewaffnet werden. Der Hafen von Actium wird durch zwei Befestigungswälle mit dem Hauptlager verbunden.

Octavian nähert sich mit seinem Heer dem Golf von Norden. Wie Plutarch berichtet, zählt es nur 80 000 Mann und rund 12 000 Reiter und ist dem Heer des Antonius zahlenmäßig deutlich unterlegen. Dafür besitzt Octavian aber mit etwa 400 Schiffen die größere Flotte. Sie wird von Marcus Agrippa kommandiert, einem brillanten Strategen und Vertrauten Octavians. Er hat dafür gesorgt, dass die neuen Schiffe nach dem Vorbild illyrischer Seeräuberschiffe gebaut wurden. Diese Liburnen sind kleiner, leichter, schneller und vor allem manövrierfähiger als die schweren Großkampfschiffe des Antonius. Mit diesen 260 modernen Seglern und etwa achteinhalb Legionen Seesoldaten an Bord, blockiert Agrippa den Golf von Ambrakia. Den Rest der veralteten Schiffe hat er gar nicht erst mitgenommen, so sehr vertraut er auf die Überlegenheit der neuen Einheiten. Octavian errichtet indessen sein Lager auf der Halbinsel nördlich der Golfeinfahrt. In der Annahme, dass Octavian die Entscheidung auf dem Lande suchen wird, überführt Antonius sein Heer ebenfalls auf die nördliche Halbinsel und stellt sich dort zur Schlacht. Aber Octavian denkt gar nicht daran, sie anzunehmen. Er setzt auf eine Zermürbungstaktik durch die Seeblockade Agrippas, die die Versorgung der Truppen des Antonius mehr und mehr erschwert.

Deshalb ist Antonius gezwungen, sich mit seiner gesamten Flotte der Entscheidungsschlacht zu stellen. Sie zählt unter Einschluss der 60 ägyptischen Kriegsschiffe noch rund 200 Einheiten. Massendesertionen und Krankheiten haben seine Flottenmannschaften stark reduziert, so dass er gezwungen war, etwa 80 bis 90 Schiffe zu verbrennen, da er sie nicht bemannen konnte. An Bord seiner geräumigen Schiffe befinden sich über 20 000 Soldaten und 2000 Bogenschützen, hinzu kommt die seemännische Besatzung. Antonius befiehlt den Steuerleuten, die Segel mit auf die Schiffe zu nehmen, da niemand von den Feinden durch die Flucht entkommen sollte. Oder denkt er dabei gar an seine eigene Flucht, ein Durchbrechen der gegnerischen Sperrlinie? Während eines Gefechts ist die Takelage an

Bord eher hinderlich, sie erhöht zudem die Brandgefahr. Aus diesem Grund hat Octavian vor der Schlacht die Hauptbesegelung von Bord gegeben.

Beide Flotten liegen sich seit dem 29. August 31 v. Chr. in Dwarslinie gegenüber, bereit zum Kampf. Aber die See ist so stürmisch, dass die Schlacht immer wieder aufgeschoben werden muss. Erst am 2. September legt sich der Wind und um 12 Uhr mittags beginnt das Gefecht. Octavians Flotte ist in drei Verbände unterteilt. Den rechten Flügel befehligt er selbst, den linken Agrippa und im Zentrum hat Arruntius das Kommando. Etwa eine Seemeile von ihnen entfernt, liegt in günstiger, leicht konkaver Linie die Flotte des Antonius. Er kommandiert ebenfalls den rechten Flügel, den linken führt Caelius und das Zentrum Octavius. Hinter dem Zentrum, dicht vor der Einfahrt in den Golf, sind die ägyptischen Schiffe positioniert. Die purpurnen Segel der »Antonias«, dem Flaggschiff der Kleopatra, sind weithin sichtbar.

Einen Frontalangriff hält Octavian für zu riskant. Er entscheidet sich für ein listiges Manöver. Unter vollem Einsatz der Riemen weicht sein gesamter rechter Flügel plötzlich auf die offene See zurück. Caelius nimmt an, dass damit der Rückzug des Feindes eingeleitet wird, und setzt mit seinen Schiffen nach. Er lässt sich immer weiter aufs Meer hinauslocken. Aber es ist nur ein Scheinrückzug, um die gegnerische Aufstellung durcheinander zu bringen. Das gelingt auch. Denn als auch Agrippa auf dem anderen Flügel zurückweicht, setzt Antonius mit seinen Schiffen, unterstützt von erneut auffrischendem, ablandigen Wind, ebenfalls nach. Auf diese Weise löst sich die Verbindung beider Flügel seiner Flotte zum Zentrum, die Schlachtlinie bricht auseinander. Das ist der Zeitpunkt, auf den Octavian gewartet hat, um seine nautische und numerische Überlegenheit zur Geltung zu bringen. Es entwickelt sich nun ein Kampf, der – wie Plutarch berichtet – eher einer Schlacht zu Lande oder der Erstürmung einer Mauer gleicht.

Denn zu Rammstößen der Schiffe kommt es auf beiden Seiten nicht. Die Schiffe des Antonius müssten einen längeren Anlauf nehmen, um den Stößen der Sporne den nötigen Nachdruck zu verleihen. Dafür sind sie auf die kurze Distanz viel zu schwer. Und die leichten Liburnen Octavians können einen Rammstoß auf das Vorderteil der feindlichen Schiffe nicht riskieren, da diese mit einem scharfen, starken Erzsporn versehen sind. Selbst gegen die Schiffsseiten wagen sie es nicht, weil der Rumpf aus dicken, mit eisernen Klammern verbundenen Balken besteht. So findet der Kampf unter den Mannschaften statt, die auf Octavians Schiffen mit Schilden, Speeren, Enterhaken und Brandpfeilen versuchen, ein gegnerisches Schiff, umzingelt von drei, vier eigenen Einheiten, zu erobern, während die Soldaten des Antonius von den hohen Holztürmen ihrer Schiffe mit ihren Katapulten herabschießen.

Der Kampf dauert den ganzen Tag über an, ohne klare Entscheidung. Als Agrippa den linken Flügel immer weiter ausdehnt, befürchten die Mannschaften im Zentrum des Antonius eine seitliche Umfassung und trennen sich vom Mittelpunkt der Schlachtordnung, um ihrem bedrängten rechten Flügel zu Hilfe zu kommen. Zur gleichen Zeit greift Arruntius im Zentrum an. In diesem Augenblick geschieht etwas gänzlich Unerwartetes. Kleopatras 60 Schiffe, hinter den großen Schiffen im Zentrum, hissen plötzlich ihre Segel, brechen mitten durch die Kämpfenden hindurch und fliehen aufs offene Meer. Der Grund für diese panikartige Flucht ist ein simpler Irrtum. Kleopatra glaubt, die Schlacht sei verloren. Sie ist es aber noch keineswegs. Agrippa und Octavian haben sich zwar einige Vorteile verschaffen können, doch noch steht die Auseinandersetzung auf des Messers Schneide. Beide Seiten können noch gewinnen, Antonius' Flotte ist noch längst nicht besiegt. Sie gerät allerdings jetzt, als die ägyptischen Schiffe mitten durch sie hindurchfahren, in beträchtliche Unordnung. Plutarch sagt dazu: »Auch die Feinde befremdete es nicht wenig, wie sie diese Schiffe mit vollen Segeln nach der Peloponnes zusteuern sahen.«

Dieser Akt der Feigheit beeinträchtigt die Moral der Soldaten des Antonius und treibt Octavians Truppen zum endgültigen Sieg an. Aber selbst jetzt ist er noch nicht sicher. Antonius hat noch immer eine Chance. Er vergibt sie selbst durch seinen Entschluss, Kleopatra zu folgen. Als er sieht, wie die Purpursegel ihres Schiffes in der Ferne entschwinden, verlässt er seine Soldaten, die für ihn kämpfen und sterben, und eilt seiner Geliebten nach, »jenem Weib«, wie Plutarch schreibt, »das ihn schon ins Verderben gestürzt hatte und nun seinen Untergang vollkommen machen sollte«. Seine Soldaten kämpfen zwar noch immer weiter, doch ihre Moral ist nun endgültig gebrochen und viele der braven Seeleute ergeben sich. Einigen Schiffen gelingt ebenfalls die Flucht, etwa 40 bis 50 sinken, mit ihnen sterben rund 5000 Soldaten. Um 16.30 Uhr ist die Schlacht entschieden. Einige Tage später kapituliert auch die gesamte Landarmee des Antonius bei Actium kampflos und Octavian besetzt Griechenland, Kleinasien und Syrien. Im August 30 v. Chr. erscheint er vor Alexandria, wohin Antonius und Kleopatra geflohen sind. Beide begehen Selbstmord, nachdem Flotte und Kavallerie zu Octavian übergelaufen sind. Ägypten wird römische Provinz und Octavian Alleinherrscher des Römischen Reiches.

Der Triumph des Arminius
(Teutoburger Wald, Oktober 9 n. Chr.)

Die Schlacht am Teutoburger Wald im Jahre 9 n. Chr. ist eine der bekanntesten und berühmtesten Schlachten in der Geschichte. In Deutschland kennt sie fast jeder. Auch ihr Ausgang ist weithin bekannt: Die Cherusker unter Führung ihres Fürsten Arminius, fälschlich auch Hermann genannt, siegen über die römischen Legionen des Quintilius Varus und zerstören damit den Mythos ihrer Unbesiegbarkeit. Die Schlacht gehört ebenso zur römischen wie auch zur deutschen Geschichte, denn die Cherusker sind Germanen. Es gibt zu dieser Zeit zwar noch kein Deutsches Reich und nicht einmal ein geschlossenes germanisches Staatswesen, sondern nur einzelne, untereinander uneinige Stämme. Aber der Ort des Geschehens in den

41

waldigen Hügeln des Weserberglandes liegt auf urdeutschem Gebiet. Die Schlacht am Teutoburger Wald ist sowohl eine echte Vernichtungsschlacht als auch eine Entscheidungsschlacht. Armins totaler Sieg verhindert, dass auch Germanien wie Gallien römisch wird. Auch das ist den meisten geschichtsinteressierten Deutschen bewusst, wenn von dieser Schlacht die Rede ist. Die Tatsache allerdings, dass die katastrophale römische Niederlage auf kapitale Irrtümer zurückzuführen ist, ist weitgehend unbekannt.

Um 12 v. Chr. bilden die Donau und der Rhein die Nordgrenze des römischen Weltreichs. Es erstreckt sich von der Mündung des Rheins bis zur Sahara und vom Atlantik bis zum Euphrat. Aber keine Grenze ist so unsicher wie die nördliche. Immer wieder greifen germanische Stämme aus der tiefen Landzunge heraus an, die Donau und Rhein bilden. Sie ist wie ein Dolch auf das Herz des Imperiums gerichtet. Die Germanen, seit Caesars Sieg in Gallien zu Nachbarn der Römer geworden, machen Rom schwer zu schaffen. Kaiser Augustus beschließt deshalb, diese Landzunge zu beseitigen und die Nordgrenze um 400 Kilometer nach Osten bis zur Elbe vorzuschieben. Die sich dann ergebende, relativ gerade Flussgrenze von der Elbemündung bis Vindobona, dem heutigen Wien, kann wesentlich leichter verteidigt werden. Das bedeutet im Klartext: Ganz Germanien soll dem Römischen Reich eingegliedert werden. Wie einst die Gallier sollen nun auch die Germanen romanisiert werden. Ein gewaltiger Plan.

Augustus übergibt das Kommando für diesen Feldzug seinem Stiefsohn Drusus, dem Statthalter von Gallien. Der mit einem großen Aufwand und Einsatz aller Mittel geführte Feldzug wird ein voller Erfolg. Als Drusus nach einem Sturz vom Pferd überraschend stirbt, führt sein älterer Bruder Tiberius den Krieg weiter. Die germanischen Stämme werden in die Knie gezwungen. Nachdem die immer wieder aufflammenden Aufstände der Cherusker niedergeschlagen sind, verlässt Tiberius im Jahre 6 n. Chr. Germanien, um sich anderen, bedrohlicheren Kriegsschauplätzen zuzuwenden. Quintilius Varus, der zuvor als Statthalter in Syrien den ersten großen Aufstand der Juden blutig unterdrückt hat, übernimmt den Oberbefehl über die römische Rheinarmee. Die Ernennung verdankt er weniger seinen militärischen Fähigkeiten, als seinen ausgezeichneten Beziehungen zum Kaiserhof: Er hat die Großnichte des Kaisers geheiratet.

Für das Problem, wie die neue Pufferzone nun kontrolliert werden soll, hat man noch keine Lösungen. Das Gebiet ist sumpfig und bergig und in den endlosen Wäldern hausen ungebändigte, halb nomadische Stämme mit »wild blickenden Augen, rötlichem Haar und großen Gestalten«, wie der römische Geschichtsschreiber Tacitus etwa 90 Jahre später berichtet. Die Römer haben kein geschlossenes Gebiet in ihrer Gewalt. Sie besitzen nur einzelne feste Plätze, wo ihre Truppen überwintern. Dort entstehen städtische Siedlungen, in denen die Germanen die römischen Einrichtungen kennen lernen. Sie gewöhnen sich an ihre Märkte und beginnen, friedlich mit den Römern zusammenzuleben und sich behutsam und Schritt für Schritt an das Neue zu gewöhnen. Ihre angeborene Wesensart, die überkommene Lebensweise und ihr außergewöhnliches Freiheitsbewusstsein bleiben in ihnen jedoch lebendig.

Varus, nach der Schilderung eines Zeitgenossen »ein Mann von mildem Wesen und ruhiger Art, etwas langsam in Geist und Körper und eher mit dem Müßiggang im Lager vertraut als mit dem eigentlichen Kriegsdienst«, dieser wenig fähige Befehlshaber schätzt die Germanen völlig falsch ein. Er erkennt nicht, dass sie völlig anders sind als die schon seit Alexander dem Großen im Untertanenstatus lebenden Syrer, zu denen er als armer Mann kam, aber als reicher ging. Selbstherrlich fordert Varus Geld von ihnen, als seien sie unterworfene Völker, und erteilt ihnen Befehle, als seien sie Sklaven der Römer. Er will sie mit Recht und Gesetz fügsam machen. Die Einführung der römischen Rechtsprechung und die verlangten Tributzahlungen in Gold und Silber bringen insbesondere die Stammesfürsten in Rage. Denn die Edelmetalle werden in Germanien hauptsächlich dazu benutzt, um statusgemäße Ornamente herzustellen. Und Luxusgüter, durch deren Verkauf Gold und Silber hereinkommen könnten, sind im Lande rar. Die Germanen beginnen sich nach ihrer früheren Lebensform zurückzusehnen. Da sie die Truppenstärke der Römer gut kennen, lehnen sie sich jedoch nicht offen auf. Im Gegenteil, sie empfangen Varus überall mit offenen Armen und tun so, als ob sie mit ihm in bester Eintracht leben und ihm auch ganz ohne den Druck seiner Truppen ergeben sein würden. Aber in Wirklichkeit planen sie eine Verschwörung.

Das Haupt der Verschwörer, Arminius, ist ganz in Varus' Nähe und speist oft an seiner Tafel. Er ist ein junger, begabter und tapferer Mann aus adligem Geschlecht und der Sohn des Stammesfürsten Segimer. Schon früh fallen seine Klugheit und rasche Auffassungsgabe auf. Er nimmt an römischen Feldzügen teil, weilt im Alter von 26 Jahren eine Zeit lang in Varus' Hauptquartier und erhält sogar die Würde eines Kavallerieoffiziers der römischen Garde. Er studiert Charakter und Wesen der Römer und insbesondere ihres Feldherrn genau und aus nächster Nähe und kommt schnell dahinter, dass ihre Truppen nur im offenen Gelände wirkungsvoll eingesetzt werden können. Außerdem erkennt er, dass am ehesten überwältigt werden kann, wer sorglos ist und nichts Schlimmes ahnt. Immer mehr Gefolgsleute kann er für seinen listigen Plan gewinnen. Er mobilisiert die germanischen Stämme und baut insgeheim ein stehendes Heer auf, nach römischem Vorbild, mit guter Ausbildung und hervorragender Disziplin.

Der Sommer des Jahres 9 n. Chr. verläuft sehr ruhig im Lande. Varus glaubt, Germanien sei endgültig befriedet und Arminius ein getreuer Gefolgsmann. Das Gegenteil ist der Fall, Arminius hasst und verabscheut ihn. Varus weiß und ahnt nichts von den kriegerischen Vorbereitungen. Selbst als sie ihm von Segest, einem römertreuen und angesehenen Cherusker, verraten werden, hält er nichts davon und glaubt nicht an eine Verschwörung. Den Rat, Arminius in Ketten legen zu lassen, weist er zurück, weil er hinter den Beschuldigungen eine Familienfehde vermutet. Segest hat Arminius kürzlich die Hand seiner Tochter Thusnelda verweigert, so dass das verliebte Paar hat fliehen müssen.

Als im September 9 n. Chr. Nachrichten von einem Aufstand der Cherusker zu Varus gelangen, bereitet er gerade den Umzug seiner bei Minden an der Weser stationierten drei Legionen in das Winterquartier bei Aliso (Haltern) an der oberen Lippe vor. Da er nicht ahnt, dass dieser angebliche Aufstand Teil des raffinierten Planes ist, die Römer in die Tiefen der Wälder zu locken, beschließt Varus einen kleinen Umweg zu machen, um den Aufstand niederzuschlagen. Anfang Oktober bricht er mit seinen drei Legionen, ungefähr 20 000 Mann, in Minden auf und macht sich auf den Weg, der ihn direkt in die Sümpfe und unwegsamen und fast undurchdringlichen Wälder zwischen Ems und Weser führt. Arminius begleitet ihn und hat sogar einen Teil seiner eigenen Krieger bei sich, so gutgläubig und nichts ahnend ist der römische Oberbefehlshaber. Die Cherusker lassen ihn dann allein weiterziehen und versichern ihm, weitere Krieger zu seiner Hilfe zu sammeln und sie ihm eiligst zuzuführen. Stattdessen ziehen sie heimlich weitere, in der Nähe stehende Streitkräfte für den beabsichtigten Überfall an sich.

Als wenn sie mitten im Frieden wären, bewegen sich die römischen Legionen in ungeordneter, aufgelöster Formation fort. Sie führen viele Wagen und Begleittiere mit sich sowie zahlreiche Burschen und Frauen. Varus hat den Familienangehörigen seiner Soldaten erlaubt, im langen Gepäckzug mitzumarschieren. Die Römer müssen sich mit ihrem endlosen Tross den Weg durch das Gebirge und über Schluchten und Täler hinweg suchen, sie müssen Bäume fällen und Brücken schlagen. Ein heftiger Regen und plötzlich losbrechender Sturm treibt den Zug noch weiter auseinander. Die Soldaten gleiten auf dem schlüpfrigen Untergrund aus, herunterstürzende Baumkronen schmettern sie nieder, versperren den Weg und verschlimmern ihre Lage noch mehr.

Einen günstigeren Augenblick für den Angriff auf die römischen Marschkolonnen in der Nähe des heutigen Detmold hätte Armin gar nicht wählen können. Der genaue Ort des Hinterhalts ist in der Wissenschaft nach wie vor umstritten. Auf der gesamten Länge des 20 Kilometer langen römischen Heerwurms brechen Armins Krieger aus dem dichten Unterholz und Buschwerk hervor und fallen von allen Seiten über die völlig überraschten Legionäre her. Sie werfen ihre Speere in die dicht gedrängte Menge und töten viele Römer. Mehrmals und immer wieder greifen sie die einzelnen Trupps an und metzeln sie nieder. Die Römer erleiden schwere Verluste. Sie können ihre Waffen nicht mehr richtig benutzen, als am vierten Tag erneut ein schwerer Regen niedergeht und die Lederschilde sich voll Wasser saugen. Es ist unmöglich, mit Pfeil und Bogen bei diesem Wetter und in diesem Gelände wirksam zu schießen. Und die Legionäre finden keinen Platz, sich wirkungsvoll zu entfalten und in Gefechtsordnung aufzustellen. Die Germanen sind größtenteils nur leicht bewaffnet, weichen geschickt aus, umzingeln immer wieder einzelne Truppenteile und töten Mann für Mann. Varus und seine höheren Offiziere fürchten, lebend gefangen und dann grausam getötet zu werden. Sie begehen Selbstmord, indem sie sich in ihre Schwerter stürzen. Varus' Gebeine werden nie geborgen.

Nur wenige Römer können dem Blutbad entkommen. Die, die sich ergeben haben, darunter auch Frauen und Kinder, werden gefoltert und gemartert und entweder gekreuzigt, lebendig begraben oder den Göttern geopfert. Die Germanen haben sich behauptet, Arminius hat mit den unter seiner Führung zusammengefassten Stämmen einen nachhaltigen Sieg gegen ein in höchster Blüte stehendes Weltreich errungen. Er stellt eine Wendemarke in der Geschichte des römischen Imperiums dar und auch der Frühzeit unseres eigenen Volkes. Arminius steigt zum deutschen Nationalhelden auf, ungeachtet der Tatsache, dass es Untreue und Verrat sind, die den Sieg ermöglicht haben.

Ganz Rom gerät in Panik, als die Nachricht von der Katastrophe eintrifft. Seit der Niederlage bei Cannae gegen Hannibal hat man keine derart hohen Verluste mehr gehabt. Werden die Germanen nun wie ein reißender Strom über ganz Gallien herfallen? Augustus trifft die Nachricht vom Untergang seiner Truppen wie ein Schlag. Er gibt jeglichen Plan einer Elbgrenze auf, die rechtsrheinischen Eroberungen sollen nicht wiedergewonnen werden. Wie der römische Geschichtsschreiber Sueton berichtet, »zerriss er seine Kleider und trauerte zutiefst. Er hat sein Haar und seinen Bart mehrere Monate lang wachsen lassen. Er schlug seinen Kopf gegen den Türpfosten und hat immer wieder ausgerufen: ›Varus, Varus, gib mir meine Legionen wieder!‹«

»In diesem Zeichen wirst du siegen!« (Milvische Brücke, 28. Oktober 312)

Er ist kräftig und hochgewachsen und hat große, dunkle Augen. Von der kolossalen Sitzstatue, die ihm zu Ehren errichtet wird, bleiben nur die beiden Füße, der rechte Unterschenkel, die rechte Hand mit streng nach oben gerichtetem Zeigefinger sowie der rechte Oberarm und ein kleines Brustteil erhalten. Und der eindrucksvolle Kopf mit der ausgeprägten großen Nase und dem glatten, energisch nach vorn gerichteten Kinn. Er wird 1486 in der westlichen Apsis der Basilica Nova in Rom gefunden und ist dem Mann nachgebildet, der diese Kirche zu seinen Lebzeiten vollenden ließ. Dem Torso dieser Kolossalstatue verdanken wir es, dass wir wenigstens in etwa wissen, wie der Mann ausgesehen hat, den die Byzantiner »Megas« nennen, den »Großen«. Sein kurz gelocktes, kunstvoll drapiertes und wie ein Kranz seine hohe Stirn umschließendes Haar lässt erahnen, dass es sich um einen Mann von hohem Stande handelt, einen Kaiser. Er heißt Konstantin. Kein rauer Stoppelbart, kein finsterer Blick, ohne den kaum ein Soldatenkaiser vor ihm abgebildet worden ist. Sein charismatischer Kopf zeigt Edelmut und Strenge in geradezu klassizistischer Form. Die großen beherrschenden Augen scheinen von innen heraus zu leuchten.

Dieser Konstantin, der auch in unserem Kulturkreis den Beinamen »der Große« erhält und zu einer überragenden, geradezu mythischen Gestalt geworden ist, überwuchert von zahlreichen Legenden, ist ein Bastard. Er wird irgendwann zwischen 270 und 288 n. Chr. in Naissus in Moesien, dem heutigen serbischen Niš, geboren.

Seine Mutter ist eine Stallmagd, die sich prostituiert. Konstantins Eltern sind nicht verheiratet. Sein Vater ist einer der Mitkaiser des Imperium Romanum, von denen es zur Zeit der »Vierherrschaft« des Kaisers Diokletian mehrere gegeben hat.

Trotz seiner anrüchigen Herkunft gelingt Konstantin ein erstaunlicher Aufstieg. Unter Diokletian erhält er eine militärische Ausbildung und bringt es bis zum Tribun. Bald darauf in den Kaiserrang erhoben, ist er von den im Jahre 311 herrschenden fünf Mitkaisern der einzige, der Erfolg hat und sich durchsetzen kann. Er wird zunächst Herrscher des Westens. Dann ist er noch 13 Jahre Alleinherrscher über ein riesiges Imperium mit überall gefestigten Grenzen. In einer beispiellosen Karriere und einer gesamten Regierungszeit von 30 Jahren übertrifft er alle seine Vorgänger mit Ausnahme des Kaisers Augustus. Eine zeitgenössische Inschrift bezeichnet ihn als den »Glücklichsten und über das Maß aller früheren Kaiser Frömmsten und Siegreichsten«. In den 20 Jahre dauernden Kämpfen um die Alleinherrschaft hat Konstantin Glück und Erfolg. Um dahin zu gelangen, bedarf es militärischen und politischen Geschicks. Und eines Irrtums. Dieser Irrtum, mit dem sein Aufstieg zum Alleinherrscher verbunden ist und von dem gleich zu reden sein wird, ereignet sich im Jahr 312 in Rom.

Dort herrscht seit sechs Jahren ein gewisser Maxentius, ein gekrönter Lustmolch übelster Sorte. Mit Unterstützung des Volkes und der Prätorianergarde hat er sich zum Kaiser ausrufen lassen. Wenn wir dem zeitgenössischen Kirchenhistoriker Eusebius Glauben schenken wollen, besteht die Lieblingsbeschäftigung des Maxentius darin, ehrbare verheiratete Frauen, auch aus höchsten Kreisen, ihren Familien zu entreißen, sie dreist zu schänden und anschließend zu ihren Männern zurückzuschicken. Und als Unruhen im Volk entstehen, richten die Prätorianer auf Befehl des Kaisers ein Blutbad unter den armen Leuten an und metzeln über 6000 Römer und Römerinnen nieder.

Keiner der Mitkaiser will Maxentius als legitimen Herrscher akzeptieren. Auch Konstantin nicht. Ihm unterstehen zu dieser Zeit lediglich die Westprovinzen mit Britannien, Spanien und Gallien, wo er in Trier seit einiger Zeit residiert. Also macht Konstantin sich auf und überquert im Frühjahr 312 mit einem zahlenmäßig kleinen Heer die Alpen, wie rund 500 Jahre zuvor Hannibal. Konstantins Zug ist kein Religionskrieg, denn Maxentius verfolgt, anders als viele Kaiser vor ihm, keine Christen.

Konstantins Heer ist zwar klein, aber seine Elitesoldaten, vorwiegend Gallier und Germanen, sind schlagkräftig und gut ausgebildet. Es gelingt ihnen in harten Kämpfen Norditalien zu erobern. Das gut befestigte Rom ist allerdings noch weit, und ein Marsch dorthin ist nicht ungefährlich. Erst kürzlich ist die Aurelianische Stadtmauer in Stand gesetzt worden. Maxentius hat große Getreidevorräte angelegt, um einer langen Belagerung standzuhalten. Und er hat den mittleren Bogen der Milvischen Brücke über den Tiber zerstören und durch eine provisorische Holzkonstruktion, die sich rasch entfernen lässt, ersetzen lassen. Rom ist in der Tat eine starke, kaum einnehmbare Festung.

Das Verteidigungskonzept hat alle Aussicht auf Erfolg. Denn die Kräfte Konstantins reichen für eine langwierige Belagerung bei weitem nicht aus. Katapulte oder andere Belagerungsmaschinen, mit denen man die dicken Mauern und Tore hätte überwinden können, fehlen gänzlich. Und die Nachschubwege sind lang. Konstantins strategische Lage verschlechtert sich mit jedem Tag, den er auf feindlichem Gebiet verweilt. Seine Kommandeure und Angehörige des persönlichen Stabs raten ihm eindringlich, das Abenteuer eines Marschs auf Rom zu unterlassen. Sie befürchten eine Niederlage. Auch die Opferbeschauer entdecken keine günstigen Vorzeichen. Aber Konstantin gibt selbst dann seinen Plan nicht auf, als die Offiziere lauthals murren. Bisher ist er immer darauf bedacht gewesen, in Übereinstimmung mit ihnen zu handeln, vor allem mit dem Frankenführer Bonitus und dem Alemannenkönig Chrocus. Doch jetzt schlägt er ihre Bedenken aus und setzt sich durch. Das Heer marschiert auf Rom und erreicht im Herbst 312 den Tiber.

Am Morgen des 28. Oktober 312 befiehlt Konstantin im Feldlager bei Malborghetto seinen Soldaten unmittelbar vor der von allen er-

warteten Schlacht, magische Lichtsymbole in Form des Christo-
gramms auf ihre Schilde zu malen. Er sagt seinen Soldaten, er habe
mit eigenen Augen am Himmel über der mittäglichen Sonne ein aus
Licht gebildetes Siegeszeichen des Kreuzes erblickt, dem ein Schrift-
zeichen beigefügt war: »Durch dies siege« oder in der etwas abge-
wandelten lateinischen Formulierung: »In hoc signo vinces«, »in diesem Zeichen wirst du siegen!« Und er habe geschworen, zum
Christentum überzutreten, wenn die Schlacht siegreich für ihn aus-
gehe.

Aber die Chancen Konstantins, den Kampf um Rom zu gewinnen,
stehen schlecht. Er ist auf eine lange Belagerung überhaupt nicht ein-
gerichtet. Maxentius, der sich hinter den dicken Mauern mit seinen
Truppen verschanzt hat, hat alle Trümpfe in der Hand. Doch nun
tritt etwas ganz und gar Unerwartetes und Überraschendes ein. Maxentius verlässt plötzlich die schützenden Befestigungen der Hauptstadt und tritt Konstantin auf offenem Felde entgegen. Damit gibt er
ihm die unverhoffte Chance, seine Invasion doch noch erfolgreich
zum Abschluss zu bringen. Warum ist Maxentius nicht bei seinem
Verteidigungskonzept geblieben? Was hat ihn veranlasst, sein schier
uneinnehmbares Schlupfloch plötzlich zu verlassen? Schon die zeitgenössischen Historiker haben sich den Kopf darüber zerbrochen,
warum er das getan hat. Eine vernünftige Erklärung gibt es eigentlich
kaum dafür, es sei denn die, dass er Opfer eines Irrtums geworden ist.
Aus den aktuellen Situationsberichten seiner Geheimpolizei ent-
nimmt er, dass er keinerlei Rückhalt in der Stadtbevölkerung hat. Die
Konzentration einer so großen Zahl von Truppen in einer Stadt kann
leicht zu Konflikten mit der Zivilbevölkerung führen. Aber ein Aufstand, wie Maxentius ihn befürchtet, steht keineswegs bevor. Die
Niedermetzelung der 6000 Römer und Römerinnen ist zwar noch
nicht vergessen. Und im Circus kommt es auch vereinzelt zu Sym-
pathiekundgebungen für Konstantin. Doch eine Erhebung des Volks
oder ein Verrat, wie er bei einem so riesigen Mauerumfang immer
vielfach möglich ist, ist konkret nicht in Sicht. Vielleicht haben auch
fragwürdige heidnische Orakel den Irrtum beeinflusst und Maxen-

tius in seinem Entschluss noch bestärkt, dem drohenden Unheil zu-vorzukommen und Konstantin lieber außerhalb von Rom in einer offenen Feldschlacht gegenüberzutreten. Fast möchte man mit Jo-hanna in Schillers »Die Jungfrau von Orleans« ausrufen: »Es war kein Irrtum, eine Schickung war's!«

Konstantin rückt auf der Via Flaminia vor und wird 13 Kilometer nördlich der Milvischen Brücke bei den »Saxa Rubra«, den »Roten Felsen«, abgefangen. Doch dort erscheinen nur Teile der Streitmacht des Maxentius, und Konstantin kann sie besiegen. Sie fliehen zurück zur Milvischen Brücke. Nun verlässt Maxentius selbst mit seinen Eli-tetruppen die Stadt, vielleicht, um Konstantin zu umfassen, viel-leicht, um den Flussübergang für seine zurückflutenden Soldaten offen zu halten. An der nur drei Kilometer von Rom entfernten Brü-cke treffen beide Heere aufeinander. Maxentius steht mit dem Rü-cken zum Fluss, den Soldaten ist jede Fluchtmöglichkeit abgeschnit-ten. Der einzige Weg führt über die Brücke. Maxentius glaubt, die Holzkonstruktion, die er extra hat einsetzen lassen, um sie im Not-fall schnell herausnehmen zu können, wird der Masse seiner zurück-flutenden Truppen standhalten. Aber auch hier irrt er. Die Kon-struktion bricht unter den Tritten der Kolonnen zusammen und stürzt ein.

Der Kampf um die Brücke wird von beiden Seiten mit äußerster Härte geführt. Erbittert schlagen die Soldaten aufeinander ein. Das Christogramm auf den Schilden hilft den Truppen Konstantins, in dem wilden Getümmel Freund und Feind auseinander zu halten. Als die Leibgarde des Maxentius fast bis auf den letzten Mann getötet ist, gibt er die Schlacht verloren. Bei der Flucht über den Fluss wird er von seinem Pferd in den Tiber geschleudert und ertrinkt. Konstantin lässt den Leichnam bergen. Bei dem Einmarsch der Sieger in die er-oberte Stadt spießen die Soldaten das abgeschlagene Haupt des Ma-xentius auf eine Lanze auf und tragen es jubelnd durch die Straßen.

Nun fallen Konstantin auch die Provinzen Italien und Nordafrika zu. Er hält Wort und tritt zum christlichen Glauben über. Als er sich 337 sogar taufen lässt, wird er zum Vorbild der ganzen Welt, an dem alle späteren gemessen werden, auch Chlodwig, Karl der Große und Otto III. Mit seinem Lebenswerk, der Christianisierung des römischen Staates, verkörpert Konstantin den Beginn einer neuen Epoche. Sie wäre nicht eingetreten, zumindest nicht zu diesem Zeitpunkt, wenn Rom der Belagerung standgehalten hätte und Konstantin in seiner exponierten Stellung, vom Nachschub so gut wie abgeschnitten, zur Umkehr gezwungen gewesen wäre. So haben die Fehleinschätzungen von Maxentius an der Milvischen Brücke nicht nur eine Schlacht entschieden, sondern die Weltgeschichte verändert.

Otto I. und der Kampf gegen die Ungarn
(Lechfeld, 10. August 955)

Seit seiner Krönung zum König 936 in Aachen muss Otto I. ständig um seine Herrschaft kämpfen. Sein Vater König Heinrich hatte ihn, den ältesten Sohn aus zweiter Ehe, zu seinem Nachfolger bestimmt, und nicht Thankmar, den Sohn aus der aufgelösten ersten Ehe. Und auch nicht Heinrich, den jüngeren Bruder, obwohl dieser »in den Purpur«, ins Königrecht hineingeboren war, das heißt zu der Zeit, als der Vater schon König war. So scheint Ottos Wahl von Anfang an mit einem Zweifel belastet oder sogar einem Rechtsbruch. Der Zwist mit seinen Brüdern eskaliert zu einem jahrelangen politischen Kampf, der die Kräfte des Königreichs stark beansprucht.

Hinzu kommt die Auseinandersetzung mit den Stämmen. Denn als Otto I. den Versuch macht, eine starke zentralisierte Monarchie im ostfränkischen Reich, dem werdenden Deutschland, aufzubauen, lehnen sich die einzelnen Stammesherzöge dagegen auf. Insbesondere sein jüngerer Bruder, Herzog Heinrich von Bayern, erhebt sich immer wieder gegen ihn. Während der Kämpfe gegen die slawischen Stämme errichtet Otto im Osten Bistümer und Marken und setzt deutsche Herrschaft und Christianisierung durch. Auch Burgund,

Frankreich und Italien bezieht er in den nächsten Jahren in seine hochfliegenden Pläne ein. Zum ersten Mal entsteht der Gedanke einer mitteleuropäischen Machtstellung.

Aber diese Herrschaftsidee lässt sich nur verwirklichen, wenn Otto auch einer anderen Bedrohung aus dem Osten Herr wird und seinen gefährlichsten Feind besiegen kann, die Ungarn. Immer wieder fallen ihre wilden Horden in den Jahren 937–941 ins Reich ein und treffen den Lebensnerv des ottonischen Reiches. Besonders kritisch wird die Lage, als sich die aufrührerischen Stämme 954 mit den Ungarn verbünden. »Ich wollte es ertragen«, klagt Otto auf dem Reichstag von Langenzenn bei Fürth, »wenn der Groll meines Sohnes und der übrigen Verschwörer nur mich alleine peinigte und nicht das ganze Volk der Christenheit in Verwirrung brächte ..., wenn nicht die Feinde Gottes und der Menschen (die Ungarn) in diese Händel hineingezogen würden. Eben jetzt haben sie mein Reich verödet, das Volk gefangen oder getötet, die Städte zerstört, die Kirchen verbrannt, die Priester erwürgt ... Welche Freveltat, welche Treulosigkeit noch möglich sei, vermag ich nicht auszudenken.«

Ein geschickter Schachzug. Mit diesen Worten verlagert Otto das Problem auf die religiöse Ebene, in der alle seine Gegner mit ihm wieder einer Meinung sein können. Dieser Appell verfehlt seine Wirkung nicht. Herzog Konrad der Rote von Lothringen, Erzbischof Friedrich von Mainz und auch Ottos Sohn Liudolf von Schwaben unterwerfen sich dem König. Als die Ungarn 955 erneut in Bayern einfallen, stoßen sie auf ein ideell geeinigtes Heer, in dem alle Stämme gemeinsam zur Schlacht bereitstehen. Innerhalb von nur vier Wochen hat sich ein Reichsaufgebot von rund 10 000 Panzerreitern bei Ulm versammelt.

Im August 955 stehen die ungarischen Truppen vor Augsburg. Bischof Ulrich hat persönlich die Verteidigung der Stadt übernommen. Sie ist nur unzureichend befestigt und droht in die Hände des Feindes zu fallen. Aber die Ungarn brechen den Angriff plötzlich ab, ziehen sich zurück und sammeln sich auf dem Lechfeld. Verräter haben ihnen gemeldet, dass ein großes Reichsheer im Anmarsch ist, das erste gesamtdeutsche Aufgebot der Geschichte. Die ottonischen Panzerreiter fasten einen Tag und empfangen am nächsten Morgen, dem 10. August 955, die Kommunion. Dann formieren sie sich zu einer Schlachtordnung, die der Geschichtsschreiber und Mönch Widukind von Corvey in seiner »Sachsengeschichte« ausführlich beschreibt.

An der Spitze marschieren die Bayern mit den ersten drei Legionen, aber ohne ihren Herzog Heinrich, den jüngeren Bruder Ottos. Er ist schwer erkrankt und stirbt kurz nach der Schlacht. Dann folgen die Franken mit der vierten Abteilung unter der Führung von Konrad dem Roten. In der fünften, stärksten Kolonne auserlesener Truppen reitet König Otto I. hinter der Fahne und dem Bildnis des heiligen Michael. Die Schwaben bilden unter ihrem Führer Burchard III. die sechste und siebte Einheit und am Ende marschieren als achte Legion etwa 1000 böhmische Soldaten mit dem ganzen Tross. Die Nachhut hält man für den sichersten Platz für das gesamte Gepäck einschließlich des Nahrungsvorrats.

Um den gefürchteten ungarischen Bogenschützen auszuweichen und sich vor ihren Pfeilen besser zu schützen, aber auch, um der heißen Sonnenglut des Tages zu entgehen, entschließt sich Otto, mit seinen acht Heerscharen Richtung Augsburg durch den Wald zu marschieren. Das beeinträchtigt aber zugleich die Sicht. Des Königs Späher haben ihm gemeldet, das ungarische Heer sammle sich vor ihnen auf dem Lechfeld. Otto glaubt deshalb, auf die Ungarn zu treffen und sie zur Schlacht stellen zu können, wenn er weiter geradeaus auf Augsburg vorstößt. Er nimmt an, das gesamte feindliche Heer befinde sich vor ihm. Ein böser Irrtum, der die Schlacht beinahe schon entscheidet, bevor sie überhaupt begonnen hat. Durch mangelnde Aufklärung ist Otto entgangen, dass die Ungarn ihre Truppen geteilt, mit starken Einheiten den Lech überquert und das deutsche Heer umgangen haben. Ottos Soldaten marschieren geradewegs in eine Falle.

Zu ihrer großen Überraschung werden sie plötzlich von hinten angegriffen. Der gesamte Tross und die böhmische Legion werden von den ungarischen Reitern mit gellendem Geschrei überfallen und überrannt. Das gesamte Gepäck geht verloren, Panik bricht aus. Viele Soldaten geraten in Gefangenschaft. Ein ungarischer Sieg zeichnet sich ab. In dem Durcheinander behält jedoch ein Mann die Nerven, der noch vor wenigen Wochen zu den erbittertsten Feinden Ottos zählte, der »rote« Konrad. Mutig und entschlossen wirft er sich den Feinden entgegen und streckt mit seinem Schwert zahlreiche Ungarn nieder. Die vierte fränkische Legion folgt seinem Beispiel und schwärmt aus, um den Feind selbst zu umzingeln. In tapferer Gegenwehr gelingt es Herzog Konrad und den Franken, die Gefangenen zu befreien und die Ungarn zurückzudrängen und in die Flucht zu schlagen. Als er in einer kurzen Kampfespause die Bänder seines Helms löst, um ein wenig Luft zu schöpfen, trifft ihn ein tödlicher Pfeil in die Kehle. Konrad stirbt noch auf dem Schlachtfeld und wird später ehrenvoll aufgebahrt und nach Worms überführt. Durch sein kühnes Eingreifen ist die Gefahr gebannt.

Als die ottonischen Legionen den Wald verlassen und auf das Gros des ungarischen Heeres treffen, ergreift Otto I. die Heilige Lanze und hält eine kurze Ansprache an seine Soldaten. Mit seiner großen Statur und dem bis zur Brust wallenden rötlichen Bart ist er in seiner königlichen Montur weithin sichtbar. Er wisse, dass der Feind zahlenmäßig überlegen sei, sagt er, nicht aber an Rüstung und Tapferkeit und auch nicht in der Hoffnung auf Gott und seinen Schutz. »Lieber im Kampf, wenn unser Ende bevorsteht, ruhmvoll sterben, als, den Feinden untertan, in Knechtschaft leben!« Dann nimmt er den Schild und wendet als Erster sein Pferd zum Angriff.

Die leichte ungarische Reiterei hat der Angriffswucht der herandonnernden schweren Panzerreiter nichts entgegenzusetzen. Beflügelt vom Beispiel des »roten« Konrad metzeln sie alles nieder, was sich ihnen in den Weg stellt. Der Lech färbt sich rot vom Blut der Magyaren. Als sie fliehen, befiehlt Otto ganz gegen die bisherige Gewohnheit, sie zu verfolgen und völlig zu vernichten. Einige Truppen fliehen in die umliegenden Dörfer und werden dort mit samt den Gebäuden, in denen sie Schutz gesucht haben, verbrannt. Viele ertrinken bei dem Versuch, den Lech zu durchschwimmen. Das feindliche Lager wird eingenommen und alle Gefangenen werden befreit. Drei ungarische Anführer werden sofort hingerichtet. Nur sehr wenige Ungarn können entkommen.

Der Sieg ist vollkommen, jedoch teuer erkauft. Neben Herzog Konrad, dem eigentlichen Sieger der Schlacht, ist ein großer Teil des Adels gefallen. Widukind von Corvey beendet, ganz nach römischem Vorbild, seine Beschreibung der Schlacht mit dem Satz: »Durch den herrlichen Sieg gefeiert, wurde der König ruhmvoll vom Heer als Vater des Abendlands und Kaiser genannt.« Die Kaiserkrönung erfolgt zwar erst im Jahr 962 durch Papst Johannes XII. in Rom, aber das Volk nennt Otto schon jetzt »den Großen«. Die Ungarnschlacht bedeutet einen Wendepunkt in seinem Leben. Sein Reich ist eine schwere Sorge los und der deutsche Südosten kann sich nun frei entwickeln. Die seit 60 Jahren andauernden ungarischen Raubzüge und Plünderungen sind endlich zu Ende. Die Ungarn werden sesshaft und nehmen das Christentum an. An Ottos Herrschaftsberechtigung besteht nun kein Zweifel mehr. Mit seinem hoch entwickelten Gefühl für Macht und Würde ist Otto I. im Begriff, das Erbe Karls des Großen anzutreten.

Irrtümer in der Zeit
von 1000–1700

Das Gottesurteil
(Rom, Mai–August 1167)

Für Friedrich Barbarossa, als volkstümlichster der deutschen Kaiser geradezu zu einem Symbol deutscher Größe und Macht geworden, werden ab 1165, zehn Jahre nach seiner Kaiserkrönung in Rom, die Schwierigkeiten immer größer. Die kaiserliche Herrschaft in Norditalien, die wichtigste Finanzquelle für das Reich, ist stark bedroht. Insbesondere in der Lombardei erregen die erlassenen Bestimmungen und die Art und Weise, wie opponierende Städte unterworfen und zum Teil sogar, wie 1162 Mailand, total zerstört worden sind, starke Unruhe. Die grausame Unterdrückung durch kaiserliche Truppen sichert zwar für einige Zeit den Frieden in Norditalien, schürt aber unbeugsamen Hass.

Hinzu kommt das Schisma, es gibt zwei Päpste. Einen kaiserlichen Papst, der unter dem Einfluss von Barbarossa 1160 auf einer Synode anerkannt worden ist, sowie Alexander III., der aus Sicherheitsgründen 1162 seinen Sitz nach Frankreich verlegt hat und, unterstützt von England, Irland, Frankreich, Ungarn, Aragon, Kastilien und dem lateinischen Orient, den Kaiser und »seinen« Papst mit dem Bann belegt hat. Er bestreitet den Deutschen das Recht, das Haupt der Christen nach ihrem Belieben einzusetzen. Die durch das Schisma eingeleitete Periode erbitterter Kämpfe dauert insgesamt 17 Jahre.

Alexander III. kehrt 1165 nach Rom zurück und plant von dort aus einen Aufstand der Lombarden gegen die deutsche Fremdherrschaft. In Verona kommt es zu schweren Unruhen, die die dortigen kaiserlichen Truppen nicht niederschlagen können. Friedrich Barbarossa beschließt daher, an der Spitze eines deutschen Ritterheeres nach Italien zu marschieren. Aber das Heer muss erst aufgestellt werden, das braucht Zeit.

Zunächst müssen die Reichsfürsten, voran Heinrich der Löwe, auf dem Würzburger Reichstag von 1165 einen Eid schwören, Papst Alexander III. nicht anzuerkennen und sich zur Heeresfolge zu verpflichten. Gegen die Bischöfe, die sich der Eidesleistung entziehen, wie zum Beispiel Konrad von Salzburg, geht Friedrich Barbarossa, ein Mann der Ordnung und des Rechts, rigoros vor und verhängt über sie die Reichsacht. In Mainz setzt er seinen getreuen Gefolgsmann Christian von Buch als Erzbischof ein. Erst im Spätsommer 1166 sind genug Truppen rekrutiert und der Aufmarsch beginnt. Die deutschen Ritter ziehen Mitte Oktober 1166 in zwei Heeressäulen über die Alpenpässe nach Italien, um Rom zu erreichen. Unter ihnen sind auch etwa 1000 kampferprobte Elitetruppen aus Brabant, die gefürchteten »Brabanzonen«. Ein überaus harter und strenger Winter behindert ihren Vormarsch.

Ende Mai 1167 erreicht der mit einigen Truppen vorausgeeilte Kanzler und Vertraute des Kaisers, Reinald von Dassel, das Stadtgebiet von Rom und schlägt im nahe gelegenen Tusculum sein Lager auf. Er hofft Rom im Handstreich nehmen zu können. Aber Alexander III. hat die Stadt befestigen lassen und ruft die Römer zu erbittertem Widerstand auf. Mit rund 30 000 Soldaten ist sein Heer etwa 20-mal so groß wie die kleine kaiserliche Streitmacht. Angesichts dieser erdrückenden Übermacht beschließt Reinald von Dassel, vorerst hinter den Mauern Tusculums zu bleiben und die Ankunft der Verstärkung abzuwarten, die unter der Führung von Christian von Buch heranrückt.

Doch die Römer sind so sehr von ihrer Überlegenheit und ihrem bevorstehenden Sieg überzeugt, dass sie die Befestigungen Roms verlassen und zum Sturm auf Tusculum antreten, um den verhassten kaiserlichen Kanzler gefangen zu nehmen. Gerade als der Angriff begonnen hat, erscheinen Christians Truppen in der Flanke. Die Römer wenden sich von Tusculum ab und werfen sich auf die von den Gewaltmärschen erschöpften Mainzer Soldaten und durchbrechen ihre Reihen.

Reinald erkennt die kritische Situation, setzt sich an die Spitze seiner Truppen und stürzt sich mit wildem Kampfgeschrei auf den Feind. Was niemand für möglich gehalten hat, geschieht: Die römischen Soldaten ergreifen die Flucht, von panischem Schrecken erfasst vor der kühnen Unerschrockenheit und schier unüberwindlich scheinenden Stärke der deutschen Ritter, denen offenbar Gott zur Seite steht. Sie erringen einen beispiellosen Sieg. Sie plündern und zerstören die Umgebung Roms, die Felder und Weinberge, und schließen die Stadt ein. »Wir verloren dabei nicht einen einzigen Mann«, berichtet Reinald nach Köln. »Alle Zelte der Römer, Waffen, Panzer, Gewänder, Pferde, Esel und Gold eroberten wir als Siegesbeute. Wir schenkten es den Söldnern und Knechten. Uns Rittern genügt Ehre und Ruhm.«

Kaiser Friedrich erhält die Siegesnachricht, als er gerade Ancona eingenommen hat. In Eilmärschen stößt er auf Rom vor und erreicht es am 24. Juli 1167. Die päpstlichen Garden werden überrannt. Nachdem Verräter die Tore geöffnet haben, werfen die Ritter Feuerbrände auf den Petersdom. Im Vorhof geht eine uralte Kapelle mit all ihren Kostbarkeiten in Flammen auf. Sie drohen auf das Heiligtum der Christenheit, die Grabstätte von Petrus, überzuspringen. Daraufhin ergeben sich am 29. Juli Alexanders letzte Soldaten und die Sieger löschen den Brand. In der Nacht lässt der Papst sich, als Mönch verkleidet, den Tiber hinabrudern und entkommt.

Schon am nächsten Tag feiert Barbarossa in der verwüsteten Petrikirche das Siegesfest. Vor den schwelenden Resten des Hochaltars lässt er sich am 1. August durch »seinen« Papst Paschalis III., den er mitgebracht und an heiliger Stätte neu inthronisiert hat, zum zweiten Mal das Diadem der Römischen Kaiser aufs Haupt setzen und auch seine Ehefrau Beatrix zur Kaiserin krönen. Die Christenheit soll erkennen, dass nun die Einheit der heiligen Kirche wiederhergestellt und Kaiser Friedrich I. von Gottes Gnaden ihr Herr ist.

Es ist ein Triumph, wie ihn sich der Kaiser nicht größer hätte wünschen können. Die Eroberung Roms und die Flucht des Gegenpapstes wirkt demoralisierend auf den lombardischen Städtebund. Und Friedrich Barbarossa ist sich sicher, dass der Frieden in Italien und seine Herrschaft über das Land nun auf Dauer gesichert ist. Ein schwerer Irrtum, wie die kommenden schwülen und heißen Sommerwinde in der vom Schirokko ausgedörrten Campagna zeigen werden.

Erst ist es einer der Trossknechte, der in den dicht aneinander gedrängten Zelten auf den Hügeln über der Stadt plötzlich von Fieberkrämpfen geschüttelt wird. Dann, als tropischer Regen niederfällt und die Zelte unter Wasser setzt, werden es in der schwülen Treibhausluft der Tiberebene immer mehr. Die Soldaten brechen mit Schaum vor dem Mund zusammen. Man will sie begraben, aber auch die Leichenträger fallen um. Schrecken erfasst die Ritter, ist das die Pest, die im Lager ausgebrochen ist? Wir wissen bis heute nicht, welche Krankheit es wirklich war. Die alten Quellen sprechen von der Pest, aber unter Pestilenz verstand man auch jede andere Seuche. Jedenfalls werden in wenigen Tagen über 2000 Soldaten dahingerafft, darunter Herzöge, Grafen, Heerführer und viele Vertraute Friedrichs. Es hilft nichts, dass sie sich zur Ader lassen, die Haare scheren, die Kleider verbrennen und nackt herumlaufen. »Um die Kranken verbreitet sich ein unerträglicher Gestank«, berichtet ein Augenzeuge. »Menschen, Rösser, Kleider waren verpestet, von jedem Weg, aus jedem Raum, aus jedem Haus stank es gen Himmel.« Am 14. August 1167 wird auch Reinald von Dassel ein Opfer der Seuche, der streitbare Kanzler und geschickte Diplomat, der fast zehn Jahre lang im Namen des Kaisers Politik gemacht hat.

Den Kaiser ergreift Hoffnungslosigkeit. Mitten auf dem Höhepunkt seiner Macht erfasst ihn eine plötzliche grauenhafte Katastrophe, die von vielen als gerechtes Gottesurteil angesehen wird. »Das ist Gottes Macht«, jubeln die Anhänger Alexanders, »und die Kraft seines Armes! Der Herr hat Friedrich, den Hammer der Gottlosen, zermalmt!« Wenn der Kaiser überhaupt noch etwas retten will, dann muss er Rom mit den Resten seiner Truppen sofort verlassen und aufgeben.

Unter größten Schwierigkeiten kann das zusammengeschmolzene Heer Pavia erreichen. Die Lombardei ist im Aufstand, der lombardische Städtebund stellt sich mit seinen 16 Städten nun offen gegen den Kaiser und kämpft um seine Freiheit. »Die Himmel staunen, der ganze Erdkreis zittert, alle Elemente sind in Aufruhr geraten«, schreibt Friedrich Barbarossa verzweifelt und Hilfe suchend nach Deutschland. »Nicht gegen Unsere Person allein geht dieser nichtswürdige Aufruhr, er geht gegen die Macht des deutschen Volkes, denn sie schreien überall, ›wir wollen die deutsche Herrschaft nicht mehr!‹ Aber wir werden lieber inmitten unserer Feinde in Ehren untergehen, als dass wir, so lange Wir leben, den Untergang des Reiches dulden!«

Der Kaiser wendet sich an seine Fürsten, Herzöge und Bischöfe in Deutschland und bittet um Waffenhilfe. Er ist davon überzeugt, dass er sie auch bekommen wird. Ein erneuter Irrtum, niemand hilft ihm. Barbarossa muss erkennen, dass er einsam und verlassen ist und die nach vier Italienzügen in 15 Jahren mühsam errichtete Herrschaft über Italien in ein Nichts zerfallen ist. Die Lombarden haben die Alpenpässe besetzt. Friedrich muss um sein Leben fürchten. Als er im März 1168 nur noch mit einer Hand voll Männer in Susa ankommt, wollen ihn die Bürger der Stadt nachts gefangen nehmen. Er erfährt davon, und einer seiner letzten Getreuen, der Ritter Hermann von Siebeneichen, rettet ihm das Leben. Er legt sich in das Bett des Kaisers, um die Bewohner zu täuschen, während sich Friedrich als Diener verkleidet mit fünf Mann aus der Stadt schleichen und über den Mont Cenis nach Burgund entkommen kann.

Eigenartiges Ende einer Belagerung
(Burg Gaillard, Frühjahr 1204)

Belagerungen von Festungen hat es schon immer gegeben, sowohl in der Antike als auch im Mittelalter und in der Neuzeit. Allerdings führten die wenigsten zum Erfolg, insbesondere im Mittelalter nicht. Woran lag das?

Es sind die Normannen, die Mitte des 11. Jahrhunderts eine neue Art des Festungsbaus entwickeln: Die steinerne Burg mit Wall und Graben. Sie wird zum Fundament des Ritterstandes und der Kriegspolitik. Der Festungsbau nimmt einen enormen Aufschwung, die Burgen werden immer größer und prunkvoller. Die Schutzmauern werden verstärkt und die Vorhöfe vermehrt. Die Mauern und Türme bekommen kreuzförmig angelegte Schießscharten, durch die man den Angreifer ungesehen und gut geschützt und mit einem nach der Seite erweiterten Schussfeld mit Steinschleudern und immer besseren Bogen beschießen kann. Dagegen bleiben die Angriffswaffen und die Belagerungsgeräte auf dem alten Stand. Seit der Zeit des Römischen Reiches haben sie sich kaum weiterentwickelt und bestehen immer noch aus Rammböcken, Sturmleitern, Belagerungstürmen, Schleudermaschinen und beweglichen Brustwehren.

So wird es immer schwieriger, eine Burg zu erobern. Als beste Waffe erweist sich immer noch das Aushungern, das Unterminieren und der Verrat. Die Verteidigung ist die stärkere Kampfmethode. Es ist besser, im Schutz der Burg zu bleiben, als dem Gegner in einer offenen Feldschlacht gegenüberzutreten. Und wer gar über ein ganzes Netz von Burgen verfügt wie die englischen Könige, ist in einer strategisch glänzenden Position.

Eine dieser englischen Festungen ist die Burg Gaillard. König Richard I. hat sie 1198 vollendet. Sie liegt auf dem französischen Festland und steht auf einem hohen Felsvorsprung hundert Meter über der Seine. Am Abhang liegen hintereinander drei Höfe, die in die einzig mögliche Angriffsrichtung tief gegliedert und jeweils durch Wälle und Mauern voneinander getrennt sind. Den inneren Burghof mit dem Zwinger hat man direkt in den schroffen Felsen hineingebaut. Das Gebäude ist mit zwei Reihen Brustwehren verstärkt und durch einen tiefen Sockel gegen Unterminierungsversuche geschützt. Unterhalb der Zinnen ermöglichen Öffnungen, heißes Pech oder Wurfgeschosse auf angreifende Rammböcke hinabzuschleudern. Hohe Außentürme in den mächtigen Schutzmauern des mittleren und äußeren Burghofs erhöhen die Abwehrkraft der Festung.

Sie scheint uneinnehmbar. Und wer auf die Idee kommt, ein so schwieriges Unternehmen wie die Belagerung dieser Burg durchzuführen, muss von vornherein mit einem kläglichen Scheitern rechnen.

Es gibt allerdings jemanden, der diese Idee hat. Er heißt Philipp August und ist seit 1180 König von Frankreich. Er entstammt einem alten französischen Herrschergeschlecht, den Kapetingern, die seit der Thronbesteigung durch Hugo Capet im Jahre 987 ununterbrochen bis ins 14. Jahrhundert die Geschicke Frankreichs bestimmen und alles daransetzen, die Königsmacht zu stärken und einen zentral regierten Nationalstaat aufzubauen. Sehr hinderlich für die Umsetzung dieser Idee erweisen sich die englischen Festlandbesitzungen, die einen guten Teil des damaligen Frankreichs ausmachen. Sie sind Philipp August ein Dorn im Auge, und er sinnt als kluger Politiker und erster großer »Ländersammler« nach Möglichkeiten, das zu ändern und das englische Reich auf französischem Boden zu zerschlagen.

Eine Gelegenheit dazu bietet sich ihm, als im Jahre 1202 französische Barone ihren Lehnsherrn wegen Verletzung seiner Vasallenpflichten verklagen. Ihr Lehnsherr ist niemand anderes als Johann I., seit 1199 als jüngster Sohn Heinrichs II. und Nachfolger seines Bruders Richard I. Löwenherz König von England. Da Johann gleichzeitig Herzog von Aquitanien und somit Lehnsmann der französischen Krone ist, lädt ihn Philipp August vor das Hofgericht. Er erscheint nicht, weshalb er zur Einziehung seiner französischen Lehen verurteilt wird. Um dieses Urteil rechtmäßig zu vollstrecken, zieht Philipp August gegen Johann I. ins Feld und erobert bis 1206 alle englischen Festlandbesitzungen nördlich der Loire.

Die Engländer nennen ihren König seitdem John Lackland und er ist als Johann Ohneland in die Geschichte eingegangen. Bekannt wird er allerdings auch durch die Magna Charta, die der englische Adel ihm abnötigt. »The Great Chapter« enthält Bürgschaften der persönlichen Freiheit und des Eigentums und wird zum Grundstein der englischen Staatsverfassung.

Philipp August hat in seinen kriegerischen Unternehmungen gegen John Lackland zwar Erfolg, aber eine Sache bereitet ihm Sorgen. Die wichtigste Festung, die Burg Gaillard in der Normandie, will und will nicht fallen. Im Spätsommer 1203 beginnt er mit der Belagerung. Zwei tiefe Gräben werden ausgehoben, um die Wasserversorgung der Burg zu unterbrechen, und dazwischen einige Holztürme errichtet, auf denen Soldaten Posten beziehen. Philipp August wartet ein Vierteljahr, doch die Burg ergibt sich nicht. Ihr Kommandant, Roger de Lacy, schickt 400 Frauen, Kinder und kranke Männer hinaus, als die Lebensmittelvorräte mehr und mehr zur Neige gehen. Doch das französische Heer lässt sie nicht durch. Und da die Festungsbesatzung vor ihnen die Tore verschließt, müssen sie den strengen Winter zwischen den Linien verbringen. Der schreckliche Hunger zwingt sie, zuerst ihre Hunde und dann ihre Kinder zu essen. Dennoch sterben viele oder töten sich selbst.

Belagerungstürme werden errichtet und weitreichende Katapulte aufgefahren. Im Frühjahr 1204 befiehlt Philipp August den Sturmangriff auf die Burg. Der Hauptturm am äußeren Burghof wird unterminiert, und es gelingt den Soldaten, über den äußeren Burghof bis zu den Mauern des mittleren vorzudringen, der durch einen tiefen Graben abgetrennt ist. Aber hier kommen sie nicht weiter. Roger de Lacy glaubt felsenfest daran, dass er mit seiner kleinen Verteidigungsstreitmacht der Belagerung widerstehen kann. Die Angreifer haben alles probiert, was möglich ist. Nun sind sie mit ihrer Kunst am Ende und müssen wieder abziehen. Doch das stellt sich als Irrtum heraus. Der Grund dafür ist von so besonderer Art, dass man entweder schmunzeln oder sich die Nase zuhalten muss.

Als der französische König im Begriff ist, das langwierige und offenbar erfolglose Unternehmen abzubrechen, beherzigt ein aufgeweckter französischer Offizier etwas, was Friedrich der Große erst rund 550 Jahre später seinen Generalen einschärfen wird. Er achtet auf Kleinigkeiten. Als er beginnt, den Burggraben näher zu untersuchen, kommt er an eine Stelle, die ganz fürchterlich stinkt. Dort entdeckt der Soldat einen Latrinenausfluss, der offenbar von oben, von einem Gebäude im mittleren Burghof kommt. Der Mann legt sich einen Strick um, zwängt sich in den Abfluss, kriecht hinauf und gelangt in ein Erdgeschoss mit lauter Latrinen. Darüber befindet sich die Kapelle. Unterhalb eines Kapellenfensters krabbelt er ins Freie und kann es kaum glauben: Er steht mitten im mittleren Burghof. Mit Hilfe des Stricks zieht er schnell einige Kameraden nach. Gemeinsam stürmen sie in die Kapelle, ohne auf Widerstand zu treffen. Die entkräfteten und überraschten Verteidiger sind in den inneren Burghof geflohen. Nun ist der Sieg so gut wie sicher. Die Franzosen unterminieren auch die letzte Schutzmauer und sprengen sie mit ihren Katapulten auseinander. Die Besatzung im Zwinger kapituliert.

Mit diesem eigenartigen Fall von Château Gaillard hat Johann Ohneland nun auch die Normandie verloren. Aber bis zum endgültigen Sieg über England vergehen noch zehn Jahre. Erst im Jahre 1214 gelingt es Philipp August, in der Schlacht von Bouvines das englische Heer, dem sich auch der deutsche Kaiser Otto IV. angeschlossen hat, entscheidend zu schlagen. Frankreich ist nun Großmacht. Zugespitzt formuliert lässt sich behaupten: Einen wichtigen Schritt dahin hat es einem abfälligen und wenig rühmlichen Objekt zu verdanken, einer Latrine.

Der Mongolensturm
(Liegnitz, 10. April 1241, und Muhi am Sajo, 11. April 1241)

In der Geschichte der Menschheit hat es viele große Reiche gegeben. Das größte war das mittelalterliche Reich der Mongolen. Ihre Vormachtstellung dauerte nur hundert Jahre. Aber nie zuvor wurde die zivilisierte Welt vor eine größere Herausforderung gestellt.

Um das Jahr 1200 herum weiß man kaum etwas von den mongolischen Reitervölkern. Sie leben fernab der Kulturwelt in den Halbsteppen, Wüsten und Gebirgen Zentralasiens. Das Klima mit seinen extremen Temperaturunterschieden und das Leben im Zelt und auf dem Rücken der Pferde härten die Krieger ab. Die einzelnen Stämme und Völkerschaften sind ständig auf der Suche nach neuen Weidegründen und bekämpfen sich untereinander. Das ändert sich, als Temudschin Häuptling wird und 1206 im Alter von 44 Jahren mit ungeheurer Härte die primitiven und barbarischen Nomadenstämme unter seinem Befehl vereinigt. Er hat den Beruf eines Schmieds erlernt und ist körperlich stark, tapfer und listig wie alle Angehörigen seiner Rasse. Fortan nennt er sich »Fahler Wolf«, Dschingis Khan. Sein im gleichen Jahr erlassenes Jassa-Gesetz macht aus den Heeresaufgeboten der einzelnen Stämme eine nationale Einheit. Die mongolische Armee besteht fast ausschließlich aus Reitern. Die Truppen werden in 130 Tausendschaften gegliedert. Die Tumane, Einheiten mit 10 000 Mann, sind die stärksten Truppenteile des Heeres. Dschingis Khan wird zu einem der größten Feldherrn der Kriegsgeschichte. Zugleich ist er ein grausamer Eroberer, der brutal vernichtet, was ihm nicht nutzt.

Seine wilden Reiterhorden überfallen im Jahre 1209 Nordchina und erobern es bis zum Pazifik. Nachdem sie Städte und Dörfer zerstört haben, wenden sich im Frühjahr 1219 fast 250 000 mongolische Reitersoldaten nach Südwesten gegen das große, jenseits des Himalaja gelegene islamische Reich. Die Macht des Islam hat ihren Gipfelpunkt erreicht, die Kreuzfahrer des Westens ziehen sich zurück. Schah Mohammed ist selbst ein großer Eroberer. Er befehligt eine Armee von 400 000 Mann und beherrscht ein Reich, das sich von den höchsten Bergen der Welt bis hin zum Persischen Golf und Bagdad erstreckt. In einem unerhörten Kriegszug reiten die Mongolen über 4000 Meter hohe verschneite Gebirgspässe. Sie führen Kamele, Yak-Ochsen und Jutekarren mit sich, durchqueren Hindukusch und Karakorum und fallen wie die Heuschrecken in die fruchtbaren Ebenen Persiens ein. Sie verwüsten das Land, zerstören die Kultur und errichten in den eroberten Gebieten eine Schreckensherrschaft. In den Moscheen lässt Dschingis Khan verkünden, er sei die Geißel Gottes.

Samarkand fällt in seine Hand. Die Mongolen plündern und morden und zerstören die Stadt. Als sie weiterziehen, hinterlassen sie eine Pyramide aus Schädeln von 300 000 Toten. Die glänzende Handelsstadt Buchara mit zahlreichen berühmten Bibliotheken und Universitäten erleidet am 11. April 1219 das gleiche Schicksal. In Nischapur sterben nach zeitgenössischen Berichten 1 747 000 Menschen. Der geschlagene Schah flieht in den Westen. Auch das hoch entwickelte unterirdische Bewässerungssystem, das seit der Antike für eine blühende Kultur gesorgt hat, wird zerstört. Der Vernichtungswille der Mongolen ist ungeheuer. Sie plündern und zerstören auch Städte, die sich ergeben. Die Menschen werden aus der Stadt gejagt und massakriert. »Tötet sie, tötet sie alle!«, befiehlt Dschingis Khan. Er bestärkt die Mongolen in dem Glauben, die göttliche Vorsehung habe ihn dazu bestimmt, über die ganze Welt zu herrschen.

Auf der alten Seidenstraße ziehen die Horden weiter dem goldenen Westen entgegen und erreichen das Kaspische und das Schwarze Meer. Die Feldzüge entlang der Wolga verschaffen ihnen eine gute Ausgangsposition, nun auch Russland zu erobern. Als Dschingis Khan 1227 stirbt, wird das Unternehmen aufgeschoben. Das Reich wird unter seinen vier Söhnen aufgeteilt. Sein Enkel Batu Khan wird sein Nachfolger. Nach einem von dem hervorragenden General Sübütei ausgearbeiteten Plan greift er 1237 Russland an und legt seine Städte in Schutt und Asche, darunter auch Kiew im Jahr 1240.

Die Stärke des mongolischen Heeres sind Beweglichkeit und Schnelligkeit, Disziplin und schlagkräftige Waffen. Ihr Offizierskorps ist zudem hervorragend und sie verfügen über ausgezeichnete Meldereiter und Kundschafter. Die Bewegungen der Verbände werden durch Signale geleitet, am Tage durch Flaggen, nachts durch Leuchtzeichen. Jeder Reiter führt vier bis fünf Pferde. Mit den doppelt gekrümmten Bögen können die Soldaten äußerst treffsicher Pfeile bis auf eine Entfernung von 300 Meter schießen. Sie tragen keine schwere Rüstung, sondern wattierte Lederkleidung und Schafspelze. Ihre Hauptwaffe ist die Lanze mit gebogener Spitze, sie wird wie ein Krummsäbel zum Hauen und Stechen verwendet. Am Gürtel baumeln noch eine Streitaxt sowie ein Strick zum Festbinden des Pferdes oder Einfangen des Gegners. Jeder Soldat führt außerdem noch einen Futterbeutel für sein Pferd mit sich, einen Kochtopf, etwas Rauchfleisch als eiserne Ration und getrocknete geronnene Milch. Ihre Feldzüge beginnen die Mongolen meist mitten im Winter, wenn ihre Pferde vom sommerlichen Futter gut genährt sind.

Wer kann diese furchtbare mongolische Armee noch aufhalten? Sie beherrscht nun ein Gebiet von der Grenze Indiens bis zur nordsibirischen Taiga und von den chinesischen Pazifikküsten bis zum Mittelmeer und den Karpaten. Als sich die Mongolen, von den Zeitgenossen Tataren genannt, 1240/41 Osteuropa zuwenden und in Siebenbürgen, der Walachei und Polen einmarschieren, geht ein Schreckensruf durch die europäischen Länder und Fürstenhäuser. Aber die beiden nominellen Oberhäupter der Christenheit, Kaiser Friedrich II. und Papst Gregor IX., sind so sehr mit ihrem hasserfüllten und verbissen geführten Machtkampf um die Vorherrschaft beschäftigt, dass sie keine Kräfte freimachen können, um der großen Gefahr zu begegnen, die nun das ganze christliche Abendland bedroht. So bleibt es Heinrich II. dem Frommen, Herzog von Schlesien, überlassen, aus dem Deutschen Ritterorden ein deutsch-polnisches Aufgebot zu sammeln, das den Mongolen in Schlesien in der Nähe der Elbe entgegentritt. Zahlenmäßig ist es dem mongolischen Heer sogar überlegen.

Auf der Wahlstatt bei Liegnitz, 60 Kilometer nordwestlich von Breslau gelegen, kommt es am 9. April 1241 zur Entscheidungsschlacht. Zum ersten Mal treffen die mongolischen Reiter auf eine schwer gepanzerte feindliche Kavallerie. Die Deutschritter und Tempelritter schlagen sich mit Bravour und großer Tapferkeit. Sie warten nicht auf Attacken des Gegners, sondern gehen selbst zum Angriff über und scheinen durch die mit großer Wucht geführten Stöße den Kampfgeist der Mongolen zu brechen. Denn diese wenden sich plötzlich zur Flucht. »Sieg! Sieg!«, jubeln die Ritter, lösen ihre Formationen auf und setzen den fliehenden Mongolen nach. Als sie ihren Irrtum bemerken, ist es zu spät. Sie geraten in einen perfekt angelegten Hinterhalt. Die Mongolen haben sich der alten Kriegslist der Parther bedient und ihre Flucht nur vorgetäuscht. Jetzt wird das

Ritterheer von allen Seiten umzingelt und bis auf den letzten Mann vernichtet. Herzog Heinrich wird gefangen. Man schneidet ihm den Kopf ab, spießt ihn auf eine Stange und nimmt ihn als Zeichen des Triumphs mit. Liegnitz wird völlig verwüstet. Herzog Boleslaw II., der Gründer der Stadt, baut sie in den nächsten zehn Jahren planmäßig wieder auf.

Der Vormarsch auf die Elbe ist aber nur ein groß angelegtes Ablenkungsmanöver. Zur gleichen Zeit geht General Sübütei mit dem Hauptteil seiner Armee über die verschneiten Karpatenpässe, durchquert reißende Flüsse und fällt in die ungarische Tiefebene ein. Das entspricht der steten Taktik der Mongolen, nach Möglichkeit an mehreren Stellen zugleich anzugreifen. In nur drei Tagen legt Sübütei über 400 Kilometer zurück. Am 10. April, einen Tag nach der Schlacht bei Liegnitz, stellt sich der ungarische König Bela IV. mit seinem Heer bei Muhi am Fluss Sajo den Reitern Batu Khans entgegen. Die Mongolen versuchen die Brücke über den Fluss zu nehmen, werden aber zurückgeschlagen.

Nun geht Bela mit Stoßtrupps selbst über die Brücke, befestigt sie an beiden Ufern mit schweren, aneinander gestellten Wagen und richtet eine starke Rundum-Verteidigungsstellung ein. Vor sich die Krieger Batus, glaubt er, dessen Angriff abwehren und die Stellung halten zu können. Er weiß nicht, dass starke mongolische Verbände in der Nacht flussabwärts eine Furt überquert haben und sich ihm in seinem Rücken nähern. Im Morgengrauen greift Batu Khan die ungarische Wagenburg frontal an. Gerade als die Ungarn versuchen die Attacke abzuwehren, werden sie in ihrem Rücken von Sübüteis Reitern angegriffen und in die Zange genommen. In dem blutigen Gemetzel werden fast alle Ungarn getötet. Nur wenige können entkommen, darunter auch König Bela. Er flieht auf eine dalmatinische Insel und versucht von dort aus, den Widerstand neu zu organisieren. Er wendet sich mit der Bitte um Hilfe an den deutschen Kaiser Friedrich II., der in Sizilien residiert, und bietet ihm sogar ganz Ungarn als Lehen an. Vergeblich, Ungarn bleibt schutzlos und fällt in Schutt und Asche. Die Bevölkerung wird ermordet oder in die Sklaverei verschleppt.

Die Mongolen errichten ihre Jurten auf dem flachen Grasland und lassen ihre Pferde weiden. In Wien und anderen Städten geht die Angst um. Wenn der Winter kommt, befürchtet man, werden die Barbaren sich auch Westeuropa einverleiben und dort ihre Massaker fortsetzen. Die deutschen, niederländischen und italienischen Städte werden ausgelöscht, und sogar Rom und Paris wird es nicht mehr geben. In Paris versucht Ludwig IX. verzweifelt, eine Ritterarmee aufzustellen. Aber mehr als ein paar tausend Mann bekommt er nicht zusammen. Sie werden die Mongolenhorden nicht aufhalten können. Ganz Westeuropa wird sich in eine Wildnis zurückverwandeln. Die Tataren werden im nächsten Winter kommen und alles vernichten, davon ist man überall zwischen Wien und Paris überzeugt.

Aber die Menschen irren sich. Es kommt einem Wunder gleich: Anfang 1242 ziehen sich die Mongolen plötzlich und völlig unerwartet zurück. Im fernen Asien ist der Großkhan Ügedei gestorben, der dritte Sohn von Dschingis Khan. Das Gesetz verlangt, wenn der Großkhan stirbt, dass die Mongolenführer persönlich in ihre Heimat zurückkehren, um einen neuen Großkhan zu wählen. Also kehren sie um und machen sich auf den langen Weg zurück nach Zentralasien. Und die Truppen folgen ihnen, ihren Anführern loyal ergeben. Der Tod eines einzigen Mannes, Tausende Kilometer entfernt, bewahrt Westeuropa vor einer Katastrophe. Die Mongolen kehren nie mehr zurück.

Die Katastrophe von Crécy
(Crécy, 26. August 1346)

Während in Deutschland bis zum Jahre 1806 die Träger der höchsten Herrscherwürde, Kaiser oder Könige, durch Wahl bestimmt werden, ist das in England und Frankreich nicht so. Hier wird die Königswürde vererbt. Stirbt der königliche Vater, so wird sein ältester leiblicher Sohn selbst dann sein Nachfolger, wenn er noch unmündig ist.

71

So kommt es in beiden Ländern häufiger vor, dass Kinder auf dem Thron sitzen.

Edward III. von England ist erst 14, als sein korrupter und zügelloser Vater am 13. Januar 1327 abgesetzt und kurz darauf ermordet wird. Edward entstammt dem französischen Geschlecht der Kapetinger, das seit der Thronbesteigung von Hugo Capet im Jahr 987 alle französischen Könige gestellt hat. Dies ist der Anlass für einen Konflikt, der über 100 Jahre dauert und beide Länder in einen blutigen Krieg verwickelt. Denn als 1328 die französische Krone auf das Geschlecht der Valois übergeht, einer kapetingischen Nebenlinie, und Philipp VI. neuer König wird, erhebt Edward, vertreten durch seine Mutter Isabella, sofort Einspruch und beansprucht den Thron für sich.

Rein rechtlich ist das in Ordnung. Doch wie soll Edward III. seinen Anspruch durchsetzen? Sein kleines Heer ist dem französischen zahlenmäßig hoffnungslos unterlegen. Zudem besitzt Frankreich ein schwer gepanzertes Ritterheer. Über 8000 Ritter, die Blüte des französischen Adels, stehen mit ihren ebenfalls gepanzerten Pferden bereit, das Land und den König gegen jeden Angreifer zu schützen.

Die Rüstungen haben sich seit den Kreuzzügen erheblich weiterentwickelt. Aus dem kurzen Kettenhemd ist ein langes geworden, mit einem Helm, der fast das gesamte Gesicht bedeckt und mit einem Visier versehen ist. Dazu kommt die Kettenhose, und auch Strümpfe, Stiefel und Fäustlinge bestehen aus stählernen Kettengliedern. Darunter trägt der Ritter Hemd, Hosen und ein wattiertes Wams. Über die Brustrüstung schnürt er ein schweres, mit Metallplättchen verstärktes Lederwams. Insgesamt sind das rund 40 Pfund, die jeder »Eisenmann« mit sich herumschleppt. Rechnet man Lanze, Schild, Streitaxt, Streitkolben sowie den 30 Zentimeter langen Dolch und das beidhändig zu führende Schwert hinzu, so ist das schon ein furchterregender, fast drei Meter hoher Koloss, der wie ein wilder Zentaur, halb Mensch, halb Pferd, mit geradeaus gerichteter Lanze auf den Feind zugaloppiert und den Nahkampf unmöglich macht. Beweglichkeit und Wendigkeit sind allerdings eingeschränkt. Wird der Ritter vom Pferd gestoßen, hat er Schwierigkeiten, wieder aufzustehen.

Harnisch und Streitross sind teuer, ebenso die mehrjährige Ausbildung. Rechnet man alles auf heutige Verhältnisse um, so kostet solch ein Kämpferleben etwa eine halbe Million Mark. Bei 8000 Rittern macht das eine Rüstungsinvestition von rund vier Milliarden Mark aus, eine ungeheure Summe für damalige Verhältnisse. Kein anderes Land kann etwas Vergleichbares aufbieten.

Und noch etwas kommt hinzu, was König Edwards Chancen auf einen Sieg über Frankreich fast auf den Nullpunkt sinken lässt. Unter den 4000 französischen Fußsoldaten befinden sich viele Armbrustschützen, angeworbene Elitesoldaten aus Genua. Die Armbrust ist eine gefährliche, mörderische und fast lautlose Waffe. Ihre über einen halben Meter langen, spitzen Eisenbolzen durchschlagen auch noch aus einer Entfernung von 60 Metern den stärksten Panzer. Die fingerdicke Sehne wird durch eine Windenmechanik gespannt. In der Armbrust vereinen sich die Kraft von Bogen und Gewehr. Sie besitzt eine hohe Treffergenauigkeit. Die Ritter sehen in ihr eine heimtückische und unehrenhafte Waffe des Teufels, weshalb ihr Gebrauch auch im zweiten Laterankonzil von 1139 verboten worden ist. Und auch die englische Magna Charta verfemt sie. Obwohl demjenigen, der eine Armbrust benutzt, die Exkommunikation droht, hat Philipp VI. sein Ritterheer dennoch durch die gefürchteten genuesischen Söldnerschützen verstärkt.

Im Vergleich zum mächtigen und in der Bevölkerungszahl fünfmal größeren Frankreich ist England klein und schwach. Der junge Edward ist klug genug, daraus die richtigen Schlüsse zu ziehen. Zunächst huldigt er 1329 dem französischen König. Denn Edward ist auch Herzog von Aquitanien und damit zugleich ein Vasall Philipps VI., eine schwierige und im Grunde unmögliche Konstellation. Sie liefert später auch den eigentlichen Kriegsgrund, als Edward seine Vasallenpflicht verweigert.

Doch zunächst ist er darauf bedacht, sich eine starke Position im eigenen Land zu verschaffen. Er verkündet die Ideale des Rittertums, belebt die Legenden von König Artus und seiner Tafelrunde und stiftet den Hosenbandorden. Damit bindet er den Adel an sich. Edwards Lieblingsbeschäftigung sind Kriegsspiele. Mit seinem Sinn für Glanz und Pracht, Festgelage, große Jagden und prunkvolle Turniere wird er zum leuchtenden Vorbild des Rittertums. Es gelingt ihm, das englische Parlament dazu zu bewegen, ihm erhebliche Mittel für einen Ausbau des Heeres und einen späteren Krieg zu bewilligen. Auch seine Armee hat gepanzerte Reiter. Doch Edward setzt mehr auf die leichte, bewegliche Reiterei und vor allem auf die walisischen Langbogenschützen, die er systematisch verstärkt. Mit dem zwei Meter langen Bogen aus Eibenholz können die mit einer Eisenspitze versehenen, einen Meter langen Pfeile fast 300 Meter weit und mit tödlicher Präzision geschossen werden. Ein geübter Schütze schafft zwölf Pfeile pro Minute, deutlich mehr als ein Armbrustschütze, der nur zwei Bolzen pro Minute verschießen kann. Ein derart dichter Pfeilhagel ist demoralisierend und vernichtend für den Feind.

Nach einigen Jahren fühlt sich Edward stark genug, seine französischen Thronansprüche durchzusetzen und einen Feldzug gegen Frankreich zu beginnen. Er verlegt sich zunächst auf erfolgreiche Reiterzüge durch Flandern und die Bretagne, so genannte »chevauées«, mit denen seine Soldaten plündernd und brandschatzend kreuz und quer durch die französischen Provinzen ziehen. Im Sommer 1346 entschließt er sich, die Entscheidung zu suchen. Mit einem etwa 10 000 Mann starken Heer landet er auf der Halbinsel Cotentin und überschreitet im August die Somme, der sich auch das französische Heer nähert.

Edward sucht nach einem für die Taktik seiner Truppen möglichst günstigen Schlachtfeld. Er findet es nördlich der Somme bei einem Wald nahe des kleinen Dorfes Crécy-en-Ponthieu in der Picardie, ein paar Kilometer nordöstlich von Abbéville und nicht weit von der Kanalküste entfernt. Auf einem breiten, terrassenförmig abfallenden Höhenrücken gliedert er seine Streitkräfte in drei Gruppen. Etwa 800 Ritter und 1000 Pikenträger postiert er unter dem Kommando des Prinzen von Wales rechts auf dem vorderen Abhang und eben-so viele Ritter links vorne unter dem Oberbefehl des Grafen von Northampton. Edward selbst steht mit 700 Rittern weiter hinten in der Mitte nahe der Windmühle von Crécy, in der er sein Hauptquar-tier aufschlägt. Zu beiden Seiten dieser hinteren Streitmacht platziert er 2000 Bogenschützen und die restlichen 3000 auf beiden Flanken in einem nach vorne weisenden Winkel, so dass sich die Innenseiten in einer Spitze treffen. Edward hat Gräben ausheben und Pfähle in den Boden rammen lassen, um seine Langbogenkämpfer besser zu schüt-zen. Und weiter hinten im Gelände werden in einem eingezäunten Park alle Pferde und Gepäckwagen sowie sämtliche Hilfskräfte untergebracht. Insgesamt eine gute Verteidigungsstellung, bei der Edward einkalkuliert hat, dass die französischen Ritter nach ihrem Ehrenkodex nur frontal angreifen werden.

Am Morgen des 26. August 1346 reitet König Edward seine Front ab und macht seinen Männern Mut. Den können sie auch brauchen, denn von Abbéville her nähern sich fast 30 000 Franzosen, allen voran mit Wimpeln und Fahnen 8000 gepanzerte Ritter zu Pferd und dahinter die genuesischen Armbrustschützen unter dem Komman-do von Odone Doria und Carlo Grimaldi. Allein schon die zahlen-mäßige Überlegenheit von drei zu eins spricht deutlich für das Heer Philipps VI., der mit seinen vom langen Marsch erschöpften Truppen durch das aufgeweichte Gelände marschiert. Denn am Morgen hat der Himmel seine Schleusen geöffnet und wahre Sturzbäche von Regen auf die Lederwämse der Genueser und die blanken Harnische der Ritter geschüttet.

Als Philipp von seinen ausgeschickten Kundschaftern erfährt, wo die Engländer stehen und in welch guter Position, hält er es für rat-sam, anzuhalten, um sein gesamtes Heer aufschließen zu lassen. Doch seine eitlen und stolzen Ritter halten sich nicht an diesen Be-fehl. Sie wollen ihre Bedeutung und Macht zeigen und drängen diszi-plinlos weiter vor, ohne jede Ordnung und Formation, begierig auf den Kampf mit dem Feind. Philipp bleibt nichts anderes übrig, als die Schlacht sofort anzunehmen. Deshalb befiehlt er, durchaus siegesge-

wiss, den Angriff und schickt seine Armbrustschützen vor. Die Genuesen marschieren bis auf Reichweite an die wartenden englischen
Truppen heran, um mit ihren tödlichen Geschossen eine Bresche für
die nachfolgenden Ritter zu schlagen. Sie sind davon überzeugt, dass
sie, wie schon so oft, den Grundstein für den Sieg legen werden. Und
sie sind sicher, dass ihre Geschosse den Feind nicht verfehlen werden.
Ein folgenschwerer Irrtum. Sie legen an, zielen und schießen. Eine
Salve eiserner Bolzen fliegt auf die Engländer zu.

Die in banger Erwartung ausharrenden Engländer ducken sich instinktiv nieder, merken dann aber erstaunt, dass niemand von ihnen
getroffen worden ist. Ein Schrei der Erleichterung löst sich aus 1000
Kehlen. Die Bolzen fliegen viel zu kurz. Statt ihre Ziele zu erreichen,
gehen sie vorher nieder und bohren sich wirkungslos in die Böschun-
gen des Abhangs. Sind die Genuesen vom langen Marsch zu erschöpft, um genau und weit genug zu schießen? Verwirrt laden sie
nach und verschießen weitere Salven. Doch auch die erreichen die
englischen Stellungen nicht. Durch die heftigen Regenfälle sind die
Armbrustsehnen feucht geworden. Das beeinträchtigt ihre Spannkraft und wirkt sich nachteilig auf die Reichweite aus. Manche Seh-
nen reißen sogar.

Nun spannen die Engländer ihre Langbögen und schießen in
schneller Folge ihre Pfeile ab. Ihre Reichweite ist etwas größer. Ein
dichter Pfeilhagel deckt die Genuesen ein und streckt sie reihenweise nieder. Entsetzt und verzweifelt werfen viele Armbrustschützen ihre Waffe weg und wenden sich zur Flucht. Doch sie
kommen nicht weit. Hinter ihnen brausen schon die französischen
Ritter heran und stechen und stoßen sie nieder, um freie Bahn zu bekommen. Sie reiten ihre eigenen Söldnertruppen einfach um und
stürmen dann frontal auf die englischen Stellungen zu, insbesondere
auf den rechten Flügel unter dem Kommando des Prinzen von
Wales. Die englischen Langbogenschützen zielen auf die Pferde.
Zehntausende von Pfeilen reißen die Schlachtrösser zu Boden,
durchdringen die Harnische. Von der ersten Angriffswelle bleibt
kaum ein Ritter am Leben.

Ohne jede Schlachtordnung greifen die Franzosen ungestüm und wild in immer neuen Wellen den ganzen Nachmittag über an, bis in die Dunkelheit hinein. Insgesamt 15-mal, bis ihre Lage hoffnungslos ist. Auf den Hängen von Crécy verblutet die Blüte des französischen Adels. König Philipp, von einem Pfeil im Genick getroffen, flieht verwundet vom Schlachtfeld. Über 1500 Ritter finden den Tod, darunter viele Grafen und Herzöge. Die fliehenden Franzosen werden erbarmungslos niedergemetzelt und ungeachtet ihres Ranges umgebracht, was König Edward zornig macht. Denn er kann nun kein Lösegeld mehr für gefangene Ritter verlangen.

Die Schlacht von Crécy endet mit einer Katastrophe für die Franzosen und dem Untergang des Rittertums. Das Kämpferkonzept »Ritter« hat ausgedient, es muss neuen, modernen Waffen weichen. Auf englischer Seite betragen die Verluste nicht einmal 100 Mann. Die vernichtende französische Niederlage hat mehrere Ursachen. Eingeleitet wird sie durch den Irrtum der Genueser Armbrustschützen über die Reichweite ihrer Waffen.

Angriff der Armada
(Englischer Kanal, Juli–August 1588)

Die flackernden Kerzen an den Wänden der kleinen Kapelle werfen ein gespenstisches Licht. In der Mitte des düsteren Raumes kniet ein Mann in schwarzer Kleidung und betet. Die reich verzierte Stätte der Andacht wurde nur für ihn erbaut. Denn der Mann ist ein König: Philipp II. von Spanien, der Herrscher des ersten Weltreichs, in dem »die Sonne niemals unterging«. Die Kapelle steht auf dem Gelände seines Königspalastes, dem Escorial in der Nähe von Madrid. Endlos scheinen die flüsternden Gebete, mit denen der mächtige König seinen Gott um Rat und Beistand bittet und den Segen für seinen unabänderlichen Entschluss: Einer Landung in England im Sommer 1587. Er wird Elisabeth I. von England für ihre andauernden Frechheiten bestrafen und ihr Land erobern. Diese Ketzerin, die sich mit der anglikanischen Kirche von Rom losgesagt hat wie schon ihr Vater, Heinrich VIII., diese jungfräuliche Königin, die es trotz schwieriger Anfangslage instinktiv und meisterhaft versteht, die Zustimmung und Mitarbeit des englischen Volkes zu gewinnen. Diese Ränke schmiedende Widersacherin hat es gewagt, ihn, den Beschützer des »rechten Glaubens« und machtvollsten und reichsten Herrscher des Kontinents herauszufordern.

In der Tat will Elisabeth nicht länger zusehen, wie Philipps Eroberer, die Konquistadoren, unentwegt Gold und Silber aus der erst seit wenigen Jahrzehnten entdeckten Neuen Welt zusammenraffen und im Namen Gottes Angst und Schrecken unter der Bevölkerung verbreiten. Elisabeth möchte auch ein Stück von dem großen Kuchen. Für ihr kleines Königreich, das im 16. Jahrhundert kaum mehr als vier Millionen Einwohner zählt und für damalige Begriffe am Rande der bewohnten Welt liegt. Elisabeth denkt darüber nach, wie sie die maritime Randlage in Vorteile verwandeln kann. Ihre Flotte hat nur etwa 30 Schiffe. Einen offenen Kampf kann sie nicht wagen. Sie verfällt auf eine neue Art der Seekriegsführung, die Freibeuterei. Die »Piraten Ihrer Majestät« gehen auf Kaperfahrt, mit dem Offizierspatent der Königin in der Tasche. Ihre Ziele sind die spanischen Galeonen, die mit Schätzen voll beladen auf dem Weg in die Heimat sind. Francis Drake und Walter Raleigh sind besonders gefürchtete Seeräuber. Sie werden zu den berühmtesten Seemännern Europas und in England zu Volkshelden. In einer abenteuerlichen Fahrt umsegelt Drake die Südspitze Amerikas, erklärt Kalifornien zur Kolonie Englands und erreicht als erster Weltumsegler seit Magellan über die Molukken wieder sein Heimatland.

Langsam entsteht unter Elisabeth, der »Mutter ihrer Untertanen«, das Zusammengehörigkeitsgefühl einer nationalen Identität, ein Bild von einem einmaligen und unübertrefflichen England. Ein neuer mutiger Unternehmungsgeist paart sich mit individueller Tatkraft. Elisabeth rüstet mit dem spanischen Gold ihre Flotte auf, um wenigstens etwas gegen ihren übermächtigen Gegner geschützt zu sein.

Noch nie haben die Schiffe an einem Seekrieg teilgenommen. Ein Landheer wie Spanien besitzt England nicht. Und die bange Frage lautet: Wie lange wird der bestohlene und gedemütigte Philipp noch tatenlos zusehen?

Nicht mehr lange, Philipp muss handeln und sinnt auf Rache. Die Aufstellung der »bewaffneten Macht«, der Armada, der größten Streitmacht der Welt, dauert zwei Jahre. Der Papst gewährt großzügige finanzielle Unterstützung und verspricht Ablass für alle Teilnehmer des Unternehmens. Philipp selbst versetzt seinen Familienschmuck und gibt die riesige Summe von zehn Millionen Golddukaten für die Armada aus. Oberbefehlshaber der unüberwindlichen Flotte von über 130 Schiffen ist der Herzog von Medina Sidonia. Er besitzt keinerlei seemännische Erfahrung. Das sei auch nicht nötig, meint Philipp. Im Notfall könnten die Matrosen auch als Soldaten kämpfen, das Gegenteil sei jedoch noch nie geschehen. Medina Sidonia soll mit mehr als 20 000 Mann an Bord Geleitschutz für das spanische Landheer geben, das mit 27 000 altgedienten Soldaten unter dem Kommando von Alexander Farnese, dem Herzog von Parma, in den aufrührerischen Niederlanden stationiert ist und überwiegend aus deutschen, italienischen und wallonischen Söldnern besteht. Der Herzog verfügt selbst über 300 kleine Frachtschiffe, die in den Häfen Dünkirchen und Nieuwpoort liegen und sein Landheer aufnehmen können. Das Zusammentreffen beider Befehlshaber soll zwischen Calais und Ostende erfolgen, gleichsam auf offenem Meer, denn die Häfen sind viel zu klein für die vielen Schiffe der Armada. Und der große brauchbare Hafen Antwerpen ist zu weit entfernt.

Ursprünglich sah der Invasionsplan anders aus. Philipps Berater schlugen vor, die Armada solle mit ihren Soldaten in Südirland landen und die englische Flotte dorthin locken, während der Herzog von Parma mit seinem Heer den Kanal überqueren und überraschend in Kent, quasi im Rücken der Engländer, landen sollte. Eine Zangenoperation mit guter Aussicht auf Erfolg. Doch Philipp fürchtet die damit verbundenen Risiken und ändert den Plan ab: Die Armada segelt nicht nach Irland, sondern durch den Kanal nach dem über 1000 Seemeilen entfernten Flandern, um Parmas Übersetzmanöver zu decken und sich mit dem Landheer zu vereinigen. Kritik oder Zweifel an der Genialität seiner Strategie lässt der König nicht zu. Er verlangt von seinen Admirälen und Generälen, »mir zu glauben, dass ich eine vollständige Kenntnis des gegenwärtigen Standes der Dinge in allen Bereichen besitze«.

Die Kriegsflotte sammelt sich aus allen Teilen des Reiches in Lissabon. Sie ist unbesiegt. Erst vor kurzem, im Jahr 1571, hat sie zusammen mit ihren Verbündeten die türkische Flotte bei Lepanto geschlagen. Ihre vorherrschende Taktik ist die des Rammens und anschließenden Enterns. Die Spanier lieben den Kampf Mann gegen Mann. Die Engländer dagegen setzen mit ihren flachen, wendigen, schwächer bemannten und leichter zu segelnden Schiffen auf den Kampf aus der Distanz, auf die Feuerkraft und Reichweite ihrer Kanonen. Eine neuartige Strategie. Wird sie gegen die Übermacht bestehen können?

Die Spanier haben den strategischen Vorteil der Initiative. Doch ihre Anmarschwege sind lang. Die Armada besteht zum größten Teil aus bewaffneten Handelsschiffen, die als Truppentransporter und Versorgungsschiffe dienen. Sie sind langsam und schwerfällig. Nur etwa 24 Schiffe sind über 200 Tonnen große Kriegsschiffe, drei- bis fünfmastige Galeeren und Galeonen mit 2600 Geschützen an Bord, der Kern der Armada. Sieben schwer bewaffnete Galeassen haben sogar mehr als 1000 Tonnen und sind riesige schwimmende Festungen und Kasernen, schrecklich anzusehen, doch schwer bedienbar. Die Riesenflotte segelt mit mehr als 30 000 Mann nach Norden, rund 10 000 davon sind Seeleute und Ruderknechte, der Rest Soldaten. Und noch etwas Wichtiges hat sie an Bord: zwölf Vierzigpfünder-Belagerungsgeschütze einschließlich der dazugehörigen Ausrüstung.

Philipp hat keine Wahl. England ist keine Seemacht und nicht auf den Überseehandel angewiesen wie Spanien. Ein Sieg über die englischen Schiffe bedeutet noch keinen Sieg über das Land. Deshalb ist eine entscheidende Seeschlacht im Operationsplan nicht vorgesehen. Philipps Flotte ist eine Invasionsflotte. Die Soldaten sollen in der

Themsemündung landen, zügig durch Kent marschieren und die rund 130 Kilometer bis London in nicht mehr als sieben Tagen zurücklegen. Dann soll die Hauptstadt mit ihren veralteten Mauern und Befestigungen von Parmas erfahrenen Soldaten im Sturm erobert und die englische Königin gefangen genommen und abgesetzt werden. Schwierigkeiten sind kaum zu befürchten, denn in London befinden sich nur wenige zwangsrekrutierte Soldaten und schlecht ausgerüstete Milizen. In ganz England gibt es nur 4000 Soldaten. Angesichts der bevorstehenden Invasion beginnen viele zu desertieren. Der spanische König scheint dem Sieg sehr nahe.

Doch als die »Felicissima Armada«, die »unbesiegbare Streitmacht«, im Mai 1588 endlich von Lissabon lossegelt und sich auf die englische Südküste zubewegt, in der gesamten katholischen Welt begleitet von Gebeten und Prozessionen, ist viel kostbare Zeit verstrichen. Elisabeth hat diese Zeit genutzt. Ihre vor Plymouth wartende Flotte ist unter dem Befehl von Admiral John Hawkins auf rund 150 Schiffe angewachsen. Aber nur ein Bruchteil davon besteht aus echten Kriegsschiffen mit modernen Bronzekanonen, so genannten Kulverinen, die eine Reichweite von fast 2000 Metern haben. Die »Schiffszerschmetterer« sind kurzrohrige, leichte und bewegliche Geschütze, die fast 30 Pfund schwere Kugeln abschießen können, und Mörser, die ebenso schwere Steine oder Kartätschen auf den Gegner schleudern und mit ihrer Splitterwirkung ein Blutbad auf den mit Soldaten dicht bevölkerten spanischen Decks anrichten können.

Mitte Juli 1588 kommt die furchterregende Armada, Philipps ganzer Stolz, auf ihrem Weg in den Kanal an der Südwestecke Englands, vor Plymouth, in Sicht. Ihre Frontlinie ist elf Kilometer lang. Die Schiffe fahren diszipliniert in einer Dwarslinie nebeneinander, in einem geschlossenen sichelartigen Pulk, der die Form eines nach hinten offenen Halbmondes hat. Die stärksten Schiffe sichern den vorderen Bogen, die schwächeren kommen in die Mitte. Die Sichelspitzen sollen wie weit ausholende Zangen angreifende feindliche Schiffe umschließen, entern und im Nahkampf erobern. Doch die Flotte fährt wegen der langsamen Begleitschiffe gleichsam im

Fußgängertempo, die Geschwindigkeit beträgt nur drei Knoten. Die Kommandanten halten sich an Philipps ausdrücklichen Befehl, sich nur auf einen Kampf einzulassen, wenn sie selbst von englischen Kriegsschiffen attackiert werden.

Sir Francis Drake, inzwischen zum Ritter geschlagen und zum Vizeadmiral befördert, sieht in einem konzentrierten Angriff aller Schiffe Englands einzige Chance. Die beste Verteidigung ist der schnelle Angriff, sagt er, und will mit sämtlichen Einheiten der Armada entgegensegeln, um sie auf offenem Meer zum Kampf zu stellen. Elisabeth zögert. Was soll aus England werden, wenn aller Einfallsreichtum Drakes nicht ausreicht und sich sein verwegenes Draufgängertum als Fehlschlag erweist? Dann ist die Insel schutzlos den Spaniern ausgeliefert. Die Flotte ist alles, was England hat. Elisabeth will sie nicht leichtsinnig in einem »Alles oder Nichts« aufs Spiel setzen. Sie denkt mehr an eine aussichtsreiche Kampfesweise nach dem Muster der Seeschlacht von Salamis vor mehr als 2000 Jahren und einigt sich mit ihren Befehlshabern auf einen Kompromiss.

Am 19. Juli nutzen die Engländer den günstigen Landwind aus und greifen zum ersten Mal an. Pfeilschnell und äußerst beweglich stoßen sie vor, allen voran Sir Francis Drake, und setzen sich mit ihren kleinen, schnittigen und wendigen Schiffen hinter die Armada, zielen unerwartet nicht auf das Herz, sondern auf den linken Flügel. Die trägen spanischen Kolosse werden überrumpelt und unter Beschuss genommen. Sind einige getroffen, ziehen sich die Engländer ebenso schnell, wie sie gekommen sind, wieder zurück. Diese zermürbende Kampfweise der nadelstichartigen Scharmützel und des neuartigen artilleristischen Fernkampfes hat Erfolg. Sieben Tage lang haben die Spanier bei der langsamen Fahrt durch das raue Wasser des Kanals Mühe, ihre enge, geschlossene Formation zu halten. Es gelingt ihnen. Eine seemännische Leistung, die auch vom Gegner bewundert wird. Aber als die Spanier am 27. Juli vor Calais in der seichten Bucht Anker werfen, haben sie schon einige Schiffe verloren, darunter auch ihr Flaggschiff, die »Rosario«, mit 50 000 Gold-

dukaten an Bord. Insgesamt ist die Armada jedoch noch intakt und
der Invasionsplan ungefährdet.

Aber er trägt den Keim des Irrtums in sich. Wäre die Armada nicht
nach Calais, sondern mit immerhin fast 20 000 spanischen Soldaten
direkt nach Kent gesegelt und dort gelandet, hätte das Unternehmen
wahrscheinlich erfolgreich abgeschlossen werden können. Das hätte
das Ende der anglikanischen Kirche bedeutet, und England wäre
wieder katholisch geworden. Doch Herzog Medina Sidonia hält sich
genau an die königliche Weisung und segelt so schnell wie möglich
nach Calais. Er ist sich ganz sicher, dass Parmas Landheer dort auch
bereitsteht und auf ihn wartet. Ein schlimmer Irrtum, der Beginn der
Katastrophe. Als Medina Sidonia in Calais eintrifft, ist der Herzog
von Parma gar nicht da. Er weilt 60 Kilometer entfernt im schönen
Brügge und ist nicht kampfbereit. Von dem Nahen der Armada und
ihren Gefechten mit den englischen Schiffen hat er nichts erfahren,
er hat den Beginn der Schlacht regelrecht verschlafen. Seine Armee
ist in Dünkirchen untergebracht, liegt dort gemütlich im Quartier.
Das Aufstellen und Einschiffen der Truppen wird einige Zeit dauern.
Und die ganze Armada liegt ungeschützt und tückischen Winden
preisgegeben vor Calais mit den kampfhungrigen englischen Schiffen im Rücken! Eine gefährliche Situation.

In der Nacht zum 29. Juli kommt ein heftiger Wind auf. Er dreht
genau in die Richtung der ankernden Armada, günstig für die englischen Schiffe. Drake und Howard erkennen die Chance, sich mit diesem kräftigen Wind im Rücken der spanischen Flotte schnell zu nähern. Sie setzen sechs Brander ein, mit Schießpulver, Pech und leicht
entzündbaren Stoffen versehene »Höllenbrenner«. Wie Feuerkugeln
treiben sie brennend und mit festgezurrtem Ruder auf die spanischen
Galeonen zu. Die Besatzungen geraten in Panik, als sie die ersten »fi-
reships« zu Gesicht bekommen und hilflos mitansehen müssen, wie
ihre schönen Schiffe Feuer fangen und mit einem gewaltigen Getöse
in die Luft fliegen. Kleine Pinassen versuchen vergeblich, die gefährlichen »Minenmaschinen« mit Reißleinen aus der Reichweite der
Hauptflotte zu ziehen. Die meisten Galeonen kappen überhastet ihre

Anker. Der Wind wird zum Sturm. Beim Hissen der Segel verheddern sich die Takelagen, Schiffe prallen aufeinander und rammen sich gegenseitig, ein Chaos bricht aus. Die Ordnung der Armada ist zerstört, die Schiffe sind zerstreut.

Als der Morgen des 29. Juli heraufdämmert, erkennen die Spanier im Westen die lauernden, grauen englischen Seewölfe. Sie kreuzen hart gegen den Wind und kommen immer näher. Ihre Artillerie feuert Salve um Salve. Die Armada erleidet große Verluste. Sie muss sich stellen, wenn sie nicht auf die Seebänke von Zeeland getrieben werden will. Doch in dem engen Raum kommt keine Formation zustande. Als der Wind noch einmal auf Westsüdwest dreht, setzen sich einzelne Schiffe Richtung Nordsee ab. Da die Engländer den Kanal sperren, versucht der traurige Rest der Armada eine Rückkehr um Schottland herum, zwischen den Orkney- und Shetland-Inseln hindurch. Ein mühsames und entbehrungsreiches Manöver, ohne Wasser und Verpflegung. Die Soldaten und Matrosen sterben an Hunger und Durst.

Am 20. August erreicht die Flotte den Atlantik. Ein Orkan setzt ein und treibt die Schiffe auseinander und auf die gefährlichen Felsen zu. Aus der Niederlage wird eine Katastrophe. 20 Schiffe zerschellen an den schottischen und irischen Klippen. Die »Gran Grifon« geht unter, die »Bark von Hamburg«, die »Trinidad Valencera« und auch die stolze Galeasse »Girona«, die 1967 auf dem Grund vor der zerklüfteten irischen Nordküste entdeckt und zum Teil geborgen wird. Noch heute finden sich traurige, an Land gespülte Überbleibsel der Flotte an Irlands Küsten, Kanonenkugeln, Golddukaten, Gewehre, Töpfe, Tassen und ausgewaschene weiße Menschenknochen.

Die Flotte wird noch einmal zerschlagen. In jämmerlichstem Zustand erreichen die letzten Schiffe und nicht einmal ein Drittel der ursprünglichen Besatzung gegen Ende September die spanische Küste. Das große Unternehmen ist gescheitert. Die Engländer haben kein einziges Schiff verloren. Am 17. November 1588, dem Jahrestag ihrer Thronbesteigung, feiern Elisabeth und ganz England in einem einzigartigen prachtvollen Umzug zur St.-Pauls-Kathedrale den Sieg.

Verpasstes Rendezvous
(Kinsale, 24. Dezember 1601)

Über Jahrhunderte bleibt Irland für die englische Krone ein nicht lösbares Problem. Und ein kostspieliger Aderlass dazu. Irland, einst Hort des Christentums und christlicher Kultur, ist im Mittelalter politisch und wirtschaftlich zerfallen. Die Engländer sehen in den ständig neue Kämpfe anzettelnden keltischen Stämmen zottige Wilde, die zur Raison gebracht und in englisches Hoheitsgebiet eingegliedert werden müssen. Aber das will einfach nicht gelingen. Viele englische Herrscher haben es vergeblich versucht.

Nominell regiert der englische König zwar auch in Irland. Doch sein Einflussgebiet beschränkt sich auf einige Hafenstädte im Süden, vor allem Cork und Waterford, und auf einen nur 40 Kilometer breiten Küstenstreifen mit Dublin als Zentrum. Das ist der »Pale«, der Zaun, das umzäunte Gebiet, ein kleiner Flecken England in einer fremden, unnahbaren Welt. Die Krone befindet sich in einem Dilemma. Die endgültige Kolonisation glückt nicht, aber zurückziehen will man sich auch nicht. Elisabeth I. möchte auf »Britanniens zweite Insel« nicht freiwillig verzichten. Was kann und soll sie also tun?

Die Königin weiß, sie darf die Sache nicht einfach auf sich beruhen lassen. Denn Irland, seine strategische Lage, bleibt eine akute Gefahr. Ein idealer Ort für Truppenanwerbungen oder gar der Vorbereitung einer Invasion. Außerdem erheben sich ständig irische Stämme, lehnen sich gegen die Fremdherrschaft auf oder bekriegen sich gegenseitig. Krieg und Terror sind der Normalzustand in diesem Land, das auch unter Elisabeth unregierbar bleibt. Sie versucht es zunächst mit Kleinkriegen, mit beschränkten militärischen Aktionen und einer kleinen Truppenzahl. Sie hofft darauf, Irland langsam befrieden und anglisieren zu können. Doch dann wird sie gezwungen, diese Politik der minimalen Eingriffe aufzugeben. Der Grund ist das Oberhaupt eines mächtigen irischen Clans in der nördlichen Provinz Ulster, der Graf Hugh O'Neill von Tyrone.

O'Neill ist einst am englischen Hofe erzogen worden. Er kennt die englische Aristokratie gut. Nun schart er die irischen Freiwilligen und Guerillakämpfer um sich und formt aus ihnen eine Armee, die es geschickt versteht, die englischen Truppen im Lande nach und nach zu dezimieren und aufzureiben. Elisabeth muss reagieren, denn der Aufstand hat sich unverkennbar zu einem Krieg und einer gesamtirischen Bewegung ausgeweitet.

Die Lage ist gefährlich und bedrohlich. In Schottland ist nun Jakob I. an der Macht, der Sohn Maria Stuarts, die Elisabeth vor 30 Jahren hinrichten ließ. Schottische Söldner schwärmen scharenweise nach Irland, um ihre irischen Brüder in ihrem Freiheitskampf zu unterstützen. Und es ist auch nicht auszuschließen, dass der spanische König versucht, sich in Irland festzusetzen und von dort erneut eine Invasion zu wagen. Deshalb schickt Elisabeth im April 1599 eine 17 000 Mann starke Armee unter dem Oberbefehl des erst 32-jährigen Robert Devereux, dem Grafen von Essex, nach Irland. Das ist die größte und stärkste Streitmacht der gesamten elisabethanischen Zeit, jedenfalls auf dem Papier. Und die teuerste. Sie verschlingt pro Jahr 300 000 Pfund.

Devereux erweist sich als völliger Versager. Er hat sich nach dem Amt gedrängt, besitzt jedoch keinerlei Erfahrung in irischer Kriegsführung. Er weicht dem Kampf aus und zieht monatelang kreuz und quer durch das Land, bis durch Fahnenflucht und Krankheit nur noch etwa ein Viertel seiner Streitmacht übrig ist. Der Feldzug endet in einem totalen Fiasko. Es kostet den Grafen von Essex den Kopf. Elisabeth lässt ihn, nachdem er gegen sie konspiriert hat, in den Tower werfen und köpfen. Als Nachfolger bestimmt sie Charles Blount, Lord Mountjoy.

Eine gute Wahl. Lord Mountjoy ist ein erfahrener Soldat, der auch auf die Ratschläge irischer Gefolgsleute hört. Aber er ist mit den übrig gebliebenen Truppen zahlenmäßig unterlegen. Deshalb vermeidet er eine Entscheidungsschlacht. Er versucht vielmehr, die Regionen, aus denen die Rebellen ihren Nachschub beziehen, systematisch zu verwüsten und dadurch den Gegner zu schwächen. Diese

Strategie ist nicht schlecht. Doch sie zwingt den irischen Anführer, den Grafen O' Neill von Tyrone, zum Handeln. Welche Initiative O' Neill ergreift, liegt auf der Hand: Er vergewissert sich der Hilfe Spaniens. Der junge spanische König Philipp III. ist ehrgeizig. Der Untergang der großen Armada vor elf Jahren und der Durst nach Rache liegen wie ein Trauma über dem Land. Philipp sichert zu, ein Entsatzheer aufzustellen und nach Irland einzuschiffen. Wenn es sich mit den Truppen Tyrones in Ulster vereinigt, ist die Lage für die Engländer hoffnungslos. Einer solchen Übermacht sind sie nicht gewachsen.

Als die Spanier sich im Herbst 1601 tatsächlich mit einer Flotte Irland nähern, scheint die Niederlage der englischen Soldaten unvermeidbar. O'Neill ist siegessicher. Nach der Vereinigung mit dem spanischen Expeditionskorps ist das Schicksal der Engländer besiegelt und Irland wird endlich frei sein. Das hoffen und glauben mit O'Neill viele Iren. Doch sie irren alle. Die Vereinigung beider Heere kommt nicht zustande. Wie vor 13 Jahren die Armada unter Medina Sidonia das Landheer des Herzogs von Parma in Flandern verfehlte, so verpasst jetzt Hugh O' Neill die spanischen Truppen unter Don Juan del Aguila.

O' Neill steht im Norden, in Ulster. Er nimmt irrtümlich an, die Spanier würden dort landen. Doch sie landen im Süden Irlands, an der Mündung des Bandon River, in der Bucht von Kinsale. Ein völlig verkorkstes Meeting, schlecht vorbereitet und unzureichend abgestimmt und organisiert. Den irischen Truppen bleibt nichts anderes übrig, als sofort nach Süden zu marschieren, um die Vereinigung vielleicht doch noch herbeizuführen. Ein langer beschwerlicher Weg, quer durch ganz Irland, mitten im Winter. Als sie sich dem kleinen hübschen Hafen von Kinsale an der Südküste Irlands nähern, sind sie erschöpft, geschwächt und entmutigt. Die Spanier sind vielleicht längst wieder davongesegelt, die große Chance scheint vertan.

Die Spanier sind noch da. Aber ihre Lust zum Kämpfen in einem fremden, rauen Land ist auf den Nullpunkt gesunken. Lord Mountjoy erkennt sogleich, welche Chance sich ihm da bietet. Und er greift ohne Zögern zu. Wie Francis Drake vor 13 Jahren bei Calais entscheidet er sich mutig für einen Angriff. Er marschiert mit seiner Armee den Iren entgegen und erreicht sie am 24. Dezember 1601, noch bevor sie sich mit den Spaniern in Kinsale vereinigen können. Noch ist nicht »Christmas Eve«, das heilige Fest, denn für die Engländer beginnt Weihnachten erst einen Tag später. Also wird die Schlacht schnell geschlagen. Und gewonnen. Das bereits stark mitgenommene irische Heer hält dem englischen Angriff nicht stand. Hugh O' Neill entkommt mit den Resten seiner Truppen nach Ulster.

Und die Spanier? Sie ergeben sich am 2. Januar 1602 kampflos. Zwei Monate später lassen die Engländer sie heimkehren. Eine ganz und gar verdorbene und vergebliche Expedition! Spanien verliert nun ein für alle Mal das Interesse an Irland. Die englischen Streitkräfte sind gerettet. Die Iren sehen keine Aussichten mehr, ihren Freiheitskampf, der bisher mit so großer Erbitterung geführt wurde, erfolgreich fortzusetzen. Im Winter 1796 versuchen die »United Irishmen« unter ihrem Führer Theobald Wolfe Tone zwar noch einmal, diesmal mit Hilfe von 50 französischen Kriegsschiffen und 15 000 französischen Soldaten, sich gegen die englische Herrschaft zu erheben. Aber mit fremden Hilfstruppen haben die Iren kein Glück. Sie sind schlecht ausgerüstet und nicht kampfbereit, als die Franzosen bei Bantry im Südwesten Irlands landen. Zudem zerzaust ein Sturm die französische Flotte, und auch dieses Unternehmen scheitert.

Was wäre geschehen, wenn im Jahre 1601 die Vereinigung der spanischen und irischen Truppen nicht durch einen Irrtum verhindert worden wäre? Dann hätten sie mit großer Wahrscheinlichkeit bei Kinsale oder anderswo gesiegt und die Engländer vermutlich für immer vertrieben. Die irische Geschichte wäre dann anders verlaufen. Es gäbe 400 Jahre später keine zwei irische Staaten und keine IRA. Viel weiteres Blutvergießen wäre vermieden worden.

So aber bleibt Hugh O' Neill nichts anderes übrig, als sich im März 1603 im Frieden von Mellifont zu unterwerfen. Die englische Macht etabliert sich endgültig auf der irischen Insel.

»Vorauf ein Reiter auf weißem Pferd ...«
(Lützen, 16. November 1632)

»Schwedische Heide, Novembertag, der Nebel grau am Boden lag ...« Wer kennt nicht den eindringlichen Anfang der Ballade, die Theodor Fontane schlicht mit »Der 16. November 1632« überschrieben hat? Sie hat die Schlacht bei Lützen, eine kleine Stadt in der Nähe von Leipzig, im 19. Jahrhundert in Deutschland ebenso bekannt gemacht wie den schwedischen König, der auf protestantischer Seite die Schlacht schlug. Ein schwedischer Bauer zieht mit seinem Räderkarren durch die Heide und hat plötzlich zur gleichen Zeit, da in Sachsen die Schlacht tobt, das Bild seines Königs Gustav Adolf vor Augen. »Es brausen und dröhnen Luft und Erd, vorauf ein Reiter auf weißem Pferd.« Der König kämpft an der Spitze seiner Truppen gegen die kaiserliche Armee des Generalissimus Wallenstein. Die Stellung Schwedens als Schutzmacht des deutschen Protestantismus soll erhalten bleiben, deshalb braucht er einen Sieg. »Wie ein Lichtstreif durch den Nebel es blitzt, kein Reiter mehr im Sattel sitzt, das fliehende Tier, es dampft und raucht, sein Weiß ist tief in Rot getaucht.« Fontane lässt das Unheil erahnen. »Der Sattel blutig, blutig die Mähn, ganz Schweden hat das Ross gesehn.« Das Gedicht verrät das Schicksal des Königs, aber nicht, wie die Schlacht ausgegangen ist. Und es erwähnt auch nicht die Irrtümer, die sie entscheidend mitbestimmt haben.

Das schwedische Heer ist nicht groß. Kaum 14 000 Soldaten segeln im Juni 1630 nach Deutschland und landen bei Peenemünde. Einige weitere folgen nach, aber mehr als 20 000 Mann hat der König nicht beisammen. In Schweden und Finnland leben nur 1,5 Millionen Menschen gegenüber 17 Millionen im Reich. Daher dienen viele Söldner im schwedischen Heer, auch Deutsche und Katholiken. Gustav Adolf weiß, einen langen Krieg kann er sich nicht leisten. Er braucht möglichst schnell eine Entscheidungsschlacht. Und er braucht Verbündete. Er bekommt sie, als der kaiserliche Feldherr Tilly im Mai 1631 bei der Eroberung und Plünderung des protestantischen Magdeburgs und der Ermordung eines Großteils seiner Bevölkerung Angst und Schrecken verbreitet. Fürst Bernhard von Sachsen-Weimar, der Landgraf Wilhelm von Hessen-Kassel und auch der bis dahin im Berliner Stadtschloss zaudernde Georg Wilhelm treten auf schwedischer Seite in den Krieg ein.

Gustav Adolfs Nationalarmee ist zwar klein, aber sie ist gut ausgebildet. Der König hat einige taktische Neuerungen eingeführt. Während in der kaiserlichen Armee nach spanischem Vorbild in 30 Glieder tiefen, schwerfälligen »Terzios« Musketiere kämpfen, die beim Nachladen ihrer Muskete von Pikenieren geschützt werden müssen, formiert der König seine Truppen zu leichteren, kleineren Einheiten um. Als erster Befehlshaber überhaupt, lässt er seine Soldaten gliedweise feuern. Nach Abgabe ihres Schusses marschieren die Musketiere des jeweiligen Gliedes ans Ende der Formation, um den nachfolgenden freies Schussfeld zu geben. Außerdem wird der gefährliche Zündschlossmechanismus, bei dem der Schütze eine brennende Zündschnur in der Nähe des Pulvervorrats bereithalten muss, durch Radschlösser ersetzt. Jetzt entsteht durch Reibung ein Funke, der das Pulver entzündet. Und auch die Kavallerie, in der ausschließlich Freiwillige dienen, wird dank der Tatkraft, des Genies und des charismatischen Führungsstils des Königs umstrukturiert. Ein großer Teil kämpft als berittene Infanterie, d. h. mit Pistolen statt mit Blankwaffen. Diesen Dragonern stehen mit Säbel und Lanze kämpfende Kürassiere zur Seite, die erst im Nahkampf zu den Pistolen greifen. Gustav Adolf pflegt seine Reiterei frühzeitig einzusetzen. Sie attackiert zumeist schon kurz nachdem die Artillerie das Feuer eröffnet hat und die aufsteigenden Rauchschwaden einen gewissen Schutz bieten.

Im September 1631 schlägt das schwedische Heer Tilly bei Breitenfeld in Sachsen. Aber der Sieg entscheidet nicht den Krieg. Das Heilige Römische Reich Deutscher Nation hat genug Reserven und Ressourcen. Schon Im Frühjahr 1632 dringt Tilly mit einer neuen Armee von 40 000 Soldaten in Bayern ein. Nach seinem Tod am 30. April in Ingolstadt übernimmt Wallenstein, der Herzog von

Friedland, das Oberkommando. Er ist ein großer Verteidigungs-
künstler und agiert geschickter als Tilly. Im September 1632 verleitet
er den schwedischen König bei der Alten Veste nahe Fürth durch
kluges Taktieren zu vergeblichen Frontalangriffen, die ihn 3000 Tote
kosten. Kurz darauf fällt Wallenstein in Sachsen ein, um sich Proviant für seine Armee zu beschaffen.

Im Oktober steht Gustav Adolf mit 19 000 Soldaten am Engpass
von Kösen bei Naumburg, verschanzt sich dort und hofft darauf,
dass Wallenstein ihn mit seinen zahlenmäßig fast doppelt überlegenen Streitkräften angreifen wird. Aber der denkt gar nicht daran. Er
bleibt defensiv und wartet seinerseits darauf, dass der schwedische
König die Geduld verliert und ihn attackiert. Als das nicht geschieht,
nimmt er an, Gustav Adolf habe aus seinen kostspieligen Fehlern bei
der Alten Veste gelernt und werde ihn auf keinen Fall angreifen. Er
ist sich dessen schließlich so sicher, dass er große Teile seines zu-
sammengezogenen Heeres entlässt. Ein erstaunlicher Vorgang angesichts eines gefährlichen feindlichen Heeres, und ein ebenso erstaunlicher Irrtum dazu. Wallenstein tut so, als wäre der Feind gar nicht
da. Er schickt Pappenheim, den Befehlshaber der Kavallerie, mit
8000 Mann nach Halle und Oberst Hatzfeld mit vier Regimentern
nach Eilenburg. Dadurch entsteht eine gefährliche Lücke in der
Front. Als Gefangene dem König berichten, die kaiserlichen Truppen lösen sich auf, will er das zunächst kaum glauben, entschließt
sich dann aber doch, mit seinen 19 000 Mann in Richtung Lützen in
die Lücke vorzustoßen. Denn jetzt muss er zahlenmäßig sogar stärker sein als Wallenstein.

Am 15. November 1632 werden gegen 2 Uhr nachmittags in Wallensteins Lager drei Kanonenschüsse als verabredetes Zeichen abgefeuert: Sofort umkehren und eiligst hierher kommen! Der Adjutant
des kaiserlichen Feldherrn galoppiert mit einem Brief zu Pappenheim. »Der feindt marschiert hereinwarths, der herr lasse alles stehen
und liegen und incaminiere sich herzu mit allem volck und stücken,
auf das er morgen frue bey uns sich befünden kann.« Wallenstein gewinnt eine lange Nacht, um seinen Irrtum wieder gutzumachen. Von

überall her strömen Soldaten herbei. Im Schein der Fackeln werden sie sofort zum Graben und Schanzen, zum Fällen von Bäumen und Aufschütten von Erdwällen nach vorn geführt. Wallenstein entscheidet sich in der kalten Novembernacht, in der niemand schläft, für eine mutige Aufstellung von West nach Ost. Sie birgt die Gefahr in sich, dass seine Truppen am linken Flügel umgangen und aufgerollt werden, so dass nur der Fluchtweg nach Mitteldeutschland bliebe, weg von den Streitkräften in Böhmen. Aber das Terrain ist sehr günstig. Am rechten Flügel die 300 Häuser von Lützen mit dem Schloss in der Mitte, daran anschließend Gärten, Lehmmauern und ein paar Windmühlen auf den Hügeln. Am Nordende der Stadt die Poststraße nach Leipzig mit tiefen und breiten Gräben auf beiden Seiten. Sie bietet zusammen mit einem kleinen Kanal für Holzschiffer, dem Floßgraben, eine hervorragende Defensivstellung. Die Schlachtordnung erstreckt sich über zweieinhalb Kilometer. »Ich werde keinen Fußbreit weichen!«, sagt Wallenstein zu Heinrich Holk, seinem einäugigen Stabschef.

Wallenstein zeigt, dass er von Gustav Adolf gelernt hat. Die massigen Heerhaufen, die Terzios, sind verschwunden. Die Truppen stehen beweglicher, nirgends tiefer gestaffelt als zehn Mann. Die Einheiten sind so weit voneinander getrennt, dass Reserven zwischen ihnen vorrücken können. Im Zentrum sind, in zwei Treffen hintereinander, je 5000 Mann aufmarschiert und an beiden Flanken die Reiterei. Auf dem starken rechten Flügel mit den Verschanzungen bei Lützen ist die Artillerie massiert, etwa 60 Kanonen. Außerdem warten dort vier Regimenter Panzerreiter und Einheiten mit schweren Handfeuerwaffen, die Arkebusiere. Sie decken das Fußvolk im rechten Zentrum. Der schwache linke Flügel mit den Kroaten, Ungarn und Polacken soll stärker werden, wenn Pappenheim dort eintrifft. Aber wird er mit seinen 3000 Reitern und 5000 Infanteristen rechtzeitig da sein?

Am Morgen des 16. November hat Wallenstein etwa 16 000 Mann zusammen, 8500 Infanteristen und 7500 Pferde. Er hat den schwedischen König nach Sachsen locken wollen, um ihn zu vernichten. Und

nun ist er selbst der Überraschte. Übermüdet und von Schmerzen geplagt, verlässt er, als der Nebel sich etwas gelegt hat, seine Sänfte, erklimmt über die samtumwickelten Steigbügel schweigend sein Pferd
und übernimmt das Kommando am rechten Flügel.

Gustav Adolf beginnt den Tag, wie es seine Gewohnheit ist, mit
Gebeten im Angesicht seiner ganzen Armee. Bis etwa 8 Uhr lässt der
dichte Nebel keine Bewegungen zu. Der König hat erkannt, dass
Wallensteins linker Flügel der schwächere ist. Deshalb postiert er
dort seine zahlenmäßig überlegene Artillerie, dort will er angreifen.
Gegen 11 Uhr beginnt die Schlacht »mit einer solchen furia, dass niemand je solches gesehen noch gehört hat«, wie Wallenstein am nächsten Tag notiert. Die schwedischen Reiter setzen über die Gräben, machen die feindlichen Soldaten nieder und drängen sie zurück, so dass
durch die Wucht dieses Angriffs auch das Zentrum Wallensteins in
Gefahr gerät. Wenn Pappenheim jetzt nicht zu Hilfe kommt, droht
die Schlacht verloren zu gehen. Ungeduldig wartet und hofft der
Feldherr auf ihn, so wie 183 Jahre später Napoleon in der Schlacht
bei Waterloo in ähnlicher Notlage auf das Eintreffen der restlichen
30 000 Mann seiner Armee wartet. Aber im Gegensatz zu Marschall
Grouchy kommt Pappenheim rechtzeitig heran, zwar nicht mit seiner Infanterie, aber mit seinen Reitern. Gegen 12 Uhr mittags ist er
da. Seine Kürassierregimenter und Dragoner schwärmen weit nach
links aus, sprengen feindliche Pulverwagen in die Luft, gewinnen das
verlorene Gelände zurück und schicken sich an, die Schweden im
Rücken zu fassen. Die Schlacht scheint sich zu wenden. Wallenstein
glaubt, nachdem sein linker Flügel gerettet ist, der Sieg werde ihm
nun zufallen.

Da wird Pappenheim von einer Drahtkugel getroffen, die ihm die
ganze linke Seite aufreißt. Sein Trompeter rettet ihn aus dem Gewühl.
Die Kürassiere sehen es und sind geschockt. Mutlos wenden sie sich
zur Flucht. »Ach, Ihr Brüder, dass Gott erbarm!«, ruft Pappenheim
sterbend. »Ist denn keiner mehr, der für den Kaiser treulich fechten
will? Ist denn kein Mensch da, der mir das Blut stillen kann?« Während Wallensteins linker Flügel wieder zurückweicht, hält der rech-

te stand. Wallenstein lässt Lützen in Brand setzen. Der dicke Qualm behindert zusammen mit dem wieder stärker werdenden Nebel die schwedische Kavallerie, die unter dem Befehl des Fürsten Bernhard von Sachsen-Weimar steht. Als die schwedischen Brigaden im Zentrum nach links abdriften, entsteht eine Lücke, in die Wallensteins Reiter unter der Führung von Piccolomini nun hineinstoßen. Der mutige Reitergeneral reitet trotz mehrfacher Verwundung sieben legendäre Kürassierattacken und erobert verlorene Geschütze zurück.

Gustav Adolf erkennt die Gefahr und jagt mit seinem Pferd durch dichte Nebelschwaden querfeldein, um mit seinen Reitern den Bedrängten zu Hilfe zu kommen. Der schwere, kurzsichtige Mann mit den hellblauen Augen wird von einer Musketenkugel am linken Arm getroffen und kann seinen Schimmel nicht mehr lenken. Er bittet seinen Begleiter, Franz Albrecht von Lauenburg, ihn aus dem Schlachtgetümmel zu bringen. In diesem Augenblick wird er von herangaloppierenden feindlichen Reitern umzingelt und von mehreren Pistolenschüssen und Säbelstichen in Kopf und Rücken tödlich getroffen. Die feindlichen Soldaten plündern die Leiche aus, nehmen Hut, Kleider und Stiefel sowie die silbernen Sporen und die goldene Uhr mit der Kette und lassen den Leichnam nackt auf der Erde liegen.

Die schwedischen Soldaten erblicken den herrenlos umherirrenden Schimmel und sind entsetzt. In Windeseile verbreitet sich die Nachricht vom Tod des Königs in seiner Armee. Einige Berater empfehlen, die Schlacht abzubrechen. Doch der Tod des geliebten Gustav Adolf wirkt auf die schwedischen Truppen ganz anders, als der Tod Pappenheims auf die kaiserlichen Soldaten. Ihr einziger Gedanke ist Rache, ihr Entsetzen schlägt in Wut um. Sie wollen den Körper des toten Königs zurückhaben, wollen trotz oder gerade wegen des teuren Verlustes die Schlacht auf jeden Fall gewinnen. Bernhard von Sachsen-Weimar führt mehrere Kavallerieattacken an und setzt zum richtigen Zeitpunkt alle Reserven ein, drei ausgeruhte schwedische Brigaden. Der Leichnam des Königs wird gefunden und zurückgebracht, die Hügel mit den Windmühlen werden im Sturm eingenommen. Der wilde Kampf tobt noch sechs weitere Stunden, bis die Nacht hereinbricht und Wallensteins Armee auf ganzer Linie einen geordneten Rückzug antritt. Die schwedischen Truppen sind zu erschöpft, um die Verfolgung aufzunehmen. Etwa 2000 ihrer Männer bleiben tot auf dem Schlachtfeld, Wallenstein verliert doppelt so viel.

Der Sieg der Schweden über die Reichsarmee führt die ersehnte Entscheidung des Krieges allerdings nicht herbei, er führt lediglich zum Patt. Wäre Gustav Adolf bei Lützen nicht gefallen, hätte er diesen Sieg nutzen und die schwedisch-protestantische Hegemonie über den Ostseeraum und große Teile Deutschlands festigen und ausbauen können. So aber dauert der grausame Dreißigjährige Krieg noch weitere 16 Jahre, bis zum Westfälischen Frieden im Jahre 1648.

Irrtümer in der Zeit
von 1700–1914

Der Ritt nach Oppeln
(Mollwitz, 10. April 1741)

In Wien und London und vor allem in Paris schüttelt man entsetzt die Köpfe. Der junge Preußenkönig Friedrich II., seit wenigen Monaten erst an der Macht und bei der Thronbesteigung als ein neuer Marc Aurel bejubelt, hat es gewagt, die Supermacht Habsburg anzugreifen. Ein Stück aus dem Tollhaus! Der dreiste und leichtfertige Überfall auf Schlesien, die blühendste Provinz Österreichs, löst überall Abscheu und Erstaunen aus. Mitten im Frieden ist Friedrich am 16. Dezember 1740 plötzlich und aus heiterem Himmel mit 28 000 Soldaten einfach einmarschiert. Aus maßlosem Ehrgeiz und mit dem eitlen Wunsch nach Ruhm und Ehre, wie er später selbst bekannt hat. Preußen soll Großmacht werden. Ein Angriffskrieg mit hohem Risiko und mitten im Winter gegen eine zahlenmäßig weit überlegene Armee, das hat es in Preußens Geschichte noch nicht gegeben. Und dazu mit einem König an der Spitze des Heeres, der völlig unerfahren ist. Welcher Feldherr führt schon im Winter Krieg? Alle Generäle haben ihm vor diesem Abenteuer abgeraten.

Aber Friedrich setzt auf das Überraschungsmoment und seine gut ausgebildete Truppe. Die Hauptmasse der österreichischen Armee steht in Ungarn. Ehe die erst 23-jährige Kaiserin Maria Theresia reagieren kann, ist die Festung Glogau erobert und ganz Niederschlesien in preußischer Hand. Die Schlesier kommen Friedrich freundlich entgegen und begrüßen ihn zum Teil sogar als Befreier. Sie sind Deutsche wie die Menschen in Berlin oder Wien. Man hat sie nicht gefragt, ob sie lieber zu Österreich oder Preußen gehören wollen. Vom Selbstbestimmungsrecht der Völker hat noch keiner etwas gehört.

Als auch ganz Oberschlesien ohne ernsthafte Kämpfe besetzt wird, ist der Feldzug so gut wie entschieden. Maria Theresia scheint resigniert zu haben. Das glauben jedenfalls die Preußen. Friedrich hat von der jungen, unerfahrenen Regentin auch nichts anderes erwartet. Das ist sein erster Irrtum in diesem Krieg. Der Schein trügt. Die Kaiserin denkt gar nicht daran, freiwillig auf Schlesien zu verzichten. Im Morgengrauen des 10. April 1741 treffen preußische Regimenter bei Mollwitz plötzlich auf die österreichische Armee. Zum ersten Mal stehen preußische Truppen der kriegserfahrenen und ruhmbedeckten österreichischen Armee in einer Schlacht gegenüber. Es ist zudem die erste, die Friedrich schlägt. Sicherlich weiß er zu diesem Zeitpunkt nicht, wie viele weitere blutige Schlachten er noch durchstehen muss, als Folge dieser ersten.

Es ist kalt und auf den Feldern liegt leichter Frost. Das Gelände ist offen und wenig bedeckt und wird von einem schwer überschreitbaren Bach durchquert. Es gibt nur einen Übergang auf der Straße von Pampitz nach Mollwitz. Friedrich teilt den Oberbefehl über seine Armee mit dem 28 Jahre älteren Kurt Christoph von Schwerin, der 1730 Beisitzer im Kriegsgericht über ihn gewesen ist. Friedrich verehrt ihn und hat ihn kurz vor Beginn des Feldzugs zum Feldmarschall ernannt.

Nun kommt es zu einer Reihe von Irrtümern auf beiden Seiten. Die österreichische Kavallerie liegt noch im Quartier. Sie rechnet nicht damit, dass die Preußen so schnell herankommen, und ist völlig überrascht, als die preußische Vorhut mit den Dragoner- und Husarenregimentern des Grafen Rotheburg gegen elf Uhr plötzlich in ihrem Rücken auftaucht. Friedrich dagegen glaubt, die Österreicher wären in guter Position auf seinen Angriff vorbereitet. Dieser Irrtum verleitet ihn zu seinem ersten Fehler. Statt sofort anzugreifen und den Glücksfall der Überraschung auszunutzen, lässt er in den nächsten zwei Stunden erst einmal schulmäßig und umständlich eine reguläre Schlachtordnung formieren. Dabei unterliegt er einem erneuten Irrtum. Er glaubt nämlich, das Gelände lasse das zu. Es ist jedoch für einen plangemäß geschlossenen Aufmarsch mit Zentrum und zwei

Flügeln zu je zwei Kampflinien, »Treffen« genannt, um gut 800 Meter zu eng. Deshalb muss zunächst der gesamte linke Kavallerieflügel hinter das zweite Treffen zurückgenommen werden. Da der rechte Flügel, auf dem sich auch der König befindet, etwas vorgeschoben ist, entsteht eine schräge Front.

Der österreichische Feldherr Graf Neipperg, der seine Hauptarmee vor dem Ortsrand von Mollwitz aufgebaut hat, zu beiden Seiten von massierter Reiterei gedeckt, sieht in dieser Schieflage sofort seine Chance. Als Friedrich gegen 13.30 Uhr den Angriff befiehlt und seine vor die Kampflinien gezogenen Geschütze das Feuer eröffnen, weicht Neipperg dem vorgehenden rechten Flügel der Preußen geschickt aus. In einer weiten Ausholbewegung seines linken Flügels umfasst er mit fast 5000 Reitern die rechte preußische Flanke und hebt sie durch eine wuchtige Kavallerieattacke aus den Angeln. Die Kavallerieregimenter des Generalleutnants von der Schulenburg werden über den Haufen geworfen und jagen in wilder Panik davon.

Friedrich versucht an der Spitze des 11. Kürassierregiments einen verzweifelten Gegenstoß, wird aber in dem wilden Getümmel an der Front entlang bis zu den sumpfigen Wiesen des Baches fortgetrieben und kann nur mit Mühe entkommen. Die gesamte Artillerie vor der Front gerät in die Hände des Feindes. Die Schlacht scheint verloren. Feldmarschall Schwerin entdeckt in dem Durcheinander den preußischen König und rät ihm, das Schlachtfeld sofort zu verlassen und nach Oppeln zu fliehen, um sein Leben zu retten, von dem das Schicksal des Heeres und des Staates abhänge. Friedrich weigert sich zunächst, setzt sich dann aber, als sich die Lage weiter verschärft, vom Schlachtfeld ab.

Während seiner Flucht nach Oppeln glaubt er, alles sei verloren. In scharfem Galopp bringt er die 52 Kilometer bis Oppeln hinter sich, erschöpft und verzweifelt. Unter seinem Hemd trägt er einen Beutel mit Gift. Er denkt daran, es zu nehmen, wie später auch nach der Niederlage bei Kunersdorf gegen die Russen. Ist seine Karriere als ruhmreicher König schon beendet, bevor sie richtig begonnen hat? Wieder ein Irrtum, wie sich bald herausstellt. Denn die viel verspottete »Berliner Wachtparade«, die preußische Infanterie, führt die Wende in der Schlacht herbei.

Die Infanterie ist von allen Seiten eingeschlossen. Während der König davonjagt, formiert sie Schwerin zum Widerstand. Wohin denn der Rückzug gehen soll, fragen seine Generäle. Er reißt die Fahne des Ersten Gardebataillons an sich und ruft: »Auf den Leib des Feindes!« Die Reihen wanken nicht und weichen nicht zurück. Die hochgewachsenen preußischen Grenadiere in den blauen Röcken und mit den spitzen Blechmützen stehen wie Mauern. Laden und feuern, laden und feuern! Die Salven aus den Gewehren sind so genau und schnell, dass der feindliche Ansturm zum Stillstand kommt. Da! Trommelschlag und Trompetensignale! Die preußische Infanterie formiert sich mit wehenden Fahnen zum Gegenangriff. Es ist 16 Uhr. Der gesamte linke Flügel unter General von Kalckstein geht unerschütterlich vor, Mann für Mann, Schritt für Schritt, wie auf dem Exerzierplatz, und setzt seinerseits zu einer Umfassungsoperation an. In einem weiten Rechtsschwenk dreht der Flügel hinter Mollwitz ein, reißt die feindliche Schlachtordnung auf und bringt die Österreicher zum Weichen. Graf Neipperg gibt um 18 Uhr den Befehl zum Rückzug. Das ist der Moment, in dem der legendäre Ruf der preußischen Infanterie begründet wird. Von nun an gilt sie als die beste der Welt.

Eine schon fast verlorene Schlacht ist doch noch gewonnen worden. Friedrich weiß allerdings noch nichts davon. In Oppeln will er sich erst einmal der preußischen Garnison anvertrauen und dann in Ruhe überlegen, was nun getan werden muss. Wieder ein Irrtum, der wie ein Treppenwitz anmutet. Friedrich sieht Oppeln vor sich und reitet auf das Stadttor zu, ohne zu wissen, dass der Ort von feindlichen Soldaten besetzt ist. Und nun hat die Geschichte eine dieser Merkwürdigkeiten und Launen parat, mit denen sie uns in Atem hält. Die österreichische Wache schließt die Tore und lässt den fremden Reiter nicht herein! Angesichts von so viel Irrwitz möchte man mit Mephistopheles in Goethes »Faust« ausrufen: »Irrtum, lass los der Augen Band! Und merkt Euch, wie der Teufel spaße.«

Was mag in den Köpfen der Wachsoldaten in diesem Augenblick vorgegangen sein? Wovor hatten die Männer Angst? Vielleicht sollte einem möglichen Spion der Zugang verwehrt werden. Oder die Wachmannschaft hatte ganz einfach den Befehl, niemand hereinzulassen. Sie wusste ja nicht, welch dicker Fisch ihr da entging. Und welch große Chance sie vergab, die schrecklichen Kriege eines Vierteljahrhunderts zu verhindern, wenn sie Friedrich eingelassen und gefangen genommen hätte. Maria Theresia hätte den Aggressor, den sie hasste, sicherlich vor ein Gericht gestellt und verurteilen lassen. Vielleicht sogar zum Tode. Und die Weltöffentlichkeit hätte mutmaßlich festgestellt, der Gerechtigkeit sei damit Genüge getan. Was wäre dann aus Preußen geworden?

Aber es kam anders. Friedrich reitet erst einmal weiter bis nach Breslau. So manche Legende rankt sich später um diese Flucht. Eine gewisse Rosalie Schreier will den König unter einer Maischbütte versteckt und dadurch gerettet haben. Und ein feindlicher Husar namens Paul Werner hat ihm angeblich zur Flucht verholfen. Eine Anekdote ist auch, dass Friedrich den ihn verfolgenden Husaren zugerufen haben soll: »Adieu, meine Freunde! Ich bin besser zu Pferde als ihr alle!« Das war nach einem derart langen und anstrengenden Ritt höchst unwahrscheinlich.

Wahr ist, dass Friedrich in Breslau von Schwerins Sieg erfährt und dass er danach lange Zeit nicht mehr mit seinem Feldmarschall gesprochen hat. Die fast 5000 preußischen Toten und Verwundeten, auf österreichischer Seite sind es noch etwas mehr, lasten schwer auf seiner Seele. Von seiner schmählichen Flucht spricht er nie mehr. Und auch der Name Mollwitz ist tabu. Nur einmal räumt er später ein: »Mollwitz war meine Schule. Ich stellte tiefe Betrachtungen über meine dort begangenen Fehler an, aus denen ich in der Folge Nutzen zog.« Und über seine Reiterei schimpft er: »Die Kavallerie ist nicht wert, dass sie der Teufel holet!«

Kühner Flankenmarsch und schiefe Schlachtordnung
(Leuthen, 5. Dezember 1757)

1757 scheint das Ende für das Königreich Preußen gekommen zu sein. Der englische Botschafter in Berlin meldet seiner Regierung: »Ich fürchte, die Franzosen und Österreicher werden bis Weihnachten nicht bloß im Besitz von Berlin, sondern des größten Teils der preußischen Erblande sein.« Seit 1756 kämpfen Österreich und Preußen im Siebenjährigen Krieg zum dritten Mal um die blühende und reiche Provinz Schlesien. Aber diesmal ist Friedrich, der preußische König, von einer Welt von Feinden umgeben. Im Süden von Österreich und Sachsen, im Osten von Polen und Russland, im Westen von Frankreich und fast allen Staaten des Deutschen Reiches und im Norden von Schweden, das schon einen Brückenkopf am Südufer der Ostsee gebildet und ganz Vorpommern im Besitz hat. Preußen hat nur einen einzigen Verbündeten, England. Aber es ist Seemacht und kämpft vornehmlich in Übersee. 1761 wird es Preußen schmählich im Stich lassen.

Friedrichs Lage ist wirklich verzweifelt. Er operiert auf der inneren Linie und lässt einen Teil seiner Armee in Schlesien, um sich mit der anderen Hälfte in Sachsen den Franzosen und der Reichsarmee zu stellen. Bei Rossbach erringt er gegen eine doppelte Übermacht zwar einen glänzenden Sieg, aber die Österreicher besiegen in mehreren Schlachten seine Truppen in Schlesien und nehmen Schweidnitz, eine der stärksten Festungen mit wichtigen Vorräten für den Winter. Friedrich lässt einen Teil seiner Soldaten in Sachsen, macht mit nur 14 000 Mann kehrt nach Osten und vereinigt sich am 2. Dezember 1757 mit den 18 000 Soldaten seiner geschlagenen Schlesien-Armee. Durch die Anwesenheit des Königs bessert sich die erschütterte Moral der Regimenter, die Siegeszuversicht kehrt zurück.

Am 3. Dezember wird Friedrich gemeldet, dass die Österreicher überraschend ihre feste und starke Stellung bei Breslau verlassen haben, um mit 65 000 Mann dem preußischen König entgegenzumarschieren und ihm den Zugang zu den Winterquartieren im Innern

Schlesiens zu verwehren. Sie sind doppelt so stark, denn Friedrich verfügt nur über 32 000 Mann. Er sieht seine einzige Chance in einem sofortigen Angriff. »Der Fuchs ist aus seinem Loch gekrochen«, äußert er sich zu seinen Getreuen, »nun will ich seinen Übermut bestrafen!« Am Abend des 3. Dezember versammelt er in Parchwitz seine Offiziere bis hinunter zum Kompaniechef um sich und redet in einer geschickten Verbindung von Zuspruch und Drohung auf sie ein: »Ich muss diesen Schritt wagen, oder alles ist verloren. Wir müssen den Feind schlagen oder uns vor seinen Batterien alle begraben lassen. So denke ich, so werde ich handeln … Ist aber einer oder der andere unter Ihnen, der nicht so denkt, der fordere hier auf der Stelle seinen Abschied. Ich werde ihm selbigen ohne den geringsten Vorwurf geben … Nun leben Sie wohl, meine Herren. In kurzem haben wir den Feind geschlagen, oder wir sehen uns nie wieder!« Begeisterung erfasst die Truppen, im preußischen Lager ertönt lauter Jubel.

Mutig marschiert Friedrich dem österreichischen Heer entgegen, ohne allerdings zu wissen, wie stark die Österreicher wirklich sind. Er schätzt ihre Stärke auf 39 000 Mann, also wenig mehr, als er selbst ins Feld führen kann. Am 4. Dezember fällt den Preußen beim Angriff auf Neumarkt die gegnerische zentrale Armeefeldbäckerei in die Hände mit Brotvorräten für 40 000 Mann, womit die Versorgung der gesamten preußischen Armee gesichert ist. Am Morgen des 5. Dezember erreicht sie die festgefrorenen und schneebedeckten Felder vor dem kleinen Dorf Leuthen. Und nun beginnt eine Schlacht, von der Napoleon gesagt hat, sie allein genüge, um Friedrich den Großen »unsterblich« zu machen. Dazu beigetragen haben allerdings schwerwiegende Irrtümer auf Seiten der österreichischen Befehlshaber.

Die Irrtümer beginnen schon damit, dass man im Hauptquartier des Prinzen Karl von Lothringen davon überzeugt ist, der preußische König werde es nicht wagen, mit seiner kräftemäßig stark unterlegenen Armee anzugreifen. Deshalb haben die Österreicher es auch nicht für notwendig gehalten, ihre zentrale Armeefeldbäckerei in Neumarkt auf Breslau zurückzuziehen. Sie beziehen am linken Ufer der Weistritz eine Defensivstellung und entfalten ihre gesamten kampferprobten und ausgeruhten Streitkräfte in einer Frontlinie von über neun Kilometern. Der rechte Flügel ist beim Dorf Nyppern durch ein Waldgebiet gedeckt. Dort steht, nach rechts rückwärts ge-staffelt, die Kavallerie, dahinter in zwei hintereinander aufgestellten Treffen die Infanterie. Der linke Flügel macht beim Dorf Leuthen einen Haken von 90 Grad, um die Sagschützer Erhebung als beherr-schenden Punkt in den Frontverlauf mit einzubeziehen. Vor der Front sind die schweren Batterien in Stellung gegangen. Prinz Karl will mit dieser bloßen Demonstration militärischer Stärke den Geg-ner davon überzeugen, dass eine Schlacht für ihn aussichtslos ist. Er glaubt, er kann die Preußen dadurch zum Abzug bewegen. Ein wei-terer Irrtum, wie sich alsbald herausstellt.

Bereits um 4 Uhr früh, einem diesigen und nebelverhangenen Morgen, brechen die Preußen ihr Biwak ab und beginnen ihren Auf-marsch. Die zwei parallel marschierenden Infanteriekolonnen sind an den Seiten gedeckt durch Kavallerieregimenter. Der König weilt vorn bei der Spitze seiner Armee und ruft einen Offizier mit 50 Hu-saren zu sich »Er mit seinen 50 Mann soll mir zur Deckung dienen«, befiehlt er ihm. »Er verlässt mich nicht und gibt Acht, dass ich nicht der Kanaille in die Hände falle. Bleib ich, so bedeckt er den Körper gleich mit seinem Mantel und lässt einen Wagen holen. Er legt den Körper in den Wagen und sagt keinem ein Wort. Die Schlacht geht fort, und der Feind – der wird geschlagen!«

Gegen 8 Uhr erteilt Friedrich den Befehl zum Angriff. Die gesam-te preußische Armee ist auf den rechten Flügel der Österreicher ge-richtet, und hier beginnt über das Dorf Borne, das um 9 Uhr von Hu-saren und Dragonern genommen wird, auch der Vorstoß. Ostwärts von Borne entfalten sich die Kolonnen-Spitzen so, als ob sie das Dorf Frobelwitz nördlich von Leuthen angreifen wollen. Die österreichi-sche Führung reagiert sofort, aufgeregt und überrascht, zieht einige Kavallerieschwadronen vom linken Flügel ab und wirft ihr gesamtes Reservekorps zur Verstärkung auf den rechten Flügel, weil sie glaubt, dort erfolge der Hauptangriff. Aber es handelt sich nur um einen Scheinangriff, eine Kriegslist. »Der Listige lässt denjenigen, welchen er betrügen will, die Irrtümer des Verstandes selbst begehen«, schreibt Clausewitz 75 Jahre später in seinem berühmten Buch »Vom Kriege«. Friedrich bricht den Scheinangriff auch rechtzeitig wieder ab, etwa gegen 10.30 Uhr, und vermeidet damit den Fehler, den Napoleon nur wenige Jahre nach ihm, 1815 in der Schlacht bei Waterloo beim Scheinangriff seines linken Flügels auf das Gehöft Hougoumont, machen wird. Denn es ist nach Clausewitz »in der Tat gefährlich, bedeutende Kräfte auf längere Zeit zum bloßen Schein zu verwenden, weil immer die Gefahr bleibt, dass es umsonst geschieht und man diese Kräfte dann am entscheidenden Ort entbehrt«. Friedrichs linker Flügel wird rechtzeitig wieder zurückgenommen und in das strategische Gesamtkonzept eingeordnet, um dann auf dem Höhepunkt der Schlacht, insbesondere mit den Kavallerieeinheiten, die letzte Entscheidung herbeizuführen.

Vom Schön-Berg südlich Groß-Heidau aus und südlich der nach Breslau führenden Heerstraße, die die Österreicher mit ihrer Armee versperren, überblickt Friedrich mit seinem Gefolge bei inzwischen aufgeklartem Wetter die ganze feindliche Schlachtordnung. Er kennt das Gelände aus Manövern, die er früher in Friedenszeiten hier abgehalten hat. Schnell wird ihm klar, dass es für einen Angriff auf den gegenüberliegenden rechten Flügel höchst ungeeignet ist. Außerdem wäre er bei einem Frontalangriff von den Sagschützer Höhen her einem tödlichen Flankenfeuer ausgesetzt. Deshalb bleibt nur, diese Höhen zu nehmen und den linken, augenscheinlich weniger stark befestigten und schwächer verschanzten Flügel des Feindes anzugreifen. Aber wie soll die preußische Armee im Angesicht des Feindes zügig dahin kommen? Das erfordert eine neue Aufstellung der Einheiten mit völliger Umgruppierung.

Der König entschließt sich nach kurzer Überlegung zu einem kühnen Manöver. Gegen 10 Uhr macht seine Armee vor dem feindlichen rechten Flügel mit hoher Geschwindigkeit und mustergültiger Präzision und Disziplin einen Rechtsschwenk nach Süden und zieht, zum Teil durch Hügelketten gedeckt, querfeldein und parallel zur österreichischen Armee wie ein langer Heerwurm über eine Distanz von 5000 Metern und in nur 3000 Meter Abstand am Feind vorbei. Ein höchst gefährliches Unterfangen. Zwei Stunden lang vollzieht sich dieser Flankenmarsch vor den Augen der Österreicher, und zwar so, dass sich zunächst die ersten Hälften der vier Flügelkolonnen als erstes Treffen hintereinander setzen, gefolgt von den zweiten Hälften als zweites Treffen. Die Österreicher erkennen die günstige Gelegenheit für einen Angriff nicht. Sie sehen tatenlos zu, weil sie glauben, die Preußen ziehen nun tatsächlich ab, nachdem sie die ganze Stärke des Gegners erkannt haben. »Die Leute gehen«, sagt Feldmarschall Daun zum Prinzen Karl, »man störe sie nicht!«

Ein böser Irrtum. Friedrich denkt gar nicht daran, das Schlachtfeld zu verlassen. Im Gegenteil, er will den linken Flügel der Österreicher in der Flanke mit aller Kraft attackieren. Dafür ist es notwendig, die Truppen so zu gruppieren, dass sie nacheinander zum Einsatz kommen und eine fortlaufende Angriffsverstärkung gewährleistet ist. Eine gefährliche Zusammenballung vor der Front des Gegners muss vermieden werden, der schwierigste Teil des Manövers. Als die Spitze der preußischen Armee gegen 12 Uhr die österreichische linke Flanke passiert hat, schwenkt sie plötzlich nach Osten ab, marschiert am linken feindlichen Flügel entlang und nimmt dann etwa in der Mitte desselben Front zum Gegner. Nach hinten links staffelt sich die Aufstellung zurück, das heißt, 20 Bataillone werden im Abstand von 50 Metern insgesamt etwa 1000 Meter zurückversetzt. Dadurch entsteht eine schiefe Schlachtordnung.

Um 1 Uhr ist der Aufmarsch beendet, der König selbst weist die Angriffsrichtung ein. General von Wedels Bataillone erstürmen den Sagschützer Kiefernberg und den Judenberg. Die schweren Geschütze, darunter eine Batterie Zwölfpfünder, werden auf diese beherrschenden Anhöhen gezogen und beschießen von hier aus die österreichische Flanke. Vorneweg stürmen die Pommern und Lausitzer des Infanterieregiments von Meyerinck. Noch heute zieren die Uniformlitzen dieses Regiments Nr. 26 die Kragenspiegel der deutschen Generalsuniform. Das erste Treffen des Generals Nádasdy, der den linken österreichischen Flügel kommandiert, wird zurückgeworfen. Die Infanterie muss stehend kämpfen, denn die Büchsen und Musketen, alles Vorderlader, lassen sich liegend oder kniend nicht nachladen. Alles ist bald in weißen Pulverdampf gehüllt, so dass die Sicht erschwert ist, die Truppen erkennen kaum noch ihren linken und rechten Nachbarn. Das rauchschwache Pulver ist noch nicht erfunden. Als die Preußen gegen 14.30 Uhr auf das lang gestreckte und stark befestigte Leuthen vorgehen, empfängt sie aus allen Gehöften und besonders vom höher gelegenen ummauerten Friedhof aus schweres Abwehrfeuer. Friedrich holt das 2. und 3. Bataillon der Garde nach vorn, aber auch diese Elitetruppe stockt. Ihr Kommandeur zögert. Da springt Hauptmann von Möllendorf, der spätere Feldmarschall, mit dem Ruf nach vorn »Leute, folgt mir!« und reißt die Führung an sich. Er stößt das Westtor auf, so dass die nachfolgenden Soldaten in das Dorf eindringen und es in blutigem Häuserkampf erobern können. Die Erstürmung des Kirchhofs von Leuthen erhält in der späteren militärischen Tradition eine patriotische und überzeitliche Bedeutung.

Indessen hat Prinz Karl seinen Irrtum erkannt. In fieberhafter Eile wirft er sein Reservekorps und einige Kavallerieeinheiten wieder auf den linken Flügel hinüber. Er ist sich sicher, mit seinen 70 Schwadronen des noch weitgehend intakten rechten Kavallerieflügels unter Lucchesi das Kriegsglück noch wenden zu können. Lucchesi soll in schnellem Galopp die preußische Infanterie von Westen her in der entblößten linken Flanke packen und vernichten. Doch auch diesmal irren die Österreicher. Sie gehen nämlich davon aus, dass Friedrich bereits alle Reserven eingesetzt hat. Doch das ist nicht der Fall. Während man auf preußischer Seite die Lage durch Patrouillen rechtzeitig erkundet hat, fehlt eine solche Aufklärung auf österreichischer Seite völlig. Die preußische Kavallerie unter dem Kommando des Generals von Driesen bricht mit 35 Schwadronen aus ihrer Deckung nordwestlich von Radaxdorf hervor und greift mit ihren Husaren die völlig überraschten österreichischen Dragoner, noch bevor sie Raum gewinnen können, ihrerseits in der rechten Flanke an. Die österreichische Reiterei wird auf ihre eigene Infanterie zurückgeworfen, die nun ebenfalls den Mut verliert und sich zur Flucht wendet. Mit Einbruch der Dunkelheit zwischen 16.00 und 17.00 Uhr lösen sich die Österreicher vom Feind und versuchen bei Lissa die rettenden Brücken über die Weistritz zu erreichen. Die Schlacht von Leuthen ist entschieden.

Ein erstaunlicher Sieg, gegen eine große Übermacht errungen. An den Lagerfeuern der preußischen Grenadiere erklingt in dieser Nacht der Choral »Nun danket alle Gott«. Dieser »Choral von Leuthen« wird bis in den Zweiten Weltkrieg hinein zum sakralen Symbol für todesmutige Kampfkraft und unbedingten Gehorsam und Siegeswillen über einen zahlenmäßig überlegenen Gegner. Die Verluste sind besonders auf Seiten der Österreicher schwer. Sie verlieren rund ein Drittel ihrer Truppenstärke, etwa 27 000 Mann, weitere 20 000 gehen in Gefangenschaft, darunter 17 Generäle. Die Verluste der Preußen sind deutlich geringer, aber immer noch beträchtlich: 223 Offiziere und 6159 Mann. Wenige Tage nach Leuthen kann Friedrich die 17 000 Österreicher, die sich nach Breslau gerettet haben, zur Kapitulation zwingen. Ende Dezember ist ganz Schlesien wieder in preußischer Hand.

Aber ebenso wenig wie Cannae 216 v. Chr. oder Tannenberg 1914 hat 1757 Leuthen den Krieg entschieden. Die Schlacht hat Preußens Katastrophe lediglich hinausgeschoben. Der Krieg dauert noch weitere sechs blutige Jahre.

Das »Österreichische Pferd« (Hochkirch, 14. Oktober 1758)

Im Herbst 1758 ist es während des Siebenjährigen Krieges der Schlachtplan der Österreicher, den preußischen König mit seinen Streitkräften durch eine österreichische Armee unter Feldmarschall Daun in Sachsen festzuhalten, während zwei andere österreichische

Korps damit beschäftigt sind, den größten Teil Schlesiens zurückzugewinnen und die dortigen Winterquartiere zu besetzen. Friedrich will das verhindern und rückt deshalb mit seinem kleinen Heer von 30 000 Mann schnell nach Schlesien vor. Von Bautzen aus erreicht er am 10. Oktober 1758 das kleine lang gestreckte, an einem Abhang gelegene Dorf Hochkirch und besetzt es. Aber Daun, ein Meister der Verteidigungsstrategie, ist mit seinen 78 000 Soldaten ebenfalls dort angelangt und hat eine glänzende Abwehrstellung aufgebaut. Seine Truppen verschanzen sich auf den ausgedehnten bewaldeten Anhöhen um Hochkirch herum.

Statt dieser fast dreifach überlegenen Armee auszuweichen, beschließt Friedrich, trotz der Warnungen seiner Generäle, sein Lager bei Hochkirch aufzuschlagen, fast unter den Kanonen der Österreicher. Als der Generalquartiermeister sich weigert, das Lager so nah am Feind abzustecken, wird er arretiert. Man legt zwar Feldbefestigungen an und postiert vor dem Abhang zu den sumpfigen Wiesen zu beiden Seiten des Lagers schwere Batterien. Und der rechte Flügel stützt sich auf die markante, ummauerte Kirchhofshöhe. Aber die preußische Stellung ist exponiert und gefährlich, sie lädt geradezu zu einem Angriff von den umliegenden Höhen aus ein. Die feindliche Artillerie eröffnet aus günstiger Position auch sogleich ihr Feuer. Die Preußen können vom tiefer gelegenen Terrain aus nicht wahrnehmen, was die Österreicher tun, während diese genau sehen können, was im preußischen Lager geschieht. Unbekümmert ist Friedrich davon überzeugt, dass Daun sich zu keinem Angriff entschließen wird. Er kennt ihn nur als Zögerer und Zauderer und lässt sich von seiner vorgefassten Meinung durch keinerlei Ratschläge seiner Offiziere abbringen. Seine Truppen dürfen sogar unangekleidet in ihren Zelten ruhen. »Wenn uns die Österreicher hier in Ruhe lassen«, sagt Feldmarschall Keith besorgt zu ihm, »so verdienen sie gehangen zu werden.« – »Wir müssen hoffen«, antwortet der König, »dass sich die Österreicher mehr vor uns als vor dem Galgen fürchten.«

Friedrich vertraut den Äußerungen eines gekauften österreichischen Offiziers und glaubt, von diesem Spion alles zu erfahren, was in der feindlich Armee vorgeht. Seine Briefe werden in einem Korb voll Eiern überbracht, ein ausgeblasenes enthält jedes Mal die Mitteilung. Die Österreicher können Eier ebenfalls gut in ihrer Küche gebrauchen. Sie nehmen den Mann gefangen und entdecken die geheimen Berichte. Daun schenkt dem Spion das Leben unter der Bedingung, dass er fortan dem König schreibt, was Daun ihm diktiert. So erhält Friedrich einige Tage lang nur Nachrichten, die von dem bevorstehenden Abzug der Österreicher nach Böhmen berichten. Daun tut alles, um Friedrich in seinem Irrtum zu bestärken und weiterhin in Sicherheit zu wiegen. Während die Preußen glauben, der Feind fälle, laut singend und lärmend, Bäume auf den bewaldeten Berghängen, um sie für Befestigungsanlagen zu verwenden, lässt Daun breite Wege schlagen, auf denen seine Truppen an mehreren Stellen ungehindert ins Tal hinabgeführt werden können. Am 13. Oktober 1758 setzen sich bei einbrechender Dunkelheit 35 Bataillone und 6 Kavallerieregimenter in 4 Kolonnen in Marsch und bewegen sich leise und vorsichtig auf das preußische Lager zu, begünstigt durch Neumond und eine sternenlose Nacht. Die Fahrzeugräder sind mit Stroh umwickelt, die Lagerfeuer brennen weiter und der Zapfenstreich läuft ab wie gewohnt und tönt zu den preußischen Soldaten hinüber, die sich unbesorgt zur Ruhe begeben haben. Tiefer Schlummer breitet sich über das ganze Lager aus.

Gewöhnlich sind es die Kleinen und Schwachen, die im Kriege auf ein letztes Mittel verfallen, um sich in schwieriger, fast aussichtsloser Lage mit einem verzweifelten Schlag zu befreien. Dieses letzte Mittel ist die List. Damit hat David über Goliath gesiegt und die Griechen über Troja durch das von Odysseus ersonnene und als Geschenk in die Stadt gebrachte Trojanische Pferd. Auch Friedrich der Große hat sich bei Leuthen einer Kriegslist bedient. Aber bei Hochkirch ist es nicht der kräftemäßig Unterlegene, der sie einsetzt, sondern es ist der fast dreifach stärkere Daun. Der österreichische Feldmarschall kommt auf die Idee, 200 Mann seiner Truppe zum Schein desertieren zu lassen und ins preußische Lager einzuschmuggeln. Bei einbrechender Dunkelheit stehen 200 Österreicher, überwiegend Kroaten, vor den Toren Hochkirchs und begehren Einlass. Nun sind Desertionen zu dieser Zeit in allen Heeren nichts Ungewöhnliches. Die Preußen sind zwar über die unerwartet hohe Zahl der Männer etwas erstaunt, die gemeinsam erscheinen, die Hände heben und sich ergeben. Aber sie schöpfen keinen Verdacht und fallen wie einst die Trojaner auf die List herein. Geleitet von dem Gefühl der Überlegenheit ihrer soldatischen Tugenden, ihrer Waffen und der genialen Feldherrnkunst ihres Königs lassen sie die angeblichen Deserteure herein, untersuchen und kontrollieren sie kaum und lassen sie alsbald unbeachtet.

Als die Turmuhr von Hochkirch 5 Uhr schlägt, ziehen die 200 Österreicher ihre verborgen gebliebenen Waffen und fallen über die in ihren Zelten schlafenden preußischen Soldaten her. Sie öffnen die Tore und schießen auf die preußischen Posten. Zur gleichen Zeit stürmen österreichische Grenadiere in das Dorf. Die völlig überraschten Preußen greifen zu ihren Waffen und stürzen sich, zumeist ohne Stiefel und Tornister, in den Kampf. Ein blutiges Gemetzel beginnt. Noch ist es dunkel, man kann Freund oder Feind kaum unterscheiden. Nur die Bärenmützen der Österreicher und die hohen Blechkappen der Preußen geben einen kleinen Anhaltspunkt. Die preußischen Geschütze vor Hochkirch, die den rechten Flügel decken sollen, werden erobert und umgedreht. Sie feuern nun ihre Salven nach Hochkirch hinein und richten ein Blutbad unter den preußischen Truppen an.

Der Kanonendonner weckt auch den preußischen König auf. Er hat sein Lager im Zentrum, bei Rodewitz, aufgeschlagen. Noch immer glaubt er nicht an einen allgemeinen Angriff der Österreicher. Eiligst besteigt er sein Pferd und wirft einige Brigaden auf den in Hochkirch bedrohten rechten Flügel. Das brennende Dorf ist noch nicht erobert, ein Bataillon hat sich in den Gärten verschanzt und ein weiteres hält den Kirchhof. Feldmarschall Keith dringt mit einigen Truppen von der Seite nach Hochkirch vor und erobert die preußische Batterie zurück. Aber er wird von einer Übermacht eingeschlossen und von einer Gewehrkugel getötet. Auch zwei weitere

Feldherren, Prinz Franz von Braunschweig und Fürst Moritz von Dessau, der Kommandeur aller Infanterieregimenter des linken und rechten Flügels, werden tödlich verwundet. Ein Kavallerieangriff von Zieten westlich des Dorfes gegen die linke feindliche Flanke bringt keine Entlastung. Dabei fällt auch von Krockow, der Befehlshaber der Kürassiere und Karabinieres. Das Infanterieregiment Nr. 19 unter Major von Lange hält den Kirchhof bis zum letzten Mann. Die Preußen erliegen der Übermacht, morgens um 8.30 Uhr ist Hochkirch in österreichischer Hand.

Friedrich zieht sich mit dem Rest seiner geschlagenen Truppen zurück. Er hat etwa 9000 Mann verloren und fünf seiner besten Generale sowie 101 Geschütze, 28 Fahnen und alle Zelte und alles Gepäck. Doch Daun nutzt seinen Sieg nicht aus, er setzt nicht nach und versäumt es, die Preußen einzuschließen und zu vernichten. Auch seine Verluste sind beträchtlich, wenn auch nicht ganz so schwer wie die der Preußen. Friedrichs Lage ist erneut äußerst bedenklich. Zusätzlich bekümmert durch die Nachricht vom Tode seiner geliebten Schwester Wilhelmine, die am gleichen Tag stirbt, trägt er schwer an der Erkenntnis, dass ganz allein er Schuld an dieser Niederlage hat. Seine Sorglosigkeit und sein Starrsinn, seine leichtfertig begangenen Irrtümer haben dieses schreckliche Blutbad heraufbeschworen und der Elite seiner Truppe das Leben gekostet.

Der Mythos einer Festung
(Kolberg, 1758, 1760, 1807, 1945)

Einen der ältesten Orte Pommerns mit dem Namen Kolberg, heute polnisch Kołobrzeg, Hafenstadt und See- und Solbad an der Ostsee zwischen Stettin und Danzig, kennt in der Bundesrepublik kaum noch jemand. Der Name hat in der Kriegsgeschichte vor 1945 aufgrund mehrerer Belagerungen und zahlreicher damit verbundener Irrtümer eine gewisse Bedeutung erlangt.

Kolberg erhält als Tochtergründung von Greifswald schon 1255 das Lübecker Stadtrecht und wird, mit Graben und Erdwall befestigt, als Mitglied der Hanse dank Salzgewinnung und Seehandel zum wichtigsten Ostseehafen zwischen Danzig und Stettin. Nach über 20-jähriger Besetzung durch die Schweden fällt die Stadt 1653 an Brandenburg. Der Große Kurfürst baut Kolberg ab 1675 zum einzigen Kriegshafen des Landes aus. Während des Siebenjährigen Krieges, im Januar 1758, marschiert ein 34 000 Mann starkes russisches Herr in Ostpreußen ein und erobert Königsberg. Um noch vor dem Winter einen festen Platz für Waffen und Magazine in Preußen zu bekommen, soll auch Kolberg eingenommen werden. Friedrich der Große wird durch diesen Einfall der Russen vollkommen überrascht. Die 4000 Soldaten des Festungs-Bataillons hat er der Feldarmee zugeteilt und auch alle Kavallerie abgezogen. So hat Kolberg nur 700 Mann Besatzung, darunter 120 gefangene Sachsen. Für die 130 Wallgeschütze und 14 Mörser stehen nur 15 Artilleristen bereit. Kommandant ist der 55-jährige Major Sigismund von der Heyde. Er ist bei Friedrich in Ungnade gefallen und gilt als frontuntauglich. Deshalb hat man ihn auf diesen Posten abgeschoben, seine Karriere scheint beendet.

Als fast 8000 Russen auf Kolberg zumarschieren, sieht von der Heyde eine Möglichkeit, sich zu rehabilitieren. In aller Eile lässt er Palisaden rund um die Festung errichten. Aber kaum jemand von den rund 5000 Einwohnern glaubt ernsthaft daran, dass die Stadt einer Belagerung standhalten kann. Als die Regierung im September 1758 große Mehlvorräte von Kolberg nach Stettin bringen lässt, sieht jedermann darin ein offenkundiges Zeichen, dass die Stadt als verloren angesehen wird. Am 3. Oktober beginnt ein fünftägiges Bombardement, das aber nur wenig Schaden anrichtet. Die Brände können schnell gelöscht werden. Die Honoratioren der Stadt sind dafür, die Stadt kampflos zu übergeben, weil die Lage aussichtslos sei. Aber von der Heyde lehnt ab.

Die Russen sind sich sicher, die Stadt schnell einnehmen zu können. Nach einer gewaltigen Kanonade treten sie in der Nacht des

21./22. Oktober 1758 zum Sturmangriff an. Aber plötzlich dreht sich der Wind und Qualm und heller Feuerschein schlagen den Russen entgegen. Sie sind für die preußischen Scharfschützen und Kartätschen wie auf einer Transparentwand gut zu erkennen und erleiden hohe Verluste. Sie müssen sich zurückziehen. Außerdem wird die Munition knapp, Ende des Monats verschießen die Russen sogar hölzerne Kegelkugeln. Und dann macht plötzlich eine Meldung die Runde unter den russischen Soldaten: Ein starkes preußisches Entsatzheer sei im Anmarsch auf Kolberg. Aber nichts davon ist wahr. Die Russen irren sich und werden ein Opfer falscher Informationen. Am 28. Oktober 1758 ziehen sie erfolglos ab. Kolberg ist gerettet und hat nur sechs Soldaten und fünf Bürger verloren. Friedrich sieht ein, dass er sich ebenfalls geirrt hat und ändert seine negative Ansicht über seinen Major. Er befördert von der Heyde um zwei Stufen zum Oberst und verleiht ihm den Orden »Pour le Mérite«.

Nur zwei Jahre später belagern die Russen zusammen mit den Schweden erneut Kolberg. Seit dem 26. August 1760 ankern 26 Linienschiffe vor dem Hafen und schießen mit ihren Kanonen Breschen in die Festungswerke. Ein großer Teil der Stadt steht in Flammen. Die feindlichen Laufgräben werden bis auf wenige Meter an die Wälle herangetrieben, ein Sturmangriff steht unmittelbar bevor. Obwohl die Besatzung nur aus 1250 Mann besteht und die Lage hoffnungslos ist, lehnt Kommandant von der Heyde auch diesmal die Kapitulation ab. Niemand in Kolberg glaubt daran, dass es noch eine Rettung gibt. Da hören die Eingeschlossenen am 18. September 1760 plötzlich aus der Ferne Kanonendonner und Musketenschüsse. Generalmajor Johann Paul von Werner rückt mit 5000 preußischen Soldaten, darunter acht Schwadronen Husaren, zum Entsatz der Stadt heran.

Die Russen haben geglaubt, sich mit der Eroberung der Stadt Zeit lassen zu können. Sie waren sich ihres Sieges sicher. Die Kosaken haben zwar Aufklärung betrieben und insbesondere die Straße nach Stettin aufmerksam bewacht. Aber die preußische Entsatzarmee haben sie nicht bemerkt, sie ist rechts von der Straße an ihnen vorbeigezogen. Die Russen werden von dem überfallartigen Erscheinen der preußischen Truppen vollkommen überrascht. Sie haben angenommen, die Preußen stehen in Niederschlesien. Das stimmte auch. Doch sie sind vor 13 Tagen in Glogau aufgebrochen und haben die 300 Kilometer in Gewaltmärschen mit nur wenigen Ruhepausen zurückgelegt, eine der glänzendsten Waffentaten des Siebenjährigen Krieges. Dass eine Armee zu Fuß in einer derart kurzen Zeit eine solche Entfernung zurücklegen kann, und dazu noch völlig unbemerkt, haben die Russen nicht für möglich gehalten. Panikartig flüchten sie zurück auf ihre Schiffe und lassen Kanonen, Munition, Zelte und Proviantmagazine an Land zurück. Als von der Heyde Strandbatterien errichtet, lichtet die Flotte am 20. September 1760 die Anker und segelt davon.

Kolberg ist ein zweites Mal gerettet. Generalmajor von Werner wird zum »Befreier Pommerns«. Lessing macht seinen Namen in dem Schauspiel »Minna von Barnhelm« literarisch unsterblich. Und für den Major von der Heyde werden Gedenkmünzen herausgegeben. »Ich bin nicht infallible«, sagt Friedrich der Große über ihn, »in diesem Manne habe ich mich stark geirrt.«

Nur 20 Jahre nach dem Tode Friedrichs II. im Jahr 1786 geht sein großes Werk Preußen unter. Ein Krieg gegen Napoleon scheint 1806 unvermeidlich. Die meisten preußischen Generale sind felsenfest davon überzeugt, dass sie die »französischen Windbeutel« in Grund und Boden stampfen werden. Im Frühjahr 1806 spricht Blücher von »unserer unbesiegbaren Armee«. Aber am 14. Oktober 1806 kommt es in der Doppelschlacht von Jena und Auerstedt zur Katastrophe. Das preußische Heer erleidet eine vernichtende Niederlage und zum großen Erstaunen Europas bricht der einst gefürchtete Militärstaat Preußen wie ein Kartenhaus und fast ohne Widerstand zusammen. Berlin wird besetzt und die preußischen Festungen kapitulieren ohne Gegenwehr, darunter auch die starken Bollwerke Stettin, Spandau, Küstrin und am 8. November 1806 auch Magdeburg. Am gleichen Tag wird auch die Festung Kolberg zur Übergabe aufgefordert. In den Augen der Franzosen angesichts der widerstandslosen Aufgabe fast aller anderen Festungen eine reine Formalität. Verteidigungsvorbereitungen sind in der Stadt auch nicht getroffen worden. Aber der 66-jährige Festungskommandant Oberst Ludwig Moritz von Lucadou verweigert die Übergabe.

Die Franzosen nehmen diese Ablehnung zunächst überhaupt nicht ernst. Kolberg ist, abseits der Hauptverbindungswege nach Russland, für Napoleon strategisch unbedeutend. Aber dann macht er sich doch Sorgen über seine rückwärtigen Verbindungen. Ein fast 1200 Mann starkes Freikorps des Rittmeisters Schill durchstreift von Kolberg aus Hinterpommern. Napoleon glaubt, diese Ausfälle könnten in Verbindung mit einer dortigen Landung der Briten seine Hauptverbindungslinie nach Danzig gefährden. Eine krasse Fehleinschätzung der Lage, denn solche Pläne gibt es überhaupt nicht. Eine Gefahr für Napoleons Nachschub und den Vormarsch nach Osten geht von Kolberg nicht aus. So ist ein Irrtum der Grund für Napoleons im April 1807 gefassten Entschluss, Kolberg zu belagern. Außerdem stört es ihn, dass diese unscheinbare Stadt es wagt, ihm zu trotzen. Der Ort sei »ein schwacher Platz«, sagt er zu seinen Generälen, »mit schlecht organisierter Garnison«. Er gedenkt das »elende Nest« in vier bis sechs Wochen zu erobern und befiehlt die Erstürmung der Stadt. Die Belagerung beginnt am 19. Mai 1807, eine Woche vor der Kapitulation Danzigs.

Als Lucadou aus eigenem Entschluss die Kapitulation ablehnt, ruft das den Unwillen der Kolberger Bürger hervor, nicht nur der reichen Kaufleute. Viele verlassen die Stadt aus Furcht vor dem bevorstehenden Bombardement. Es sind kaum mehr als 150 Geschütze vorhanden und die Besatzung hat sich im Mai auf rund 5600 Soldaten erhöht, alles unerfahrene Ersatzbataillone, keine Feldtruppen. Die Hauptwälle und Außenwerke haben zwar im Januar 1807 Palisaden erhalten und die sumpfigen Niederungen an beiden Ufern der Persante bieten zusätzlichen Schutz gegen vorgetriebene feindliche Laufgräben. Aber das kann nicht darüber hinwegtäuschen, dass die über 8000 feindlichen Soldaten mit ihrer schweren Artillerie leichtes Spiel haben werden.

Am 10. April 1807 hat der energische Major Neidhardt von Gneisenau das Kommando in Kolberg übernommen, unterstützt von dem Freischärler Schill und dem 68 Jahre alten Bürgerrepräsentanten Joachim Nettelbeck, einem pommerschen Patrioten und Querkopf. Diese drei Männer organisieren den Widerstand. Gneisenau nimmt den Kampf schon im Vorfeld auf und geht den Belagerern in kleinen, nadelstichartigen Ausfällen entgegen, eine revolutionäre Verteidigungstaktik. Nachschub an Truppen, Waffen, Munition und Proviant kommt über die Ostsee aus England und Schweden herbei. Kolberg hält aus und Napoleon sieht sich gezwungen, seine Belagerungstruppen zu verdoppeln. Im Juni 1807 stehen rund 13 000 feindliche Soldaten vor Kolberg, darunter Husaren und Pioniere. Sie erobern am 11. Juni die strategisch wichtige Wolfsberg-Schanze. Als am 1. Juli ein den ganzen Tag andauernder Dauerbeschuss einsetzt und der Feind gegen die immer noch gehaltenen Außenposten vorgeht und den Hafen besetzt, weiß Gneisenau, dass die Stadt verloren ist. Als ihm am Abend die ehrenvolle Kapitulation angeboten wird, lehnt er dennoch ab. Er rechnet mit der Eroberung und völligen Vernichtung Kolbergs am nächsten Tag. Aber wieder wird die Stadt wie durch ein Wunder gerettet. Am 2. Juli 1807 tritt der Waffenstillstand mit Preußen in Kraft und am 7./9. Juli der Friede von Tilsit. Die französischen Offiziere salutieren mit dem Hut in der Hand, als Gneisenau nach 111 Tagen erfolgloser Belagerung die Festung verlässt. Ein Zeichen der Anerkennung für bewiesene Tapferkeit in aussichtsloser Lage.

Der Mythos von Kolberg endet damit nicht. Die Geschichte hält noch eine Bewährungsprobe für die Stadt bereit. Am 12. Januar 1945 bricht die sowjetische Großoffensive der Heeresgruppen Konjew und Schukow auf Ostpreußen los und am 31. Januar stehen die Russen schon bei Frankfurt an der Oder, nur rund 60 Kilometer von Berlin entfernt. Um die Flanke zu sichern, befiehlt Stalin auch eine Offensive gegen Hinterpommern. Bis Mitte März ist es ebenfalls in sowjetischer Hand, mit Ausnahme des »Festen Platzes« Kolberg. Stadt und Hafen werden als letzte Zuflucht verteidigt, damit Einwohner, Flüchtlinge, Verwundete und die Reste der Soldaten über die Ostsee entkommen können. Die feindliche Übermacht ist erdrückend. Aber ähnlich wie 1807 Napoleon, unterschätzen nun die Sowjets die Widerstandskraft der Stadt. Die NS-Propaganda versucht, den Kolberg-Mythos mit der erfolglosen Belagerung von 1807 für sich zu nutzen. Auf Veranlassung von Goebbels wird mit riesigem Aufwand der Durchhaltefilm »Kolberg« unter der Regie von Veit Harlan mit Heinrich George in der Hauptrolle gedreht, um zu zeigen, »dass ein in Heimat und Front geeintes Volk jeden Gegner überwindet«.

Kampfkommandant ist seit dem 1. März 1945 der 50-jährige Oberst Fritz Fullriede. Die NS-Führung erwartet von ihm eine heldenhafte Verteidigung »bis zum letzten Atemzug und bis zur letzten Patrone«, und Hitler persönlich hofft, dass in Kolberg ein »neuer Gneisenau« niemals kapitulieren wird. Aber die Stadt verschwindet mit einem letzten Irrtum aus der deutschen Kriegsgeschichte. Klammheimlich fliehen die NS-Führer auf Schiffen aus Kolberg, am 16. März auch Kreisleiter Gerriets. In der Nacht vom 17. zum 18. März verlassen auf Befehl Fullriedes 5000 Mann Kampftruppen mit Booten der Kriegsmarine und auf Ruder-, Schlauch- und Paddelbooten die eingeschlossene und geräumte Stadt. Als einer der Letzten schifft sich auch der Kampfkommandant ein und beendet damit den Kolberg-Mythos, bis zum letzten Mann zu fallen.

Napoleon am Nil
(Abukir, 1. August 1798)

Seit 1795 wird Frankreich von einem fünfköpfigen Komitee des Nationalkonvents regiert, das sich Direktorium nennt. Der ehrgeizige General Napoleon Bonaparte versucht nach seinen glänzenden Siegen in Italien und der Rückkehr nach Paris vergeblich, Mitglied dieses Direktoriums zu werden und auf legale Weise an der politischen Führung des Landes teilzunehmen. Der Weg in die große Politik bleibt ihm versperrt, denn das Direktorium ist nicht bereit, einer Ausnahmeregelung zuzustimmen. Stattdessen bietet es ihm den Oberbefehl über die »Englandarmee« an. Sie ist für die Invasion der Britischen Inseln vorgesehen. Die Ernennung ist bedeutsam und verantwortungsvoll. England ist nach dem Abschluss des Friedens von Campo Formio der einzige noch unbesiegte Feind der Republik. Ein Sieg über das mächtige England würde Napoleons Ruhm vermehren. Er könnte die Trikolore auf dem Buckingham-Palast hissen, eine verlockende Aussicht für einen tatendurstigen und ruhmsüchtigen Feldherrn. Deshalb kniet sich Napoleon auch sofort mit Eifer in die neue Aufgabe. Er inspiziert alle Küstenhäfen und prüft die Lage genau.

Am 23. Oktober 1797 überreicht er dem Direktorium eine Denkschrift, in der er begründet, warum er eine Landung in Großbritannien für nicht durchführbar hält. Angesichts der Seeherrschaft Großbritanniens sieht er in einem solchen Unternehmen ein zu großes Risiko. »Dies ist ein Vorhaben, wo alles vom glücklichen Gelingen, vom Zufall abhängt«, erklärt er dem überraschten Direktorium. »Unter solchen Bedingungen habe ich nicht die Absicht, das Schicksal unseres schönen Frankreich aufs Spiel zu setzen.« Er ist zwar auch dafür, den Kampf gegen England fortzusetzen. Aber nicht an den Ufern der Themse, sondern an den Gestaden des Nils. Er spricht sich für einen Ägyptenfeldzug aus, um die Stellung Englands im Mittelmeer zu schwächen, seinen Osthandel zu unterbinden, Indien zu bedrohen und es vielleicht sogar als neuen Verbündeten zu gewinnen. Die Idee ist nicht neu. Während des ganzen 18. Jahrhunderts hat sie die Staatsmänner Frankreichs beschäftigt. Der Plan, den Napoleon nun vorlegt, ist kühn und verwegen. Die wagemutige Expedition ist nicht minder risikoreich als eine Invasion Englands. Die so viel schwächere französische Flotte muss sogar eine weitaus größere Strecke auf dem Meer zurücklegen. Das Direktorium stimmt dem Plan zu und überträgt Napoleon im März 1798 die Befehlsgewalt über die noch gar nicht existierende »Orientarmee«.

Napoleon beginnt sofort mit den Vorbereitungen für diesen Feldzug. Sie erstrecken sich über sämtliche Häfen der italienischen und französischen Riviera. Über 300 Transportschiffe werden requiriert und zusammengezogen, um 30 000 Infanteristen, 3000 Kavalleristen mit den dazugehörigen Pferden, über 100 Geschütze und einige Kompanien Artilleristen, Pioniere und Mineure nach Ägypten zu transportieren. Begleitet werden sie von 13 veralteten Linienschiffen, sieben Fregatten und einigen Kanonenbooten. Die Kriegsschiffe sind in einem derart schlechten Zustand, dass sogar einige Geschütze von Bord genommen werden müssen, da man befürchtet, die morschen Decks würden ihr Gewicht nicht aushalten. Auf Drängen Napoleons wird der 45-jährige Admiral Paul Brueys zum Befehlshaber des Geschwaders ernannt, obwohl er über keinerlei Erfahrungen in der Führung einer Flotte verfügt. Napoleon glaubt, dass er trotzdem allen Anforderungen des gewagten Unternehmens gewachsen sein wird. Ein Irrtum, wie sich bald herausstellen wird.

Am 19. Mai 1798 geht Napoleon zusammen mit seinen besten Generälen und engsten Waffengefährten in Toulon an Bord des Flaggschiffs »L'Orient« und nimmt Kurs auf Alexandria. Dabei streift die überladene »L'Orient«, mit ihren 120 Kanonen das kampfstärkste Schiff ihrer Zeit, den Meeresgrund. Ein böses Omen? Die Briten haben längst Wind davon bekommen, dass die Franzosen eine große Operation planen. Denn die Vorbereitungen zu einem derart umfassenden Unternehmen lassen sich nicht geheim halten. Bereits am 2. Mai hat der 39-jährige Konteradmiral Horatio Nelson den Befehl erhalten, mit drei Linienschiffen und drei Fregatten zur Südküste Frankreichs zu segeln. Aber am 20. Mai gerät er in einen fürchterlichen Sturm, in dem er sein Flaggschiff »Vanguard« fast verliert. Der arg mitgenommene Verband muss nach Gibraltar zurück zur Reparatur. Hier stoßen eine Fregatte und zehn weitere Linienschiffe dazu, mit 74er-Kanonen an Bord. Nelson läuft wieder aus und erreicht am 17. Juni Neapel. Hier erfährt er, dass die Franzosen Malta erobert haben. Nun ist Nelson klar, wohin die französischen Schiffe wollen: nach Alexandria.

Beseelt von dem Wunsch, den Feind einzuholen und zu vernichten, nimmt Nelson direkten Kurs dorthin, in der sicheren Erwartung, die französische Flottille in Alexandria zu finden. Aber als er am 26. Juni dort eintrifft, sind keine Schiffe da. Nelson ist mit einem solchen Tempo über das Meer gesegelt, dass er am 22. Juni den französischen Verband überholt und seinen Kurs gekreuzt hat, ohne es zu merken. Enttäuscht verlässt er die ägyptische Hafenstadt wieder, in dem Glauben, Napoleon bewege sich nun auf Konstantinopel zu. In Syrakus auf Sizilien nimmt er am 19. Juli Proviant auf und sucht vor den Küsten Griechenlands nach den französischen Schiffen. Als er erfährt, dass sie vier Wochen zuvor Kreta mit südöstlichem Kurs passiert haben, fährt er sofort wieder zurück Richtung Alexandria. Hier sind die Franzosen nach mehr als 40 Tagen auf See bereits am 2. Juli an Land gegangen und haben die Stadt eingenommen.

Napoleon hat darauf gehofft, seine Soldaten würden in Ägypten als Befreier begrüßt werden und alsbald an der Spitze einer ständig wachsenden Befreiungsarmee aus aufständischen und für ihre Freiheit kämpfenden Arabern, Griechen, Persern und Indern stehen. Eine Lawine, die England überrollen wird. Aber Napoleon verrechnet sich gewaltig. Er findet keine Unterstützung und keinerlei Rückhalt bei der Bevölkerung und ist bald völlig isoliert. Aus Befreiern werden Eroberer. Wieder einmal erringt Napoleon zunächst glänzende militärische Erfolge. Nach einem kräftezehrenden Marsch über heißen Wüstensand besiegen seine Truppen dank brillanter Taktik am Fuße der Pyramiden am 21. Juli 1798 die rund 40 000 Mamelucken Murad Beys. »Soldaten, 40 Jahrhunderte sehen auf uns nieder!«, hat Napoleon seinen Soldaten vor der Schlacht zugerufen. Nun zieht er als Sieger in Kairo ein, während in Alexandria unterdessen fast die Hälfte der Seeleute an Land geht, um die Nahrungs- und Wasservorräte aufzufüllen. Admiral Brueys möchte nach Korfu weitersegeln, um die Schiffe in Sicherheit zu bringen. Aber Napoleon will seine Schiffe nahe der Küste jederzeit zur Verfügung haben und befiehlt ihm, in Alexandria zu bleiben.

Das gefällt Brueys gar nicht. Wie alle Seeleute hat er Angst, seine Schiffe könnten bei Sturm stranden, wenn sie zu nahe am Land ankern. Die Befürchtung ist unbegründet. Denn der Hafen ist 8,20 Meter tief und das größte französische Schiff hat nicht mehr als 6,10 Meter Tiefgang. Dennoch lässt Brueys seine Schiffe außerhalb des Hafens in der halbkreisförmigen Bucht von Abukir in einer langen Reihe parallel zum Land mit je zwei Schiffslängen Abstand ankern. Das äußerste Ende der Linie befindet sich so dicht vor den Felsen und Untiefen der Landzunge von Abukir, dass kein feindliches Schiff durchkommen kann. Admiral Brueys glaubt das zumindest, ein Irrtum mit katastrophalen Folgen.

Am Spätnachmittag des 1. August 1798 segelt Nelsons Flotte in die Bucht von Abukir und sichtet die 17 französischen Kriegsschiffe. Admiral Brueys ist sich sicher, dass die Briten nicht im Dunkeln angreifen werden. Das haben sie noch nie getan. Der französische Geschwaderchef beschränkt sich daher darauf, Taue zwischen die Schiffe zu spannen, um ein Durchbrechen feindlicher Schiffe zu verhindern, und verzichtet auf weitere Vorsichtsmaßnahmen. Da sich die Hälfte seiner Matrosen nicht an Bord befindet, ist sein Verband alles andere als gefechtsklar. Doch Brueys macht sich keine Sorgen. Die Briten werden, wenn überhaupt, morgen von See her angreifen, und es wird zu einem klassischen Gefecht kommen, in dem die Schiffe mit ihren Breitseiten aufeinander feuern. Und die Franzosen haben viel mehr Geschütze als die Briten, wenngleich sie nur die zur Seeseite hin besetzen können. Doch sie feuern Kugeln, die doppelt so schwer sind wie die britischen.

Admiral Nelson erkennt die Chance, die sich ihm aufgrund der Position der unbeweglich daliegenden französischen Schiffe bietet, und entschließt sich zum sofortigen Angriff. Dabei lässt er seinen Kapitänen weitgehend freie Hand, ermuntert sie sogar zu selbstständigem Handeln. Captain Foley auf der »Goliath« erspäht die Lücke zur Landseite hin als erster und entschließt sich zu einem kühnen Manöver. Ungeachtet der gefährlichen Untiefen und Klippen auf der Landseite schlüpft er durch die Lücke hindurch, die die Franzosen gelassen haben, und bringt sein Schiff in Schussposition. Drei weitere Schiffe folgen ihm und nehmen das feindliche Geschwader in die

Zange. Kampfbereit hocken die Mannschaften in den niedrigen, blutrot gestrichenen Batteriedecks an ihren Kanonen und warten auf den Feuerbefehl.

Als nach 18 Uhr die Dämmerung einsetzt, eröffnet die »Goliath« das Feuer auf das nächstliegende französische Schiff und schießt es zum Wrack. Dann vereinigen die vier Schiffe ihr Feuer von der Landseite her auf das zweite Schiff in der französischen Linie und setzen es ebenfalls außer Gefecht. Zur gleichen Zeit greifen Nelsons Schiffe auch von der Seeseite her in den Kampf ein. Sein Flaggschiff, die »Vanguard«, erhält schwere Treffer und muss mit gefluteten Pulverkammern und zerstörten Geschützen aufgegeben werden. Nelson wird von einer Kartätsche über seinem blinden Auge am Kopf getroffen und fällt mehrere Stunden aus.

Auch die »Bellerophon« wird von der »L'Orient« kampfunfähig geschossen, über 200 Briten fallen an Bord. Zwei weitere britische Schiffe konzentrieren ihr Feuer auf das französische Flaggschiff und schießen die »L'Orient« in Brand. Admiral Brueys ist ebenfalls schwer verwundet. Mit klaffender Kopfwunde und weggeschossenen Beinen hockt er notdürftig verbunden im Lehnstuhl und erteilt Befehle, bis ihn eine weitere Kanonenkugel zerfetzt. Das Feuer auf dem Flaggschiff gerät außer Kontrolle und erreicht die Pulverkammern. Gegen 22 Uhr reißt eine gewaltige Explosion den großen Dreidecker auseinander. Die Detonation ist 32 Kilometer weit zu hören und noch 16 Kilometer entfernt am Nachthimmel Alexandrias zu sehen. Sogar die Briten sind entsetzt angesichts der vielen blutigen Leichen und der Verstümmelten und Verbrannten, die auf dem Meer treiben, und für fünf Minuten schweigen die Kanonen.

Mit dem Untergang des französischen Flaggschiffs, dem Eckpfeiler der langen Verteidigungslinie, ist die Schlacht entschieden. Aber sie dauert noch die ganze Nacht hindurch an. Als der Morgen graut, haben die Franzosen elf Linienschiffe und zwei Fregatten verloren, fast 5000 Seeleute sind gefallen. Lediglich Konteradmiral Villeneuve gelingt es mit vier Schiffen aus der Bucht zu fliehen und sich nach Malta abzusetzen.

Gegen drei Uhr nachmittags steht das ganze Ausmaß des überwältigenden britischen Sieges fest. Auf den britischen Schiffen werden Gottesdienste für die Toten auf beiden Seiten abgehalten. Die
Royal Navy beherrscht wieder das Mittelmeer und Napoleons
Orientarmee sitzt in Ägypten fest, isoliert und von jedem Nachschub
abgeschnitten. Der Plan eines Vormarsches nach Indien muss aufgegeben werden. Ein militärisches Desaster und die erste größere
Niederlage Napoleons. Aus der Traum, auf den Spuren Alexanders
des Großen zu wandeln. Die Nachricht von der Niederlage bei Abukir wirkt niederschmetternd auf die Armee. Und als nach einem
entbehrungsreichen Marsch nach Syrien die dortigen Festungen
nicht genommen werden können, ist der Feldzug endgültig verloren.
Nach vier Monaten vergeblicher Leiden und Opfer beginnt ein
schrecklicher, 25 Tage dauernder Rückzug durch die Wüste nach
Kairo. Heimlich segelt Napoleon an Bord einer Fregatte zurück nach
Frankreich. Seine Orientarmee, von der Pest um mehr als ein Drittel
dezimiert, kapituliert einige Zeit später.

Wenn die Franzosen bei Abukir gesiegt hätten, wäre der Ägyptenfeldzug wahrscheinlich siegreich beendet worden. Die Soldaten
hätten mit einem ganz anderen Elan gekämpft, der Verlust ihrer Flotte bedeutete ja für sie, nicht mehr heimkehren zu können. Syrien und
Ägypten wären französisch geworden und England wäre endgültig
aus dem Mittelmeer vertrieben worden. Napoleon hätte das erreicht,
was 144 Jahre später auch Hitler und Rommel vergeblich versucht
haben. Die Franzosen hätten die Landbrücke nach Asien in ihren Besitz gebracht und der Weg nach Persien und Indien hätte ihnen offen
gestanden. Ohne seine Dominien hätte Großbritannien den Krieg
gegen Napoleon wahrscheinlich verloren. Denn nach den Siegen im
Mittelmeer und im Nahen Osten hätte Napoleon die Invasion der
Britischen Inseln gewagt, und einen langen Marsch nach Moskau
(1812) hätte es wohl niemals gegeben. Die Irrtümer von Abukir
haben die Geschichte nachhaltig beeinflusst.

»Ich wünschte, es wäre Nacht ...«
(Waterloo, 18. Juni 1815)

Gäbe es eine Rangliste über die Anzahl der Irrtümer und Fehler, die in Schlachten oder Feldzügen begangen worden sind, stände Waterloo wahrscheinlich an erster Stelle. Bereits das Vorspiel zur »Weltminute« dieser dramatischen Schlacht beginnt mit einer falschen Annahme. Napoleon Bonaparte, der französische Kaiser, hat abgedankt und ist auf die Insel Elba verbannt worden. Die Alliierten glauben, dass eines der blutigsten Kapitel der europäischen Geschichte damit endgültig beendet ist. Aber schon nach 100 Tagen bricht Napoleon am 26. Februar 1815 aus seinem Zwergstaat aus und landet mit etwa 1000 Getreuen an der Südküste Frankreichs. In Eilmärschen wendet er sich nach Norden und erreicht mit seiner Streitmacht, die in wenigen Tagen auf über 40000 Soldaten angewachsen ist, Paris. Der »Flug des Adlers«, das kühnste und riskanteste Abenteuer seines Lebens, ist geglückt. Er ist wieder »in seine Rechte zurückgekehrt«, ist wieder Kaiser der Franzosen. Das Volk jubelt ihm zu und die Soldaten tragen ihn unter Hochrufen die Treppen zum Königsschloss hinauf, aus dem der Bourbonenkönig Ludwig XVIII. kurz zuvor geflohen ist. Napoleon bildet aus seinen Vertrauten eine neue Regierung und richtet Friedensvorschläge an Russland, Österreich, Preußen und England.

Aber seine Hoffnungen werden enttäuscht. Die alliierten Siegermächte reagieren sofort, erklären ihn zum »Feind der Menschheit« und stellen ihn außerhalb der Gesetze. Er ist praktisch vogelfrei. In einem gemeinsamen Vertrag verpflichten sie sich, bis Ende Juli eine Million Mann aus allen Nationen Europas in Frankreich einmarschieren zu lassen. Ob er will oder nicht, Napoleon ist gezwungen, gegen seinen Willen wieder zu kämpfen. Seine Armee ist nur 200000 Mann stark, doch die Berufssoldaten besitzen langjährige Kampferfahrung. Zahlenmäßig ist er deutlich unterlegen, das weiß er genau. Im unerschütterlichen Glauben an seinen guten Stern verkündet er seinen Generälen seinen Feldzugsplan, der dem Gegner keine Zeit lassen soll, sich zu sammeln oder gar zu vereinigen. Die 200 000 Österreicher sind noch weit entfernt, sie marschieren erst auf Elsass-Lothringen, gefolgt von der russischen Armee. Im Norden, nahe den belgischen Häfen, hat der Herzog Wellington eine Armee von 100 000 Mann zusammengezogen, in der britische Elitesoldaten stehen. In Südbelgien formiert sich die preußische Armee wie eine Speerspitze. Feldmarschall Blücher bewegt sich mit 100 000 Preußen auf Lüttich zu, um sich mit Wellington zu vereinigen. Gegen welchen Gegner soll Napoleon zuerst vorgehen?

Er entscheidet sich für einen schnellen Vorstoß nach Norden, direkt in die Lücke zwischen Preußen und Engländer, um zunächst Blücher abzufangen und zu schlagen. Gneisenau, der preußische Stabschef, sieht das voraus. Wellington dagegen glaubt, Napoleon werde nicht angreifen, sondern in Paris bleiben und dort seine Armee so lange verstärken, bis er eine echte Chance gegen das alliierte Heer habe. Als Wellington seine falsche Lagebeurteilung erkennt, ist es zu spät. Er steht mit seiner Hauptmacht viel zu weit weg, um den Preußen zu Hilfe kommen zu können, die am 16. Juni 1815 bei Ligny von Napoleon besiegt werden. Sie verlieren fast ein Fünftel ihrer Gesamtstärke. Als sie sich vom Schlachtfeld zurückziehen, nimmt Napoleon an, sie würden sich nach Osten Richtung Heimat absetzen.

Doch Gneisenau und der Stabschef des III. preußischen Korps, Oberst Clausewitz, treffen eine andere Entscheidung, der der verwundete Blücher sofort zustimmt. Die Armee schlägt einen Haken und marschiert nach Westen auf die Engländer zu, um sie bei der bevorstehenden Entscheidungsschlacht zu unterstützen. Napoleon hält es für unmöglich, dass eine geschlagene Armee am nächsten Tag wieder auf dem Schlachtfeld erscheint. Das hat es in der Militärgeschichte bisher noch nicht gegeben. Dennoch stellt er 33 000 Soldaten und 100 Geschütze, etwa ein Drittel seiner gesamten Streitkräfte, unter das Kommando seines Marschalls Grouchy und befiehlt ihm, mit seiner Armeegruppe den Preußen zu folgen.

Marschall Ney, der den Befehl erhalten hat, mit seinen Truppen nach Westen gegen die Engländer vorzurücken und auf dem Weg nach Brüssel die strategisch wichtige Straßenkreuzung bei Quatre Bras zu besetzen, setzt sich viel zu spät in Bewegung, so dass die Engländer entschlüpfen können und Zeit haben, sich auf die Hügel zwischen La Belle Alliance und Mont St. Jean zurückzuziehen und dort eine gut gewählte starke Verteidigungsposition aufzubauen. Das 1. französische Korps des Generals Drouet d'Erlon, das auf dem Weg nach Ligny ist, um dort in die Schlacht einzugreifen, wird von Ney zu seiner Unterstützung zurückgerufen. Aber es kommt in Quatre Bras erst an, nachdem die Kämpfe schon vorüber sind. D'Erlon ist nutzlos die halbe Nacht hin und her geirrt.

In der Nacht zum Sonntag, dem 18. Juni 1815, regnet es in Strömen. Napoleon hat mit seinen Truppen Belle Alliance erreicht und beobachtet von dort aus, wie die Engländer biwakieren. Statt am frühen Morgen sofort anzugreifen und Wellingtons Truppen auszumanövrieren, verharrt er untätig und unentschlossen und verschenkt wertvolle Zeit. Er glaubt, seine Kanonen können in dem aufgewühlten Schlamm den Hügel aufwärts nur langsam und unter größten Mühen fortbewegt werden. Die englischen Geschütze dagegen haben sich durchaus bewegt und sind in Stellung gegangen. Napoleon lässt in einer großen Heerschau seine gesamte Streitmacht aufmarschieren und an sich vorbeiziehen. Um 11.35 Uhr erteilt er endlich den Befehl zum Angriff. Eine halbe Stunde lang röhren aus allen Geschützen die Kugeln und Granaten auf den Feind und decken ihn mit einem Trommelfeuer ein.

Seine Generäle glauben, Napoleon würde, wie fast immer, im Zentrum angreifen. Stattdessen gibt er den Befehl, auf den rechten Flügel der Engländer zuzumarschieren und den befestigten Eckpfeiler, das Gehöft Hougoumont, einzunehmen. Aber das soll nur ein Scheinangriff sein, ein taktisches Glanzstück, wie es Friedrich der Große bei Leuthen vorgemacht hat. Napoleon glaubt, Wellington würde, ähnlich wie der österreichische Feldmarschall Daun, auf diesen Trick hereinfallen und sein Zentrum schwächen, um dem bedrängten Flügel zu helfen. Dann will er Wellington in der Mitte überrollen. Aber Wellington ist nicht Daun. Er hält seine Truppen im

Zentrum zusammen und vertraut auf seine Geschütze, die er auf dem
Kamm vor dem Hohlweg nach Hougoumont aufgebaut hat, und die
acht Kavallerieregimenter dahinter. Und vor allem auf das, was er bei
Mont St. Jean außerhalb der Reichweite der französischen Artillerie
noch in Reserve hat. Wellington wirft nur wenige britische Garde-
kompanien nach Hougoumont, insgesamt 3000 Mann unter dem
Kommando des schottischen Oberstleutnants MacDonell. Er kann
Hougoumont halten. Wie ein Wellenbrecher hält das Gehöft den wütenden Angriffen stand und bleibt bis zum Ende der Schlacht in britischer Hand. Was lediglich als Scheinangriff gedacht war, entwickelt
sich bis in den Abend hinein zu einer selbstständigen blutigen, erbitterten Schlacht in der Schlacht.

Hougoumont ist nicht das einzige Ärgernis, das Napoleon um die
Mittagszeit Sorgen macht. Größere Truppenverbände nähern sich
bei Plancenoit seiner rechten Flanke. Das sind Grouchys 33 000
Mann, denkt Napoleon, die rechtzeitig kommen, um den linken Flügel Wellingtons anzugreifen. Aber es ist nicht Grouchy, sondern das
ganze IV. preußische Korps des Generals von Bülow, das an den
Kämpfen um Ligny nicht teilgenommen hat und nun auf die Brüsse-
ler Hauptstraße vorrückt. Napoleon reagiert sofort. Er beordert
zwei Brigaden seiner leichten Kavallerie auf den rechten Flügel sowie
das gesamte VI. Infanteriekorps des Generals von Lobau. Diese
Truppen würden nun zwar beim Angriff im Zentrum fehlen, doch
Napoleon ist davon überzeugt, auch ohne sie Wellingtons Linien
durchbrechen zu können. Außerdem sendet er eine Meldung an
Marschall Grouchy und befiehlt ihm, so schnell wie möglich an ihn
heranzurücken und seine angegriffene Flanke abzudecken.

Der Angriff im Zentrum beginnt um 13 Uhr mit einem halbstün-
digen Trommelfeuer, das das Bombardement des Vormittags noch
weit übertrifft. Die englischen Bataillone auf dem Hügelkamm erleiden schwere Verluste. Die Franzosen glauben, der Feind würde in
panischer Flucht das Schlachtfeld verlassen. Aber die Männer krallen
sich in den Boden und harren aus. Dann rücken die vier französischen Infanteriedivisionen des I. Korps des Generals Drouet d' Erlon

vor, nicht in Schlachtenlinien, sondern in mächtigen, Furcht erregenden Karrees. In der Mitte hält das Gehöft La Haye Sainte stand, heroisch verteidigt von der kleinen Schar der Hannoveraner unter Major von Baring von der Kings German Legion. Hier bleibt d'Erlons linke Division hängen. Doch die anderen drei marschieren unaufhaltsam durch die platt getrampelten und vom Regen aufgeweichten Weizenfelder den Mont St. Jean hinauf und erreichen auf der Anhöhe die erste Verteidigungslinie einer flämischen Division. Obwohl ihnen Wellington eingeschärft hat, sich auf keinen Fall zurückzuziehen, fliehen die Belgier den Hügel hinauf, verschwinden hinter dem Kamm in Richtung Wald und werden für den Rest des Tages nicht mehr gesehen.

Sieg! General d'Erlon glaubt, er hat es geschafft. Auf der Anhöhe kann er bereits die Angriffslinie der britischen Kanonen sehen. Noch 100 bis 200 Meter vielleicht, dann ist die Schlacht entschieden. Das denkt auch Napoleon und schickt einen Meldereiter los zu Marschall Kellermanns Kavallerie. Sie soll sofort angreifen und d'Erlons Angriff unterstützen. Aber der Meldereiter kommt nie an, Kellermanns 4000 Reiter warten weiter in Reserve. Oben auf dem Kamm, nur wenige Meter hinter der heckenumsäumten und tiefer gelegenen Straße nach Ohain und Wavre, einem Hohlweg, lauert die 5. britische Infanteriedivision des Generals Picton. Als d'Erlons Karrees etwa 50 Meter unterhalb dieser Hecken Halt machen, um sich zu einer Linie umzuformieren, erheben sich wie aus dem Nichts in doppelter Linie plötzlich rot gekleidete Soldaten und feuern mit 3000 Musketen auf die Franzosen. Ihre Reihen halten noch, aber dann springen plötzlich Tausende britische Reiter über die Hecken. Der Gegenangriff der schweren Kavallerie der Union Brigade unter dem Kommando von Generalmajor Ponsonby wirft die Franzosen nieder. Aufgelöst strömen sie in ihre Ausgangsstellungen zurück.

Doch nun donnert das IV. französische Kavalleriekorps des Generals Milhaud die Senke hinab, hinein in den Trichter zwischen Hougoumont und La Haye Sainte. Die Reiter erreichen den Hohlweg und überrennen die britische Artillerie und nehmen die Kanonen in

Besitz. Was sollen sie mit ihnen tun? Fortbewegen können sie sie nicht, da sie weder Zaumzeug noch Zugzeug mit sich führen. Und Nägel, die sie in die Zündschlösser treiben könnten, haben sie auch nicht dabei. Dass sie die Kanonen nicht vernageln und unbrauchbar machen, wird sich als schlimmer Fehler erweisen. Die schwere Kavallerie lässt die Kanonen einfach stehen, metzelt die Besatzungen nieder und ist im Begriff, den vier Meter breiten und fast ebenso tiefen Hohlweg zu überqueren. Dahinter hat die englische Infanterie schachbrettartige Karrees gebildet. Die französischen Reiter versuchen vergeblich sie aufzubrechen. Gezielte Musketensalven strecken sie nieder. Als die britische Leibgarde des Generals Somerset zum Gegenangriff antritt und die schottischen Grauen Dragoner vom 12. Regiment säbelschwingend in die Formationen der französischen Kürassiere hineinreiten, kommen beide Linien fast vollständig zum Stillstand. Der französische Angriff im Zentrum ist endgültig gescheitert.

Wellington glaubt, Ponsonbys und Somersets Reiter würden nun den Befehl befolgen und sich geordnet wieder zurückziehen. Doch sie schießen über das Ziel hinaus, reiten in Formation weiter voran und durchqueren das ganze Tal, das zwischen den beiden Armeen liegt. Erstaunt beobachtet Napoleon durch sein Fernrohr das tollkühne, unsinnige Vorpreschen der britischen Kavallerie. Schnell wirft er seine Lanzenreiter in die Bresche. Die tödlichen Waffen verschaffen ihnen einen meterlangen Vorteil. Sie stechen und reiten alles nieder. In wenigen Minuten verlieren die schottischen Dragoner 200 Mann. Als die wilde Attacke bis zu den ersten Reihen der Franzosen vordringt, sind bereits 2500 Mann einschließlich des Kommandeurs Ponsonby gefallen oder verwundet, ein Drittel der gesamten Reiterei. Der britische Gegenangriff bricht zusammen. Einen entscheidenden Vorteil hat keine der beiden Seiten erringen können.

Um 15 Uhr tritt im Zentrum und auf beiden Flügeln eine Kampfpause ein. Beide Seiten müssen sich erholen und neu formieren. Die Schlacht steht unentschieden. Keiner der beiden Feldherren denkt daran, sie abzubrechen. Napoleon sucht die Entscheidung und be-

131

fiehlt Marschall Ney, um 16 Uhr erneut anzugreifen und La Haye Sainte zu nehmen, das wie ein Wellenbrecher vor dem Zentrum der feindlichen Stellungen liegt. Ney soll durchbrechen und drin bleiben und keinesfalls darüber hinaus gehen. Dafür unterstellt Napoleon ihm die gesamte Armee einschließlich der Kavallerie der Garde. Für sich behält er nur noch die Garde zu Fuß in Reserve. Als Wellington den gewaltigen Aufmarsch der 5000 französischen Reiter sieht, vermutet er ein brillantes Manöver Napoleons. Er nimmt an, er würde versuchen, ihn westlich von Hougoumont zu umgehen. Deshalb sendet er eine ganze Kavalleriebrigade in diese Richtung. Doch als er sieht, wie sich 5000 Kürassiere, Ulanen und Dragoner den Hügel hinaufbewegen und direkt auf ihn zuhalten, schüttelt er ungläubig den Kopf. Der Feind wagt ohne Infanterie- und Artillerieunterstützung einen Frontalangriff auf die englische Infanterie. Das verstößt gegen alle taktischen Regeln und scheint einem Selbstmord der Kavallerie gleichzukommen.

Als Neys Reiter in zwei dicht geschlossenen Reihen in die Reichweite der britischen Kartätschen kommen, empfängt sie ein mörderisches Feuer. 180 Geschütze speien Tod und Verderben über die Angreifer. Darunter sind auch über zwei Meter lange, mit Schrapnells bestückte Raketen aus Eisen, die weiter fliegen als alle anderen Geschosse. Diese nach ihrem Erfinder benannten »Congraves« haben eine verheerende Wirkung. Aber Neys Angriff ist von solcher Wucht, dass die Geschütze einfach überrannt werden. Die Reiterscharen durchbrechen die britische Linie und überfluten das ganze Plateau des Mont St. Jean. Sie umrunden die abgeschnittenen Verteidigungskarrees der britischen Infanterie, die sich einigeln und immer wieder neu formieren. Hat eine Reihe gefeuert, tritt sie zurück hinter die nächste, um nachzuladen.

Marschall Ney steht auf der Anhöhe des Mont St. Jean und sieht im Dunst der Rauchschwaden, wie sich lange Menschenkolonnen auf die andere Seite des Hügelkamms hinunterbewegen, auf den schützenden Wald von Soignes zu. Er ist sich sicher, die Engländer ziehen sich zurück! Aber es handelt sich nur um Verwundete und

3000 am Vormittag in Gefangenschaft geratene französische Soldaten. Noch ein kräftiger Stoß, und dann hat er es geschafft! Er wirft
alle sechs Kürassierregimenter von Kellermanns III. Korps in die
Schlacht. Sämtliche Reserveregimenter der kaiserlichen Garde, die
nicht unter Neys Befehl stehen, schließen sich der großen Attacke an,
weil sie annehmen, der Sieg stehe unmittelbar bevor. Ney glaubt, Napoleon habe sie gesandt, in der Erkenntnis, dass die Briten kurz vor
dem Zusammenbruch stehen und der Augenblick für den letzten
Angriff gekommen ist.

Napoleon ist entsetzt, als er sieht, wie die gesamte Kavallerierere-
serve eingesetzt wird. »Das ist viel zu früh!«, schreit er zornig, »eine
Stunde zu früh! Ney ist viel zu schnell. Er wird Frankreich ins Unglück stürzen!« Sofort befiehlt er, Ney Infanterie zur Unterstützung
zu schicken. Der Marschall hat gegen den Befehl auf eigene Verantwortung gehandelt. Nach der Einnahme von La Haye Sainte ist er
nicht stehen geblieben, sondern ist in zwölf Attacken weiter vorgestoßen, nur von dem einzigen Gedanken beseelt, Wellingtons Karrees endgültig zu zerschlagen und die Schlacht zu entscheiden. Als
der englische Oberbefehlshaber die neuen Reitermassen auf sich zu-
kommen sieht, an die 10 000 Pferde sind es nun, verstärkt durch Infanteriekolonnen, glaubt er für einen Augenblick, die Schlacht sei
verloren. Napoleon hat seine gesamte Artillerie erobert. Was soll er
machen, wenn er die englischen Geschütze einfach umdreht? Soll er
sich zurückziehen oder versuchen, die Stellung weiterhin zu halten?
»Ich wünschte, es wäre Nacht oder die Preußen kämen!«, sagt er zu
Lord Uxbridge, seinem Stellvertreter und Oberkommandierenden
der gesamten Kavallerie.

Er entschließt sich, sofort seine gesamte restliche Kavallerie einzusetzen, etwa 5000 Mann. Auf kaum mehr als 500 Meter Breite prallen 15 000 Reiter mit unerhörter Wucht aufeinander, ein tödliches
Ringen und grauenhaftes Inferno, das nur wenige überleben. Marschall Ney vermutet richtig, die Engländer sind am Ende. Die
Schlacht steht auf des Messers Schneide. Noch ein allerletzter Stoß
mit ein, zwei weiteren frischen Infanteriebataillonen, vielleicht der

gefürchteten Garde Impériale, und der Sieg würde ihm nicht mehr zu nehmen sein. Ney erkennt die große Chance und schickt seinen persönlichen Adjutanten mit der Bitte zu Napoleon, ihm unverzüglich neue Kräfte aus der Kaisergarde zuzuführen. Die Engländer würden dann endgültig zusammenbrechen. Napoleon hat noch 14 Gardebataillone zur Verfügung, davon acht Elitebataillone der Alten Garde. Sie zu führen, ist nur ihm allein vorbehalten. Verärgert lehnt er die Bitte seines Marschalls ab. Napoleon hat von Fieber begleitete hämorrhoidale Anfälle, die Schmerzen beeinträchtigen sein Urteilsvermögen.

Verzweifelt sieht Ney, wie sich die englischen Karrees öffnen und aus ihrem Schutz Kanoniere hervorstürzen und ihre unversehrten Geschütze besetzen. Nach wenigen Minuten spucken alle 156 zurückeroberten Geschütze einen glühenden Feuerhagel über den Rest der französischen Reiter, die nun zurückweichen und den Hügel wieder hinunterfliehen. Inzwischen ist es 19 Uhr abends. Napoleon zieht seine Artillerie so weit wie möglich nach vorn, bis zur Bastion La Haye Sainte, um Neys Rückzug zu decken und das englische Zentrum auf der Anhöhe direkt unter Feuer zu nehmen. Die Granaten explodieren inmitten der englischen Karrees und richten ein Blutbad an. Die Grenadierbataillone der Alten Garde treten an, die noch nie eine Schlacht verloren haben. Mit ihnen will der Kaiser nun selbst nach vorne gehen. In geschlossenen Reihen zu jeweils 60 Mann schreitet die Garde, begleitet vom Schlag der Trommeln, den Hügelkamm hinauf. Wenn der Vordermann fällt, nimmt der Hintermann seinen Platz ein. Die Garde erreicht die englischen Kanonen. Napoleon triumphiert. Endlich! Jetzt ist die Schlacht gewonnen. Bei der Siegesparade würde er die Fahne der Garde küssen! Die Koalition der Alliierten wird auseinander brechen und Europa muss Frieden mit ihm schließen.

Ein Reiter prescht zu ihm heran und meldet, an der rechten Flanke würden große Truppenverbände in Höhe des Hohlwegs aus Richtung Wavre heranrücken. Das ist Grouchy, das muss er sein! Napoleon glaubt es. Aber dann blickt er durch sein Fernrohr und wird leichenblass. Er erkennt preußische Uniformen. Blücher ist heran und greift in die Schlacht ein. Marschall Grouchy hat sich strikt an Napoleons Befehl gehalten, Blücher zu verfolgen. Als er Kanonendonner im Rücken hörte, ist er nicht umgekehrt. Er hat sich trotz des Anratens seiner Generäle nicht dazu durchringen können, auf eigene Faust zu handeln. Napoleon hat sich schnell wieder gefangen. Die Garde wird das englische Zentrum durchbrechen, einen schnellen Schwenk nach rechts machen und dann auch mit den Preußen fertig werden! Keiner der Männer darf erfahren, dass es Preußen sind, die da herankommen. Er lässt die Parole verbreiten, auf der rechten Flanke nähere sich Marschall Grouchy, weil er glaubt, seinen Männern damit Mut zu machen. Das ist sein letzter Irrtum in dieser Schlacht, ein schwerer psychologischer Fehler.

Die Garde kommt bis auf 50 Schritte an die britische Frontlinie heran. Da erfasst sie vom Hohlweg her schweres Kartätschenfeuer in der rechten Flanke. Reiterscharen stürmen von rechts her auf La Haye Sainte zu. Nun erkennt jeder der französischen Soldaten: Das ist preußische Kavallerie! »Wir sind verraten!«, schallt es durch die Reihen. »Sauve qui peut!, rette sich, wer kann.« In Panik lassen die Männer Waffen und Fahnen fallen und wenden sich zur Flucht. Die Engländer stoßen nach und treiben die Franzosen bis über La Haye Sainte hinaus in die Talsenke hinein. Die überlebenden Gardesoldaten bilden neue Karrees, in denen ihr Kaiser Schutz sucht. Aus dem Bataillon Sacrée, der Elite der Elite, erklingt der Ruf: »La garde meurt et ne se rend pas!« Die Garde stirbt und ergibt sich nicht. Wellington lässt seine Kanonen bis auf 60 Meter an die Karrees heranfahren und fordert General Cambronne, den Kommandeur der 1. Jägerbrigade auf, die Waffen niederzulegen. Aber der antwortet nur mit einem Wort: »Merde!« Scheiße! Die Reste der Garde verschwinden im Rauch und Donner des britischen Feuers.

Ney kann entkommen und auch Napoleon flieht in einer Kutsche vom Schlachtfeld. Etwa gegen 22 Uhr treffen sich Wellington und Blücher bei Belle Alliance und umarmen sich. »A near run thing!«, ruft Wellington aus. Eine äußerst knappe Angelegenheit! Er nennt

die Schlacht nach dem kleinen Dorf Waterloo, das hinter den Hügel-
kämmen des Mont St. Jean liegt und in dem er sein Hauptquartier
hatte. Napoleon trifft am 19. Juni wieder in Paris ein und muss erneut abdanken. Er wird auf die einsame Felseninsel St. Helena im Atlantik verbannt, wo er sechs Jahre später, am 5. Mai 1821, im Alter
von 51 Jahren stirbt.

Sieg der Schnelligkeit
(Königgrätz, 3. Juli 1866)

Für den Ausgang der Schlacht bei Königgrätz am 3. Juli 1866 zwischen Österreich und Preußen, der bisher größten Umfassungsschlacht der Kriegsgeschichte neuerer Zeit mit fast einer halben Million Soldaten auf beiden Seiten, sind viele Faktoren bestimmend
gewesen. Die Nutzung der modernen Technik trug ebenso zum Erfolg bei wie die Überlegenheit einer exakten, koordinierten Auf-
marschplanung. Nicht zuletzt war es aber auch ein schwer wiegen-
der Irrtum auf Seiten der Österreicher, der den Verlauf der Schlacht
wesentlich beeinflusst hat.

Der Streit zwischen Österreich und Preußen um die Vorherrschaft
in Deutschland ruht 1864 nach gemeinsamer Besetzung der Elbher-
zogtümer Schleswig und Holstein nur vorrübergehend. Der gemein-
same Krieg gegen Dänemark ist schon die Wurzel für den nächsten
Krieg, den »Bruderkrieg« zwischen den beiden deutschen Staaten.
Die Querelen um Schleswig-Holstein führen zu einer Eskalation des
Konflikts, als Preußen am 9. April 1866 im Bundestag in Frankfurt
einen Antrag zur Reform des Deutschen Bundes stellt. Er sieht ein
frei gewähltes deutsches Parlament vor, ein sehr volkstümliches
Kriegsziel. Einen Tag zuvor hat Bismarck durch ein Bündnis mit Italien für den Kriegsfall vorgesorgt. Er scheint unausweichlich, denn
beide Seiten haben beschlossen, voreinander nicht mehr zurückzu-
weichen. Der österreichische Kaiser will seine Stellung in Schleswig-

Holstein und Deutschland nicht kampflos preisgeben und beruft am 1. Juni 1866 in Holstein die Stände ein. Daraufhin marschieren die Preußen am 9. Juni in Holstein ein. Die österreichischen Truppen ziehen sich zwar kampflos nach Süddeutschland zurück, beantragen aber in Frankfurt die Mobilisierung des nichtpreußischen Bundesheeres. Der Antrag wird mit neun gegen sechs Stimmen angenommen, damit ist der Kriegsfall gegeben. Bismarck erklärt die Bundesakte für gebrochen und den Deutschen Bund für aufgelöst.

Preußen hat nur kleinere norddeutsche Staaten wie Mecklenburg als Bundesgenossen auf seiner Seite. Wichtige Länder wie Hannover, Sachsen, Bayern, Württemberg und Baden stehen auf der Seite des Kaisers in Wien. Fast überall, zum Beispiel auch in Frankreich, erwartet man einen Sieg der Donaumonarchie. Nirgendwo zeigt sich jubelnde Kriegsbereitschaft. Europa erwartet eine lange, blutige und schreckliche Auseinandersetzung, einen neuen »Siebenjährigen Krieg«. Aber er dauert nicht sieben Jahre, sondern nur sieben Wochen. Moralisch gilt Preußen vor Deutschland und der Welt als Rechtsbrecher und Kriegstreiber. Bismarck nimmt das jedoch in Kauf. Er zerschmettert den Deutschen Bund, um ein neues großpreußisches Reich zu schaffen.

Nach der Mobilisierung des Bundesheeres reagiert Preußen sofort und besetzt am 15. Juni Sachsen, Hannover und Kurhessen mit seinen Truppen. Wien und seine Verbündeten können sich nicht auf einen gemeinsamen Feldzugsplan einigen. Geldmangel und nationale Probleme des Vielvölkerstaats verhindern eine volle Entfaltung seiner militärischen Kraft. In der bayrischen Armee sind zum Beispiel jahrelang größere Manöver nicht durchgeführt worden, weil das Geld dafür fehlte. Die kaiserlichen Truppen, noch ganz dem alteuropäischen Kriegswesen verhaftet, entfalten in den kommenden Feldschlachten zum letzten Mal ihre Pracht. Die Verbände ziehen, strikt getrennt nach Landsmannschaften und Waffengattungen, mit klingendem Spiel und vielseitigen Farben und Formen in das Feld. Die Infanterie in weißen Röcken und blauen Hosen, die Jäger in grünen Uniformen, die Artilleristen in braunen Röcken, die Husaren mit gelb geränderten Tschakos, die Ulanen mit rot umrandeten Tschapkas und die Kürassiere in hohen Stiefeln und mit breiten Kämmen auf den Helmen, ein buntes Gemisch nach alter Tradition und dem Vorbild eines Heeres aus vorrevolutionärer Zeit.

Auf preußischer Seite steht dagegen erstmals ein modernes Massenheer in einheitlichen Uniformen. Die Heeresreform des Kriegsministers Albrecht von Roon, die er zusammen mit dem Kronprinzen Wilhelm Anfang der frühen 1860er-Jahre durchsetzte, hat es ermöglicht, das Wehrpotenzial wirklich voll auszuschöpfen. Es gilt eine allgemeine Wehrpflicht mit verlängerter Dienstzeit und vergrößertem Rüstungsetat. Sie kann nicht durch Freikauf eingeschränkt werden. Alle Bildungsschichten werden zu den Waffen gerufen, und auf den Schlachtfeldern erscheint eine Streitmacht, die ein Querschnitt durch die gesamte Gesellschaft ist und insofern bereits das Schema der nationalen Berufsheere des 20. Jahrhunderts vorwegnimmt. Außerdem hat sich die preußische Armee die industriellen Errungenschaften und waffentechnischen Erfindungen zu Nutze gemacht. Frühzeitig erkennt sie die militärische Bedeutung der Eisenbahn, mit der auch in weiträumigen Gebieten schnelle Transporte möglich sind. Der 1832 von Morse erfundene Telegraphenapparat wird von den Eisenbahngesellschaften übernommen und das Telegraphennetz wird weitflächig ausgebaut, so dass auch Nachrichten viel schneller übermittelt werden können. Die alten Vorderlader-Gewehre werden durch moderne Hinterlader mit größerer Reichweite ersetzt. Diese modernen Zündnadelgewehre haben nicht nur eine schnellere Schussfolge, sie können vor allem im Liegen nachgeladen werden. Die Gefahr, durch feindliches Feuer getroffen zu werden, ist so erheblich geringer.

Aber mit waffentechnischer und zahlenmäßiger Überlegenheit allein gewinnt man noch keinen Krieg. Für Ausbildung, Mobilmachung, Operationsplan und Aufmarsch wird ein leistungsfähiger Generalstab benötigt. Die Preußen besitzen ihn. Sie haben seit 1857 vor allem einen hochintelligenten, begabten und gewissenhaften Generalstabschef, der ganz in seiner Arbeit aufgeht und sich durch uni-

versale Bildung und eiserne Selbstdisziplin auszeichnet: Helmuth
Graf von Moltke. Er bildet die meisten Brigaden- und Divisions-
kommandeure selbst aus, und neben jedem Korpskommandeur und
Armeebefehlshaber steht künftig ein Chef des Stabes. Moltkes Ideen
und Grundsätze durchdringen bald die ganze Armee. Er sieht im
Krieg ein unlösbares Glied in Gottes Weltordnung und ist davon
überzeugt, dass er, wie Clausewitz es gelehrt hat, das letzte Mittel der
Politik darstellt und insoweit rechtens sein kann. Mit der Kabinetts-
ordre vom 2. Juni 1866 verleiht der recht pessimistisch gestimmte
König Wilhelm I. »für die Dauer des Krieges« dem Chef des Großen
Generalstabs zum ersten Mal eine klar umrissene Stellung, mit der
die Kommandogewalt des Souveräns eingeschränkt wird. Moltke,
der Planer der Operationen, übernimmt jetzt auch deren Leitung.

Der Operationsplan stößt auf vielfältige Opposition und wird
mehrfach abgewandelt. Ziel ist die Flankierung des Gegners und die
Umfassung der feindlichen Armeen in der Schlacht. Da die Hauptmacht der Österreicher in Böhmen steht, bildet Moltke einen eindeutigen Schwerpunkt: Sechs Siebentel der preußischen Armee begibt sich ohne Rücksicht auf mehr oder weniger ungedeckte
Provinzen dorthin, um sofort anzugreifen. Das bedeutet eine Bereit-
stellung von Truppen in einem riesigen Bogen von fast 300 Kilometer von der Provinz Sachsen bis nach Niederschlesien. Da sie sich
nicht mehr in einer einzigen Armee zusammenfassen lassen, werden
sie, mit der Eisenbahn transportiert und telegraphisch gelenkt, in drei
Armeen aufgeteilt. Sie sollen sich erst auf dem nicht genau voraus-
zubestimmenden Schauplatz der Entscheidung, dem Schlachtfeld, zu
gemeinsamem Handeln vereinigen, getreu der Moltke'schen Devise:
»Getrennt marschieren, vereint schlagen!« Dieser kühne Operationsplan birgt erhebliche Risiken. Jede einzelne Armee ist der österreichischen Streitmacht an Zahl und Feuerkraft deutlich unterlegen. Was passiert, wenn sie nicht rechtzeitig da zusammen eintreffen,
wo die Schlacht entbrannt ist?

Als die drei preußischen Heeressäulen wie vorgesehen von drei
Seiten, mit Gitschin als Drehpunkt, in Böhmen einbrechen und in

Anfangsgefechten fast überall dank der neuen Gefechtstaktik und des neuen Zündnadelgewehrs siegreich sind, wird auch die Strategie der Österreicher deutlich. Ihr Oberbefehlshaber Ludwig Ritter von Benedek, ein braver Troupier der alten Schule, hat eine Defensivstellung gewählt und auf dem westlichen Elbufer bei Königgrätz in günstigem, bewaldeten Höhengelände eine starke Verteidigungsstellung aufgebaut. Eine andere Wahl hat er auch kaum. Denn in den voraufgegangenen Gefechten hat die Überlegenheit des preußischen Zündnadelgewehrs gelehrt, dass Angriffe gegen preußische Schützenlinien zu sehr hohen Verlusten führen. Benedek will deshalb mit dieser Defensivposition die gefährlichste Waffe der Preußen so gut wie unschädlich machen und so erreichen, dass die beiden von Westen nahenden Armeen, die 1. Armee unter Prinz Friedrich Karl und die Elbarmee unter Herwarth von Bitterfeld, beim Anrennen gegen seine Verteidigungslinie verbluten. Die 2. preußische Armee unter Kronprinz Friedrich Wilhelm, die seiner Meinung nach noch fernab irgendwo im Norden steht, soll dann anschließend mit überlegenen Kräften geschlagen werden.

Unter diesen Gesichtspunkten hat Benedek das Schlachtfeld gut gewählt, denn von den Hängen der Hügel kann er seine Artillerie sehr wirkungsvoll einsetzen. Bereits am Vortag haben die Kanoniere die Schussdistanzen markiert. Das zeitaufwendige »Einrichten« des Feuers während der Schlacht ist deshalb nicht mehr nötig. Am 3. Juli 1866, einem kühlen, regnerischen Tag, kommt es bei Königgrätz tatsächlich genau so, wie Benedek sich das vorgestellt hat: Die anstürmenden preußischen Grenadiere geraten sofort in ein dichtes und zielgenaues Bombardement. Bei den Dörfern Cistowes und Sadowa kommen sie zwar zunächst voran, müssen dann aber stundenlang ausharren, ohne entscheidende Geländegewinne machen zu können. Auch die dichten Wälder zu Füßen der Hügel bieten keinen ausreichenden Schutz vor den Granaten. Hier kann das preußische Zündnadelgewehr seine volle Wirkung nicht entfalten. Die dem mörderischen Artilleriefeuer entkommenen preußischen Infanteristen werden im Holawald und im Swiepwald von hinter Bäumen gut getarnten feindlichen Jägern empfangen und niedergestreckt. Die Verluste der Preußen sind außerordentlich hoch, ganze Regimenter werden aufgerieben.

Am späten Vormittag sieht alles danach aus, dass die Österreicher diese Schlacht gewinnen werden. Das glaubt auch Benedek, seine Strategie scheint aufzugehen. Aber statt mit einem entschlossenen Gegenangriff die Preußen nun gänzlich aus ihren Stellungen zu werfen, verharrt er in seiner Defensivposition. Denn er ist sich sicher, dass er genug Zeit hat, die Preußen an seinem Bollwerk nach und nach verbluten zu lassen. Das wird nach seiner Überzeugung geschehen, noch bevor die 2. Armee des Kronprinzen Wilhelm in seiner rechten Flanke heran ist. Er weiß, dass diese Armee existiert und auf das Schlachtfeld zumarschiert, vermutet sie jedoch noch weit entfernt. In dem auf einer Anhöhe gelegenen Dorf Chlum, auf das sich Benedeks ganze rechte Flanke stützt, ist deshalb nur eine kleine Abteilung unter Führung des Grafen Edelsheim in Stellung gegangen. Denn von Osten her, glaubt Benedek, droht vorerst keine Gefahr. Aber genau das ist sein Irrtum.

Die 2. preußische Armee hat von der 1. Armee, bei der auch der König mit seinem Generalstabschef weilt, einen dringenden Hilferuf erhalten und kommt in Gewaltmärschen eiligst heran. Kronprinz Wilhelm hat zwei Möglichkeiten. Entweder nimmt er den längeren Weg in nördlicher Richtung, um hinter die Stellungen der 1. Armee zu kommen und sie auf diese Weise direkt zu verstärken. Oder er wählt den kürzesten Weg, um die am weitesten östlich gelegene Flanke der Österreicher anzugreifen. Der Kronprinz entscheidet sich dafür, möglichst schnell ins Gefecht zu kommen. Seine Truppen erhalten den Befehl, auf eine deutlich sichtbare Baumgruppe auf der Höhe von Chlum zuzuhalten. Dass dies genau die Achillesferse der österreichischen Stellung ist, wissen die Preußen allerdings nicht.

Just in dem Augenblick, als sich die Schlacht zugunsten der Österreicher zu neigen scheint, marschieren etwa gegen 14 Uhr die Preußen, vergleichbar dem Erscheinen Blüchers in Napoleons Flanke bei Waterloo, in Benedeks Rücken auf und attackieren seine nur leicht besetzte Schlüsselstellung bei Chlum. Die Folgen seines Irrtums wirken sich umso mehr aus, als sich Graf Edelsheim mit seinen Truppen entgegen ausdrücklichem Befehl in eine andere Position begeben hat. Im Nu ist Chlum in preußischer Hand. Benedeks Hauptmacht ist so sehr in die Kämpfe mit den beiden anderen preußischen Armeen verwickelt, dass sie nicht imstande ist, auf die Bedrohung in ihrer Flanke zu reagieren. Benedek bleibt nichts anderes übrig, als seine Reserven einzusetzen und sie nach Chlum zu schicken. Hier werden sie allerdings vom Schnellfeuer der preußischen Zündnadelgewehre empfangen, die ihre Wirkung in diesem Gelände voll entfalten können. Den Österreichern gelingt es nicht, die Höhe von Chlum zurückzugewinnen. Alle Angriffe werden unter hohen Verlusten abgeschlagen. Und als die preußische Artillerie von den Höhen von Chlum mit einem verheerenden Flankenfeuer auf die österreichische Hauptmacht beginnt, treten die österreichischen Soldaten den Rückzug an.

Benedek hat seinen Irrtum erkannt und versucht nun, durch einen geordneten Rückzug zu retten, was noch zu retten ist. Er setzt seine Kavallerie ein, um den Rückzug der Infanterie zu decken. Aber auch Moltke hat seine Kavallerie noch in Reserve gehalten. Er setzt sie jetzt ebenfalls ein, um den fliehenden Feind zu verfolgen und zu umfassen. Es kommt zu einer der letzten großen Reiterschlachten der Kriegsgeschichte. Auch insoweit ist Königgrätz ein Endpunkt einer langen militärischen Tradition. Die beiden Reiterheere prallen blutig aufeinander, ähnlich wie Marschall Neys Kavallerie auf Wellingtons Reiterei am Nachmittag des 18. Juni 1815 bei Waterloo. Und ebenso wenig wie es Ney gelang, die Briten zurückzuwerfen, kann die preußische Kavallerie die österreichische überrennen. Zusammen mit der aufopfernd kämpfenden Artillerie gelingt es den österreichischen Kavalleristen, die Preußen aufzuhalten und dafür zu sorgen, dass sich der größte Teil des österreichischen Heeres in südlicher Richtung vom Schlachtfeld absetzen kann.

Das ändert aber nichts an der Tatsache, dass die Preußen bei Königgrätz einen glänzenden Sieg errungen haben. Noch auf dem

Schlachtfeld überreicht der König dem Kronprinzen Friedrich Wilhelm den Orden »Pour le Mérite«. Die militärische Kraft des Kaiserstaates ist nach kaum drei Kriegswochen in einer einzigen Schlacht gebrochen worden. Es ist der erste große Sieg in der europäischen Kriegsgeschichte, der nicht mehr von einem einzelnen Feldherrn oder Herrscher errungen wird, sondern vom Chef eines Generalstabs. Die Niederlage der Österreicher ist so schwer, dass eine Fortsetzung des Kampfes aussichtslos erscheint. Um weitere Verluste und vor allem eine schmachvolle Besetzung Wiens zu vermeiden, ist Kaiser Franz Joseph, der zuvor ausdrücklich eine Entscheidungsschlacht gewünscht hat, zu einer sofortigen Kapitulation bereit. Österreich würde ja auf jeden Fall weiterleben, auch ohne Deutschland.

So wird bereits am 23. August 1866 der Friede von Prag geschlossen. Der preußische König Wilhelm I. möchte den bösen Gegner bestrafen und umfangreiche Annexionen vornehmen. Ein Teil Böhmens, das deutschsprechende Sudetenland und Eger sollen ebenso preußisch werden wie das Königreich Sachsen und Bayern soll die alten hohenzollernschen Lande Ansbach und Bayreuth abtreten. Aber Bismarck sieht die Gefahr, dass jeder territoriale Vorstoß Preußens nach Süddeutschland wahrscheinlich ein gemeinsames Vorgehen seiner Nachbarn und einen europäischen Krieg auslösen würde. Er kann sich nach heftigen, hartnäckigen Auseinandersetzungen mit dem König und dem Generalstab durchsetzen und erreichen, dass Österreich, in dem er einen künftigen Bundesgenossen sieht, einen milden Frieden erhält. Es muss lediglich eine Kriegsentschädigung von 20 Millionen Taler zahlen und Venetien an Italien und Schleswig-Holstein an Preußen abtreten. Beides hat der Kaiser sowieso längst abgeschrieben. Preußen erwirbt dazu das Zwischenland zwischen seinen beiden Staatshälften, Hannover, Kurhessen, das Herzogtum Nassau, die Landgrafschaft Hessen-Homburg und die Freie Stadt Frankfurt. Damit verfügt Preußen zum ersten Mal über ein zusammenhängendes Staatsgebiet von Königsberg bis Saarbrücken. Alle nordmainischen Staaten vereinigen sich am 18. August 1866 unter preußischer Führung zum Norddeutschen Bund, den Österreich ausdrücklich anerkennt. Der Deutsche Bund ist aufgelöst und Österreich praktisch von Deutschland getrennt. Künftig wird die deutsche Politik nicht mehr von Wien, sondern von Berlin aus gesteuert.

Verkehrte Front
(Vionville, 16. August 1870)

Der Grund für die deutsch-französische Krise im Sommer 1870, die dann schon im Juli zum Kriege führt, ist, wie Golo Mann gesagt hat, »so ungewöhnlich töricht, dass man sich schämt, ihn zu erwähnen«. Wirklich, der Vorfall ist unglaublich, und man fasst sich heute an den Kopf, wenn man die Einzelheiten näher betrachtet. Sie zeugen von der fehlenden Weisheit der Politiker, die auf den Schultern des Volkes und der Soldaten einen großen blutigen Krieg vom Zaune brechen.

Nach der Revolution in Spanien und dem Sturz der Königin Isabella im Jahr 1868 sucht die provisorische Regierung einen neuen König. Sie kommt auf die Idee, den süddeutschen Aristokraten und Erbprinzen Leopold aus der katholischen Linie Hohenzollern-Sigmaringen zu fragen, ob er nicht für den spanischen Thron kandidieren möchte. Leopold will. Und Bismarck unterstützt diesen Plan beim preußischen König Wilhelm I., weil er sich davon politische und wirtschaftliche Vorteile für Preußen verspricht und auch eine Verbesserung der außenpolitischen Lage des »Norddeutschen Bundes«. Ein Deutsches Reich existiert ja noch nicht, es entsteht erst 1871 nach dem Krieg und dem Frieden von Versailles.

Als die deutsche Kandidatur in Paris bekannt wird, reagiert die öffentliche Meinung wütend und überheblich. Man fühlt sich von einer deutsch-spanischen Verbindung bedroht und befürchtet ein »neues Reich Karls V.« und eine Einkreisung Frankreichs. Die französische Regierung schlägt sofort einen harten Kurs ein. Ihr geht es nicht nur darum, die Königswahl Leopolds zu verhindern. Sie will Preußen demütigen. Als Leopold angesichts der schroffen französischen Proteste dem Rat Wilhelms folgt und auf die angebotene Krone verzichtet, gibt sie sich jedoch mit diesem diplomatischen Erfolg nicht zufrieden. Die französische Politik verlangt nun von dem preußischen König die ausdrückliche Garantie, auch in Zukunft eine solche Kandidatur nie mehr zu erneuern. Diese Forderung isoliert Frankreich in Europa, die anderen Regierungen haben dafür kein Verständnis. Preußen kann und will eine solche Zusicherung, die einem Schuldgeständnis gleichgekommen wäre, nicht abgeben. Wilhelm I., der sich gerade zur Kur in Bad Ems aufhält, lehnt diese neue, anmaßende Forderung ab und lässt dem französischen Botschafter mitteilen, er habe ihm »nichts weiter zu sagen«.

Das vertrauliche Telegramm an Bismarck, das diesen Vorfall in stilistisch unförmigem Beamtendeutsch in allen Einzelheiten schildert, ist als »Emser Depesche« berühmt geworden. Bismarck streicht es so zusammen und spitzt es so zu, dass die Abweisung des französischen Ansinnens noch schärfer hervortritt. Er macht daraus einen öffentlichen Zeitungsartikel, der in Deutschland wie eine Bombe einschlägt. Die verstümmelte Depesche ist ein Trick, mit dem Bismarck Frankreich provozieren will. Die Lage hat sich für Preußen zugespitzt, denn seit 1870 führen Frankreich und Österreich, das Rache für die Niederlage von 1866 geschworen hat, Verhandlungen mit dem Ziel eines Militärbündnisses. Nach Bismarcks Auffassung ist ein Krieg mit Frankreich unvermeidlich, die angestrebte deutsche Reichseinheit ist nur mit einem Sieg über Frankreich zu erreichen. Bismarck will diesen Krieg riskieren, weil er den schlechten Zustand der französischen Armee kennt. Sie ist kleiner als die deutsche. Ihre Soldaten werden nach einem Losverfahren eingezogen, es gibt keine allgemeine Wehrpflicht. Und sie besitzt auch keinen modernen Generalstab. Außerdem ist die Artillerie der preußischen eindeutig unterlegen.

Das französische Kabinett, gehetzt von der öffentlichen Hysterie, tut prompt das, was Bismarck erwartet hat. Am 19. Juli 1870 erklärt Frankreich Preußen den Krieg. Der französische Kaiser Napoleon III. kann sich ein Zurückweichen nicht leisten, er ist innenpolitisch angeschlagen und will das Prestige einer Großmacht wahren. So kommt es innerhalb kürzester Zeit zu einem Krieg, auf den weder Frankreich noch Deutschland langfristig vorbereitet sind.

Der Kampf ist von Beginn an ein Nationalkrieg, Preußen steht nicht allein. Die vier deutschen Südstaaten, auch Bayern, sehen den Bündnisfall als gegeben an, schließen sich dem Norddeutschen Bund an und stellen ihre Truppen zur Verfügung. Der preußische König Wilhelm I. übernimmt den Oberbefehl. Zum ersten Mal seit langer Zeit steht die ganze deutsche Waffenmacht einig unter ihrem Feldherrn. Sein Generalstabschef ist wie 1866 Moltke, die herausragende militärische Persönlichkeit. Für den 27. Juli verfügt der König für ganz Preußen einen allgemeinen Buß- und Bettag und reist am 31. Juli zur Armee ab.

Napoleon III. wendet sich mit einem martialischen Tagesbefehl an seine Soldaten: »Welche Straße wir auch jenseits der Grenze wählen werden, sie wird uns über die ruhmreichen Spuren unserer Väter führen.« Er ist so siegesgewiss, dass seine Truppen nur Landkarten mit deutschem Gebiet, nicht mit französischem, im Tornister tragen. Ist das französische Heer nicht das beste der Welt? Erst kürzlich hat es in Mexiko, Nordafrika, auf der Krim und in Oberitalien seine Stärke und Schlagkraft bewiesen. Und die Londoner Times schreibt: »In dem gegenwärtigen Zustand der preußischen Armee, einem System von Drill und Bewegung, würde die erste ernsthafte Begegnung mit der französischen Armee ebenso verhängnisvoll für die preußische Armee sein wie die Schlacht von Jena. Die Franzosen würden ohne Schwierigkeit über sie hinweg nach Berlin marschieren.«

In den Straßen von Paris erschallt der laute Ruf »Auf nach Berlin!« In ganz Frankreich wird bald die ungeheuerliche Legende verbreitet und geglaubt, drei mit Goldbrokat behangene Särge seien feierlich vom Hauptquartier nach Deutschland geschickt worden mit den Leichen des preußischen Königs Wilhelm I., des Kronprinzen und späteren Kaisers Friedrich III. sowie Moltkes. Die Franzosen sind von einem Sieg über die Deutschen überzeugt. Ein fataler Irrtum, wie sich schnell zeigt. Auf deutscher Seite ist man nicht so siegestrunken. Ein Engländer stellt fest: »Die Deutschen begrüßten die Ankunft des Krieges weniger mit dem aufgeregten Enthusiasmus, den die Bevölkerung von Paris zeigte, als mit einem tiefen Gefühl des Ernstes und der sittlichen Verpflichtung. Er erschien ihnen nicht nur als ein nationaler, sondern als ein zutiefst gerechter Krieg.«

Es ist tatsächlich so, der Krieg wird vom ganzen deutschen Volk getragen. Die Deutschen sind nur im juristischen Sinne die Angegriffenen. De facto werden die deutschen Armeen jedoch sofort offensiv. Mit einer außerordentlichen technischen Präzision und unerwarteten Schnelligkeit marschieren sie mit Hilfe der neuen Eisenbahnen an der französischen Grenze auf und stürmen schwungvoll in einem Feldzug nach Frankreich hinein, den man heute »Blitzkrieg« nennen würde. Moltkes Operationsplan ist klar und einfach wie er selbst. Sein Ziel ist Paris. Der Feind soll unverzüglich angegriffen und in das enge Hinterland des Nordens abgedrängt werden. Und die eigenen Kräfte sollen stets so zusammengehalten werden, dass der Angriff immer mit überlegener Zahl erfolgen kann.

Je ein Operationskorps wird zur Vorsicht an der dänischen und österreichischen Grenze aufgestellt, denn man weiß nicht, wie sich beide Länder verhalten werden. Die Dänen haben den Verlust Schleswig-Holsteins noch nicht verwunden, und ein Auftauchen der starken französischen Kriegsflotte in Nord- und Ostsee sowie eine Landung französischer Marineinfanterie im Norden sind nicht auszuschließen.

Die drei deutschen Hauptarmeen stoßen dagegen zügig nach Frankreich hinein. Sie sind weit auseinander gezogen und können durch Moltkes eindeutige Befehle nur mühsam auf gleicher Höhe gehalten werden. Die 1. Armee, vorn rechts in der deutschen Schlachtordnung, soll südlich um Metz herumschwenken, die südlich anschließende 2. und 3. Armee zielen auf Verdun und die Ufer der Maas.

Der Aufmarsch der Franzosen, von denen alle Welt erwartet, sie würden als erste die Grenzen überschreiten, vollzieht sich langsam und schlampig und wird durch die Disziplinlosigkeit vieler Soldaten zu einem Chaos. Die ersten Grenzschlachten bei Weißenburg und Wörth im nördlichen Elsass und bei Spichern in Lothringen gehen schnell verloren. Als die Deutschen am 14. August 1870 bei Metz in der Schlacht von Colombey ebenfalls siegen, beschließt Kaiser Napoleon III. seine Truppen bei Châlons-sur-Marne zu sammeln, um einen drohenden Vorstoß der Deutschen auf Paris zu verhindern. Zu diesem Zweck soll die Rheinarmee unter ihrem Befehlshaber Marschall Bazaine von Metz abgezogen werden und ins Landesinnere marschieren. Sie soll sich dort mit der Armee des Marschalls Mac Mahon vereinigen. Wenn es den Franzosen gelingt, ihre Kräfte derart zu bündeln und zu konzentrieren und mit einer vereinten Streitmacht beachtlicher Größe und Kampfkraft den Deutschen den Weg nach Paris zu versperren, steht der Erfolg des deutschen Operationsplanes in den Sternen.

Bazaine, ein korpulenter, uneleganter Mann mit vulgären Gewohnheiten, ist der Liebling der Linken. Er hat es vom gemeinen Soldaten bis zum Marschall gebracht. Er hat gelernt zu gehorchen, aber nicht, auch Verantwortung zu übernehmen und eigene Entschlüsse zu fassen. In der Nähe des Kaisers wirkt er wie kastriert. Napoleon III. weilt bei seiner Armee, er ist nicht nach Paris zurückgekehrt. Vor einigen Jahrzehnten hat Napoleon Bonaparte gewarnt: »Nichts ist im Krieg so verderblich wie Zeitverlust. Denn Zeit ist das Einzige, das sich nicht wiedergewinnen lässt.« Marschall Bazaine hält sich nicht daran. Er trödelt. Seine Führung ist lasch und unentschlossen. Seine Armeekorps setzen sich am Morgen des 15. August erst um zehn Uhr nach Westen in Bewegung. Die Kavallerie kommt nur bis Vionville, kaum 15 Kilometer von Metz entfernt.

Nun unterliegen die Deutschen bei der Lagebeurteilung einem Irrtum. Sie nehmen nämlich an, der Feind habe sich schon viel weiter nach Westen abgesetzt. Der preußische Oberbefehlshaber der 2. Armee, Prinz Friedrich Karl, legt seiner Lagebeurteilung preußische Maßstäbe zugrunde und befiehlt fünf seiner sieben Armeekorps, auf der Straße Metz–Verdun nach Westen zu marschieren, um die Franzosen dort abzufangen. Dass Bazaines gesamte Armee noch bei Metz stehen könnte, kommt ihm gar nicht in den Sinn. Da er jedoch mit französischen Nachzüglern rechnet, sollen sie durch das III. und X. Armeekorps aufgehalten werden, die nach Nordwesten abgedreht werden, geradewegs vor die Flinten und Geschütze von Bazaines gesamter Armee.

So kommt es, dass zwischen Mars-la-Tours und Gravelotte auf der Straße nach Verdun irrtümlich und ungewollt von dem Grundsatz abgewichen wird, den Franzosen zahlenmäßig stets überlegen zu sein. Hier bei Vionville ist es der Gegner, der gleich mehrfach überlegen ist. Am Morgen des 16. August 1870 trifft das III. Armeekorps des Generalleutnants von Alvensleben auf fünf französische Korps, darunter das Gardekorps. Als die 6. Kavalleriedivision an der Spitze die steilen Ausgänge aus dem Moseltal erklimmt und westlich von Metz das strategisch wichtige Hochplateau erreicht, wird sie sofort von der französischen Infanterie angegriffen. Die 5. Kavalleriedivision kommt zwar zu Hilfe und auch zwei Infanteriedivisionen des III. Korps sind bald heran. Aber dennoch ist von Alvenslebens Lage hoffnungslos, das Kräfteverhältnis allein müsste den Franzosen den Sieg sichern.

Doch der General weiß das nicht. Er weiß nicht genau, wie stark der Gegner wirklich ist. Es scheinen nicht nur Nachzügler zu sein. Und deshalb glaubt von Alvensleben irrtümlich, dass er Bazaines gesamte Rheinarmee vor sich hat. Dann müsste sein Korps allein, ohne jede Aussicht auf Hilfe und dazu noch mit verkehrter Front kämpfen, nämlich nach Osten gerichtet, auf Deutschland zu, statt nach Westen ins Herz Frankreichs. Soll er sich zurückziehen und sein Korps retten? Oder soll er angreifen? Eine schwere Entscheidung.

Im Vertrauen auf die Kampfkraft seiner Truppen wählt er die kühnste Möglichkeit, den Angriff. Er wollte »das physische Missverhältnis der Kräfte durch die moralische Kraft des Angriffs ausgleichen«, erklärt er nach der Schlacht. 90 Jahre später schreibt der englische Historiker Howard bewundernd: »Wenige Entschlüsse auf dem Schlachtfeld können schwieriger zu fassen gewesen sein, wurden schneller gefasst und sind so vollständig bestätigt worden.«

Die 5. Infanteriedivision prallt frontal auf das französische II. Korps und erleidet schwerste Verluste. Die meisten Offiziere fallen. Eins der Bataillone verliert sogar sämtliche Offiziere. Feldwebel und Unteroffiziere übernehmen die Führung. Die Truppe überwindet den Schock und behauptet sich. Am linken Flügel greift die 6. Infanteriedivision unterstützend ein. Der Blutzoll ist ähnlich hoch. Sie gewinnt nach Osten Raum und wirft die Franzosen aus Vionville heraus. Gegen 15 Uhr läuft sich der Angriff fest. Von Alvensleben hat keine Reserven mehr, auch seine gesamte Artillerie ist bereits eingesetzt. Die Franzosen formieren sich zum Gegenangriff. Ihre Batterien speien tödliches Feuer und decken die preußische Infanterie ein.

Nun muss die schon geschwächte Kavalleriebrigade des Generalmajors von Bredow sich opfern. Etwa 800 Mann des 7. Halberstädter Kürassierregiments unter Führung von Major Graf von Schmettow und des 16. altmärkischen Ulanenregiments reiten eine verzweifelte Gegenattacke. Sie wird zum »Todesritt der Brigade Bredow«, über 400 Soldaten fallen. Aber sie hat Erfolg. Mit Lanzen und Säbeln werden die französischen Batterien zusammengehauen. Die Schlachtlinie wird aufgerissen, die Franzosen weichen nach Osten zurück. Von Alvensleben hat Zeit gewonnen. Das gesamte X. Armeekorps wird bald eintreffen. Solange muss er die Schlacht durchstehen und offen halten.

Jetzt sind die Franzosen an der Reihe, sich in der Lagebeurteilung zu irren. Während die Irrtümer auf deutscher Seite ohne Nachteile geblieben sind, sich erstaunlicherweise sogar zum Vorteil ausgewirkt haben, ist der Irrtum, dem Bazaine nun unterliegt, mit schwer wiegenden Folgen verbunden. Bazaine weiß seinerseits nicht, wie stark der Feind ist. Jetzt wäre der Augenblick, wo die gesamte französische Kavallerie angreifen müsste, unterstützt vom bisher in Reserve gehaltenen IV. Armeekorps. Aber Bazaine zögert und vergibt die Chance. Er schätzt den Gegner viel stärker ein, vermutet überlegene Kräfte. Hätten die Deutschen ihn sonst so dreist und mit verkehrter Front angegriffen? Bazaine entschließt sich zur Vorsicht und bleibt defensiv. Sein Vorhaben, sich im Westen mit den anderen französischen Armeekorps zu vereinen, ist vereitelt.

Der deutsche Sieg von Vionville wird teuer erkauft. Drei Generale fallen, 15 Oberste und 35 Majore. Auch die beiden Söhne Bismarcks sind unter den Toten. Aber dieser Sieg, wie auch zwei Tage später die dritte Metzer Schlacht bei Gravelotte und St. Privat, schaffen die Voraussetzungen für den Gewinn des Krieges. Sie besiegeln das Ende des napoleonischen Kaiserreiches. Vionville ist für Wilhelm I. die bedeutendste der Metzer Schlachten, er sieht in ihr »eine der heroischsten Waffentaten des ganzen Krieges«. Entschieden wird der Krieg dann Anfang September durch den glanzvollen Sieg bei Sedan, wo die französische Armee eingekesselt wird und 120 000 Soldaten in Gefangenschaft gehen, darunter auch der Kaiser Napoleon III.

Am 18. Januar wird in Versailles das deutsche Kaiserreich ausgerufen. Ende Januar kapituliert Paris, und die Waffen schweigen. Frankreich verliert das deutschsprachige Elsass sowie einen Teil Lothringens und muss fünf Milliarden Mark Entschädigung zahlen. Ein maßvoller Frieden, wenn man ihn mit den Bedingungen vergleicht, die Napoleon 1807 Preußen auferlegt hat und die Alliierten 1919 in Versailles den besiegten Achsenmächten.

Die Todesfahrt der russischen Flotte
(Tsushima, 27.–28. Mai 1905)

Im Verlaufe des Russisch-Japanischen Krieges kommt es im Jahre 1905 zu einer besonderen Operation der russischen Flotte. Sie beeinflusst mit ihren grundlegenden Irrtümern und Fehlschlüssen den Ausgang des Krieges. Das aufstrebende Japan beherrscht nach dem schnellen Sieg über die chinesischen Streitkräfte in den Jahren 1894/95 dank seiner Flotte, die nach dem Vorbild der englischen Royal Navy geschaffen worden ist, auch das Gelbe Meer. Allerdings hat Japan den wichtigen Kriegshafen Port Arthur an Russland zurückgeben müssen und damit eine wichtige Schlüsselstellung verloren. Anfang des Jahres 1904 ergreift Japan die militärische Initiative, besetzt mit seinen Truppen Korea, dringt in die Mandschurei ein und zieht einen Belagerungsring um Port Arthur. Am 27. Januar 1904 unternimmt die japanische Marine unter Admiral Togo ohne Kriegserklärung einen überraschenden Torpedobootangriff auf diesen wichtigen Kriegshafen und versenkt fast alle dort ankernden russischen Schiffe. Unter hohen Verlusten versucht das japanische, nach preußischem Muster aufgebaute und organisierte Heer vergeblich, Port Arthur einzunehmen. Die Russen können die Festung verteidigen. Allerdings brauchen sie dringend Verstärkung an Material und Truppen, wenn Port Arthur weiterhin gehalten werden soll. Der Versuch des russischen Fernostgeschwaders, die Festung im August 1904 zu entsetzen, scheitert kläglich. Fünf schwere Kriegsschiffe gehen verloren, der kommandierende Admiral wird tödlich verwundet.

Im fernen Petersburg entschließt man sich nun, sozusagen als letztes Aufgebot die Baltische Flotte zu Hilfe zu schicken. Die in der Ostsee stationierten, gerade fertig gestellten modernen Linienschiffe »Suworow«, »Alexander III.«, »Borodino« und »Orchiol« verfügen mit ihren jeweils über 15 000 Tonnen Wasserverdrängung, schweren 30,5-cm-Geschützen und einer Geschwindigkeit von 18 Knoten (33 km/h) in der Tat über eine erhebliche Kampfkraft. Ein Großer und drei Kleine Kreuzer sowie einige Torpedoboote sollen noch dazukommen. Der Oberbefehlshaber der Ostseeflotte, Vizeadmiral Roshestwenski, ein jähzorniger Günstling des Zaren, befürchtet bei einer derart langen Reise um die halbe Welt logistische Probleme. Aber der Zar und die einflussreiche Hofkamarilla sind davon überzeugt, dass dieses Unternehmen erfolgreich beendet und Port Arthur noch rechtzeitig entsetzt werden kann. Alles muss schnell gehen. Die Mannschaften bestehen aus eiligst rekrutierten Landsoldaten und sind nicht aufeinander eingespielt. Für Manöver bleibt keine Zeit. Nicht einmal das Fahren in Formation wird geübt, geschweige denn der Umgang mit den hochmodernen Geschützen und dem komplizierten Feuerleitsystem. Als der Verband von insgesamt 42 Schiffen am 15. Oktober 1904 den russischen Ostseehafen Libau verlässt, ist die Stimmung an Bord von Anfang an schlecht.

Schon nach den ersten Tagen auf See ereignen sich mehrere Havarien. Die Furcht vor dem Angriff japanischer Torpedoboote beginnt schon in der Ostsee. In der Nacht zum 21. Oktober wird die Doggerbank in der Nordsee erreicht, eine große Sandbank mit nur 13 Meter Wassertiefe. Da meldet ein Schiff am Ende des Verbandes plötzlich eine Verfolgung durch Torpedoboote von allen Seiten, und an der Spitze tauchen kleinere Schiffe im Morgennebel auf und schießen Leuchtraketensignale. Die Nervosität an Bord der russischen Kriegsschiffe ist derart groß, dass der Flottenchef sofort den Befehl gibt, das Feuer zu eröffnen. Zehn Minuten lang bellen die Geschütze aus allen Rohren. Dann wird der peinliche Irrtum bemerkt. Die vermeintlichen Torpedoboote entpuppen sich als harmlose englische Trawler. Ein Fischerboot wird versenkt, zahlreiche Fischer schwimmen verletzt im Wasser und zu allem Unglück hat auch der Kreuzer »Aurora« von den eigenen Schiffen einige Treffer erhalten. Die britische Flotte wird in Alarmbereitschaft versetzt. Die englische Presse wettert über die Barbarei der »Russian-mad-dog-fleet« und verlangt eine gründliche internationale Untersuchung des Vorfalls und eine harte Bestrafung der Schuldigen. Großbritannien ist in seiner Ehre gekränkt und wendet sich nun noch mehr Japan zu, mit dem seit 1902 ein Bündnis besteht. Der Zar lenkt ein und verspricht eine großzügige finanzielle Entschädigung. Aber der Ruf der russischen Flotte ist ruiniert. Fortan wird ihre weite Reise nach Port Arthur von der Weltöffentlichkeit und der Presse mit beißendem Spott begleitet. Und vorsorglich überwachen fortan auch englische Kriegsschiffe die Fahrt.

Die Schiffe haben eine Strecke von 18 000 Seemeilen vor sich, fast drei Viertel des Erdumfangs. Sie sollen durch den Südatlantik und den Indischen Ozean ins Chinesische Meer dampfen und zum ersten Mal in der Marinegeschichte direkt auf offener See mit Kohle versorgt werden. Denn die neutralen Staaten verweigern den Russen das

Recht, in ihren Häfen zu ankern. Der Verband benötigt bei normaler Geschwindigkeit pro Tag 3000 Tonnen hochwertige Kohle, bei Höchstgeschwindigkeit etwa das Dreifache. Aber wie soll das vonstatten gehen? Denn Russland besitzt keine Stützpunkte außerhalb seines Reichs. Da England und Frankreich sich weigern, die Bekohlung vorzunehmen, springt nach Absprache mit der Reichsregierung die deutsche Hamburg-Amerika-Linie ein und bringt mit 60 Schiffen insgesamt 340 000 Tonnen Kohle aus Cardiff zu den russischen Einheiten bis hin zu den Küsten von Indochina. Das Deutsche Reich verdient gut an diesem Krieg. Denn nicht nur die russischen Schiffe werden mit Kohle versorgt, die Firma Krupp beliefert auch die japanische Flotte und die Feldartillerie mit den neuesten Geschützen.

Da das Aufnehmen der Kohle wegen des internationalen Seerechts nicht in Häfen erfolgen kann, sondern ohne Kräne auf hoher See, verzögert sich die Fahrt erheblich. Die Mannschaften müssen bei tropischer Hitze die Kohle unter Deck selbst schaufeln. Das ist eine Zumutung für die Soldaten und eine arge Schinderei, die die sowieso schon schlechte Moral der Truppe noch weiter beeinträchtigt und zu den ersten Ausfällen führt. Einige Männer sterben an Erschöpfung. Für Gefechtsübungen bleibt überhaupt keine Zeit. In Tanger ereignet sich ein weiterer Irrtum. Die russischen Matrosen kappen beim Auslaufen versehentlich das Telegraphenkabel von Marokko nach Europa. Wiederum ereifert sich die Presse in aller Welt. Das Unternehmen ist wahrlich von keinem guten Stern begleitet. Admiral Roshestwenski entschließt sich, seinen Verband zu teilen, wahrscheinlich, um sich den Schikanen und der lästigen Beaufsichtigung durch die britische Marine zu entziehen. Die schnelleren Schiffe, darunter alle neuen Einheiten, umrunden Afrika, während die älteren, langsamen Einheiten durch den Suezkanal fahren. An der Nordspitze Madagaskars sollen sich beide Verbände wieder vereinigen. Als das geschieht, trifft die Nachricht ein, dass Port Arthur Anfang Januar 1905 bereits kapituliert hat. Was nun?

Untätig liegt die Flotte zwei volle Monate vor Madagaskar vor Anker. Der Zar hat telegraphiert, ein dritter Verband unter Admiral

Nebogatow sei am 18. Februar 1905 aus Kronstadt ausgelaufen und nach Madagaskar unterwegs. Die drei Verbände sollen dann gemeinsam zum russischen Hafen Wladiwostok durchbrechen. Die russische Führung glaubt, auf diese Weise die Flotte zu stärken. Aber das Gegenteil ist der Fall. Durch die völlig veralteten Schiffe wird sie nun noch langsamer und unbeweglicher. Die Kampfmoral der Offiziere und Mannschaften sinkt jetzt auf den Nullpunkt. Während der Wartezeit angeordnete Schießübungen verlaufen katastrophal. Das Flaggschiff nimmt versehentlich einen eigenen Kreuzer unter Beschuss.

Als die Nachricht von der russischen Niederlage in der Landschlacht bei Mukden eintrifft, stehen die Mannschaften der in Madagaskar festsitzenden russischen Kriegsschiffe kurz vor einer Meuterei. Roshestwenski weiß sich keinen anderen Rat mehr, als sofort auszulaufen. Anfang Mai ankern die Schiffe dann nochmals längere Zeit in einer Bucht im nördlichen Indochina, um dort das Eintreffen der Schiffe des dritten Verbandes abzuwarten. Am 25. Mai ist die Flotte dann endlich vollzählig versammelt und 52 Schiffe nehmen Kurs auf das Japanische Meer. Schon zwei Tage später werden sie von einem japanischen Patrouillenboot entdeckt. Admiral Togo lässt sich ständig über den Kurs der russischen Flotte informieren. Roshestwenski hat keinen Schlachtplan und hält auch keine Besprechungen mit seinem Stab und den Kommandanten der Schiffe ab. Von den zwei Möglichkeiten, entweder durch die Korea-Straße oder im Bogen um Japan herumzufahren, entscheidet er sich für den direkten Weg nach Wladiwostok. Er nimmt an, die Japaner täuschen zu können, indem er zwei Kriegsschiffe auf den Rundkurs schickt. Aber das funktioniert nicht, die Schiffe werden von den Japanern nicht entdeckt. Die japanische Flotte liegt in Lauerstellung an der Südostküste Koreas. Als ihr gemeldet wird, die noch 90 Seemeilen entfernten russischen Schiffe würden die Korea-Straße durchbrechen, braucht sie ihnen nur noch entgegenzufahren. Noch ehe die Entscheidungsschlacht beginnt, liegt die Initiative bei den Japanern. Die Russen wissen, da sie keine weiträumige Aufklärung betreiben, nichts über den Standort der feindlichen Schiffe.

Am Morgen des 27. Mai 1905 läuft die russische Flotte in Kampf-
formation und doppelter, versetzter Gefechtskiellinie in die Tsushima-Straße ein, südöstlich der Doppelinsel, mit festem Kurs Nord-
nordost Richtung Wladiwostok. Die Geschwindigkeit ist nicht sehr
hoch, denn Roshestwenski muss auf die langsameren Schiffe in seinem Geschwader Rücksicht nehmen. Der japanische Admiral Togo
setzt auf seinem Flaggschiff »Mikasa« siegesgewiss das Signal: »Zukunft oder Untergang des Vaterlandes hängt von dieser Schlacht ab.
Möge jeder nach besten Kräften seine Pflicht tun.« Das erinnert an
Nelsons Tagesbefehl vor der Schlacht bei Trafalgar. Togo tut zudem
etwas, was schon Nelson für unersetzlich gehalten hat. Er fasst Schiffe gleichen Typs und mit gleichen Eigenschaften zu selbstständigen
Gefechtseinheiten zusammen.

Da der 27. Mai der Krönungstag des Zaren ist, werden auf allen
russischen Schiffen Gedenkgottesdienste abgehalten. Die Offiziere
trinken Champagner, die Mannschaften erhalten eine Sonderration
Rum. Kurz nach zwei Uhr mittags erteilt der russische Admiral auf
seinem Flaggschiff »Suworow« den Feuerbefehl. Über eine Entfernung von 18 Kilometern hinweg beginnt der erste Kampf schwerer
Schlachtschiffe des 20. Jahrhunderts. Die Russen verfügen über 41
schwere Geschütze und ihre Linienschiffe sind besser gepanzert. Die
Japaner haben auf ihren kleineren, aber wendigeren und wesentlich
schnelleren Großkampfschiffen nur 27 schwere Geschütze. Aber
ihre Besatzungen sind glänzend ausgebildet und hoch motiviert und
werden von Togo hervorragend geführt. Und er besitzt zudem einen
taktischen Vorteil. Es ist ihm gelungen, das klassische Manöver
»Crossing the T« durchzuführen, das heißt den Kurs der russischen
Flotte von Ost nach West zu kreuzen. Die japanischen Schiffe können nun Breitseiten feuern. Ihre Salven sind exakt berechnet, liegen
genauer und sind voll deckend. Die weiter rückwärts fahrenden russischen Schiffe können aufgrund des japanischen Manövers das
Feuer überhaupt nicht erwidern. Zahlreiche russische Schiffe der
vorderen Linie werden getroffen und sinken. Aufgrund eines folgenschweren Fehlers kann sich ihre Schiffsartillerie nicht voll entfal-

ten. Während der Fahrt durch die tropischen Gewässer hat man den Feuchtigkeitsgrad des Pulvers erhöht, um die Gefahr von Selbstentzündungen zu verringern. Das führt jetzt dazu, dass fast die Hälfte der russischen Granaten überhaupt nicht explodiert.

Admiral Togo setzt zu einem weiteren kühnen Manöver an. Das japanische Geschwader dreht um 180 Grad, fährt unter pausenlosem Feuer parallel auf und drängt die russischen Schiffe nach Osten ab, weg von Wladiwostok. Aus sechs Kilometer Entfernung werden die beiden russischen Flaggschiffe unter schweres Feuer genommen. Eins davon sinkt und reißt fast die ganze Besatzung mit in die Tiefe. Auch die »Suworow« brennt und treibt führerlos in der See. Denn Admiral Roshestwenski ist schwer verwundet ausgefallen. Nun rächt sich auch ein weiterer Irrtum, den er einen Tag zuvor begangen hat. Da ist nämlich der Befehlshaber des zweiten Verbandes nach längerer Krankheit verstorben. Roshestwenski hat das verheimlicht, weil er glaubte, es sei besser für die Moral der Soldaten, wenn sie nichts vom Tod ihres Befehlshabers erfuhren. Aber auch Admiral Nebogatow, der Kommandeur des dritten Verbandes, weiß nichts davon und kann den ihm zugedachten Posten des stellvertretenden Oberbefehlshabers nicht einnehmen. Die russische Flotte ist in den entscheidenden Stunden der Schlacht vollständig führungslos. Auf ihren Schiffen breiten sich Chaos und nackte Angst aus. Schiffe, die versuchen, die Führung zu übernehmen, erhalten ebenfalls Treffer und sinken schnell.

Die Verluste der Russen sind fürchterlich, etwa 5000 Matrosen liegen tot auf dem Grund des Meeres. Nur die Nacht rettet den Rest der Flotte vor ihrer totalen Vernichtung. Doch auch im Dunkeln setzt Admiral Togo mit seinen Torpedobooten nach und versenkt weitere Einheiten. Nur fünf Schiffe entkommen, zwei Schlachtschiffe, zwei Küstenpanzerschiffe und ein Kreuzer. Aber am Morgen des 28. Mai werden auch sie von der japanischen Hauptmacht gestellt und umzingelt. Daraufhin kapituliert Nebogatow, fast 6000 Russen gehen in japanische Gefangenschaft. Japan hat nur drei Torpedoboote und 110 Seeleute verloren. Ein glänzender Sieg, der allerdings angesichts der

Kette horrender Irrtümer und Fehleinschätzungen auf russischer Seite vorauszusehen war. Die Katastrophe von Tsushima wirkt sich verheerend auf die Moral der russischen Marine aus. Im Sommer brechen in Odessa, vor allem auf dem Panzerkreuzer »Potemkin«, schwere Unruhen aus. Durch Vermittlung des amerikanischen Präsidenten Theodore Roosevelt kommt es bereits im Oktober 1905 zum Frieden von Portsmouth. Russland erkennt Japans Interessen in Korea an und verzichtet auf den südlich des 50. Breitengrades gelegenen Teil der Insel Sachalin. Japan ist zur Großmacht aufgestiegen und wird die vorherrschende Macht im Fernen Osten.

Irrtümer in der Zeit
von 1914–1938

Unabsichtliche Heldentat
(Lüttich, 6. August 1914)

Wir schreiben Donnerstag, den 6. August 1914. Heute wird ein bisher kaum bekannter Offizier durch eine Heldentat in die Geschichte eingehen. Eine Heldentat, die ganz unbeabsichtigt ist, ermöglicht
durch einen grotesken Irrtum. Vor ein paar Tagen hat der Erste Weltkrieg begonnen. Überall in Deutschland haben sich fast 1,2 Millionen Männer freiwillig zu den Waffen gemeldet. Der jüngste ist erst
14 Jahre alt, der älteste hat 71 Jahre auf dem Buckel und hat bereits
1866 gegen Österreich und 1870/71 schon einmal gegen Frankreich
gekämpft. Tag und Nacht rollen in dichter Folge Transportzüge an
die Front. Die kriegsbegeisterten Soldaten singen voller Siegeszuversicht Hasslieder auf den Feind und schreiben mit Kreide auf die
Viehwaggons: »Jeder Stoß ein Franzos', jeder Schuss ein Russ', jeder
Tritt ein Brit'!«

Vor zwei Tagen erst, am 4. August, hat der deutsche Kaiser Wilhelm II. den Reichstag zu einer Kriegssitzung einberufen. Im weißen
Saal des Berliner Schlosses hat der Kaiser in feldgrauer Uniform und
braunen Stulpenstiefeln unter Hurrarufen der Abgeordneten mit
markiger Stimme ausgerufen: »In aufgedrungener Notwehr, mit rei-
nem Gewissen und reiner Hand ergreifen wir das Schwert, fest und
treu, ritterlich, demütig vor Gott und kampfesfroh vor den Feinden!«

Die Soldaten sind sicher: Wir haben die beste Armee der Welt, und
wir haben einen genialen Angriffsplan! General Schlieffen hat ihn
entwickelt. Die Masse der deutschen Armee soll im Westen vorwärts
stürmen, wie ein gewaltiger Keil durch das neutrale Belgien tief nach

Frankreich hineinstoßen, über die Seine hinaus, dann hinter Paris nach Osten eindrehen, in einem großen Schwenk die französische Hauptstadt umfassen und die eingekesselten französischen Streitkräfte vernichten.

Der General der Infanterie Otto von Emmich hat den Befehl bekommen, mit seiner »Maasarmee« den Weg nach Belgien frei zu machen. Er muss mit seinen gemischten sechs Infanteriebrigaden in einem Überraschungsangriff Lüttich nehmen. Doch das ist leichter gesagt als getan. Die Stadt liegt 150 Meter hoch über dem linken Maasufer auf einem Steilhang und wird von dem rund 200 Meter breiten Fluss wie von einem Burggraben umgeben. In einem Umkreis von fast 50 Kilometern ist sie zudem von zwölf an beiden Ufern kreisförmig angelegten, übergroßen Panzerforts aus meterdicken Betonwänden gesichert. Diese Forts gleichen in der Erde versunkenen mittelalterlichen Burgen. Und im Stadtzentrum befindet sich wie eine Spinne im Netz die mächtige, uneinnehmbare Zitadelle. Lüttich gilt als die stärkste Festung der Welt. Überall erwartet man, sie werde jeder Belagerung standhalten und niemals fallen.

Am 3. August werden im Hotel »Union« in Aachen die letzten Einzelheiten des Sturms auf Lüttich besprochen. General von Emmich berät sich mit sorgenvoller Miene mit seinem Stab. Wie soll er dieses Bollwerk knacken? Zufällig ist auch Generalmajor Ludendorff anwesend, der als Quartiermeister der 2. Armee in dem Hotel auf General von Bülow wartet, seinen noch nicht in Aachen angekommenen Vorgesetzten. Da Ludendorff untätig herumsitzt, kommt er auf die Idee, den Vorstoß auf Lüttich mitzumachen, gewissermaßen als Schlachtenbummler. Emmich ist zunächst verblüfft, dann aber einverstanden. In der Frühe des 4. August, einem klaren und strahlenden Morgen, bricht er mit seiner Stoßarmee auf.

Das feldgraue Einerlei der Infanterie, nur durchbrochen von der roten Regimentsnummer auf der Vorderseite der Helme, füllt die auf Lüttich zulaufenden Straßen. Der Aufmarsch verläuft geordnet und exakt wie bei einer Parade. Die Ausrüstung ist perfekt. Jeder Soldat trägt 65 Pfund: Tornister, Feldflasche, ein zweites Paar Stiefel, Spaten, Messer und natürlich ein Gewehr und genug Munition. Dazu kommt der Beutel mit der »eisernen Ration«, bestehend aus je zwei Dosen Fleisch und Gemüse sowie zwei Paketen Schiffszwieback, gemahlenem Kaffee und einer Flasche Branntwein. Ein weiterer Beutel enthält Verbandsmull, Heftpflaster, Streichhölzer, Nadel und Faden, Schokolade und Tabak. Insgesamt eine schwere Last.

Die Soldaten marschieren singend in Belgien ein, kommen hier aber nur langsam voran. Die »Wacht am Rhein« ertönt, »Heil dir im Siegerkranz« und immer wieder »Deutschland, Deutschland über alles«. Das Grollen der schweren Artillerie mischt sich in die Lieder. 24 Stunden lang beschießt sie die Lütticher Forts. Das Maastal wird erreicht und die Soldaten erblicken das gigantische Festungswerk. Am 5. August erfolgt ein Sturmangriff auf die vier östlichen Forts von Lüttich. Er bleibt im konzentrierten Feuer der Geschütze und Maschinengewehre liegen. Die Toten türmen sich meterhoch wie eine Barrikade auf. Der belgische Widerstand ist unerwartet hart und zäh. »Großer belgischer Sieg!« verkünden die Zeitungen in Sonderausgaben. In Brüssel wird gefeiert. Die Deutschen sind zurückgeschlagen worden!

Am 6. August gelingt es der 14. Brigade nachmittags um zwei Uhr, den Festungsring zu durchbrechen und die Höhen auf dem rechten Maasufer zu erreichen. General Ludendorff, der beim Sturm dabei ist, sieht staunend die Silhouette der gewaltigen Zitadelle im Zentrum der Stadt. Wie sollen die Soldaten da je hineinkommen? Die 14. Brigade ist innerhalb des Fortgürtels vollkommen isoliert. Von den Truppen der anderen Brigaden ist weit und breit nichts zu sehen. Die zwölf Forts unter dem Kommando von General Leman ergeben sich nicht und feuern pausenlos weiter. Am Himmel erscheint der silberne Rumpf eines Zeppelins. Aus der offenen Gondel von »Z 6« wirft ein Unteroffizier 15-Zentimeter-Haubitzengranaten ab, die beim Aufprall auseinander platzen. Dabei werden auch einige Zivilisten getötet. Eine neue Dimension der Kriege des 20. Jahrhunderts ist angebrochen. Die Festung wehrt sich mit Gewehrfeuer. Die Salven reißen Löcher in die Hülle, und das Gas entweicht. Das riesige Luftschiff zerschellt auf dem Boden. Die Bevölkerung von Lüttich verbringt die Nacht in Kellern, weil weitere Terrorangriffe befürchtet werden. Die deutschen Geschütze schießen in die Stadt, um die Übergabe zu erzwingen. Aber Lüttich ergibt sich nicht. Die »Times« in London schreibt: »Belgien hat sich unsterblichen Ruhm erworben, weil es den Aberglauben erschüttert hat, die deutschen Armeen seien unbesiegbar!«

Oberst von Oven soll mit einem kampfkräftigen Voraustrupp die Zitadelle stürmen und besetzen. Aber seine Soldaten schlagen irrtümlich eine falsche Richtung ein und verirren sich in den Straßen von Lüttich. Sie finden die Festung nicht. Vielleicht hatten sie keinen Stadtplan dabei. Sie kommen nie dort an.

Einem einzelnen Offizier gelingt das allerdings. Es ist Ludendorff. Er ist neugierig und möchte sich die von Ovens Truppe eingenommene Zitadelle näher anschauen. Entschlossen requiriert er einen belgischen Kraftwagen und fährt die kurvenreiche steile Straße hinauf zur Festung. Er steigt aus und geht auf das mittelalterliche Tor zu, denn er glaubt, dahinter lagern längst deutsche Soldaten. Ein gefährlicher, kaum vorstellbarer Irrtum. Mit dem Knauf seines Degens klopft er mehrmals an das Holz, worauf sich das Tor tatsächlich öffnet. Die fünf, sechs belgischen Soldaten sind ebenso verduzt wie der Generalmajor, dem der Schrecken in alle Glieder fährt. Doch er kommt gar nicht dazu, schleunigst kehrtzumachen. Die Belgier starren auf seine Generaluniform und unterliegen nun ihrerseits einem Irrtum. Sie heben die Hände und hissen die weiße Fahne. 300 Soldaten und Offiziere legen die Waffen nieder und ergeben sich einem einzigen deutschen General. Sie nehmen an, seine Soldaten hätten sie umzingelt und ständen unmittelbar dahinter. Aber das ist nicht der Fall.

Die uneinnehmbare Festung Lüttich ist gefallen, wenngleich die Forts noch ein paar Tage tapfer weiterkämpfen. Das Tor nach Belgien und Frankreich ist nun weit aufgestoßen, und der Vormarsch kann plangemäß weitergehen. Der Kaiser jubelt und legt Ludendorff den »Pour le Mérite« um den Hals, die höchste Auszeichnung, die das

Reich zu vergeben hat. Mit einem Schlag ist der General auf den Schild der deutschen Geschichte gehoben worden, in der er später an höchster Stelle noch eine gewichtige Rolle spielen wird.

Das Wunder an der Marne
(Frankreich, 24. August–10. September 1914)

Nach ihrem schnellen und siegreichen Vordringen durch Belgien im brennendheißen August des Jahres 1914 überschreiten die deutschen Armeen am 24. des Monats die französische Grenze. Sie sind voll im Zeitplan des groß angelegten Schlieffen-Planes. Er will die gegnerischen Streitkräfte in einer einzigen gigantischen Operation vernichten und sieht eine weiträumige Umfassungsbewegung vor, die sich von Belgien aus gegen die nordfranzösische Ebene richten soll, um im Rücken von Paris vorzudringen. Dieser rechte Flügel soll dem Feind den Todesstoß versetzen. Auf dem Sterbebett sind 1913 General Schlieffens letzte Worte gewesen: »Macht mir den rechten Flügel stark!« Die wichtige Aufgabe wird der 1. Armee übertragen unter General von Kluck, dem besten General, den die Deutschen an der Westfront haben. Die nächsten 14 Tage werden wahrscheinlich den Ausgang des Krieges bestimmen. Es sind die Irrtümer dieser Tage, die ihn tatsächlich entscheiden.

Sie beginnen schon damit, dass Schlieffens Nachfolger als Generalstabschef, Helmuth von Moltke, der Neffe des großen Moltke der Jahre 1870/71, die Bedrohung im Osten stärker einschätzt, als sie zu Beginn des Krieges tatsächlich ist. Er zieht viereinhalb Korps, 180 000 Mann, vom rechten Flügel ab und schickt sie nach Osten. Schlieffen hat nicht nur den Durchmarsch durch Belgien, sondern unbekümmert auch durch die Niederlande gefordert. Moltke verzichtet aus moralischen Gründen darauf. Außerdem ist ihm der ganze Plan zu kühn. Nach Schlieffen sollen nur 200 000 Mann in Elsass-Lothringen zur Verteidigung verbleiben. Er will die Franzosen notfalls bis

Bayern marschieren lassen, wenn nur die große Umfassungsschlacht von Paris gelingt und die Franzosen in die Falle gehen. Sieben Achtel der gesamten Streitkräfte sollen auf dem rechten Flügel massiert sein.

Der ängstliche Moltke verwässert den ganzen Plan. Er stellt 450 000 Mann in Elsass-Lothringen auf und stärkt den linken Flügel statt den rechten. Als am 25. August die belgische Festung Namur kapituliert und die beiden bisher zur Belagerung eingesetzten Armeekorps für eine neue Verwendung frei werden, schickt er sie in den Osten, weil er glaubt, sie würden dort für die Schlacht um Ostpreußen dringend benötigt. Sie kommen erst einige Tage nach dem vernichtenden Sieg über die Russen bei Tannenberg an. Moltke hat kurz vor seinem Tod im Jahr 1916 zugegeben, dass diese Fehlentscheidung sein größter Irrtum gewesen ist. Denn diese 80 000 Mann fehlen nun ebenfalls auf dem rechten Flügel. Als auch noch zwei weitere Korps von der 1. Armee abgezogen werden, um Antwerpen und die Festung Maubeuge zu erobern, ist das Verhältnis zwischen dem linken und rechten Flügel nicht mehr 1 : 7, wie Schlieffen gefordert hat, sondern nur noch 1 : 3.

Klucks 1. Armee schwenkt bei Brüssel zwar plangemäß nach Süden. Aber um jetzt »mit dem rechten Ärmel den Kanal zu streifen« und im Rücken von Paris vorbeizustoßen, ist der ganze Arm zu schwach. Dennoch kommt am 6. September 1914 eine aus elf Mann bestehende deutsche Kavalleriepatrouille bis auf sechs Kilometer an den Festungsgürtel von Paris heran. Von Klucks Soldaten können am Horizont die Silhouette des Eiffelturms erkennen. Fast jeden Tag pünktlich gegen 17.00 Uhr erscheint der gelbe Doppeldecker des Fliegerleutnants von Hiddessen über Paris und wirft Granaten ab, die einige Häuser beschädigen. Die Lage in der Stadt ist verzweifelt. Sonderzüge befördern »600 000 nutzlose Esser«, wie eine Zeitung schreibt, kostenlos nach Süden. Die Männer, die in Paris bleiben, arbeiten an der Verteidigung. In den großen Parks lagern Tausende von Rindern. Sie sollen der Bevölkerung während der erwarteten Belagerung als Nahrung dienen. Auf den Plätzen und Boulevards erheben sich überall hohe Heufuder für die Tiere, und an den Ufern der Seine steht eine Viehtränke neben der anderen.

In der Nacht vom 2. zum 3. September hat der Präsident der Republik, Poincaré, mit dem gesamten Kabinett die Stadt Richtung Bordeaux verlassen. Daraufhin eröffnen Tausende wütende Pariser einen Steinhagel auf den Elyséepalast. Auch die Bank von Frankreich und viele reiche Leute sind in den Süden und nach Monte Carlo verschwunden. General Galieni, der Militärgouverneur von Paris, will alle Brücken in Paris sprengen, wenn die Deutschen in die Stadt eindringen. Auch der Eiffelturm soll nicht verschont bleiben. Die französische Hauptstadt ist dem Zusammenbruch nahe, die Katastrophe scheint unmittelbar bevorzustehen. General French, der Kommandeur des britischen Expeditionskorps, telegraphiert an den englischen Kriegsminister Lord Kitchener, dass er sich im Hinblick auf den bedenklichen Zustand seiner Truppen, die in Rückzugsgefechten in einer Woche 15 000 Mann verloren haben, westlich von Paris hinter die Seine zurückziehen will. Er denkt sogar daran, all seine Streitkräfte zurück nach England einzuschiffen. Damit würde sich in der Front eine riesengroße Lücke bilden. Die Möglichkeit, den Krieg zu verlieren, ist nie wieder so groß wie jetzt. Kitchener eilt nach Paris und verhindert in einer hitzigen Auseinandersetzung die »Fahnenflucht«. Frenchs Truppen kehren an die Front zurück.

Marschall Joffre, der französische Oberbefehlshaber, steht vor der Entscheidung, Paris aufzugeben und zur offenen Stadt zur erklären und die Armeen eiligst ins Innere Frankreichs zu retten oder in einer letzten beharrlichen Kraftanstrengung die Truppen aus dem Rückzug umzudrehen und sie den Deutschen erneut entgegenzuwerfen, um zu versuchen sie aufzuhalten. Joffre entscheidet sich am 6. September dafür, dem Feind dort in einem verzweifelten Gegenangriff zu begegnen, wo er nach Joffres Überzeugung alle Kräfte zum letzten Stoß auf Paris massiert hat: an der Marne. Doch am bangen Morgen des 10. September reiben sich die ausgeschickten Kundschafter verwundert die Augen. Die Deutschen sind gar nicht mehr da! So unglaublich es klingt, kurz vor dem greifbar nahen Ziel sind die Deutschen einfach verschwunden, haben offensichtlich kehrtgemacht. Warum nur? Ist das eine Falle, eine Kriegslist? Niemand auf französischer Seite kann das verstehen. Und als immer klarer wird, dass es sich um einen echten Rückzug handelt, eilt die Nachricht vom »Wunder an der Marne« wie eine Erlösung durch das ganze Land. In dem Augenblick, da die Franzosen das Schlimmste befürchten, ist das Schlimmste für sie schon vorbei. »Dunkel sind die Wege, die das Schicksal geht!«, sagt Euripides in seiner »Alkestis«. Dunkel und verborgen bleiben den Franzosen zunächst auch die Gründe, die zu diesem Wunder geführt haben. Sie wissen nicht, dass auf deutscher Seite ein rangniederer und unbekannter Oberstleutnant mit dem Namen Hentsch in das Rad des Schicksals eingegriffen hat.

Am 30. August steht auch General von Kluck, Schlieffens »Mann auf der Rechten« mit dem pockennarbigen Gesicht und dem furchterregenden Blick, vor einer schwierigen Entscheidung. Vor seiner in Gewaltmärschen vorrückenden Armee weichen die geschlagenen Franzosen in panikartiger Flucht zurück. Kluck will ihnen keine Pause zum Atemholen gönnen. Er ist sicher, die Franzosen sind bereits besiegt und müssen nur noch zusammengetrieben werden. Doch die erhofften Verstärkungen vom linken Flügel sind ausgeblieben. Und die nutzlos an die Ostfront abgegebenen zwei Korps könnte er gerade jetzt gut gebrauchen, um seine Ausfälle zu ersetzen. Kluck will seiner geschwächten Armee ein weites Ausgreifen westlich und südlich von Paris ersparen, weil er zu der Auffassung gelangt ist, die Front auch nördlich von Paris aufrollen zu können. Das setzt allerdings eine Schwenkung seines Vormarsches aus genau südlicher in südöstliche Richtung voraus. Kluck entschließt sich, diese Schwenkung zu vollziehen. Damit schließt er auch die immer größer gewordene Lücke zwischen ihm und der angrenzenden 2. Armee von Bülows, der bereits um Unterstützung in diesem Sinne gebeten hat. Der Gefahr, dass er damit dem Gegner seine ständig länger werdende Flanke bietet, sieht Kluck wohl, schätzt sie aber gering ein. Er hat durch einen abgefangenen Brief auch davon erfahren, dass die Engländer sich von der Front absetzen und bis hinter die Seine zurückziehen wollen. Am 1. September erlebt seine Armee, dass dies nicht stimmt. Die Engländer gehen nicht »in äußerster Unordnung« zurück, wie Kluck gemeldet hat, sondern sie stellen sich entschlossen zum Kampf und liefern den Deutschen im Wald von Compiègne harte Gefechte. Kluck treibt seine Armee unerbittlich vorwärts und ist im Begriff, die Marne zu überschreiten. »Unsere Männer sind ganz erschöpft«, schreibt ein deutscher Offizier der 1. Armee in sein Tagebuch. »Sie stolpern dahin, die Gesichter staubbedeckt, die Uniformen zerfetzt. Sie sehen aus wie lebendige Vogelscheuchen.«

Diese Lücken zwischen den Armeen des rechten Flügels sind es, die Moltke in seinem Hauptquartier in Luxemburg beunruhigen. Die Reserven, mit denen er sie hätte stopfen können, hat er nach Lothringen in die Schlacht um die Mosel geworfen. Statt dort defensiv zu bleiben, wie Schlieffen geraten hatte, will die Oberste Heeresleitung auch hier die französische Festungslinie durchbrechen. Der Kaiser möchte im Triumph durch Nancy reiten. Moltke kann sich nicht dazu entschließen, diese Offensive abzublasen und Truppen an den rechten Flügel abzugeben. Klucks Vorhaben, von der ursprünglichen Strategie abzuweichen, eine Vernichtung der französischen Streitkräfte ohne Einkreisung von Paris herbeizuführen und durch einen Schwenk in Richtung auf Bülows 2. Armee die entstandene gefährliche Lücke zu schließen, findet sofort Moltkes Zustimmung.

Der deutsche Generalstabschef sitzt fernab von der Front, von Ängsten und Zweifeln geplagt, in einem Schulhaus in Luxemburg und hat kein genaues Bild von der Lage. Seine Leber und Galle revoltieren, er fühlt sich elend. Die Telefonleitungen von seinem Hauptquartier zu den Armeekommandos sind dauernd gestört. Aber statt selbst an die Front zu seinen Armeeführern zu fahren und sich an Ort und Stelle davon zu überzeugen, wie es am rechten Flügel tatsächlich aussieht, schreibt er an seine Frau: »Wir alle leben unter einem dumpfen Druck, der die Schaffensfreude ertötet, und kaum jemals kann man etwas beginnen, ohne die innere Stimme zu hören: Wozu? Es ist ja doch vergebens.« Moltke glaubt, dass die Kämpfe im Osten von Paris zu Ungunsten der Deutschen ausgehen und sie den Krieg verlieren werden. Er entschließt sich am 6. September, einen Mann seines Vertrauens an die Front zu schicken, den Chef des Nachrichtendienstes, Oberstleutnant Hentsch, der aufgrund seiner glänzenden Leistungen auf der Kriegsakademie in den Generalstab gekommen ist. Er soll sofort zur 1. und 2. Armee fahren und sich dort über die Lage informieren. »Sollte sich die 1. Armee nicht halten können«, sagt er zu Hentsch, »weisen Sie Generaloberst von Kluck an, in die Linie Soissons – Fismes auszuweichen, damit sie wieder Anschluss an den rechten Flügel der 2. Armee gewinnt, um die entstandene Lücke zuschließen.« Aber er gibt den Befehl, in dem zum ersten Mal von Rückzug die Rede ist, nicht schriftlich, obwohl er seinen Generalstabsoffizieren stets eingetrichtert hat, dies immer zu tun.

Oberstleutnant Hentsch weicht gleich zu Beginn seiner schicksalsschweren Reise von seiner Order ab. Er legt die rund 300 Kilometer an die Front zügig im Kraftwagen zurück, fährt aber erst zur 5., 4. und 3. Armee, um sich über die Lage unterrichten zu lassen, und vertrödelt dadurch wertvolle Zeit. Im Hauptquartier der 2. Armee trifft er erst abends um 20.00 Uhr ein. General von Bülow ist keineswegs in pessimistischer Stimmung. Sein rechter Flügel ist zwar mühsam damit beschäftigt, feindliche Angriffe abzuwehren. »Aber ich werde die Stellung halten können«, sagt er zu Hentsch, »wenn ich nicht durch einen feindlichen Durchbruch umfasst werde.« Diese letzte Äußerung von Bülows versetzt Hentsch, der über keinerlei eigene Fronterfahrung verfügt, in Panik. Er glaubt, die 1. Armee befände sich nun ebenfalls in einer bedrohlichen Lage, und gibt der 2. Armee den Befehl, zurückzugehen. Auf die Idee, sich erst einmal bei der 1. Armee darüber zu informieren, ob sie in der Lage ist, sich zu halten, kommt er nicht. Er fährt erst am nächsten Morgen zur 1. Armee und erfährt unterwegs, dass die Franzosen im Angriff sind und die Marne überschreiten. Die ungebrochene große Siegeszuversicht des Generals von Kluck überrascht ihn, die Lage seiner Armee ist ausgezeichnet. Hentsch muss einsehen, dass er sich geirrt und bei der 2. Armee von Bülows ein ganz falsches Bild gezeichnet hat. Aber

169

diese Armee befindet sich nun wahrscheinlich schon auf dem Rückzug. Bleibt die 1. Armee jetzt stehen, gibt es für sie eine Katastrophe. Kluck widerspricht ebenso wie sein Stabschef General von Kuhl. »Der Kampf bis zum vollen Sieg ist jetzt leichter als ein schwieriger Rückzug«, versuchen sie Hentsch klar zu machen. Aber der kann nun nicht mehr zurück und versteigt sich zu dem unwahren und unheilvollen Satz: »Die 2. Armee ist nur noch Schlacke!« Von Kluck glaubt, was ihm Hentsch da unverblümt mitteilt. Trifft das zu, dann ist auch seine Armee mit ihrer langen ungeschützten rechten Flanke in einer bedrohlichen Lage. Schweren Herzens akzeptiert er den Rückzugsbefehl.

So kommt es, dass zwei siegende Armeen auf den Befehl eines frontunerfahrenen Oberstleutnants plötzlich zurückgehen, weil jede von der anderen fälschlich glaubt, sie könne sich nicht mehr halten. Nun muss Moltke auch den anderen Armeen den Rückzugsbefehl erteilen, um sie vor einer Umfassung zu bewahren. Das Wunder an der Marne ist geschehen, sieben deutsche Armeen gehen zurück und verschenken den möglichen überwältigenden Sieg, dem sie so nahe gewesen sind. Es ist nicht Jeanne d' Arc, die, wie Henri Bergson gesagt hat, die Schlacht an der Marne gewinnt, sondern es sind die kolossalen Irrtümer des deutschen Oberkommandos, die zur deutschen Niederlage führen. Der erloschene französische Elan flammt nun wieder auf, und bald darauf erstarrt die gesamte Westfront in einem zähen, hoffnungslosen Stellungskrieg. Moltke tritt vor seinen Kaiser und meldet: »Majestät, wir haben den Krieg verloren!« Er wird sofort entlassen und durch General von Falkenhayn, zugleich preußischer Kriegminister, ersetzt. Ein Kriegsgerichtsverfahren gegen den unglückseligen Oberstleutnant Hentsch wird eingestellt. Die Frage, ob er eigenmächtig gehandelt hat oder ob er berechtigt gewesen ist, den Rückzugsbefehl zu geben, bleibt ungeklärt. Zu einer Gegenüberstellung mit Moltke ist es nie gekommen. Moltke stirbt 1916 und Hentsch 1917, als gebrochener Mann.

Tod bei Tannenberg
(Ostpreußen, 17.–31. August 1914)

Nach dem deutschen Kriegsplan sollen sieben deutsche Armeen im Westen schnell die Entscheidung suchen, während gegen Russland allein die 8. Armee sichert, mit 4 Armeekorps unter dem Kommando von Generaloberst von Prittwitz. Die Armee kann ihre Aufgabe unmöglich lösen, wenn sie sich zwischen Oberschlesien und Ostpreußen an der viele hundert Kilometer langen Grenze aufstellt. Dann würden überall nur kleine Trupps stehen. Deshalb werden alle kampfkräftigen Verbände im Norden zusammengefasst. Ostpreußen soll dem Gegner nicht kampflos überlassen werden. Die 8. Armee steht hier einem zahlenmäßig weit überlegenen Feind gegenüber: 13 deutsche Divisionen gegen 21 russische und eine einzige Kavalleriedivision gegen zehn auf Seiten des Feindes. Außerdem besteht die Hälfte der 8. Armee aus Landwehr und Ersatz- und Reservetruppen. Aber ihre Artillerie ist besser ausgerüstet, und ein gut funktionierendes Eisenbahnsystem steht zu ihrer Verfügung, das die Russen bei einem Eindringen auf deutsches Gebiet wegen ihrer abweichenden Spurbreite nicht nutzen können. Sie können kein eigenes rollendes Material heranbringen. Auch das Gelände kommt den Deutschen zugute. Die weitläufige Masurische Seenplatte zwingt jeden Angreifer dazu, die Streitkräfte zu teilen.

Das tun die Russen auch. Die 1. Armee unter einem aristokratischen, arroganten und aggressiven, aber sehr kompetenten und bei den Truppen beliebten General mit deutschem Namen, Paul von Rennenkampf, stößt vom Njemen aus nördlich der Seen auf Königsberg vor, während die 2. Armee unter dem kurz zuvor aus dem Ruhestand zurückgerufenen und für seine Umsicht und Vorsicht bekannten General Samsonow sich am polnischen Narew sammelt und südlich der Seen angreifen soll. Wenn beide Armeen die Seen hinter sich gelassen und sich im Innern Ostpreußens vereinigt haben, ist die deutsche 8. Armee eingeschlossen und ihr Rückzug hinter die Weichsel verhindert. Dann soll es weiter nach Berlin gehen. Zar Nikolaus hat dem Soldaten 50 000 Rubel versprochen, der als erster die Grenze der deutschen Hauptstadt überschreitet. Deshalb kann die Aufgabe der 8. Armee nur darin bestehen, den gleichzeitig von Norden und Osten vorrückenden Gegner möglichst rasch und einzeln zu schlagen, solange sie noch durch die Seenplatte getrennt sind. Das hat Schlieffen schon 1898 festgestellt. Der Schwächere muss, wie so oft in der Kriegsgeschichte, sein Heil im Angriff suchen. Am 14. August weist Generalstabschef Moltke seine 8. Armee an: »Wenn die Russen kommen, nur keine Defensive, sondern Offensive, Offensive, Offensive!«

Fraglich ist nur, wann die Russen kommen. Sie haben zwar schon am 1. August 1914 die Mobilmachung verkündet. Aber die deutsche Führung ist sich sicher, dass die Russen aufgrund ihrer ungeheuren Organisationsschwierigkeiten gar nicht in der Lage sind, ihre Truppen schnell einzusetzen. Sie haben keine Vorbereitungen getroffen, und ihr Aufmarsch in dem riesigen Reich braucht Zeit. Niemand in Berlin rechnet damit, dass die Russen marschieren könnten, bevor Frankreich besiegt ist. Man weiß nicht, dass sie ihren um Unterstützung bittenden westlichen Verbündeten versprochen haben, schnellstmöglich gegen Deutschland vorzugehen und schon am 14. Mobilmachungstag zum Angriff bereitzustehen. Und das, obwohl die Nachschub- und Versorgungseinheiten nicht vor dem 19. August heran sein würden.

Als Rennenkampf mit seinen 300 000 Soldaten tatsächlich schon am 17. August beiderseits der Rominter Heide auf einer Front von 50 Kilometern die Grenze überschreitet, ist die Oberste Heeresleitung völlig überrascht. In endlos langen Kolonnen marschieren russische Soldaten auf staubbedeckten Straßen über hügelige Äcker und weite, ungeerntete Getreidefelder, durch Birkenwälder, geplagt von Stechmückenschwärmen, und an großen Bauernhöfen und Gütern vorbei, an Sümpfen und Seen, durch riesige Wälder und kleine Dörfer und Städte. Um die Füße sind meist Lumpen gewickelt, denn die Quartiermeister haben nicht einmal die Zeit gehabt, Schuhe zu verteilen. So eilig ist die Armee in Gang gesetzt worden. Sie hat nicht genug Gewehre, nicht genug Munition und viel zu wenig Proviant. Die Stimmung in der Truppe ist nicht gut, aber sie marschiert, sechs Tage früher als Samsonows 2. Armee. Sie will die Deutschen solange festhalten, bis Samsonow im Süden um die Seensperre herum ist und den Deutschen den entscheidenden Schlag in Rücken und Flanke versetzen kann. Der Schrei »Die Kosaken kommen!« geht durch ganz Ostpreußen. Deutsche Zeitungen berichten von »Russengräueln«, in einigen Ortschaften kommt es zu Ausschreitungen einzelner Soldaten. In Heinrichswalde lässt ein russischer Kavallerieoffizier 31 Einwohner, Männer und Frauen, öffentlich auspeitschen.

Der Kommandeur der deutschen 8. Armee ist in keiner angenehmen Lage. Generaloberst Prittwitz, jetzt 66-jährig, ist bei seiner Korpulenz eine Art »deutscher Falstaff«, feist, hemmungslos und unbeweglich, ohne geistige oder militärische Interessen. Er hat Karriere gemacht, weil er ein Günstling des Hofes ist und es verstand, den Kaiser bei Tisch mit lustigen Geschichten und zweideutigem Klatsch zu unterhalten. Moltke hält ihn für unfähig, ist aber mit seinen Bemühungen, ihn von diesem Posten zu entfernen, gescheitert. Er hat ihn angewiesen, den Russen zwar entgegenzutreten, die eigenen Truppen aber möglichst nicht in Gefahr zu bringen. Notfalls soll sich die 8. Armee über die Weichsel zurückziehen und Ostpreußen dem Feind preisgeben. Prittwitz gibt entsprechende Befehle an seine Korpschefs weiter. Aber der Kommandierende General des an der Ostgrenze postierten 1. Armeekorps, General Hermann von François, ein 58-jähriger Offizier hugenottischer Abstammung mit blitzenden Augen und eigenwilligem Charakter, hält sich nicht daran. Er will verhindern, dass ein einziger Slawe preußischen Boden betritt, rückt über Gumbinnen hinaus bis acht Kilometer vor der russischen Grenze vor und greift die Russen bei Stallupönen sofort an. Er macht 3000 Gefangene, muss das Gefecht aber abbrechen, weil das Hauptquartier der 8. Armee ihm kategorisch befiehlt, sich sofort auf Gumbinnen zurückzuziehen. Hier kommt es am 20. August zu einer ersten blutigen Schlacht, in der drei deutsche Korps auf zwei russische treffen. Der von General Mackensen befohlene Frontalangriff des 17.

173

Armeekorps bricht unter hohen Verlusten im Maschinengewehrfeuer der eingegrabenen russischen Schützen zusammen.

Als nach dieser Niederlage Meldungen eintreffen, dass nun auch General Samsonow mit der 2. russischen Armee im Begriff ist, im Süden die Grenze zu überschreiten, verliert Prittwitz die Nerven und befiehlt, sich im Schutze der Nacht abzusetzen und den Rückmarsch nach Westpreußen anzutreten. Der zweite Arm der russischen Zange rückt näher, und Prittwitz sieht den Feldzug als verloren an. Er will die 8. Armee retten und weist seinen Stabschef, Oberstleutnant Max Hoffmann, an, Vorkehrungen für den Rückzug hinter die Weichsel zu treffen. Der glatzköpfige, großgewachsene Hoffmann, der aus Hessen stammt und fette Würste liebt, sieht das ganz anders und versucht, Prittwitz davon abzubringen. Als ihm das nicht gelingt, tut er etwas Ungeheuerliches und vollkommen Unmilitärisches und Unpreußisches: Er ruft Moltke in Koblenz direkt an, hinter dem Rücken seines Chefs, ein wohl einmaliger Vorgang in der deutschen Militärgeschichte. Moltke ist entsetzt. Die Preisgabe Ostpreußens wäre eine ungeheure moralische Schlappe, Deutschland würde sein wichtigstes Korn- und Milchgebiet verlieren, und nicht nur Berlin, sondern auch die österreichische Flanke wäre ernsthaft bedroht. Davon, dass er Prittwitz eine solche Rückzugsmöglichkeit grundsätzlich eingeräumt hat, will er jetzt nichts mehr wissen. Er setzt ihn kurzerhand ab, und seinen Stabschef, Generalmajor Waldersee, gleich mit.

Aber wer soll die Nachfolge antreten? Jetzt, wo die Ostfront zusammenzubrechen droht, braucht man einen entschlossenen, starken Mann mit eisernen Nerven. Die Wahl fällt auf den ehrgeizigen und machtbewussten General Ludendorff, den »Helden von Lüttich« und bedingungslosen Militaristen. Er wird neuer Stabschef, ein Posten, der nach dem deutschen Kommandosystem, das immer zwei Führer an der Spitze vorsieht, genauso wichtig ist wie der des Kommandeurs. Sein Chef wird ein 67-jähriger, bereits im Ruhestand befindlicher Generaloberst, dessen Gesuch auf Wiederverwendung bei Kriegsausbruch aus Altersgründen abgelehnt worden ist: Paul von Hindenburg. Ein Sonderzug bringt die beiden, die sich völlig fremd sind und bisher noch nie gesehen haben, noch in derselben Nacht nach Marienburg, wo sie am Mittag des 23. August im Hauptquartier von den verbliebenen Mitgliedern des Stabes der 8. Armee reichlich frostig empfangen werden. »Wir wollen Vertrauen zueinander fassen und gemeinsam unsere Schuldigkeit tun«, sagt Hindenburg. Hoffmann, der nach der überstürzten Abreise von Prittwitz sofort einen eintägigen Haltebefehl für die Armee erlassen hat, trägt seine Ansicht vor. Die 8. Armee müsse ihren Vorteil der inneren Linie und des Eisenbahnnetzes ausnutzen, meint er. »Wir müssen uns mit allem, was wir haben, auf Samsonows Armee werfen und sie schlagen. Dafür brauchen wir das im Norden stehende 1. Korps von General François, es muss so schnell wie möglich mit aller Ausrüstung verladen und per Schiene in den Süden befördert werden.« Ludendorff und Hindenburg horchen auf. Ein umfangreiches, schwieriges Unterfangen, sehr mutig und kühn. Sein Erfolg hängt einzig und allein davon ab, ob Rennenkampf im Norden stehen bleibt und nicht nach Süden einschwenkt. Die Grundidee der Tannenbergschlacht ist geboren.

Wenn Samsonows Armee angegriffen und besiegt werden soll, ist der Einsatz der ganzen 8. Armee nötig, das ist Ludendorff sofort klar. Er geht noch einen Schritt weiter als Hoffmann und erwägt, auch die beiden anderen Korps von Below und Mackensen nach Süden zu verlagern und an der Rennenkampf-Front nur einen schwachen »Kavallerieschleier« in Form einer einzigen Kavalleriedivision zu belassen. Hindenburg zögert. Er ist zwar durchaus auch risikofreudig, aber dieser Plan ist unglaublich und fast schon tollkühn. Was ist, wenn Rennenkampf nun doch marschiert und Samsonow zu Hilfe kommt? »Er wird nicht kommen, Herr Generaloberst!«, versichert Hoffmann. »Dafür garantiere ich mit meinem Kopf. Die beiden hassen sich viel zu sehr.« Hoffmann berichtet von ihren Meinungsverschiedenheiten aus dem Russisch-Japanischen Krieg von 1904/05, als beide gleichrangige Divisionskommandeure waren. Rennenkampf hatte strikte Order, Samsonow im Falle eines Angriffs sofort zu Hilfe zu kommen. Aber er sah untätig zu, und Samsonow erlitt schwere

Verluste. Als sich die beiden Generale kurz darauf auf dem Bahnhof von Mukden trafen, stürzte sich Samsonow auf seinen Rivalen und schlug ihm die Nase blutig. »Jetzt haben wir im Grunde die gleiche Situation«, fährt Hoffmann fort. »Rennenkampf hat diesen Vorfall nicht vergessen. Er wird auch diesmal nicht kommen!« Hindenburg stimmt zu. »Vernichten wir die Samsonow-Armee«, bekräftigt er, »um den deutschen Osten vom russischen Brennen, Plündern und Morden zu befreien!«

Am 25. August beginnt die erste Phase der Schlacht. Ludendorff will so schnell wie möglich mit Samsonow ins Gefecht kommen. Deshalb befiehlt er dem 1. Korps, am 25. 8. Richtung Usdau anzugreifen. Im festen Glauben, der Angriff rolle bereits, erfährt er jedoch zu seiner großen Überraschung, dass der selbstherrliche General François gar nicht angetreten ist. Da seine schwere Artillerie und Teile seiner Infanterie aus Gumbinnen noch nicht eingetroffen sind, weigert er sich, das Desaster Mackensens bei Gumbinnen vor Augen, ohne Artillerieunterstützung und ausreichend Munition den Durchbruch zu wagen. Er will keinen Fehlschlag riskieren. Ludendorff fährt mit Hindenburg und Hoffmann sofort zu ihm und droht, ihn wegen dieser erneuten Befehlsverweigerung seines Kommandos zu entheben. Daraufhin setzt das 1. Korps zur Umfassung von Samsonows linkem Flügel an und nimmt am 27. 8. Usdau ein. Das russische Flügelkorps weicht nach Polen zurück.

Trotz dieser ärgerlichen anfänglichen Verzögerung wird der 25. August zu einem Glückstag für die 8. Armee. Denn auf der Rückfahrt ins Hauptquartier werden Hindenburg und Ludendorff zwei abgefangene, unverschlüsselte russische Funksprüche übermittelt. So viel unverhofftes Glück ist einem Feldherrn selten in den Schoß gefallen. In dem ersten Funkspruch weist Samsonow seine Truppen an, auf die Linie Osterode – Allenstein vorzugehen, weil die Absatzbewegungen der Deutschen als Rückzug eines bereits besiegten Feindes aufgefasst werden. Ein Angriff auf die von Westen heranrückenden deutschen Korps steht also nicht bevor. Noch wichtiger ist der zweite Funkspruch von Rennenkampf. Aus ihm sind die Marschziele seiner Armee klar zu erkennen. Sie liegen im Westen und nicht im Süden. Das heißt, eine Bedrohung der Deutschen im Rücken ist nicht zu erwarten. Sie sind nun über jeden Schritt ihres Gegners bestens informiert.

Am Morgen des 26. August verliert Ludendorff für einen Moment den Kopf. Ein Luftaufklärer meldet Truppenbewegungen von Rennenkampf auf die Deutschen zu. »Seine gewaltige Armee steht wie eine drohende Gewitterwolke im Nordosten!«, sagt er zu Hoffmann, besorgt darüber, dass die Russen nun seine ganze Flanke aufrollen könnten. Er weiß nicht, dass es sich bei den aus dem Norden bis auf 15 Kilometer herangekommenen Truppen Rennenkampfs lediglich um eine aufklärende Kavallerieeinheit gehandelt hat. Nun kommen ihm Zweifel, ob es richtig war, alles gegen Samsonow zu werfen und Rennenkampfs 300 000 Mann im Norden außer Acht zu lassen. »Greift Rennenkampf ein«, ruft er erregt, »ist alles verloren!« Er schlägt Hindenburg vor, das 1. Korps von seinem Umfassungsmanöver zurückzubeordern und die Schlacht abzubrechen, was er später nicht mehr wahrhaben will. Damit würde die tödliche Falle wieder geöffnet, in die Samsonow mit seiner 2. Armee gerade hineinmarschiert. Doch Hindenburg bleibt zuversichtlich und hält mit dem ihm eigenen Gottvertrauen und Siegeswillen an den getroffenen Entscheidungen fest.

Samsonow rückt, angetrieben von seinem Oberbefehlshaber Schilinski, in Eilmärschen vor, ohne zu wissen, dass sich zwei mächtige deutsche Zangenarme auftun, um ihn einzukesseln. Der weißhaarige und blasshäutige Schilinski, der deswegen in der Armee der »lebende Leichnam« genannt wird, hat ihm ausdrücklich mitgeteilt: »Die deutschen Truppen ziehen sich nach schweren, für General Rennenkampf siegreichen Gefechten eilig zurück. Vor Ihnen hat der Feind nur schwache Truppenkräfte zurückgelassen!« Welch ein Irrtum! Auch Rennenkampf ist befehlsgebunden. Da das russische Oberkommando eine Niederlage Samsonows für gänzlich ausgeschlossen hält, ja nicht einmal in Erwägung zieht, erlaubt es Rennenkampf nicht, nach Süden zu marschieren und ihn zu unterstützen. Als der

»lebende Leichnam« später seinen schrecklichen Fehler erkennt, fällt er in geistige Umnachtung. Auch Rennenkampf selbst glaubt, dass sich die geschlagenen Deutschen nach Westen hinter die Weichsel zurückziehen. Endlose Flüchtlingsströme scheinen zu bestätigen, dass der Gegner Ostpreußen aufgegeben hat. Die beiden russischen Armeen bewegen sich nicht aufeinander zu, zwischen ihnen besteht keinerlei Verbindung. Sie wissen zu wenig voneinander und noch weniger vom Feind. So ist Samsonow vollständig überrascht, als das Unheil wie ein Unwetter über ihn hereinbricht und der deutsche Offensivschlag ihn mit voller Wucht trifft. Und zwar auch aus nördlicher Richtung, wo er eigentlich die Truppen Rennenkampfs erwartet hat. Da Rennenkampf noch immer stillhält, kann die 8. Armee das Höchste wagen.

Die Vernichtungsschlacht dauert vom 26. bis zum 31. August. Der deutsche Angriff kommt zunächst gut voran, erleidet dann jedoch einen schweren Rückschlag. In der Nacht zum 28. August setzt die 41. Division südlich des Mühlen-Sees zu einem umfassenden Stoß auf das große Dorf Waplitz an, stößt dort im Nebel aber auf schweres Abwehrfeuer der Russen und erleidet große Verluste. Dennoch gelingt es einigen Einheiten, sich am Ortsrand festzusetzen. Kaum ist dies geschehen, feuert die herangekommene eigene Artillerie blindlings in den Ort hinein, weil sie glaubt, dort befänden sich ausschließlich Russen. Die Deutschen verlieren in Waplitz 2400 Mann, der Rückzug artet in eine wilde Flucht aus, die erst am Morgen gestoppt werden kann. Trotzdem können die Deutschen den Kessel bei Neidenburg schließen. Sie sind selbst überrascht, dass der von jeder Versorgung abgeschnittene Samsonow keinen Versuch macht, den Kessel zu durchstoßen. Sie hätten das kaum verhindern können. Aber Samsonow weiß nicht, wie schwach die Umklammerung ist. Er erschießt sich in der Nacht vom 29. zum 30. August. Hindenburg meldet dem Kaiser den totalen Zusammenbruch dieser Armee. Am 31. August bricht der letzte Widerstand zusammen. 93 000 russische Soldaten ergeben sich, 120 000 sind gefallen. Demgegenüber haben die Deutschen nur 10 000 Tote und Verwundete zu beklagen.

Erst langsam werden sie sich des ganzen Ausmaßes ihres glänzenden Sieges bewusst, eines »der größten Siege, die die Geschichte kennt«, wie Hoffmann in seinem Tagebuch notiert. Der Kaiser stimmt dem Vorschlag zu, die Schlacht nach dem kleinen Ort Tannenberg zu benennen, der im eigentlichen Verlauf der Schlacht keine Rolle gespielt hat. Man will des Ortes gedenken, wo 1410 der Deutsche Ritterorden gegen eine polnisch-litauische Armee unterlag, und auf diese Weise »die Charte gründlich auswetzen«. Für Hindenburg und Ludendorff, den »Rettern Ostpreußens«, bringt der Sieg höchste Anerkennung und ungeahnten Ruhm. Beide gelten fortan als strategische Genies. Die Schlacht bei Tannenberg wird mit Hannibals Sieg bei Cannae verglichen und gilt als mustergültiges Beispiel für eine klassische Umfassungsschlacht, die freilich nur durch die horrenden strategischen Irrtümer der russischen Führung möglich geworden ist. Tannenberg bringt zwar die Wende an der Ostfront, hat aber keine politischen Auswirkungen. Der Krieg geht weiter.

Menschenfressender Moloch
(Verdun, Februar–September 1916)

Verdun, von den Vereinten Nationen 1987 zur »Welthauptstadt des Friedens« ernannt, wird mit Beginn der deutschen Offensive im Februar 1916 zum grauenvollsten Blutbad der Kriegsgeschichte, zur »Menschenmühle« und »Hackmaschine«, in deren unersättlichem Trichter auch die letzten Reserven verschwinden. Beigetragen haben dazu zahlreiche Irrtümer, sowohl auf deutscher als auch auf französischer Seite.

Schon der Offensivplan selbst ist ein einziger schrecklicher Irrtum. Generaloberst Erich von Falkenhayn, Chef des deutschen Generalstabs, schlägt ihn vor, nachdem 1915 die Fronten im Westen erstarrt sind. Dort liegen sich Millionen Menschen in einem weit verzweigten Wirrwarr von Schützengräben gegenüber. Alle Versuche, einen kriegsentscheidenden Durchbruch zu erzielen, sind gescheitert. Aber es muss etwas geschehen. Die Moral in der deutschen Heimat ist stark gesunken. Frauen und Kinder hungern, und der versprochene Siegfrieden ist nicht in Sicht. Falkenhayn kommt in einer »Verlegenheitslösung« auf die Idee, die französische Armee zu zermürben und auszubluten. Er ist der Erfinder der Todesmaschine, der »Blutpumpe«, die er Frankreich anlegen will. Zum Jahresende gibt er bekannt, dass die große Ausblutungsschlacht den Namen »Chi 45« tragen wird. Das heißt nach dem damaligen deutschen Chiffrierschlüssel »Gericht«. Nicht Geländegewinne sind das Ziel, sondern möglichst große Verluste des Gegners. Für dieses Ziel bietet sich eine Stelle an, die für Frankreich ein Symbol für Ehre, befestigten Widerstand und erfolgreiche Verteidigung ist: Verdun. Hier ist der stärkste Punkt des Feindes, und gerade dort soll der Angriff erfolgen.

Die Franzosen müssen erkennen, dass sie sich in der strategischen Beurteilung der Lage geirrt haben. Für sie ist die gewaltigste Festungsanlage ihres Landes nicht mehr als Etappe, ein großes Heerlager und Reserve- und Ruhequartier für die Truppen. Der Krieg findet anderswo statt, in Flandern und in den Argonnen. Der meterdick ausbetonierte Festungsgürtel im bewaldeten Norden von Verdun liegt weit hinter der Kampflinie. Die Geschütze sind zum Teil aus den Panzertürmen gezogen und wegtransportiert worden, um sie als Eisenbahnartillerie in den Vogesen oder an der Somme einzusetzen. Nicht weniger als 43 schwere Batterien mit 123 000 Schuss Munition sind mit den Bedienungsmannschaften der Feldarmee zur Verfügung gestellt worden. Kurz vor der Jahreswende hält im Norden Verduns nur eine einzige Division eine Linie von zehn Kilometern besetzt. Selbst als die Franzosen Mitte Januar 1916 bemerken, dass sich deutsche Truppen im Angriffsraum vor Verdun versammeln, glaubt General Herr noch, der Kommandant des befestigten Lagers von Verdun, es handele sich um einen Ablenkungsangriff. Der große Angriff wird woanders stattfinden. Die Deutschen werden doch nicht so verrückt sein, gerade hier vorzustoßen!

Aber sie sind so verrückt. Im Schutze der Nächte rücken Pionier-
und Infanteriebataillone nach vorne zum Schanzen. Schusssichere
Bunker und Unterstände werden gebaut. An mehreren Stellen hinter
der deutschen Front werden große Mengen von Truppen, Gerät-
schaften und Munition ausgeladen. In diesen Tagen rollen 1300 Mu-
nitionszüge heran, rund 2,5 Millionen Artilleriegeschosse werden
nach vorn gefahren zu den 1225 in Stellung gebrachten Geschützen.
»Ultima ratio regis« steht auf ihren Rohren, das letzte Wort des Kaisers. Im nur 15 Kilometer breiten Angriffsabschnitt stehen sechs
glänzend ausgerüstete und ausgeruhte deutsche Infanteriedivisionen
bereit, den Totentanz zu eröffnen. Sie sind voller Siegeszuversicht,
als Wilhelm II. die Parade der Angriffstruppen abnimmt. Kein Zweifel, in nur wenigen Tagen wird es eine zweite Kaiserparade geben, da
drüben auf dem Exerzierplatz der Festung Verdun! Auch ein Irrtum,
wie sich alsbald herausstellt. Kein kämpfender deutscher Soldat wird
die Stadt bis zum Ende des Krieges betreten.

Als die Franzosen durch Überläufer und Patrouillentätigkeit her-
ausfinden, was sich da vor ihrer Nase zusammenbraut, genehmigt
General Joffre, der Oberbefehlshaber, sofort Verstärkungen. Die vor
kurzem ausgeliehene Artillerie kehrt zurück und die Festungswerke
werden in fieberhafter Eile wieder voll bestückt und besetzt. Die
Deutschen geben sich auch gar keine Mühe, ihren sorgfältig vorbereiteten und bestens organisierten Aufmarsch zu verheimlichen. Sollen die Franzosen doch ruhig sehen, wie sich das deutsche Heer zu
einem ungeheuren Stoß ins Herz Frankreichs versammelt. Das entspricht durchaus dem Plan. Je mehr sich der Feind dagegen stemmt,
desto besser, umso größer wird seine Ausblutung sein.

Am 12. Februar soll der Angriff beginnen. Doch das Wetter
schlägt plötzlich um. Der Schnee schmilzt, der scharfen Kälte folgt
ein warmes Matschwetter. Die Landschaft um Verdun erstickt in
einer undurchdringlichen Decke von Dunst, Regen und orkanarti-
gen Stürmen. Ein Unwetter tobt, als wolle es die Menschen daran
hindern, ihren grausigen Plan gegenseitiger Vernichtung durchzuführen. Tagelang liegen die Soldaten in qualvoller Enge mit durch-

weichten Mänteln in den Gräben und Unterständen. Das Warten ist eine Qual. Immer wieder wird der Angriffstermin verschoben. Und schon breitet sich in der Truppe die Parole aus, das Ganze sei nur ein großer Bluff, um die Franzosen zu täuschen und in diesem Festungsgürtel festzuhalten. Der eigentliche Großangriff wird ganz woanders, an truppenschwacher Stelle stattfinden! Aber die schreckliche Wahrheit wird bald offenbar. In der Nacht zum 20. Februar hört der Regen plötzlich auf. Ostwind setzt ein, eine ideale Windrichtung für das Gasschießen.

Am Morgen des 21. Februar ergeht der Befehl »An die Geschütze!«. Um 8.12 Uhr folgt das Kommando »Schnellfeuer!«, und aus den Rohren jagen die Geschosse aller Kaliber hinüber auf die Wälder und Dörfer. Die Artillerie feuert ununterbrochen bis 17.00 Uhr nachmittags, eine gigantische Vorbereitung, wie sie die Welt bisher noch nicht gesehen hat. Der Angriff beginnt, die bis dahin größte Materialschlacht aller Zeiten. Die Hölle öffnet ihre Pforten und das große Sterben der Männer setzt ein. Sprungbereit stehen sie mit Sturmleitern und aufgepflanztem Seitengewehr in den Stellungen, Patronengurte um Hals und Schultern geschlungen und mit prallen Brotbeuteln und leeren, zusammengerollten Sandsäcken, die hinten ebenso am Koppel befestigt sind wie vorn die Handgranaten und Drahtscheren. Auf dem Kopf tragen die Soldaten noch den alten deutschen Lederhelm. Die »Christbaumspitze« haben sie abgesägt, denn sie verrät für die feindlichen Scharfschützen zu früh, wenn ein Kopf sich aus der Grabenbrüstung erhebt. 18 deutsche Infanterieregimenter stürzen sich um 17.00 Uhr in das französische Sperrfeuer, um den Gegner an der Gurgel zu packen.

Sie müssen nun büßen für einen Irrtum, dem die Generale unterlegen sind. Sie glauben, der intensive Artilleriebeschuss habe die französischen Stellungen vollständig zerstört. Das ist keineswegs der Fall. Die Gräben sind tiefgegliedert, bestens verdeckt und versteckt und so gut und beschusssicher ausgebaut, dass die deutschen Geschütze sie trotz ihrer ungeheuren Wucht kaum getroffen haben. Das Terrain ist vom Beschuss zwar verwüstet und mit Granattrichtern übersät und für die vorstürmenden Grenadiere kaum noch passierbar, die Wälder wurden regelrecht abgeholzt. Aber die französischen Stellungen sind im Wesentlichen unversehrt. Die Verteidiger müssen in blutigen Nahkämpfen niedergerungen werden. Die deutschen Sturmtruppen verdrängen die Franzosen aus ihren Gräben. Doch sie dürfen nicht weiter vorstoßen. Der allen Soldaten unverständliche Plan der Heeresleitung sieht nicht die Verfolgung des Feindes vor, sondern seine Ausblutung und Zermürbung. Die Franzosen sollen nun, angelockt durch diesen Anfangserfolg der Deutschen, alles in die Schlacht werfen, was sie haben. Nur so und nur dann können sie vollständig vernichtet werden.

In den nächsten Tagen verstärkt sich der französische Widerstand, sozusagen plangemäß. General Pétain wird zum verdienstvollen Verteidiger von Verdun. Er stellt sich der deutschen Herausforderung mit allen Mitteln entgegen und organisiert auf der einzigen nach Verdun führenden Straße, der »voie sacrée«, dem »heiligen Weg«, einen einzigartigen 24-stündigen, ununterbrochenen Transport von Nachschub und Soldaten. Endlose LKW-Kolonnen, von den Franzosen »Noria« (Pater Noster) genannt, ermöglichen eine permanente Ablösung der Soldaten im kurzen Rhythmus von 10 bis 14 Tagen. Durch den kürzeren Fronteinsatz leiden die Verbände weniger. Zudem kommen durch dieses Rotationsverfahren fast alle Divisionen zum Einsatz. Nahezu jeder französische Soldat wird zum Verdunkämpfer. Verdun wird zur Sache der gesamten Armee, zum symbolischen und geheiligten Ort des Kampfes aller Franzosen für die Befreiung ihres Landes.

Auf deutscher Seite wird nun noch ein weiterer Irrtum offenbar. Man hat es nämlich für ausreichend und erfolgversprechend gehalten, nicht beiderseits der Maas, sondern nur auf dem rechten Maasufer von Nordosten her nach Verdun vorzustoßen. Jetzt zeigt sich, dass von den Höhen westlich der Maas schwere französische Artillerie in die deutsche Flanke hineinschießen kann und schwere Verluste verursacht. Nach einigen Tagen korrigiert die Heeresleitung diesen schweren operativen Fehler. Deutsche Truppen gehen nun auch westlich der Maas vor und erobern die wichtige Höhe »Toter Mann«, die schon vor der Schlacht so heißt. Aber erst jetzt verdient sie diesen Namen wirklich, Tausende deutscher Soldaten lassen hier in erbitterten Kämpfen ihr Leben.

Auch für den linken deutschen Flügel ergeht am 25. Februar ein neuer Angriffsbefehl. Die 15. Division soll auf Fort Douaumont vorstoßen, den Koloss unter den Festungswerken von Verdun, und die 6. Division soll links daran vorbeigehen. Von einer Einnahme dieses gigantischen, unterhöhlten, gepanzerten Bergs steht nichts in dem Angriffsbefehl. Die Eroberung des Forts entspricht nicht der Ausblutungsstrategie, Douaumont soll und darf gar nicht fallen. Aber der deutsche Soldat kennt die großen Planungen am Kartentisch nicht. Er sieht die Kuppe der Festung vor sich, der er sofort den Namen »Sargdeckel« gibt. Bei dichtem Schneetreiben wird das Grabensystem der Franzosen überrannt. Welch eine günstige Gelegenheit für das Brandenburgische Infanterieregiment 24, nun auch die greifbar nahe Festung im Sturm zu erobern. Oberleutnant von Brandis, Leutnant Radtke und Hauptmann Haupt beschließen gleichzeitig und unabhängig voneinander, das Fort im Handstreich zu nehmen. Sie und ihre 100 Männer wissen nicht, dass es in diesem Augenblick so gut wie keine kampfbereite Besatzung hat. General Pétain bezeichnet später den Entschluss dieser Männer, den Panzerkoloss überhaupt und ohne Rücksicht auf die eigene Sicherheit anzugreifen, als heldenhaft. Sie stoßen in den Gängen und Kasematten zwar auf Franzosen, aber es sind nur 67 Mann, darunter 10 Artilleristen vom Panzerturm auf der Kuppe. Sie heben sofort die Hände, da sie sich einer großen Übermacht gegenüber wähnen, einer ganzen deutschen Division. So fällt die Riesenfeste in deutsche Hand, ohne dass dabei ein einziger Soldat getötet oder verwundet wird. Bei den deutschen Stäben im Hinterland weiß man noch nichts davon. Deshalb beschießt die deutsche Artillerie stundenlang weiterhin die Kuppe des Forts in der Annahme, dort sitzen noch die Franzosen. Fort Douaumont genommen? Ausgeschlossen, das kann nicht sein, denn das ist im ausdrücklichen Befehl der Heeresleitung gar nicht vorgesehen. Aber es ist tatsächlich so, man hat alles gewagt und alles gewonnen. Am nächsten Tag verbreiten die deutschen Zeitungen die unglaubliche Siegesmeldung. Nun muss auch Verdun fallen! Und damit ist der Krieg im Westen vielleicht sogar entschieden. »Ich zweifle keine Minute am Fall von Verdun«, schreibt am 2. März der Artillerieoffizier Franz Marc, der bekannte Maler, an die Heimat. Zwei Tage später tötet ihn ein Granatsplitter.

Am 8. März ergeht ein neuer Angriffsbefehl. Jetzt soll auch die benachbarte Festung Vaux erobert werden. Sie ist der Eckpfeiler der Verteidigung und hat die Aufgabe von Douaumont übernommen. Im Stillen hofft man auf einen ähnlichen Handstreich. Aber Fort Vaux ist gut verteidigt, Verstärkungen sind über die »voie sacrée« eingetroffen. Frankreichs Ehre verlangt die Verteidigung bis zum Äußersten, und der Kommandant, Major Raynal, ist entschlossen, Pétains Befehl zu befolgen. Die deutschen Sturmtruppen brechen mit Hurra über die ersten Drahthindernisse und nehmen das Dorf Vaux so schnell ein, dass die deutsche Artillerie glaubt, dort liegen noch Franzosen. Sie schießt auf die eigenen Soldaten und tötet viele, zwingt sie zum Rückzug. Der erste Angriff auf Fort Vaux ist fehlgeschlagen.

Am nächsten Tag, dem 9. März, wird er im Morgengrauen wiederholt. Diesmal läuft es besser, drei Regimenter nehmen Fort Vaux in die Zange und erreichen links und rechts vom Fort die Höhe. Aber wieder schießt die deutsche Artillerie zu kurz. Sie muss schnell benachrichtigt werden und das Feuer nach vorn verlegen, wenn der letzte Anlauf gelingen soll. Der Kommandant des 1. Bataillons des 6. Reserve-Infanterieregiments, Rittmeister von Scheele, schreibt aus diesen Erwägungen heraus folgende Meldung: »Habe mit drei Kompanien um 7 Uhr vormittags Fort Vaux erreicht … Trete Vormarsch mit einer Kompanie weiter an.« Er ahnt nicht, welchen verhängnisvollen Irrtum er mit dieser ungenau formulierten Meldung beim Generalkommando auslöst. Man deutet sie falsch, weil sie den Erwartungen und Wunschgedanken nur allzu sehr entgegenkommt. Wenn man einen Punkt erreicht und den Vormarsch darüber hinaus antritt, heißt das dann nicht auch, dass dieser Punkt im Besitz der Vormarschierenden ist? Also beglückwünscht man sich und schüttelt sich die Hände. Die Panzerfeste Vaux ist gefallen! Sie ist im Handstreich genommen und hat kapituliert, genau wie Douaumont. Es kann gar nicht anders sein. Zufällig befindet sich der Kronprinz beim zuständigen Divisionsstab, als die Meldung eintrifft. Er heftet dem Kommandeur den Orden »Pour le Mérite« an die Brust. Die Nachricht wird sofort nach Deutschland durchgegeben, und Extrablätter melden: »Panzerfeste Vaux im glänzenden Angriff genommen!« In der Heimat läuten alle Kirchenglocken, an den Gebäuden wehen die schwarzweißroten Fahnen, die Schulkinder bekommen frei und überall werden Siegesfeiern abgehalten. Die Kunde vom deutschen Sieg geht um die Welt.

Am Abend ist den Stäben klar, dass da eine schreckliche Sache passiert ist. In der Heimat feiert man einen Sieg, der gar keiner ist. Aber es ist unmöglich, die Falschmeldung einzugestehen. Eine solche Peinlichkeit muss der Generalität erspart bleiben. Der nächste Heeresbericht schweigt. Es gibt nur eine Lösung: die Meldung muss nachträglich wahr gemacht, Fort Vaux muss um jeden Preis erstürmt werden. Am kommenden Tag, am 10. März, muss die Feste fallen. Es geht um die Ehre, und darum, einen bedauerlichen Irrtum schleunigst aus der Welt zu schaffen. Und so kommt es zu einem einmaligen Ereignis in der Kriegsgeschichte: Tausende von Menschen werden in den Tod gejagt, damit eine Falschmeldung nachträglich wahr wird und der Heeresleitung erspart bleibt, eine leichtfertig ausgegebene Siegesnachricht zurückziehen zu müssen.

Doch der Angriff, bei dem auch Rittmeister von Scheele den Soldatentod findet, wird abgeschlagen. Die Geschichte lässt sich die Irrtümer ihrer Akteure nicht mit Blut abkaufen. Fort Vaux hält allen weiteren Angriffen stand. Es werden noch drei weitere Monate vergehen, bis die Festung kapitulieren muss, weil die Wasservorräte in der Zisterne erschöpft sind. Das Fassungsvermögen der Zisterne ist mit 1800 Litern angegeben worden, ein leichtfertiger Irrtum. Der Brunnen ist viel kleiner, und die Verteidiger sind dem Verdursten nahe. Am 9. April erlässt Pétain seinen berühmten Verdun-Befehl: »Courage, on les aura!« Mut, wir werden sie kriegen! Ein geflügeltes Wort für die Verteidiger von Verdun. Die täglichen Verluste aller französischen Einheiten vor Verdun betragen zwar 3000 Mann. Aber auf deutscher Seite sind die Verluste fast ebenso hoch, und der deutsche Angriff scheint tatsächlich zum Erliegen zu kommen. Die Parole, Verdun werde »wie ein Moloch die Kinder Frankreichs fressen«, erweist sich als trügerisch. Man hat gehofft, den Franzosen die dreifachen Verluste beibringen zu können. Nun halten sich die beiderseitigen Verluste nahezu die Waage, der grauenhafte Irrtum der Ausblutungstheorie wird Tag für Tag deutlicher. Die Verluste der Franzosen belaufen sich auf etwa 380 000 Soldaten, die der Deutschen auf etwa 340 000. Bezieht man die Kämpfe bis Kriegsende mit ein, hat die Schlacht von Verdun nach zuverlässigen Schätzungen insgesamt 420 000 Tote und 800 000 Verwundete gekostet. Allein im Beinhaus von Douaumont, einem nach dem Krieg errichteten Mahnmal, liegen die Reste von 130 000 nicht identifizierten Soldaten.

Der Wendepunkt der Schlacht kommt im Mai 1916. Die Alliierten beginnen eine große Offensive an der Somme, die die Deutschen vor Verdun im Rücken bedroht und zum Rückzug zwingt. Das unter so hohem Blutzoll eingenommene Gelände wird wieder preisgegeben, die eingenommenen Forts werden geräumt. Alles ist umsonst gewesen. Hunderttausende von Menschenleben sind ausgelöscht worden für einen fundamentalen Irrtum, eine Illusion. Noch nie haben tapfere Heere so lange, so verbissen und so verlustreich auf derart engem Raum gekämpft. Ganze Ortschaften wurden ausradiert. Sie erhalten nach dem Krieg den Status »villages sacrifiés«, heilige Orte. Noch heute findet man auf dem Schlachtfeld Ortsschilder wie »Ici fut Fleury«, hier war einmal Fleury. Am 29. August 1916 wird Falkenhayn als Generalstabschef abgelöst und durch Generalfeldmarschall Hindenburg ersetzt. Er befiehlt schon am 2. September, den Kampf vor Verdun einzustellen. Das »Kriegsecho« Nr. 117 vom 3. November 1916 spricht von einem Sieg bei Verdun, weil die Frühjahrsoffensive einen namhaften Geländegewinn eingebracht habe. »Was dabei unsere Truppen an frischem Draufgängertum, an zähem Festhalten des Errungenen, an freudigem Ertragen unerhörter Strapazen und Schrecknisse aller Art und an nie versagender Angriffsfreudigkeit geboten haben, steht auf der höchsten Höhe des Heldentums.« Ähnliche propagandistische Worte und fatale Versuche, einen Sieg herbeizureden, werden sich nur 27 Jahre später nach der Niederlage bei Stalingrad wiederholen. Es führt kein Weg daran vorbei, dass die Deutschen die Schlacht von Verdun verloren haben. Sie wird zum Sinnbild für den ganzen Ersten Weltkrieg. Vor Verdun verblutet die Elite deutscher Infanterie. Von diesem Aderlass hat sich das Feldheer nicht mehr erholt.

Die größte Seeschlacht der Geschichte
(Skagerrak, 31. Mai 1916)

Die Schlacht im Skagerrak, zumindest von der Anzahl der beteiligten 254 Kriegsschiffe her die größte Seeschlacht aller Zeiten, beginnt auf deutscher Seite schon vor Beginn der Gefechte mit einem Irrtum. Admiral Scheer, der Führer der deutschen Hochseeflotte, weiß nämlich nicht, dass die Briten seit August 1914 im Besitz des geheimen Funkschlüssels des Admiralstabes sind. Bei der Beschießung und anschließenden Kaperung des kleinen Kreuzers »Magdeburg« ist er in alliierte Hände gefallen. Keiner der verantwortlichen Offiziere hat den Mut gefunden, ihren Vorgesetzten dieses Dienstvergehen zu offenbaren. So benutzt Scheer am 30. Mai 1916 ahnungslos diesen Schlüssel, als er mit seinen Schiffen auf dem Weg in den Skagerrak ist, der See zwischen Dänemark und der Südspitze Norwegens. Die britische Admiralität entschlüsselt seinen Funkspruch, und der Flottenchef, Admiral Jellicoe, befiehlt noch am selben Abend das Auslaufen aller drei Linienschiffgeschwader. Sie fahren mit Volldampf Richtung Osten, um am nächsten Morgen den Gegner im Skagerrak zu stellen. Scheer hat auf seinem Schlachtschiff »Friedrich der

Große« keine Ahnung davon, dass die ganze Grand Fleet im Anmarsch ist.

Etwa 50 Seemeilen vor dem Gros der deutschen Hochseeflotte
dampft das Geschwader Admiral Hippers um 14 Uhr des 31. Mai
1916 etwa auf der gleichen Höhe wie der Schlachtkreuzerverband des
Admirals Beatty. Seine Schiffe sind im Firth of Forth ausgelaufen und
auf dem südlichsten Kurs der drei Geschwader am schnellsten im
Zielgebiet. Die gegnerischen Formationen laufen mit hoher Geschwindigkeit aufeinander zu und versuchen, beiderseits in die güns-
tigste Schussposition zu kommen. Beatty will die deutschen Schiffe
achtern umfassen. Er weiß ja, dass die beiden anderen Geschwader in
nächster Nähe sind und ihm zu Hilfe kommen werden. Hipper geht
sofort auf Gegenkurs, weil er die Absicht des Feindes erkennt, und
fährt Richtung Südostost, parallel zu den Briten und der Hauptstreitmacht Scheers entgegen. Die Schiffe halten schräg aufeinander zu.

Aus einer Entfernung von 18 Kilometern eröffnet die deutsche
Linie kurz nach 15.45 Uhr das Feuer. Die erste Salve liegt voll deckend auf der »Lion«, dem Flaggschiff Beattys. Es steht nach kurzer
Zeit in Flammen und muss ausscheren und die Linie verlassen. Die
Briten feuern zurück und beschädigen die »Seydlitz« und die »Lützow«, das Flaggschiff Hippers. Auch die »Derfflinger« und »Von der
Tann« erhalten Treffer. Aber sie lassen sich nicht mit dem verglichen, was Beatty selbst einstecken muss. Die Deutschen schießen aus
ihrer günstigen Leeposition heraus bei besseren Sicht- und Lichtver-
hältnissen wesentlich genauer. Auch die »Tiger« wird schwer getroffen. Und dann detonieren Granaten der »Lützow« und »Von der
Tann« auf der am Schluss fahrenden »Indefatigable«. Die Muni-
tionskammer wird getroffen. Die britischen Schlachtkreuzer sind
ungenügend geschützt gegen Brände, die von den Geschütztürmen
auf die Munitionsdepots übergreifen. In einer ungeheuren Explosion
sinkt die »Indefatigable« so schnell, dass ein deutsches Torpedoboot
von den 1017 Mann Besatzung nur drei Matrosen retten kann.

Inzwischen sind die langsameren vier Dreadnoughts von Konteradmiral Evan-Thomas heran, die gewaltigsten Schlachtschiffe, die es

zu dieser Zeit auf den Meeren gibt. Die britische Führung ist sich sicher, dass ihre 38-cm-Artillerie die deutschen Schiffe in Grund und Boden schießen wird. Die Überraschung ist groß, als das nicht gelingt. Die Geschosse prallen zumeist von der hervorragenden deutschen Panzerung ab, die Schäden auf der »Moltke« und der »Von der Tann« sind nicht so bedeutend, dass sie sinken. Dagegen zeigt eine 300 Meter hohe Rauchfahne an, dass ein weiterer britischer Schlachtkreuzer tödlich getroffen ist. Die »Queen Mary« geht mit ihrem Kapitän und 1266 Mann Besatzung unter. Gleich in der ersten halben Stunde der Schlacht haben die Deutschen zwei britische Schlachtkreuzer versenkt und weitere schwer beschädigt. Aber Beatty besitzt gegenüber Hipper noch immer eine große Übermacht. Allerdings glaubt er, dass das alle deutschen Schiffe sind, mit denen er es zu tun hat. Von der herannahenden Hauptstreitmacht Scheers weiß er ebenso wenig wie Scheer von Jellicoes Geschwader, das mit 24 Dreadnoughts schon dicht vor ihm ist.

Als Beatty die Schiffe Scheers sichtet, dreht er nach Norden ab. Die gesamte Grand Fleet entwickelt sich zu einem Riesenbogen vor dem Skagerrak, um ihn zu sperren. Die See ist unruhig. Noch ist es hell, aber die Sicht ist wegen der ständigen Dunstschleier schlecht. Scheer glaubt zu dieser Stunde, dass sich die lang gehegte Hoffnung endlich erfüllt, einen Teil der Grand Fleet noch vor Einbruch der Dunkelheit stellen zu können und in einem schnellen Gefecht zu besiegen. Nun ist er es, der in der Übermacht ist, und seine Zuversicht, Beattys Geschwader entscheidend schlagen zu können, ist groß. Umso überraschter ist er, als er plötzlich der gesamten britischen Flotte gegenübersteht. Scheer sitzt böse in der Falle, die zweite Phase der Skagerrakschlacht beginnt.

Der Leichte Kreuzer »Wiesbaden« wird zu einem Wrack geschossen und treibt hilflos zwischen den Linien. Mit ihm geht in der Nacht auch der deutsche Dichter Gorch Fock unter. Gegen 18.30 Uhr überschütten die 300 schweren Geschütze der britischen Großkampfschiffe die vorderen Einheiten der deutschen Gefechtslinie mit einem ungeheuren Geschosshagel. Jetzt haben die Briten die bessere Sicht.

Sie können die deutschen Kriegsschiffe ausreichend scharf am Abendhimmel erkennen. Jellicoe entschließt sich zu einem klassischen Manöver, dem »Crossing the T«. Er will die Spitze des deutschen Verbands umfassen, den Strich über das »T«, die »Spitze«, ziehen und von drei Seiten zugleich auf die deutsche Formation feuern. Die an Schiffen, Feuerkraft und Geschwindigkeit weit unterlegenen Deutschen können ihm nun nicht mehr entkommen, ihre Lage ist aussichtslos. Aber sie täuschen sich. In verzweifelter Lage gibt Admiral Scheer den Befehl zu einem Manöver, das die britische Admiralität für unmöglich hält. Mitten im Gefecht machen die deutschen Schiffe auf der ganzen Linie plötzlich eine Kehrtwendung um 180 Grad, eine Übung, die die deutsche Marine unzählige Male geübt, aber noch nie in einer Schlacht angewandt hat. Zur Verblüffung der Engländer gelingt sie. Die deutschen Torpedoboote erhalten das Signal zum Angriff, und unter den riesigen Wasserfontänen heranheulender Granaten, den Einschlägen und Bränden auf den Schiffen, geht die ganze Flotte in einer kühnen Kehrtwendung vor dem Feind auf Distanz. Nach einer Viertelstunde ist sie außerhalb der Reichweite der britischen Geschütze.

Die Briten können es kaum fassen, dass die deutsche Flotte durch dieses waghalsige Manöver ihrer sicheren Vernichtung entgangen ist. Jellicoe geht auf Südwestkurs, um der Hochseeflotte den Rückweg abzuschneiden. Er glaubt, sie flieht zurück in die Heimat. Doch er irrt erneut. Scheer macht ein zweites Mal kehrt und greift die britische Übermacht an. Dieses erneute Manöver verstößt gegen alle Regeln der Kriegskunst. Die Schlachtkreuzer in der vorderen Linie setzen die Flagge »R«, das »Signal zur Todesfahrt«. »R« bedeutet »Ran an den Feind! Rammen!« Zur gleichen Zeit greifen die Torpedoboote todesmutig noch einmal an, direkt auf das Zentrum der Grand Fleet zu. Jellicoe wird völlig überrumpelt. Als er eine irreführende Meldung über auf ihn zuhaltende deutsche U-Boote abfängt, die gar nicht den Tatsachen entspricht, erteilt er in der hereinbrechenden Nacht den Befehl zum Abdrehen. Ein Nachtgefecht hält er für nicht zweckmäßig und wenig erfolgversprechend. Er geht auf Südkurs, um am nächsten Morgen die Schlacht wieder aufzunehmen.

Admiral Scheer hält auf die Westküste von Jütland zu. Darin sieht er die einzige Chance, den Briten durch die schmale, minenfreie Passage westlich von Horns Riff zu entkommen. Die Verbände wissen nicht, wie nah sie einander noch sind. Gegen Mitternacht kreuzen die britischen Schiffe den deutschen Kurs. Ihre Nachhut eröffnet das Feuer auf die deutschen Einheiten. Kreuzer und Zerstörer liefern sich wilde Einzelgefechte in der Finsternis, die nur durch Schweinwerfer und das Aufblitzen der Geschütze etwas erhellt wird. Kurz vor Eintritt der Dämmerung sinkt der Panzerkreuzer »Black Prince«, fünf britische Zerstörer gehen mit ihm unter. Die Deutschen verlieren drei kleine Zerstörer sowie ihr altes Linienschiff »Pommern« mit 844 Mann Besatzung. Jellicoe hält das ferne Wetterleuchten der Nachtgefechte achteraus für belanglose Gefechte einzelner zurückgebliebener Schiffe und ändert seinen Kurs nicht. Erst gegen 2.30 Uhr schwenkt er mit seiner Armada Richtung Nordwesten herum. Doch da ist die deutsche Flotte auf seiner Backbordseite bereits vorbeigezogen. Als es hell wird, sind alle deutschen Schiffe verschwunden. Sie sind auf Kurs Jadebusen und Wilhelmshaven.

Die Briten haben in der Schlacht, in der sie im Stärkeverhältnis von 8 : 5 überlegen waren, doppelt so viel Schiffe und zweieinhalbmal so viel Menschen verloren. 115 000 Tonnen Schiffraum gegenüber 61 000 bei den Deutschen, und 6100 Tote gegenüber 2550 deutschen Gefallenen. Die britischen Besatzungsverluste sind deshalb so hoch, weil die »Indefatigable«, »Invincible« und »Queen Mary« jeweils durch eine einzige Salve vernichtet worden und sehr schnell gesunken sind. Scheers Verluste sind erstaunlich gering, er hat nur den Schlachtkreuzer »Lützow«, das Linienschiff »Pommern«, die Leichten Kreuzer »Wiesbaden«, »Elbing«, »Frauenlob« und »Rostock« sowie fünf Torpedoboote eingebüßt. Und man hat, ein weiteres Zeichen des Triumphs, 177 Gefangene gemacht, während die Grand Fleet nicht einen einzigen deutschen Seemann gerettet hat.

Ein Großkampfschiff, drei Schlachtkreuzer, vier Panzerkreuzer, zwei kleine Kreuzer und 13 Zerstörer, das ist ein Aderlass, wie ihn die britische Flotte in ihrer Geschichte jahrhundertelang nicht erlebt hat. Dieser Misserfolg, noch dazu gegen einen unerfahrenen, traditionslosen, völlig unerprobten und zahlenmäßig und in der Feuerkraft doppelt unterlegenen Gegner im klassischen Artilleriekampf erlitten, kommt in der britischen Öffentlichkeit und der Royal Navy einem Erdbeben gleich. Der traumatische Schock sitzt tief, so tief wie niemals zuvor in der langen Geschichte der britischen Marine. Zwei Jahre hat die Grand Fleet darauf gewartet, der deutschen Hochseeflotte in einer Schlacht zu begegnen, von der ganz England einen der Schlacht bei Trafalgar vergleichbaren Triumph erwartet hat. Und nun dieser eklatante Misserfolg, diese tiefe Enttäuschung. Insbesondere der Verlust der Schlachtkreuzer wird als so schwerwiegend empfunden, dass die britische Regierung sich in der Hoffnung an das verbündete Japan wendet, die ganze Kongo-Klasse der japanischen Marine kaufen zu können. Das »Trauma von Jütland« führt zu ernsten Auseinandersetzungen in der britischen Öffentlichkeit und der Royal Navy selbst, die sich im Gegensatz zu den meisten britischen Marinehistorikern auch heute noch schwer tut, der mutigen und tapferen jungen deutschen Marine den Sieg zuzugestehen. Bis heute ist die Skagerrakschlacht mit ihren Irrtümern und Fehlentscheidungen ein Reizwort für die britische Flotte geblieben.

Die dunkelste Stunde
(Frankreich, April 1917)

Die Schlacht an der Somme hat einen riesigen Totenacker hinterlassen. Die erhofften Durchbrüche und Erfolge sind für die Alliierten ausgeblieben, die Fronten erstarren im Stellungskrieg. Die Bevölkerung Frankreichs ist ebenso kriegsmüde wie seine Armee. Die verantwortlichen Führer wissen das. Sie wissen auch, dass schnell eine

Wende herbeigeführt werden muss, wenn ein gefährlicher Umschwung im eigenen Lande vermieden werden soll. Man hofft auf General Nivelle, den Sieger von Verdun. Er soll als neuer Oberbefehlshaber und Nachfolger von Joffre das Steuer herumreißen. Nivelle zieht auf einer Frontbreite von nur 40 Kilometern noch einmal 1,2 Millionen Mann an der Somme zusammen, um mit vier Armeen und 5000 Geschützen einen erneuten Durchbruch bis nach Laon und bis zur Maas zu erzwingen und die deutsche Front mit einem gewaltigen Hammerschlag endgültig zu zertrümmern. Die Deutschen merken, was sich da zusammenbraut, und ziehen sich auf die gut vorbereitete Hindenburglinie und die stark befestigte Siegfriedstellung zurück.

In den Abendstunden des 5. April 1917 unterschreibt Nivelle den Angriffsbefehl. Zehn Tage lang verschießt die französische Artillerie fast zwei Millionen Granaten auf die deutschen Stellungen. Als am 16. April der Sturm beginnt, ist Nivelle von einem erfolgreichen Durchbruch überzeugt. Aber seine Armeen erleben eine böse Überraschung. Die Deutschen antworten mit einer ganz neuen Taktik. Ihre Truppen sind schachbrettartig in die Tiefe gestaffelt. An den Brennpunkten tauchen sofort bereitstehende »Eingreifdivisionen« auf, die kleine Durchbrüche sofort abriegeln und zurückwerfen. Statt des erhofften Durchbruchs am Chemin des Dames entsteht ein entsetzliches Blutbad. In nur fünf Tagen sterben 135 000 französische Soldaten. Senegalneger stürmen, das Messer zwischen den Zähnen, in immer neuen Wellen auf die deutschen Stellungen zu und werden von bayrischen Regimentern zurückgeschlagen.

Das Chaos dicht hinter der Front wird immer größer. Zur Sicherheit sind 15 000 Lazarettbetten bereitgestellt worden. Aber schon nach wenigen Tagen steigt die Zahl der Verwundeten auf über 100 000 an. Die meisten liegen in den Straßen der Städte und Dörfer unversorgt im Regen, viele sterben an Wundfieber. Alle Bahnstrecken sind verstopft. Die Lazarettzüge brauchen für die 100 Kilometer bis Paris 40 Stunden, und wenn sie endlich eintreffen, werden mehr Tote als Lebendige entladen. Im Nordbahnhof von Paris erschallen die Rufe zum ersten Mal: »Nieder mit dem Blutsäufer Ni- velle! Nieder mit dem Krieg!« Sie verbreiten sich einmütig bald in ganz Frankreich. Um eine offene Meuterei zu verhindern, bleibt der Regierung nichts anderes übrig, als Nivelle sofort zu entlassen. Er wird nach Afrika geschickt, und Pétain wird sein Nachfolger.

Am 3. Mai soll ein neuer Angriff gegen die deutschen Stellungen geführt werden. Doch die Soldaten bleiben in ihren Quartieren und singen die Internationale. »Wir marschieren nicht mehr! Nieder mit dem Krieg! Tod den Verantwortlichen!« Bei vielen Regimentern werden unter freiem Himmel Massenkundgebungen abgehalten. Flugblätter werden verteilt mit dem Aufruf zum Militärstreik. »Wir wollen nicht mehr im Stacheldraht verrecken! Nach Paris! Legt die Offiziere in Ketten! Wählt Soldatenräte! Nieder mit dem Krieg!« Überall in der Armee kommt es zu offenen Meutereien.

Die Nivelle-Offensive ist ganz offensichtlich gescheitert, und nun wollen die Soldaten nicht mehr weiterkämpfen. Wie lange soll dieser entsetzliche Krieg denn noch dauern? An der Ostfront ist nach dem Sturz des Zaren ein Waffenstillstand eingetreten und Russland wird infolge der Auswirkungen der Revolution aus dem Krieg ausschei- den. Nun werden die frei gewordenen deutschen Divisionen eben- falls nach Frankreich kommen und hier zum ersten Mal den briti- schen und französischen Streitkräften zahlenmäßig überlegen sein. Seit dem 2. April 1917 sind zwar auch die Vereinigten Staaten im Krieg. Aber sie sind darauf gar nicht vorbereitet, und es wird lange dauern, bis die ersten amerikanischen Verstärkungen eintreffen. Nein, die französischen Soldaten wollen nicht länger mitmachen und für eine unabsehbare Zeit weiterhin die Hauptlast des Krieges tragen. Sie wollen, dass endlich Schluss gemacht wird mit diesem sinnlosen Krieg.

Das französische Kabinett erkennt, wie ungeheuer ernst die Lage ist. In einer Geheimsitzung berät es, wie die gefährliche Krise ge- meistert werden kann. Der Aufruhr hat bereits auf 45 Divisionen übergegriffen, auch Eliteregimenter sind davon nicht ausgenommen. Das Hinterland ist gleichfalls im Aufstand, eine Million Arbeiter streiken bereits. In Paris will eine aufgebrachte Menschenmenge eine Kaserne stürmen. Kolonialsoldaten mähen sie mit Maschinengewehren nieder. Herangezogene Artillerie geht bereits in Stellung. Der Ausbruch einer Revolution scheint unmittelbar bevorzustehen. Wenn die Deutschen jetzt, in der dunkelsten Stunde Frankreichs, angreifen würden, wäre das Ende wohl besiegelt. Ministerpräsident Poincaré will wissen, wie viele zuverlässige Divisionen noch zwischen Paris und der Front stehen. »Höchstens zwei!«, erhält er zur Antwort. Das bedeutet, die Deutschen könnten mit allen Reserven bis Paris vorstoßen und ganz Frankreich erobern.

Warum haben die Deutschen diese einmalige Chance nicht genutzt? An der Spitze ihrer Armee steht jetzt Hindenburg, zusammen mit dem Generalquartiermeister Ludendorff. Die Oberste Heeresleitung ist der Meinung, dass Moral und Kampfkraft der Franzosen keineswegs gebrochen sind. Zwar gehen einige spärliche Meldungen von Agenten und Gefangenen ein, die von Auflösungserscheinungen in der französischen Armee berichten. Aber man misstraut ihnen und glaubt sie nicht. Das Hauptquartier kann sich nicht entschließen, gerade jetzt einen schnellen offensiven Vorstoß auf Paris zu wagen, wo große Teile der französischen Armee bereit sind, die Waffen niederzulegen und den Deutschen den Einmarsch in ihr Land zu gestatten. Würde das britische Expeditionskorps, das erst vor einigen Wochen bei Arras 185 000 Mann verloren hat, dann allein in Frankreich weiterkämpfen oder sich nach England zurückziehen, so wie es General French schon im September 1914 an der Marne tun wollte? Die große Chance der Deutschen, den Krieg in Frankreich zu gewinnen, wird vertan, weil sie den Gegner viel stärker einschätzen, als er es zu diesem Zeitpunkt tatsächlich ist.

Pétain greift hart durch. Er prangert die vaterlandslosen Gesellen an, die versuchen, einen Dolch in den Rücken der glorreichen Armee zu stoßen. Kriegsgerichte machen Jagd auf Anarchisten, Kommunisten, Pazifisten und Sozialisten und vollstrecken Tausende von Todesurteilen. Auch revoltierende Helden mit den höchsten Tapferkeitsauszeichnungen werden hingerichtet. Die

Friedenssehnsucht der Soldaten erstickt im Blut der Standgerichte. Das Volk ist aufgebracht. Die Gewerkschaften drohen mit einem Generalstreik, worauf einige Urteile aufgehoben werden. Doch die drakonischen Maßnahmen haben Erfolg. Einen Monat nach Ausbruch der Meuterei ist sie niedergeworfen. Die Regimenter gehen wieder, noch weitere blutige anderthalb Jahre lang, todesmutig nach vorn.

Irrtümer in der Zeit
von 1939–1945

Irrtum im »Fall Weiß«
(Berlin, 31. August–3. September 1939)

Der Zweite Weltkrieg beginnt mit einem verhängnisvollen Irrtum Hitlers. Seine politische Fehleinschätzung wird offenbar, als am 1. September 1939 der »Fall Weiß« in Kraft tritt, der Angriff auf Polen.

Einige Tage zuvor finden intensive Friedensbemühungen statt. Die Engländer schlagen vor, Polen solle direkt mit Deutschland verhandeln. Daraufhin bereitet die deutsche Reichsregierung für die Verhandlungen eine Liste mit Forderungen vor. Darin wird die Rückgabe Danzigs verlangt. Gleichzeitig wird aber versucht, durch einen Katalog von Volksabstimmungen, Wiedergutmachungsangeboten, internationalen Kontrollen, garantierten Minderheitsrechten und Demobilmachungsvorschlägen die Weltmeinung für sich zu gewinnen. Generalstabschef Halder schreibt am 29. August in sein Tagebuch: »Führer hat Hoffnung, dass er Spalt treibt zwischen England, Franzosen und Polen.«

Hitler gibt den Sechzehn-Punkte-Vorschlägen eine ultimative Forderung, indem er das Erscheinen eines mit allen Vollmachten ausgestatteten polnischen Unterhändlers binnen 24 Stunden verlangt. Er will die Polen zur Kapitulation oder, wie 1938 die Tschechoslowakei, in die Rolle des Störenfrieds drängen. Am Morgen des 31. August wird Henderson, der britische Botschafter in Berlin, informiert, dass Hitler den Angriffsbefehl erteilen werde, wenn die polnische Regierung nicht bis zwölf Uhr der Entsendung eines Unterhändlers zugestimmt habe. Aber der polnische Botschafter Lipski hält sich an die Weisung aus Warschau, dieser Aufforderung nicht nachzukommen. Vergeblich versucht Henderson, ihn umzustimmen. »Auch ein von seinen Alliierten preisgegebenes Polen ist bereit, zu kämpfen und allein zu sterben«, ist seine Antwort. Eine andere Möglichkeit als der Tod kommt ihm nicht in den Sinn. Um 12.40 Uhr unterschreibt Hitler die »Weisung Nr. 1 für die Kriegführung«, den »Fall Weiß«.

Am Nachmittag sucht Lipski tatsächlich den deutschen Außenminister Ribbentrop auf und übergibt ihm eine Note, in der es lediglich heißt, dass die Regierung die englischen Vorschläge zu direkten Gesprächen wohlwollend in Erwägung ziehen werde. Als er Ribbentrops Frage, ob er zu Verhandlungen befugt sei, verneint, ist die diplomatische Unterredung, eine der kürzesten, die je stattgefunden hat, nach wenigen Minuten beendet. Um 21.00 Uhr übertragen alle deutschen Sender die Liste der deutschen Vorschläge an Polen, die ihm selbst nie unterbreitet worden ist. Gegen 22.30 Uhr unterbricht der deutsche Rundfunk sein Programm und bringt erste Meldungen von ernsten Grenzzwischenfällen, darunter ein bewaffneter »polnischer« Überfall auf den Rundfunksender Gleiwitz in Schlesien. Zwei Millionen Deutsche stehen unter Waffen, der endgültige Vormarsch zur polnischen Grenze hat begonnen.

Hitler glaubt zu diesem Zeitpunkt noch immer, den Krieg mit Frankreich und England vermeiden zu können. Vielleicht würden beide Länder nur mit dem Säbel rasseln, bis Polen niedergeworfen ist. Am 1. September fährt er um 10.00 Uhr in feldgrauer Uniform über die fast menschenleeren Straßen Berlins hinüber zur Kroll-Oper, um eine Rede vor dem Reichstag zu halten. Sie ist wohl einstudiert und von eigentümlich blassem Ernst, aber nur kurz, und wird von lautem Beifall der Zuhörer begleitet, unter denen Partei- und Wehrmachtsuniformen vorherrschen. Er beteuert seine Friedensliebe und »endlose Langmut« und versucht, noch einmal im Westen Hoffnungen zu wecken. Seine Feinde hätten sich in ihm getäuscht, erklärt er, sie hätten seine Friedensliebe mit Feigheit verwechselt. Dann häuft er Anklagen über Anklagen auf die polnische Regierung. »Polen hat nun«, sagt er, »heute Nacht zum ersten Mal auf unserem eigenen Territorium auch durch reguläre Soldaten geschossen. Seit 5.45 Uhr wird jetzt zurückgeschossen! Und von jetzt ab wird Bombe mit Bombe vergolten! … Ich habe damit wieder jenen Rock angezogen, der mir selbst der heiligste und teuerste war. Ich werde ihn nur ausziehen nach dem Sieg oder ich werde dieses Ende nicht mehr erleben.« Besonderen Beifall erhält er von den Reichstagsabgeordneten, als er verkündet, er werde den Krieg ritterlich führen. »Ich will dabei die notwendigen Handlungen so vornehmen, dass sie weder gegen Frauen und Kinder gerichtet sind noch diese treffen.« Ein Versprechen, das er nicht hält. Bei den Luftangriffen auf polnische Städte, insbesondere Warschau, werden auch Zivilpersonen getötet.

Obwohl Hitler verkündet hat, er sei »der erste Soldat des Deutschen Reiches«, fährt er nicht sofort ins Führerhauptquartier in Bad Polzin, 100 Kilometer ostwärts Stettins gelegen, sondern bleibt bis zum Abend des 3. September noch in Berlin. Er vertraut seinem Instinkt, seiner Intuition, die ihm sagt, die Zeit für diplomatische Maßnahmen ist noch nicht vorüber. Er hofft, den Konflikt doch noch auf Polen beschränken zu können. Bestärkt wird er darin durch die Tatsache, dass die Westmächte auf den Angriff nicht, wie es eigentlich ihrer Bündnisverpflichtung entsprochen hätte, mit einer sofortigen Kriegserklärung geantwortet haben. In der Tat sind sich England und Frankreich nicht einig. In zähen Verhandlungen versuchen sie, sich auf ein gemeinsames Vorgehen festzulegen. Insbesondere Frankreich tut sich schwer mit dem Entschluss zum Krieg. Und auch in England findet die im Frühjahr 1939 gegebene Garantie für Polen keine große Sympathie. Es gibt keine traditionelle Freundschaft zwischen beiden Ländern.

Aus London trifft die Nachricht ein, dass der britische Außenminister Lord Halifax den deutschen Geschäftsträger zu sich bestellt und ihm erklärt hat, Deutschland habe »eine sehr ernste Situation geschaffen«. Das klingt keineswegs nach einer Kriegserklärung. Sollte Hitler tatsächlich Recht behalten? Kurz vor 21.00 Uhr händigt Henderson dem deutschen Außenminister zwar eine Note aus, mit der erklärt wird, dass England zu Polen stehe, wenn die deutschen Truppen nicht abgezogen würden. Aber auch das ist nur eine Warnung, kein Ultimatum.

Am Morgen des 2. September schlägt Mussolini großsprecherisch eine unverzügliche internationale Friedenskonferenz zwischen Deutschland, Polen, England, Frankreich und Italien vor sowie eine sofortige Feuereinstellung. Die deutschen Truppen in Polen sollen an Ort und Stelle verbleiben. Die endgültige Lösung, versucht er den Deutschen einzureden, müsse zugunsten Deutschlands ausfallen. Frankreich sei damit bereits einverstanden. »Deutschland hat schon Pfänder in seiner Hand«, gibt er Hitler zu verstehen, »die den größten Teil seiner Forderungen sichern.« Wenn er den Konferenzvorschlag annehme, könne er alle seine Ziele erreichen und gleichzeitig den Krieg vermeiden. Hitler scheint tatsächlich für einige Stunden mit einer solchen Möglichkeit gerechnet zu haben. Denn er treibt seine Wehrmachtsführung kurz darauf ungeduldig an, dafür zu sorgen, dass in den nächsten Tagen so viel polnisches Territorium wie möglich erobert wird, insbesondere den gesamten polnischen Korridor.

Aber am Nachmittag wird klar, dass England darauf nicht eingehen wird. Der britische Premierminister Chamberlain hält vor dem lärmenden Unterhaus eine Rede, in der er als Vorbedingung darauf besteht, dass sämtliche deutschen Truppen aus Polen zurückgezogen werden müssen. England hat sich entschlossen, auf ein gemeinsames Vorgehen mit Frankreich zu verzichten. Am Morgen des 3. September 1939, einem Sonntag, bittet Hitler seinen Außenminister, die nächsten Stunden bei ihm in der Reichskanzlei zu verbringen. Er befürchtet, der überempfindliche Ribbentrop könne sich sein persönliches Versagen, seine missglückten Versuche, England herauszuhalten, so sehr zu Herzen nehmen, dass er sich etwas antut. Um neun Uhr überreicht Henderson ein auf elf Uhr befristetes Ultimatum, das vom Chefdolmetscher Dr. Paul Schmidt in Hitlers Arbeitszimmer gebracht wird. Hitler sitzt an seinem Schreibtisch, während Ribbentrop etwas rechts von ihm am Fenster steht. Dr. Paul Schmidt hat die Szene als einziger Augenzeuge wie folgt geschildert:

»Beide blickten gespannt auf, als sie mich sahen. Ich blieb in einiger Entfernung von Hitlers Tisch stehen und übersetzte ihm dann langsam das Ultimatum der britischen Regierung. Als ich geendet hatte, herrschte völlige Stille ... Wie versteinert saß Hitler da und blickte vor sich hin. Er war nicht fassungslos, wie es später behauptet wurde, er tobte auch nicht, wie es wieder andere wissen wollten. Er saß völlig still und regungslos an seinem Platz. Nach einer Weile, die mir wie eine Ewigkeit vorkam, wandte er sich Ribbentrop zu, der wie erstarrt am Fenster stehen geblieben war. ›Was nun?‹, fragte Hitler seinen Außenminister mit einem wütenden Blick in den Augen, als wolle er zum Ausdruck bringen, dass ihn Ribbentrop über die Reaktion der Engländer falsch informiert habe. Ribbentrop erwiderte mit leiser Stimme: ›Ich nehme an, dass die Franzosen uns in der nächsten Stunde ein gleichlautendes Ultimatum überreichen werden.‹«

Als der Chefdolmetscher das Arbeitszimmer verlässt, sagt der im Vorraum wartende Göring zu ihm: »Wenn wir diesen Krieg verlieren, dann möge uns der Himmel gnädig sein!« Goebbels steht niedergeschlagen und in sich gekehrt in einer Ecke. Überall betretene Gesichter. Kurz darauf, nachdem Großbritannien sich schon im Krieg mit Deutschland befindet, übergibt auch der französische Botschafter Coulondre ein auf 17.00 Uhr befristetes Ultimatum gleichen Inhalts.

Die deutsche Führung hat sich verkalkuliert und die englische Psyche gründlich verkannt. Hitlers fortwährende Fehleinschätzung erinnert an Antonios Satz in Goethes »Torquato Tasso«: »Durch Heftigkeit ersetzt der Irrende, was ihm an Wahrheit und an Kräften fehlt.« Jetzt wird sich Hitler seines verhängnisvollen Irrtums bewusst. Ihn überkommen pessimistische Anwandlungen und plötzliche Angstzustände. Er vergleicht sich mit Martin Luther, der so wenig gegen Rom habe kämpfen wollen, wie er gegen England. Aber noch immer hofft er auf einen »Scheinkrieg«. Um 13.50 Uhr lässt er dem Heer den Befehl übermitteln, die Feindseligkeiten im Westen nicht von deutscher Seite zu eröffnen. Göring will sofort nach London fliegen, seine Junkers-Maschine steht auf dem Berliner Flugplatz Staaken schon bereit. Hitler untersagt ihm jedoch dieses Vorhaben. Am Nachmittag diktiert er in rascher Folge die Proklamationen an das deutsche Volk, an die NS-Partei und die Wehrmacht im Osten und Westen. Darin brandmarkt er England als ewigen Kriegshetzer und Kriegstreiber.

Am Abend verlässt Hitler die Reichskanzlei. Als die Wagenkolonne mit abgeblendeten Scheinwerfern kurz vor 21.00 Uhr durch die dunklen Straßen Berlins zum nahezu menschenleeren Anhalter Bahnhof fährt, stehen anders als im August 1914 beim Auszug der kaiserlichen, blumengeschmückten und von Musikkapellen begleiteten Truppen keine jubelnden Menschenmengen am Straßenrand. Hitlers Abreise zur polnischen Front vollzieht sich still und lautlos. Blass und nachdenklich sitzt er in feldgrauer Uniform in seinem Führersonderzug, der während des Polenfeldzugs nun als rollendes Führerhauptquartier dient. Zu Rudolf Heß, seinem Stellvertreter, sagt er: »Mein ganzes Werk zerfällt nun. Mein Buch ist für nichts geschrieben worden.«

Der »Sichelschnitt« (Nordfrankreich, 10.–18. Mai 1940)

Im Herbst und Winter 1939 liegt den Leitgedanken der deutschen Angriffsvorbereitungen im Westen ein alter Plan zugrunde, nach dem schon 1914 die französischen Armeen durch Schwenkung des rechten deutschen Flügels in Form einer einarmigen Zange umfasst und in einem riesigen Kessel vernichtet werden sollten. Diesmal soll der berühmte rechte Flügel des Schlieffen-Plans seinen Marschweg durch Südholland und Belgien nehmen, also noch weiter nördlich beginnen als im Ersten Weltkrieg. Bedenken wegen der dazu erforderlichen Verletzung der belgischen und holländischen Neutralität wischt Hitler mit der Bemerkung beiseite, wichtig sei es allein, zu siegen. »Den Sieger wird nachher niemand fragen, weshalb und wie oft er die Neutralität gebrochen hat.« Der für den 7. November 1939 vorgesehene Angriffstermin muss wegen der ungünstigen Wetterlage verschoben werden. Insgesamt geschieht das 29-mal, denn Hitlers Generäle ha-

ben große Bedenken. Am 23. November versucht Hitler seine Oberbefehlshaber in drei, innerhalb von sieben Stunden gehaltenen Reden
zu überzeugen und einzuschüchtern. »Ich werde vor nichts zurück-
schrecken«, droht er, »und jeden vernichten, der gegen mich ist … Ich
werde in diesem Kampf stehen oder fallen. Ich werde die Niederlage
meines Volkes nicht überleben.«

Am 10. Januar 1940, einem kalten Tag, reiben sich die Soldaten
eines belgischen Grenzpostens bei Mechelen verwundert die Augen.
Hinter einer Baumreihe geht eine deutsche Maschine nieder, die
Baumspitzen rasieren beide Flügel weg. Major Reinberger vom Generalstab der Luftflotte 2 hat alle Sicherheitsvorschriften außer Acht
gelassen und ist mit dem Piloten, Reservemajor Hoenmans, nach Er-
ledigung eines Auftrags von Münster nach Köln zurückgeflogen.
Der Pilot verfliegt sich, das Benzin ist alle und das Flugzeug muss
notlanden. Die beiden deutschen Offiziere versuchen vor ihrer Gefangennahme vergeblich, die Geheimdokumente, die sie bei sich tragen, zu vernichten. Der gesamte geheime Aufmarschplan im Westen
gerät in die Hände des Feindes.

Das französische Oberkommando reagiert sofort und verlegt seine
Armeen aus der Befestigungszone hinter der Maginotlinie und dem
seit Herbst vorbereiteten Schlachtfeld in die belgischen Ebenen, um
die groß angelegte deutsche Offensive möglichst weit vorn zu stoppen. Allen Abwehrplänen ist gemeinsam, dass alle französischen Armeen gleichzeitig in den Kampf geworfen werden sollen, außer der
7. Armee, die auf holländischem Boden in Reserve gehalten wird. Man
ist über den deutschen Operationsplan nicht sonderlich überrascht,
das Muster ist ja aus dem Ersten Weltkrieg bekannt. Nun ist man vorbereitet, wird den Gegner, noch bevor er in Frankreich eindringen
kann, abfangen und vernichten. Doch das französische Oberkommando unterliegt mit dieser Beurteilung einem gewaltigen Irrtum,
einer strategischen Fehleinschätzung mit zwangsläufig katastrophalen Folgen, wie sie in der neueren Kriegsgeschichte in diesem Ausmaß
ihresgleichen sucht. Die deutsche Abwehr unter Canaris trägt sehr
dazu bei, dass dieser Irrtum aufrechterhalten wird. Jede erdenkliche

Methode wird angewendet, um dem Gegner Hinweise zuzuspielen, von eleganten, redseligen Damen bis hin zu Telefongesprächen über Leitungen, von denen man weiß, dass der Feind sie angezapft hat. Denn die wahren deutschen Pläne sehen inzwischen ganz anders aus.

General von Manstein, Stabschef der Heeresgruppe A (Rundstedt), findet den aufgewärmten Angriffsplan à la Schlieffen bedenklich und wenig erfolgversprechend. Ihm fehlt jedes Moment der Überraschung. Und es besteht die Gefahr, dass der Angriff früher noch als 1914 im Stellungskrieg erstarrt. Außerdem sieht er den Einsatz großer Panzerverbände in einem Gebiet vor, das von vielen Flüssen und Kanälen durchschnitten ist und den Angriffsschwung bremsen kann. Die rasche Entscheidung, auf der die gesamte Kriegsplanung Hitlers aufgebaut ist, erscheint Manstein mit diesem Plan gefährdet. Deshalb arbeitet er einen Gegenvorschlag aus, der statt des von den Alliierten erwarteten geraden Stoßes nach Belgien hinein eine bloße Vortäuschung einer Neuauflage des Schlieffenplans vorsieht. Manstein plädiert dafür, das Hauptgewicht des deutschen Vorstoßes vom rechten Flügel auf die Mitte zu verlegen, um das Überraschungsmoment zurückzugewinnen. Die Ardennen sind nach allgemeiner Auffassung für umfangreiche Panzeroperationen nicht geeignet. Deshalb ist dieser Abschnitt von den Franzosen auch relativ schwach besetzt. Genau darauf setzt Mansteins Plan. Wenn die Panzer erst einmal das bergige und bewaldete Gelände überwunden haben, können sie ungehindert durch das flache Nordfrankreich zur Küste rollen und die nach Belgien und Holland vorrückenden alliierten Armeen von ihrer Basis abschneiden.

Ein genialer Plan. Seine von Geist und Einsicht beflügelte Kühnheit, die Clausewitz »eine wahrhaft schöpferische Kraft« nennt und die er als erste Bedingung für einen großen Feldherrn ansieht, diese Verwegenheit erscheint dem deutschen Generalstab so abenteuerlich, dass der Plan auf dem Dienstweg stecken bleibt. Doch Mansteins Mitarbeiter Henning von Tresckow verschafft ihm durch Vermittlung des mit ihm befreundeten Chefadjutanten Hitlers, Rudolf Schmundt, eine nach außen sorgsam abgeschirmte Möglichkeit, seinen »Sichelschnitt«-Plan Hitler Mitte Februar 1940 persönlich vorzutragen. Gerade das Verwegene dieses Plans ist es, was Hitler spontan fesselt und begeistert. Er besitzt durchaus einen gewissen Instinkt für operative Fragen und hat sich schon mit ähnlichen Überlegungen beschäftigt. Der Gedanke, Kräfte vom »starken rechten Flügel« abzuziehen, um mit einem massierten Panzerkeil in der Mitte durch die unwegsamen Ardennen vorzustoßen, geht schon seit einiger Zeit in seinem Kopf herum. Entspricht diese kühne Strategie, die eine überraschende Umfassung der feindlichen Flügel anstrebt, nicht Hannibals berühmtem Schlachtplan von Cannae? Hitler studiert die Karten ganz genau und erkennt, dass die großen Lichtungen von Arlon, Tintigny und Florenville durchaus gestatten, die Maas zu erreichen, ohne auf Hochwald zu stoßen. Der Vorstoß soll nicht durch die Maginotlinie führen, die die ganze Ostflanke Frankreichs abdeckt und sichert, sondern in sicherem Abstand aus dem Raum Luxemburg heraus an ihr vorbei.

Der neue Angriffsplan wird genehmigt und nimmt Gestalt an. General von Bocks Heeresgruppe B soll so starke feindliche Kräfte wie möglich nach Belgien hineinlocken, während Rundstedts Panzer der Heeresgruppe A durch ihren Vorstoß zum Kanal dem Gegner im Rücken den Weg abschneiden und zu einer Schlacht mit verkehrter Front zwingen. Und auch Leebs Heeresgruppe C im Süden wird eine wichtige Aufgabe zuteil. Sie soll einen Großangriff gegen die Maginotlinie simulieren, um die Franzosen daran zu hindern, Truppen aus diesem Abschnitt abzuziehen. Aber die Schwierigkeiten sind enorm. Die wenigen Straßen durch die Ardennen sind eng und schlängeln sich in zahlreichen Windungen durch den dichten Wald. Die Panzerdivisionen, gestaffelt vorgeschickt, bilden, wie Wildschweine auf der Fährte, endlose Kolonnen auf denselben Anmarschwegen. Ein kleiner Fehler, ein geringer Widerstand oder auch nur ein schwaches Bombardement aus der Luft hätte ein riesiges Desaster anrichten können, so dass nur zusammenhangslose Truppen die Ufer der Maas erreicht hätten. General von Bock, verbittert darüber, dass man ihm die Hauptrolle abgenommen hat, wettert in einem Lagevortrag am

16. März: »Ihr zieht da 15 Kilometer von der Maginotlinie entfernt vorbei und bildet euch ein, die Franzosen werden euch da einfach zuschauen! Ihr lasst eure Panzer auf den wenigen Ardennenstraßen rollen und vergesst, dass das Flugzeug schon erfunden worden ist! Ihr bildet euch ein, ihr könntet die Maas an einem einzigen Tag überschreiten, und ihr rennt zum Meer mit einer offenen Flanke von 300 Kilometern. Und was wollt ihr machen, wenn ihr zwischen der Grenze und dem steilen Flussufer eingezwängt seid? Oder wenn die Franzosen nicht nach Belgien einmarschieren? ... Ihr könnt mir glauben, ihr fantasiert!«

Auch Generalstabschef Halder ist angesichts der hohen Risiken des kühnen Plans und der Kräfteüberlegenheit des Gegners von Anfang an nervös. Doch der Plan funktioniert vorzüglich. Er bestätigt in eindrucksvoller Weise, was der italienische Staatsmann und Geschichtsschreiber Machiavelli schon 1532 in seinen Historien von Florenz aufgeschrieben hat: »Am leichtesten gelingen diejenigen Pläne im Kriege, die vom Feinde für unmöglich gehalten werden.« Wäre der »Sichelpan« fehlgeschlagen, wäre wohl die einhellige Meinung gewesen, dass man sich nicht gegen alle militärische Vernunft für ihn hätte entscheiden dürfen.

Als die »Operation Gelb« am 10. Mai 1940 beginnt, wird der Gegner vollkommen überrascht. Wie ein Matador mit seinem roten Tuch hat die Heeresgruppe B die Armeen des Gegners nach Norden gezogen und in die Falle gelockt. Der tödliche Degenstoß in den Rücken erfolgt durch die sieben Panzerdivisionen der Heeresgruppe A, die, in drei Panzerkorps unterteilt, das raue Ardennengelände durchbrechen. Guderians XIX. Korps gelingt es schon am 13. Mai, Brückenköpfe westlich der Maas zu errichten. Erwin Rommel, während des Frankreichfeldzuges noch Generalleutnant und Kommandeur der 7. Panzerdivision, wegen ihrer schnellen Vorstöße auch »Gespensterdivision« genannt, schreibt am 17. Mai voller Begeisterung in sein Tagebuch: »Der Weg nach Westen lag jetzt offen. Wir waren durch die Maginotlinie! Es war kaum fassbar. Vor zweiundzwanzig Jahren waren wir viereinhalb Jahre vor dem gleichen Feind gestanden, hatten Sieg um Sieg errungen, und doch den Krieg verloren. Und jetzt waren wir durch die berühmte Maginotlinie gebrochen und fuhren tief in Feindesland. Es war nicht nur ein schöner Traum. Es war Wirklichkeit.«

Rommel ist durch nichts zu bremsen. Er hat nur einen Offizier und 40 Unteroffiziere und Mannschaften verloren, aber über 10 000 Franzosen gefangen genommen und über 100 Panzer vernichtet. Die Franzosen sind völlig konsterniert. Sie können nicht begreifen, dass Rommel die Grenzbefestigungen derart schnell durchbrochen und dass er seine Vorstöße gegen jede Regel auch bei Nacht fortgesetzt hat, auf alles feuernd, was sich bewegte.

Am 14. Mai hat Holland kapituliert. Die Alliierten schließen nach Norden zur Dyle-Linie in Belgien auf, ihr großer Irrtum ist ihnen noch nicht aufgegangen. Doch inzwischen ist in Hitlers Westwall-Hauptquartier in Münstereifel die anfängliche Begeisterung in hektische Nervosität umgeschlagen. Der Führer ist besorgt darüber, dass die Panzerdivisionen zu schnell vorgerückt sind und die Masse der Infanteriedivisionen ihnen nicht folgen kann. Die linke Flanke von Guderians Panzerkeil ist immer länger geworden. Im Morgengrauen des 15. Mai will Guderian aus seinen Brückenköpfen an der Maas weiter nach Westen ausbrechen, im Norden gedeckt vom XII. Panzerkorps Reinhardt. Beide Korps unterstehen der Panzergruppe Kleist. Aber General von Kleist untersagt ihm das. Und als am 16. Mai tatsächlich drei französische Panzerbataillone unter de Gaulle einen Gegenangriff in die linke Flanke durchführen, verstärken sich Hitlers Sorgen noch. Sie werden von Kleist und Rundstedt vollauf geteilt. Am 17. Mai werden die Panzer für 24 Stunden gestoppt, damit die Infanterie und die Nachschubkolonnen aufschließen können. Guderian ist wütend, er kennt das Ausmaß des französischen Zusammenbruchs vor seiner Front. Ohne dass Hitler etwas davon weiß, betreibt er weiter »Kampfaufklärung«. Nach einem Tag der Untätigkeit rollen seine Panzer wieder.

Alle drei Panzerkorps stoßen unaufhaltsam vor. Antwerpen, Cambrai und St. Quentin werden genommen, und der deutsche Rundfunk verkündet die Gefangennahme von 110 000 Soldaten, die holländische Armee nicht eingerechnet. Hitler zeigt jedoch noch immer, wie Halder in seinem Tagebuch notiert, »eine unerklärliche Angst wegen der Südflanke. Er tobt und schreit, wir würden die ganze Operation verderben und die Gefahr einer Niederlage laufen.«

Am 18. Mai begreifen die Franzosen endlich, dass sie einem gewaltigen Irrtum aufgesessen sind. Sie sehen entsetzt, dass die Deutschen nicht nach Paris, sondern zum Kanal wollen. In ganz Frankreich bricht eine Panik aus. Die Menschen flüchten voller Angst von Norden nach Süden, während die französischen Reservetruppen noch auf dem Weg nach Norden sind. Die Straßen sind hoffnungslos verstopft, ein unbeschreibliches Chaos setzt ein. Auch die Briten erkennen die Gefahr »der größten militärischen Katastrophe der Geschichte«, wie der Empiregeneralstabschef Ironside formuliert. Es droht nicht nur die totale Vernichtung der französischen Armee, sondern auch die vollständige Einkesselung der britischen Expeditionsstreitkräfte. Aber damit beginnt schon ein anderes Kapitel, und ein anderer Irrtum.

Triumph der Besiegten
(Dünkirchen, 19. Mai–4. Juni 1940)

Den alliierten Truppen in Nordfrankreich, inzwischen auf halbe Ration gesetzt, droht die vollständige Einkesselung. Wie zwei riesige Zangen drohen die beiden deutschen Heeresgruppen A und B die alliierten Streitkräfte zu umfassen. Die Engländer beginnen eiligst mit den Beratungen über eine Evakuierung ihrer Truppen. Zum ersten Mal taucht der Name Dünkirchen auf. Das Unternehmen »Dynamo« läuft an. Nach dem großen Irrtum der Alliierten über den gegnerischen Feldzugsplan ist es nun die deutsche Führung, die sich zweimal grundlegend irrt und in den folgenden Operationen verkalkuliert.

Am 19. Mai 1940 stehen Guderians Panzer auf den historischen Schlachtfeldern an der Somme, nur noch 50 Kilometer von Abbéville an der Küste entfernt. Und am Montag, dem 20. Mai, erreichen die deutschen Panzer in der hereinbrechenden Nacht nach einer Sturmfahrt von über 70 Kilometern den Atlantik. Die alliierten Verbände sind im Sack, er muss nur noch zugemacht werden. Der deutsche Wehrmachtsbericht stellt einen Tag später lapidar fest: »Die größte Angriffsoperation aller Zeiten im Westen findet nach einer Reihe großer taktischer Einzelerfolge ihre erste operative Auswirkung; unsere Truppen haben die Kanalküste erreicht.« Im »Felsennest«, dem Hauptquartier in Münstereifel, ist Hitler, wie Halder notiert, »außer sich vor Freude« und spricht in höchsten Worten von der deutschen Armee und ihrer Führung. Ein seltener Fall. Im weiteren Verlauf des Krieges ist er auf die meisten seiner Generäle nicht mehr gut zu sprechen und misstraut ihnen.

Hitlers Freude währt nur kurz. Schon am 21. Mai weicht sie neuer Besorgnis und Nervosität. In der Mittagszeit dieses Tages kommt bei Arras, am dort nur 40 Kilometer breiten und dünn besetzten deutschen Panzerkorridor, ein englischer Gegenangriff in Gang. Geplant war ein gemeinsamer massiver Gegenschlag von vier britischen und französischen Divisionen. Doch tatsächlich stoßen nur zwei englische Panzerbataillone vor und bringen Rommels 7. Panzerdivision in ernste Schwierigkeiten. Um ein Haar wäre Rommel in Gefangenschaft geraten. Eine Stunde lang befindet er sich, nur von seinem Nachrichtenoffizier begleitet, inmitten französischer Panzereinheiten. Seine Division erleidet die bisher höchsten Verluste, und Rommels Armeebefehlshaber, Generaloberst Kluge, räumt ein, dies »sei der erste Tag, an dem der Feind wirkliche Erfolge erzielte«. Der Angriff wird abgeschlagen. Aber er löst im deutschen Oberkommando einen Schock aus, der erahnen lässt, was ein starker, gut koordinierter alliierter Gegenangriff tatsächlich hätte erreichen können.

Die Schlacht im Westen ist zu einem Wettrennen mit der Zeit geworden. Der Gegenstoß bei Arras wirft den deutschen Zeitplan zur Wegnahme der Kanalhäfen um. Am 22. Mai schwenkt General Guderian mit seinen Panzern an der Küste nach Norden, und am Abend steht er vor den Toren von Boulogne und Calais, bereit für den letzten Sprung am Kanal entlang nach Gravelines und Dünkirchen. Am Morgen des 23. Mai ruft Hermann Göring, Oberbefehlshaber der Luftwaffe, aus seinem Salonzug seinen Führer im »Felsennest« an und trompetet ihm ins Ohr, nun sei die entscheidende Stunde für seine Bomber und Jäger gekommen. Sie allein würden die an der Küste Flanderns eingekesselten 400 000 britischen und französischen Soldaten vernichten, das Heer brauche dann nur noch zu besetzen. Der letzte Triumph solle besser der nationalsozialistischen Luftwaffe zufallen als dem konservativen Heer. Die Saat für einen folgenschweren Irrtum ist gelegt.

Hitler fährt am nächsten Tag, dem 24. Mai, nach Charleville ins Hauptquartier der Heeresgruppe A, um sich vor Ort selbst ein Bild von der Lage zu verschaffen. Generaloberst von Rundstedt versichert ihm, ein großer Sieg bahne sich an. Er macht einen Vorschlag, der dem bisherigen Plan entgegensteht, nach dem die beweglichen Panzer der Heeresgruppe A den eingeschlossenen Feind wie ein Hammer auf dem Amboss der nördlichen Heeresgruppe B zerschlagen sollen. Rundstedt schlägt vor, die Aufgaben zu tauschen. Die schon zur Hälfte angeschlagenen Panzer sollen angehalten und ihrerseits zum Amboss für die vorrückende Infanterie der Heeresgruppe B werden. Die Luftwaffe können so auch besser eingesetzt werden.

Was Hitler da zu hören bekommt, deckt sich mit seinen Vorstellungen. Er fürchtet, seine kostbaren Panzer könnten im sumpfigen und von einem Labyrinth von Flüssen und Kanälen durchzogenen Polderland von Flandern stecken bleiben, das er selbst nur zu gut aus dem Ersten Weltkrieg kennt. Er möchte die Panzer für die zweite Phase des Feldzuges, die »Operation Rot«, schonen. Das Unternehmen »Sichelschnitt« ist nach seiner Meinung im Wesentlichen beendet, den Rest kann die Infanterie zusammen mit Görings Luftwaffe erledigen. Gleich nach der Lagebesprechung geht von Charleville telefonisch die Führerweisung Nr. 13 heraus, die Linie am Aa-Kanal zwischen Lens und Gravelines nicht zu überschreiten. Infanterie und Luftwaffe sollen die Alliierten im Kessel vernichten. Damit schaltet Hitler zum ersten Mal seinen ersten Ratgeber im Oberkommando des Heeres (OKH) aus. Will Hitler mit diesem Befehl das Gesetz des Handelns wieder an sich reißen und klarstellen, dass nur er allein der Architekt des Sieges ist? Sowohl der Oberbefehlshaber des Heeres Walther von Brauchitsch als auch sein Generalstabschef Halder teilen Hitlers Auffassung nicht und möchten den Panzervorstoß nach Dünkirchen sofort fortsetzen.

»Panzer halt!« Die Panzerbesatzungen stellen die Motoren ab und schlafen sich aus. Die Monteure versuchen, die beschädigten Kampfwagen zu reparieren. Doch die Panzergeneräle sind deprimiert. Guderian ist entsetzt, er ist ein Opfer seiner eigenen Schnelligkeit geworden. Und Rommel, dem am 24. Mai das Ritterkreuz verliehen wird, beginnt das erste Mal an den militärischen Fähigkeiten des »größten Feldherrn aller Zeiten« zu zweifeln. Was soll dieser Befehl? Die feindlichen Verbände vor den Rohren der deutschen Panzer können vernichtet werden, wenn man sie jetzt schnell und entschlossen umfasst. Guderians Panzer brauchen nur noch das Tüpfelchen auf das »i« zu setzen! Am Morgen des 24. Mai haben sie Boulogne eingenommen. Sie sind nun nur noch rund 20 Kilometer von Dünkirchen entfernt, in einer Stunde könnten sie dort sein.

Drei Tage ist der umstrittene Haltebefehl in Kraft. Sie verschaffen den Alliierten einen entscheidenden Vorsprung. Ihnen bleibt nur noch die Möglichkeit, entweder ehrenvoll zu kapitulieren und sich in Gefangenschaft zu begeben oder in Richtung Kanalküste zu fliehen. Der britische Oberbefehlshaber, Lord Gort, entscheidet sich am 25. Mai endgültig für diese Möglichkeit. Alle Waffen und Ausrüstungsgegenstände werden in Flandern zurückgelassen, und die Briten fliehen zum Meer. Belgien kapituliert zwar am 28. Mai mitten in der Schlacht, wodurch die ganze linke Flanke der Nordarmeen zusammenfällt. Doch vier britische und mehrere französische Divisionen können aus dem Kessel von Lille entkommen. Ein Abwehrring wird um Dünkirchen aufgebaut, die Evakuierungsflotte versammelt sich und die ersten Einschiffungen sind bereits in vollem Gange. England setzt zur Rettung seines Expeditionskorps seinen bisher sorgfältig gehüteten und zum Schutz seiner Insel zurückgehaltenen Schatz ein, seine Luftstreitkräfte. Die Royal Airforce wirft jede verfügbare Maschine in den Kampf. Die 16 Staffeln des Jägerkommandos erringen die Luftherrschaft im Brückenkopf und schießen 262 deutsche Maschinen ab, bei 133 eigenen Verlusten.

Der deutschen Führung wird erst am 26. Mai klar, dass die Briten in Massen vom Schlachtfeld fliehen. Hitler ist davon überzeugt gewesen, dass sie bis zur letzten Patrone in Frankreich kämpfen würden. Er hat stets erklärt, es sei fast unmöglich, die Engländer wieder zu vertreiben, wenn sie erst einmal irgendwo Fuß gefasst hätten. Nun wird er sich seines grundlegenden Irrtums bewusst. Aufklärungsflugzeuge haben am Morgen 13 Kriegsschiffe und neun Truppentransporter im Hafen von Dünkirchen ausgemacht. Und die Abwehr, Fremde Heere West, kommt zu dem Schluss: »Wahrscheinlich, dass der Abtransport des britischen Expeditionskorps begonnen hat.« Erst jetzt gibt Hitler die Panzer wieder frei. Vielleicht wäre es nie zu dem folgenschweren Haltebefehl gekommen, wenn Hitler die Haltung der Engländer nicht falsch eingeschätzt hätte. Ein solcher Irrtum ist ihm schon bei Kriegbeginn, dem Angriff auf Polen, passiert und dann ein weiteres Mal nach der Kapitulation Frankreichs, als die Hoffnungen auf einen Sonderfrieden mit England wie eine Seifenblase zerplatzten.

Die Luftwaffe bombardiert Dünkirchen. Das Rathaus, die Hauptpost und die Docks werden zerstört. Die Petroleumtanks brennen und verbreiten stickigen Rauch, den der Wind auf die Stadt niederdrückt. Die Strände sind schwarz von wartenden Engländern, die Straßen verstopft mit 20 Kilometer langen Marschsäulen. Göring fliegt ins »Felsennest« und schildert Hitler das Massaker, das seine Bomber im Hafen von Dünkirchen anrichten. »Nur Fischkutter kommen rüber«, prahlt er, »hoffentlich können die Engländer schwimmen!« Aber die Realität sieht anders aus. Die Flugplätze der Luftwaffe sind viel zu weit von Dünkirchen entfernt. Die Stukas und

Jäger treffen erst nach drei Tagen ein, und die schweren He 111-Bomber kommen kaum zum Einsatz. Das bisher so »grausam schöne Göring-Wetter« schlägt um, Nebel und tief hängende Wolken vermischen sich mit dem Qualm brennender Öltanks und legen einen dichten Schleier über die in Flammen gehüllte Stadt und den von wartenden, abgekämpften und todmüden Soldaten übersäten Strand. Görings Prahlerei, er »könne die Sache aus der Luft beenden« und jedes anlegende Schiff versenken, erweist sich als glatter Irrtum. Der zweite, den sich die deutsche Führung in nur wenigen Tagen leistet. Die Verluste der Engländer sind zwar schwer, und das Hafenbecken und die Reede sind übersät mit zerfetzten Wracks. Von den 848 an der Rettungsaktion teilnehmenden britischen Schiffen, darunter Ausflugsdampfer, Privatyachten und Fischerboote, werden 235 zerstört, auch neun Zerstörer. An den Zugängen zur lichterloh brennenden Stadt türmen sich ungeheure Mengen zurückgelassener Fahrzeuge. Aber die Einschiffung der Soldaten geht weiter. Sie stehen in langen Reihen mit den Füßen im Wasser und warten auf die Barkassen, die sie zu den weiter draußen ankernden größeren Schiffen bringen sollen. Die Zahl der verladenen Soldaten steigt von Tag zu Tag. Am 28. Mai sind es 17 804 und am 31. Mai schon 68 014. Am Ende übertrifft der Erfolg alle Erwartungen.

Am Morgen des 3. Juni, während die deutschen Truppen nur noch zwei Kilometer vom Meer entfernt sind, hat die riesige Schiffsarmada den letzten Soldaten vom Strand aufgenommen. Insgesamt 338 000 Mann, darunter 110 000 Franzosen, entkommen übers Meer. Allerdings müssen sie ihre gesamte Ausrüstung zurücklassen. Göring hat zu viel versprochen. Seine Luftwaffe ist nicht in der Lage, eine ganze Armee zu vernichten. Am 4. Juni wird Dünkirchen eingenommen. Hitler lässt im Reich drei Tage lang die Glocken läuten und bekannt geben, 75 Divisionen seien aufgerieben und 1,2 Millionen feindliche Soldaten gefangen, verwundet oder getötet worden bei nur rund 10 000 deutschen Toten und rund 240 000 Verwundeten.

Hat Hitler, der in England seinen Wunschverbündeten und ein »germanisches Brudervolk« sah, den Kern des englischen Heeres bewusst entkommen lassen, um Churchill eine goldene Brücke zum Einlenken oder vielleicht sogar zum Friedensschluss zu bauen? Einige Historiker und Generäle, wie zum Beispiel Rundstedt im Kriegsverbrecherprozess in Nürnberg, haben das tatsächlich behauptet. Doch diese Nachkriegslegende ist widerlegt. Wie die in der Wortwahl eindeutigen und sehr bestimmten Befehle der Führerweisung Nr. 13 an die Luftwaffe beweisen, sollten alle eingekesselten Verbände vernichtet werden. Dünkirchen war ganz gewiss keine ritterliche Geste, sondern ein schwerer Irrtum und Fehler. Die deutschen Truppen waren dem Ziel, auch England zu erobern, niemals so nahe, wie an jenem 24. Mai 1940, dem Tag, an dem die Panzer anhielten. Zwar hat Hitler selbst nach dem Sieg über Frankreich mehrfach erklärt und kurz vor seinem Tod in seinem »politischen Testament« noch einmal wiederholt, dass er die Briten bei Dünkirchen bewusst geschont habe. Aber er hat dies nur getan, um England die Schuld an der Fortsetzung und Brutalisierung des Krieges geben zu können. Damit bot sich zugleich eine willkommene Möglichkeit, seinen schweren militärischen Fehler zu kaschieren, den er bereits erkannt und eingesehen hatte.

Der Frankreichfeldzug wird von den deutschen Truppen siegreich beendet. Es ist ein erstaunlicher Sieg gegen eine große Übermacht. Den Krieg entscheidet er allerdings nicht. Er hat, ähnlich wie bei Hannibals Sieg 216 v. Chr. über die Römer oder Hindenburgs und Ludendorffs Sieg 1914 bei Tannenberg über die Russen, die Niederlage gegen einen materiell und zahlenmäßig überlegenen Gegner lediglich hinausgeschoben. Dünkirchen birgt den Keim dieser Katastrophe schon in sich.

Für die Franzosen bedeutet Dünkirchen eine schlimme Niederlage und zugleich die Fahnenflucht eines Verbündeten. Die Briten dagegen sehen in Dünkirchen einen ihrer größten Triumphe. Das von ihrer Propaganda hochstilisierte Wunder soll die Niederlage vergessen machen, bei der in weniger als einem Monat drei französische Armeen, die belgische, holländische und die britische Armee vernichtend geschlagen wurden. Vier Jahre später kehren die geretteten Soldaten, fast auf den Tag genau am 6. Juni 1944 bei der Landung in der Normandie, voller Siegeszuversicht auf das Festland zurück. Wären sie bei Dünkirchen tatsächlich vernichtet oder gefangen genommen worden, ist es schwer vorstellbar, wie England hätte weiterkämpfen können. Vielleicht wäre es sogar aus dem Kampf ausgeschieden, und die Operation »Seelöwe«, die Invasion und Besetzung Englands, wäre tatsächlich durchgeführt worden. Wäre Amerika auch dann in den Krieg eingetreten, als Verbündeter Russlands? So gesehen ist es Hitler, für den Dünkirchen zur größten Niederlage wurde.

Die »Battle of Britain« (England, 10. Juli–31. Oktober 1940)

Die Luftschlacht um England, von den Engländern »Battle of Britain« genannt, war ein Kopf-an-Kopf-Rennen. Oder um es mit den Worten Wellingtons zu sagen, die er Blücher am Abend des 18. Juni 1815 nach dem Sieg bei Waterloo zurief: »A near run thing!«, »Eine äußerst knappe Sache!« Die Deutschen waren zwischen Juli und Oktober 1940 nahe daran, die »Battle of Britain« zu gewinnen. Dass sie zur ersten entscheidenden Niederlage Deutschlands im Zweiten Weltkrieg führte, ist letzten Endes auf vier schwerwiegende Irrtümer zurückzuführen, die auf deutscher Seite begangen wurden.

Im Grunde genommen sind es sogar fünf. Denn der ersten Schlacht in der Geschichte, die ausschließlich in der Luft ausgetragen wird, geht schon ein kapitaler Irrtum Hitlers nach dem Sieg über Frankreich voraus. Ende Juni 1940 ist Hitler Herr über ganz West- und Nordeuropa, von Tromsö bis zu den Pyrenäen. Er glaubt tatsächlich, England, in dem er seinen natürlichen Verbündeten sieht, werde nun zum Frieden bereit sein und Deutschland die Kontrolle über den europäischen Kontinent überlassen. Im Rausch seines Sieges und Triumphes gibt er den Befehl zur Auflösung von 35 Divisionen und lässt die Produktion von Konsumgütern erhöhen. Doch seine Friedensfühler, die er Anfang Juli 1940 ausstreckt, werden zu seiner Überraschung schroff zurückgewiesen. Der Führer hat eine Invasion Großbritanniens überhaupt nicht in Betracht gezogen, und schon gar nicht eine Luftschlacht über der Insel. Nun muss er schleunigst umdenken. Am 16. Juli erteilt er unter dem Tarnnamen »Operation Seelöwe« die Weisung Nr. 16: »Nachdem England trotz seiner hoffnungslosen militärischen Lage noch immer keine Zeichen dafür erkennen lässt, dass es bereit ist, mit uns zu verhandeln, habe ich befohlen, die Vorbereitungen für eine Landungsoperation gegen England auszuarbeiten und diese – falls erforderlich – durchzuführen.« Es ist Eile geboten. Denn schon in zwei Monaten wird die dann einsetzende Schlechtwetterperiode eine Landung deutscher Truppen an Englands Küsten unmöglich machen. Und noch ein Hindernis steht im Weg, die Royal Airforce. Erst vor wenigen Monaten haben beide Seiten während des Norwegenfeldzugs die Erfahrung machen müssen, dass die Schiffe der Marine sich nicht frei bewegen können, solange der Gegner den Luftraum beherrscht. Folglich muss die deutsche Luftwaffe zunächst die Lufthoheit über dem Kanal und Südengland erringen.

»Meine Flieger werden die RAF innerhalb von vier Tagen zerstören!«, prahlt Hermann Göring. Er ist nun nicht nur Reichsluftfahrtminister und Oberbefehlshaber der Luftwaffe, sondern seit dem 19. Juli 1940 auch Reichsmarschall. Hitler hat nach seiner mit Spannung erwarteten Rede und »Dankkundgebung an die Wehrmacht« in der Berliner Kroll-Oper in einem beispiellosen und an Größenwahn grenzenden Vorgang 27 führende Offiziere zu Generalen und Generalfeldmarschällen ernannt. Als vorgesehener Nachfolger Hitlers ist Hermann Göring der bei weitem mächtigste Mann in der militärischen Führungsspitze Deutschlands. Die Triumphe der Luftwaffe in Polen und Frankreich haben sein Ansehen sehr gesteigert, Anfang Juli 1940 befindet er sich auf dem Höhepunkt seiner Karriere. Und ebenso wie sein Führer bei der Beurteilung der politischen Lage unterliegt er einem Irrtum in der Einschätzung des militärischen Kräfteverhältnisses. Seine selbstsichere Voraussage, die mächtige und siegessichere Luftwaffe werde die gegnerische RAF schnell vom Himmel fegen, erweist sich als falsche Schlussfolgerung eines übersteigerten Selbstbewusstseins.

Fatale Fehleinschätzungen mit weitreichenden Folgen leistet sich auch die Abteilung 5 des Nachrichtendienstes im Generalstab der Luftwaffe unter Leitung von General »Beppo« Schmidt. In dem Bericht über die Royal Airforce vom 16. Juli 1940 heißt es: »Gegenwärtig produzieren die Fabriken in Großbritannien monatlich zwischen 180 und 330 Jäger der ersten Garnitur. Unter den gegenwärtigen Bedingungen kann man davon ausgehen, dass die Produktionszahlen eher sinken als steigen werden.« Ein großer Irrtum. Unter der Leitung von Lord Beaverbrook sind die Produktionszahlen der Jäger geradezu dramatisch gesteigert worden. Im Juni erreichen sie 446 und im Juli sogar 496 Flugzeuge. Außerdem wird die Qualität der Jagdmaschinen vom Typ Hurricane und Spitfire in dem Bericht stark unterschätzt. »Angesichts ihrer Kampfleistungen und der Tatsache, dass beide Typen nicht mit Kanonen bewaffnet sind, sind beide Typen der Me Bf 109 unterlegen.« Das stimmt überhaupt nicht, wie sich in den ersten Luftkämpfen über dem Kanal schnell herausstellt. Sowohl die deutsche Me 109 als auch die britische Spitfire sind rund 600 km/h schnell. Die Me 109 hat in größeren Höhen über 5500 Meter zwar leichte Vorteile und besitzt auch die stärkere Bewaffnung. Außerdem gestattet ihr der Daimler-Benz-Einspritzmotor umgekehrte Manöver, das heißt, der Pilot kann, wenn er während des Kampfes in Schwierigkeiten gerät, die Maschine auf den Rücken drehen und abtauchen. Solche Manöver sind mit dem Merlin-Triebwerk der Spitfire nicht möglich, da die Vergasermotoren dann aussetzen. Dennoch kommen zwei entscheidende Vorteile der Spitfire schnell zur Geltung: Sie reagiert, wie auch die Hurricane, wendiger im Luftkampf und ihre Piloten sind durch Stahlplatten besser geschützt. Im Falle eines Abschusses ist die Chance für den Piloten größer, unversehrt auszusteigen.

Die deutsche Aufklärung ist noch in einem weiteren Punkt fehlerhaft. Von den Radar- und Flugleitsystemen des britischen Jägerkommandos weiß sie so gut wie nichts. Bis Mitte Juli 1940 wird das Radar in den wöchentlichen Geheimdienstberichten nicht einmal erwähnt. Dieses Frühwarnsystem gestattet dem Fighter Command, seine Abfangjäger rechtzeitig aufsteigen zu lassen und weitere Staffeln in Alarmbereitschaft zu versetzen. Gekoppelt mit dem zentralisierten Kommando- und Kontrollsystem, verdoppelt es praktisch die Schlagkraft der britischen Jäger. Die Deutschen halten das in Wirklichkeit brillante und sehr flexible Jägerleitsystem für plump und unbeweglich. Die unbekümmerte Annahme, jedes Geschwader sei ausschließlich für die Verteidigung des Luftraums über der eigenen Basis zuständig, entspricht nicht der Realität. Die Luftwaffe entschließt sich, das beste und hocheffiziente Luftverteidigungssystem der Welt anzugreifen, ohne überhaupt zu wissen, wie es funktioniert. Und so gelangt der Bericht vom 16. Juli zu der irrtümlichen Feststellung: »Die Luftabwehr auf der Insel ist völlig unzureichend … Hinsichtlich ihrer Stärke, ihrer Ausrüstung, der Ausbildung, der Führung und der Lage ihrer Feldflugplätze ist die Luftwaffe der RAF klar überlegen.« An dem Unheil, das in den nächsten Wochen und Monaten über die deutschen Bomber und Jäger hereinbricht, trägt der inkompetente Nachrichtendienst eine schwere Schuld.

Für den Angriff der deutschen Luftstreitkräfte ist die Luftflotte 2 an den Pas de Calais verlegt worden und die Luftflotte 3 in den Raum Cherbourg. Beide Flotten zusammen verfügen Anfang Juli über 1131 mittlere Bomber mit bestens ausgebildeten Piloten, hauptsächlich He 111, Do 17 und Ju 88. Alles robuste und schnelle Flugzeuge, die jeweils ein bis zwei Tonnen Bombenlast tragen können. Ihr Schwachpunkt ist ihre dürftige Armierung, die sie zu einer leichten Beute für die britischen Jäger werden lässt. Das gilt besonders für die 317 Ju 87-Sturzkampfbomber. Diese »Stukas« können zwar eine bis zu 1000 kg schwere Bombe äußerst zielgenau abwerfen. Aber sie fliegen langsam und sind höchst verwundbar, solange sie nicht von Jagdflugzeugen begleitet und geschützt werden. Beide Luftflotten können 809 einmotorige Jäger vom Typ Me 109 E einsetzen und 246 schwere Jäger vom Typ Me 110. Hinzu kommen noch 150 Aufklärer und 165 Flugzeuge der in Norwegen stationierten Luftflotte 5. Insgesamt wirft die Luftwaffe rund 2500 Kampfflugzeuge in die Schlacht, davon 1055 Me 109- und Me 110-Jäger. Ihnen stehen 700 britische Jäger gegenüber. Diese numerische Unterlegenheit des Fighter Command täuscht jedoch. Denn der zweimotorige »Zerstörer« Me 110 erweist sich in der »Battle of Britain« als Reinfall. Er kann zwar über 1000 km fliegen und mit seinen zwei Bordkanonen und vier schweren MGs den deutschen Bombern fast über ganz England Deckung geben. Aber er ist langsam und schwerfällig und den wendigen Hurricanes und Spitfires kein gleichwertiger Gegner. Die »Zerstörer« erleiden so hohe Verluste, dass sich die Luftwaffe noch während der Luftschlacht um England entschließt, sie nicht länger als Jäger einzusetzen.

Vier Wochen lang versuchen die Luftflotten 2 und 3 die Lufthoheit über dem Ärmelkanal zu erringen und die britischen Schiffe aus den Kanalhäfen zu vertreiben. Jeden Tag greifen von starken Jagdstaffeln eskortierte Bomber die Küstenschifffahrt und Hafenanlagen an. RAF-Jäger steigen auf und stellen sich zum Kampf. Die Verluste sind auf beiden Seiten schwer. Die Deutschen verlieren zwischen dem 12. Juli und 10. August über dem Ärmelkanal 286 Maschinen, darunter 105 Jäger. Die RAF büßt 148 Flugzeuge ein, fast ausschließlich Jäger. Am 12. August ändert die Luftwaffe ihre Taktik. Jetzt greift sie das RAF-Jägerkommando selbst an, vor allem die Radarstationen zwischen Portland und der Themsemündung, um den Bombern den Weg zu den Flugplätzen und den kriegswichtigen Industrieanlagen freizumachen. Die Radarstationen von Dover, Pevensey, Dunkirk und Rye erleiden schweren Schaden und fallen aus. Die britische Luftverteidigung wird an ihrer empfindlichsten Stelle getroffen. Die Engländer versuchen fieberhaft, die beschädigten Radaranlagen zu reparieren. Am Abend des 12. August ist das System noch immer weitgehend intakt.

In dieser gefährlichen Lage kommt ihnen ein weiterer Irrtum der Deutschen zu Hilfe. Die Luftwaffe glaubt nämlich, dieser massive Schlag hätte nichts gebracht. Sie weiß ja auch nicht, wie das gesamte

System im Detail funktioniert. Statt die Angriffe auf die Radarstationen konsequent fortzusetzen, gibt sie sie auf. Wahrscheinlich ist an diesem Tag die größte Chance auf den Sieg aus der Hand gegeben worden. Auch die am 13. August unter Einbeziehung der Luftflotte 5 folgenden Angriffe auf die Flugplätze und Flugzeugfabriken des Jägerkommandos richten schwere Zerstörungen an. Der »Adlertag« am 15. August soll die Entscheidung bringen und die RAF endgültig vernichten. 2199 Einsätzen der Luftwaffe stehen 974 auf Seiten der RAF gegenüber. Mit Hilfe des Radar wird das Fighter Command so rechtzeitig gewarnt, dass sich die Hurricanes und Spitfires in »Big Wings« den Bombern entgegenwerfen können. Die Bomberpiloten erleiden hohe Verluste. Göring befiehlt daraufhin seinen Jägern, die Bomber auf Sichtweite in engen Eskorten zu begleiten, statt in großer Höhe vor ihnen herzufliegen. Damit sind alle taktischen Vorteile der Jagdwaffe dahin und die Initiative geht auf die RAF über. Heftige Proteste der deutschen Jagdflieger-Asse, allen voran Adolf Galland und Werner Mölders, nutzen nichts. Dennoch sind die britischen Verluste schwerwiegend. Allein zwischen dem 26. August und dem 6. September verliert die RAF 248 Jäger. Dem stehen 322 deutsche Maschinen gegenüber, überwiegend Bomber. Der Tag ist nahe, an dem das Jägerkommando am Ende seiner Kräfte sein wird. Die Engländer scheinen die Schlacht doch noch zu verlieren, und Churchill ist in großer Sorge.

Doch zu seiner großen Erleichterung ändert die Luftwaffe Anfang September ihre Strategie erneut. Statt die Angriffe auf die Flugplätze und Fabriken fortzusetzen, greift sie nun London an. Das ist Irrtum Nr. 5 in der »Battle of Britain« und vielleicht der entscheidende. Hervorgerufen wird er durch eine unzutreffende Meldung des Nachrichtendienstes der Luftwaffe, der angibt, die RAF verfüge nur noch über 150, höchstens 300 Jäger. In Wahrheit sind aber immer noch 600 Maschinen einsatzbereit. Göring glaubt, das Jägerkommando würde gezwungen, seine letzten Reserven einzusetzen, wenn die deutschen Bomber die britische Hauptstadt zum Hauptziel der Angriffe machen. Damit soll gleichzeitig ein Angriff von 81 britischen Bombern am 26. August auf Berlin vergolten werden. Am Abend des 4. September tobt Hitler in einer öffentlichen Rede: »Die Briten sollen wissen, dass wir ihnen unsere Antwort jetzt Nacht für Nacht geben werden … Wenn sie erklären, sie werden unsere Städte in großem Ausmaß angreifen – wir werden ihre Städte ausradieren!« Nun müssen die Me 109 bis zum äußersten Limit ihrer Kraftstoffreserven gehen. Für Luftkämpfe über der Stadt bleiben nur zehn Minuten. Am 7. September erfolgt die erste große Bombardierung Londons. 372 Bomber, begleitet von 642 Jägern, setzen die Dockanlagen in Brand. Die RAF leistet zur Überraschung der Deutschen noch immer heftigen Widerstand. Und am 15. September, dem kritischen Tag in der Schlacht, an dem jeder Bomber sogar von fünf Jägern geschützt wird, verliert die Luftwaffe 56 Flugzeuge, die Briten nur 26.

Jetzt wird klar, dass die RAF unbesiegt ist und die Luftwaffe ihr Ziel, die Lufthoheit vor dem Einsetzen der Schlechtwetterperiode zu erringen, nicht mehr erreichen kann. Am 17. September verschiebt Hitler die Invasion Großbritanniens auf unbestimmte Zeit. Zwischen dem 10. Juli und dem 31. Oktober hat die RAF 915 Maschinen verloren, die Luftwaffe dagegen 1733, fast doppelt so viel.

Unternehmen Barbarossa
(Sowjetunion, 18. Dezember 1940–22. Juni 1941)

Von den fundamentalen Fehlentscheidungen und den zahlreichen Irrtümern Hitlers ist sein Entschluss, im Jahr 1941 die Sowjetunion anzugreifen, sein schwerwiegendster. Vorbereitung und Durchführung der gigantischen Operation sind, auf beiden Seiten, ebenfalls von einer ganzen Kette von Irrtümern begleitet.

Schon im Dezember 1940 beginnt Hitlers »Weisung Nr. 21« mit dem einleitenden Satz: »Die deutsche Wehrmacht muss darauf vorbereitet sein, auch vor Beendigung des Krieges gegen England, Sowjetrussland in einem schnellen Feldzug niederzuwerfen (Fall Barbarossa).« In »Mein Kampf« hat Hitler die Eroberung des Lebensraums im Osten bereits angekündigt. Nun geht er im Sommer 1940 daran, diese Ziele umzusetzen. Als Grund dafür, einen Zweifrontenkrieg zu riskieren, nennt er Englands Hoffnung auf Russland. »Ist aber Russland zerschlagen, dann ist Englands letzte Hoffnung getilgt. Der Herr Europas und des Balkans ist dann Deutschland.« Diese Äußerung Hitlers notiert Generalstabschef Halder in seinem Tagebuch, als am 31. Juli 1940 die Landeoperationen in England besprochen werden.

Er wolle die Fehler »eines anderen berühmten Mannes« nicht wiederholen, äußert Hitler im kleinen Kreis. Ihm ist bewusst, dass Napoleon 1812 durch das Klima und die Tiefe der weiten Räume besiegt worden ist. Aber während Napoleon die Russen zu Fuß verfolgen musste, steht jetzt ein modernes motorisiertes Heer zur Verfügung. Hitler glaubt, dass die Weite des russischen Raumes, vor der schon Clausewitz gewarnt hat, angesichts seiner schnellen Panzerverbände, die in acht Tagen von der Eiffel bis an den Kanal gerollt sind, keine Rolle mehr spielt. Ein Irrtum, wie der Verlauf des Feldzuges zeigen wird. Hitler wiederholt auch in einem anderen Punkt einen Fehler Napoleons. Er greift Russland an, bevor England niedergerungen ist. Letztlich ist es dieser Zweifrontenkrieg, der Deutschlands Niederlage beschleunigt herbeiführt. Es ist faszinierend, darüber zu spekulieren, wie der Krieg ausgegangen wäre, wenn nach dem siegreichen Frankreichfeldzug tatsächlich ein Verständigungsfrieden mit England oder zumindest ein Waffenstillstand erreicht worden wäre. Die deutsche Führung hätte erhebliche, einschneidende Zugeständnisse machen müssen. Aber angesichts der Tatsache, dass auch Churchill ein Kommunistenhasser war, lag eine solche Lösung nicht völlig außerhalb der Möglichkeiten. Die deutschen Truppen der Westfront hätten dann gegen Sowjetrussland eingesetzt werden können und der Feldzug im Osten wäre sicherlich anders verlaufen.

Die von den Generalstabsoffizieren für »Barbarossa« ausgearbeiteten Operationspläne, zunächst von Marcks und dann von Paulus, befriedigen Hitler nicht. Er will eine große Offensive auf möglichst breiter Front mit einer ununterbrochenen Folge von Operationen. Der Krieg gegen Russland soll schnell beendet werden, noch vor Beginn des Winters. Hitler legt die Grundzüge selbst fest. In einem Blitzkrieg à la Frankreich sollen große feindliche Truppenmassen eingekreist und an einem Rückzug in das weite russische Hinterland gehindert werden. Drei Heeresgruppen sollen bis zur Linie Wolga – Archangelsk vorstoßen, eine in der Mitte und zwei auf den Flügeln. Beginn des Angriffs: 15. Mai 1940. Aber auch in diesem Punkt kommt es anders, als Hitler geplant hat. Mussolinis Abenteuer auf dem Balkan verzögert den Angriffsbeginn um fast sechs Wochen. Deutsche Truppen müssen in Jugoslawien und Griechenland zu Hilfe kommen. In einem erneuten Blitzkrieg werden diese Länder besiegt und von deutschen Truppen besetzt, die eigentlich für den Russlandfeldzug vorgesehen waren.

Vorschläge, die Truppe nun vorsorglich mit Winterkleidung zum Schutz gegen die russische Kälte auszurüsten, wischt Hitler vom Tisch. Eine derartige Massenproduktion von Spezialausrüstung würde nur unerwünschte Aufmerksamkeit erregen. »Wir werden noch vor dem ersten Frost in Moskau sein«, erklärt er. »Und dann werde ich Moskau dem Erdboden gleich machen!« Ein Fünftel der Streitkräfte soll dann in Russland bleiben, um die lange Grenze vom Weißen Meer bis zum Kaspischen Meer zu bewachen. Für diese Truppen würden warme Kleidung und Nahrungsmittel für den Winter bereitgestellt, der Hauptteil seiner Soldaten aber würde Weihnachten wieder zu Hause sein, fügt er siegessicher hinzu. »Die Welt hat dann ein neues Gesicht.« Hitler ist in der Tat von einem schnellen Sieg überzeugt und denkt bereits an die »Neuordnung des Ostens«, die Umsiedlung der Russen nach Innerasien. An ihre Stelle sollen germanische Völker treten, einschließlich britischer und niederländischer Kolonisten. »Ich werde aus den eroberten Gebieten ein Paradies machen!«

Am 20. Juni 1941 wird als Geheimsache ein Aufruf Hitlers an die Oberkommandos der Wehrmachtsteile verteilt. Er habe nie versucht, die nationalsozialistische Weltanschauung nach Russland zu tragen, heißt es darin, während der Kreml nichts unversucht lasse, durch Subversion das ganze restliche Europa zur Übernahme des Kommunismus zu bewegen. »In diesem Augenblick, Soldaten der Ostfront, vollzieht sich ein Aufmarsch, der in Ausdehnung und Umfang der größte ist, den die Welt je gesehen hat ... Damit tretet Ihr in einen harten und verantwortungsschweren Kampf ein. Denn: Das Schicksal Europas, die Zukunft des Deutschen Reiches, das Dasein unseres Volkes, liegen nunmehr allein in Eurer Hand. Möge uns allen in diesem Kampf der Herrgott helfen.«

Der Angriff beginnt am frühen Morgen des 22. Juni, die offizielle Kriegserklärung erfolgt erst eine Stunde später. Um 5.30 Uhr ertönt die Stimme von Goebbels aus allen Lautsprechern. Er verliest eine Erklärung Hitlers, die mit dem Satz endet: »Ich habe mich heute entschlossen, das Schicksal des Deutschen Reiches und unseres Volkes wieder in die Hände unserer Soldaten zu legen.« Die Hauptaufgabe fällt der Heeresgruppe Mitte unter Generalfeldmarschall von Bock zu. Mit 49 Divisionen und 930 Panzern soll sie das Zentrum der sowjetischen Verteidigung durchbrechen und auf der »Rollbahn« Brest–Moskau vorrücken. Die Heeresgruppe Süd unter Generalfeldmarschall von Rundstedt soll mit 42 Divisionen und 750 Panzern die Ukraine erobern und die Heersgruppe Nord unter Generalfeldmarschall Leeb Leningrad. Die deutsche Wehrmacht zählt 6 683 000 Mann, wovon 4 900 000 auf das Heer entfallen. Dazu kommen 80 000 Mann Waffen-SS. Die Gesamtverluste an Toten und Verwundeten sind seit September 1939 mit kaum mehr als 100 000 Soldaten relativ gering. Für die Ostfront steht noch genug Menschenpotenzial zur Verfügung, insgesamt 145 Divisionen zuzüglich 28 verbündete Divisionen.

Am Schluss seiner Rede, die Hitler am 14. Juni in der Reichskanzlei vor den Spitzen der Wehrmacht hält, weist er selbst auf die zahlenmäßige Überlegenheit der Roten Armee hin. Dennoch zweifle er keine Sekunde an der deutschen Überlegenheit der Führung, der Ausrüstung und der Kriegserfahrung sowie einem raschen Zusammenbruch des Feindes. Es handle sich nicht um den Konflikt zweier Armeen, sondern um einen Vernichtungskampf zwischen zwei gegensätzlichen Zivilisationsformen. Aber niemand in der deutschen Führung ist sich zu diesem Zeitpunkt über das wahre Ausmaß der gigantischen und sich immer schneller entwickelnden gegnerischen Kriegsrüstung und der personellen und materiellen Überlegenheit der Sowjets im Klaren. Bereits im Mai 1941 verfügen sie über 303 Divisionen. 2500 einsatzbereiten deutschen Flugzeugen stehen 13500 sowjetische Maschinen gegenüber und 7146 deutschen Geschützen 37 000 sowjetische. Und auch bei den Panzern sind sie 5- bis 6fach überlegen. Die Deutschen rechnen am 22. Juni 1941 nur mit sieben Panzerdivisionen und 38 motorisierten Divisionen, tatsächlich sind es insgesamt aber rund 100. Als Guderian die Anzahl der russischen Panzer auf 10 000 schätzt, lacht Hitler ihn aus. In Wahrheit sind es bei Kriegsbeginn sogar 24 000. Die Deutschen besitzen nur 3550 einschließlich der Sturmgeschütze. Davon sind allein 1700 Stück Typen der völlig unzureichenden P I und P II und des leichten tschechischen Panzers P 38, so dass nur 1850 der deutschen Panzer überhaupt in der Lage sind, es mit den sowjetischen aufzunehmen.

Aber nicht nur in der Zahl, sondern auch in der Kampfkraft wird der Gegner gewaltig unterschätzt. Der russische Patriotismus ist keineswegs, wie man angenommen hat, durch das bolschewistische System vernichtet worden. Stalin ruft den »Vaterländischen Krieg« aus, und die tapfere und verbissene Standhaftigkeit des sowjetischen Soldaten und seine Schnelligkeit, sich immer wieder zu sammeln, sind eine große Überraschung für die deutsche Armee. Halder, der Russland als Koloss mit tönernen Füßen bezeichnet hat, hält in seinem Tagebuch fest: »Wir haben bei Kriegsbeginn mit etwa 200 feindlichen Divisionen gerechnet. Jetzt zählen wir bereits 360 … Und wenn ein Dutzend davon geschlagen wird, dann stellt der Russe ein neues Dutzend hin!« Auch der völlig unbekannte neue, hervorragende 26-Tonnen-Panzer T 34 mit einem 7,6-cm-Geschütz ist für die Deutschen eine böse Überraschung. Er ist von der deutschen 3,7-cm-Pak nicht zu knacken. Nur die legendäre 8,8-cm-Luftabwehrkanone kann ihm überhaupt beikommen und wird deshalb im Verlauf der Kämpfe zunehmend im Erdkampf eingesetzt. Und dann tauchen aus den Wäldern, wie Ungeheuer aus der Urzeit, sogar 52-Tonnen-Kolosse auf und südlich von Dubno welche, die 100 Tonnen schwer sind. Am 22. Juni stehen 1861 Panzer der Typen T 34 und KV zur Verfügung. Aber auch die älteren Panzer sind den deutschen Kampfpanzern III und IV in fast allen Gefechtseigenschaften und technischen Daten überlegen. Geradezu fassungslos sind die deutschen Soldaten jedoch beim Auftauchen der »Stalinorgel«, deren heulende Raketen schon nach 32 Sekunden einschlagen. Das vernichtende Feuer dieses Salvengeschützes demoralisiert selbst die besten Einheiten.

Niemand hat das 1941 auf deutscher Seite für möglich gehalten. Noch im Frühjahr 1941 hat Hitler, zur Verblüffung von Guderian, einer sowjetischen Offiziersmission ausdrücklich erlaubt, die deutschen Panzerfabriken und Panzerschulen zu besichtigen und ihr »alles zu zeigen«. Denn er ist überzeugt davon, dass der seit 1941 als »Standardpanzer« eingesetzte, mit einer 7,5-cm-Kanone ausgerüstete, auf acht Laufrollen fahrende und fünf Mann Besatzung benötigende Panzer IV alles an Panzern übertrifft, was die UdSSR einsetzen kann. Er weiß ja nichts von den schweren Panzern der Russen, die das Beste sind, was es zu dieser Zeit auf der Welt gibt. Hitler will den Sowjets Respekt einflößen, aber genau das Gegenteil tritt ein. »Sie wollten aber«, schreibt Guderian, »beim Betrachten unseres Panzers IV nicht glauben, dass dieser unseren schwersten Typ darstellte. Sie erklärten immer wieder, wir verheimlichten ihnen unsere neuesten Konstruktionen, deren Vorführung ihnen Hitler zugesagt habe.«

Eine Ursache für diese verhängnisvolle Unterschätzung des Gegners ist sicher auch im finnisch-russischen Winterkrieg 1939/40 zu sehen. Hitler hat später, am 12. April 1942 im Führerhauptquartier, geäußert, dieser Krieg sei von Stalin mit schwachen Kräften und veralteten Waffen geführt worden, um die Welt und vor allem ihn zu täuschen. Unumwunden räumt er ein, die Sowjets hätten »alles, was ihre Wehrmacht angehe, mit einer Riesentarnung umgeben«. Weder T 34 noch die überschweren KV-Panzer sind im Finnlandkrieg eingesetzt worden. Noch nicht einmal vier Wochen nach Beginn der deutschrussischen Feindseligkeiten notiert Goebbels in seinem Tagebuch: »Wir haben offenbar die sowjetische Stoßkraft und vor allem die Ausrüstung der Sowjetarmee gänzlich unterschätzt. Auch nicht annähernd hatten wir ein klares Bild über das, was den Bolschewisten zur Verfügung stand. Daher kommen auch unsere Fehlurteile.« Hitler sei sehr ungehalten darüber, »dass er sich durch die Berichte aus der Sowjetunion so über das Potenzial der Bolschewisten hat täuschen lassen. Vor allem die Unterschätzung der feindlichen Panzer- und Luftwaffe hat uns in unseren militärischen Operationen außerordentlich viel zu schaffen gemacht. Er hat darunter sehr gelitten. Es handelt sich um eine schwere Krise.«

Ein wesentlicher Faktor des Unternehmens Barbarossa ist nach der Vorstellung der deutschen Führung der Überraschungseffekt. Sie geht davon aus, dass die Sowjets mit einem plötzlichen deutschen Überfall nicht rechnen, zumal seit September 1939 ein Freundschaftsvertrag zwischen beiden Ländern besteht. Die Sowjets sind jedoch sehr wohl über Hitlers Kriegspläne informiert. Zahlreiche sowjetische Agenten, vornehmlich Rudolf Rössler, genannt »Lucy«, in der Schweiz, ein Mitglied der »Roten Kapelle«, und Dr. Richard Sorge, der Presseberater der deutschen Botschaft in Tokio, liefern den Abwehrstellen der Sowjetarmee genaue Informationen über den bevorstehenden Angriff. Sogar das Datum des Einmarschs wird genannt, da Rössler über eine geheime Verbindung zu einer anonymen Quelle direkt im deutschen Generalstab verfügt. Schon am 10. April 1941 beschließt der russische Kriegsrat den geheimen Alarmzustand für die so genannte »Westfront«. Stalin, der während Hitlers Frankreichfeldzug die Gelegenheit genutzt hat, die drei baltischen Staaten zu besetzen, obwohl Litauen nach dem geheimen Zusatzabkommen zur deutschen Einflusssphäre gehörte, versucht alles, um Hitler erneut übers Ohr zu hauen. Er lässt ihn nicht nur in dem Glauben, er wisse nichts, sondern er geht sogar noch einen Schritt weiter. Er rüstet selbst zum Angriffskrieg gegen Deutschland.

Nach dem heutigen Stand der Geschichtswissenschaft, insbesondere nachdem sich seit 1989 in Moskau neue Archive und Akten erschlossen haben, kann davon ausgegangen werden, dass Hitler – ähnlich wie im April 1940 in Norwegen gegenüber den Engländern – einem von Stalin mit Hochdruck geplanten und vorbereiteten Angriff zeitlich nur kurz zuvorgekommen ist. Schon Lenin hat verkündet, es komme nicht darauf an, wer als Erster angreife, wer den ersten Schuss abgebe, sondern auf die Ursachen eines Krieges, auf seine Ziele und die Klassen, die ihn führen. Für Lenin und Stalin ist jeder Angriffskrieg der Sowjetunion gegen jedes beliebige Land von vornherein immer ein reiner Verteidigungskrieg und damit in jedem Falle ein gerechter und moralischer Krieg. Stalin hält seit dem Frühjahr 1940 eine Auseinandersetzung mit dem nazistischen Deutschland für unvermeidlich.

Im Bewusstsein der wachsenden Stärke und Unüberwindlichkeit der Roten Armee hält er auf einem Bankett anlässlich der Ausmusterung der Absolventen der Militärakademie am 5. Mai 1941 eine Rede, in der er sagt, der Zeitpunkt sei nun gekommen, »von der Verteidigung zur Kriegspolitik von Angriffsoperationen überzugehen. Die deutsche Wehrmacht ist nicht unbesiegbar. Sowjetrussland hat bessere Panzer, Flugzeuge und Artillerie als Deutschland und in größerer Zahl. Darum werden wir früher oder später gegen die deutsche Wehrmacht kämpfen.« Die Rote Armee müsse sich an den Gedanken gewöhnen, dass die Ära der Friedenspolitik zu Ende und die Ära einer gewaltsamen Ausbreitung der sozialistischen Front angebrochen sei. Man müsse bereit sein zur bedingungslosen Zerschlagung des deutschen Faschismus. Wie Augenzeugen berichtet haben, hat reichlich Alkohol Stalins Zunge gelöst. Entgegen den sonstigen Gepflogenheiten werden seine Worte der Öffentlichkeit vorenthalten und die Rede verschwindet in den zentralen Parteiarchiven.

Stalin hat sich auf den Eroberungskrieg mit Deutschland systematisch vorbereitet. Spätestens im Frühjahr 1942 hätte er ihn unter einem geeigneten Vorwand vom Zaun gebrochen, um den Nationalsozialismus und den Kapitalismus zu liquidieren. Alles deutet darauf hin, dass er im Mai 1941 den Angriffstermin auf Juli–August 1941 vorgezogen hat. Bereits im Januar 1941 finden strategische Planspiele statt, in denen eine Offensive starker sowjetischer Kräfte aus dem baltischen Raum heraus zur Eroberung von Ostpreußen und Königsberg ebenso durchgespielt wird wie ein Angriff in südwestlicher Stoßrichtung zur Eroberung von Südpolen, der Slowakei und Ungarn.

Bereits am 15. Mai 1941 überreichen General Schukow, der sowjetische Generalstabschef, und Marschall Timoschenko, der Volkskommissar der Verteidigung, unter größter Geheimhaltung Stalin einen gemeinsam von ihnen ausgearbeiteten Angriffsplan gegen Deutschland. Stalin befürwortet den Plan und »monogrammiert« ihn, will aber, wie in vielen bedeutsamen Fragen, offiziell damit nichts zu tun haben. Daraufhin beginnen Schukow und Timoschenko sofort mit der Umsetzung des Plans, der schon neun Tage später, am 24. Mai 1941, in Anwesenheit Stalins Gegenstand einer Konferenz auf höchster Führungsebene wird. Hauptziel des Angriffsplans ist, dem Gegner beim Aufmarsch mit einem überraschenden, vernichtenden Schlag zuvorzukommen und ihn südlich der Linie Brest–Deblin zu vernichten. Deshalb sollen sofort unter dem Anschein von Übungen eine geheime Mobilmachung durchgeführt und Truppen nahe der Westgrenze zusammengezogen werden. Stalin erteilt den Befehl zur Einberufung von 800 000 Reservisten. Aus dem Landesinnern werden auf seine Weisung sieben Armeen und zwei mechanisierte Korps sowie ein Schützenkorps in die Grenzzone in Marsch gesetzt. Das sind 170 Divisionen und 10 000 Panzer. Als zweite Welle sollen weitere 70 Divisionen und 8000 Panzer nachrücken. Die Nachrichtenagentur TASS dementiert am 15. Mai aufkommende Gerüchte über starke Truppenkonzentrationen mit der unverfrorenen Bemerkung, wegen besserer Unterkunftsverhältnisse sei eine einzige Division von Irkutsk nach Nowosibirsk verlegt worden. Sie bezeichnet Gerüchte über Kriegsvorbereitungen gegen Deutschland als »erlogen und provokatorisch«.

Starke motorisierte Verbände und Kavallerieeinheiten werden hauptsächlich in die weit in deutsches Gebiet hineinragenden Frontbögen bei Bialystok und Lemberg verlegt, von wo aus sie Richtung

Lodz vorstoßen und die im Generalgouvernement stehenden deutschen Kräfte einkesseln sollen. Aufgrund ihrer exponierten Stellung
werden sie beim deutschen Angriff allerdings selbst umfasst und eingekreist. Riesige Depots für Waffen, Munition, Treibstoff und Verpflegung sind praktisch im Wirkungsbereich des feindlichen Feuers
angelegt worden. Bei Brest-Litowsk fallen den Deutschen zehn
Millionen Liter Betriebsstoff in die Hände. Viele russische Soldaten,
die gefangen genommen werden, tragen hervorragendes Karten-
material im Maßstab 1 : 50 000 bei sich, das weit nach Deutschland
hineinreicht und besser ist als die eigenen Karten.

Das Vorschieben der Hauptkräfte der Roten Armee nach Westen
bis an die Grenze ist den Deutschen trotz der strikten Geheimhaltung
nicht verborgen geblieben. Aber über das Ausmaß und die Größen-
ordnung hat man völlig falsche Vorstellungen. Es fehlt auch nicht an
Warnungen. Der Chef des OKW, Generalfeldmarschall Keitel, und
der Chef des Wehrmachtführungsstabes, General Jodl, richten zwischen April und Juni 1941 mehrere Schreiben an das Auswärtige
Amt, in denen sie darauf aufmerksam machen, dass Sowjetrussland
»den gewaltigsten militärischen Aufmarsch seiner Geschichte gegen
Deutschland« vollziehe und »jeden Augenblick eine ungeheure sowjetische Truppenmacht« nach Westen in Bewegung setzen könne.
Diese Warnungen sind insbesondere nach dem Krieg als propagandistische Absicherung des bevorstehenden »heimtückischen faschis-
tischen Überfalls auf eine nichtsahnende, friedliebende Sowjetunion«
ausgelegt worden.

Stalin hat im Bewusstsein der eigenen Stärke die einmalige historische Chance erkannt, die schwierige strategische Lage Deutschlands durch einen Zweifrontenkrieg auszunutzen und einen »re-
volutionären Befreiungskrieg« zu beginnen, der die Macht des
Sowjetstaates weit nach Westen ausdehnen soll. Sein Überlegen-
heitsgefühl ist derart groß, dass er glaubt, jederzeit einen Überra-
schungsüberfall Deutschlands, gewissermaßen aus dem Stand heraus, abwehren zu können. Am 5. Juni 1941 erklärt der Vorsitzende
des Präsidiums des Obersten Sowjet der UdSSR, Kalinin, in einem

233

Vortrag vor der Militärpolitischen Akademie: »Die Deutschen beab-
sichtigen uns anzugreifen ... Wir warten darauf! Je eher sie das tun,
desto besser, da wir ihnen dann ein für alle Mal den Hals umdrehen
werden.« Stalin ist beim Beginn des deutschen Angriffs am 22. Juni
deshalb auch keinesfalls geschockt. Sein Schock kommt erst später,
als er feststellen muss, dass er sich geirrt hat und sich an der Front
eine riesige Katastrophe abzeichnet und ihm klar wird, dass seine Il-
lusionen, die besseren Soldaten zu haben, zerrinnen.

Bis vor die Tore Moskaus
(Sowjetunion, 22. Juni–31. Dezember 1941)

Stalin begeht den gleichen Irrtum wie Hitler, er überschätzt die eigenen Fähigkeiten und Möglichkeiten und unterschätzt die des Gegners. Seine selbstherrliche Einschätzung, die deutschen Armeen
beim Einmarsch in die Sowjetunion ohne große Schwierigkeiten zurückwerfen und vernichten zu können, erweist sich als Trugschluss.
Bereits acht Tage nach Beginn des Feldzugs ist Minsk vollständig eingekreist. Die Heeresgruppe Mitte vernichtet hier 30 sowjetische Divisionen, nimmt 290 000 Soldaten gefangen und erbeutet 2500 Panzer und 1400 Geschütze. Im Süden rollen die Panzer bei sengender
Hitze durch endlose Getreide-, Mais- und Sonnenblumenfelder. Die
Bauern in den Dörfern begrüßen die Deutschen als Befreier und reichen ihnen Salz und Brot. Auch im Baltikum werden den deutschen
Soldaten Blumen zugeworfen. Als die Panzergruppe Hoepner die
frühere lettisch-russische Grenze überschreitet und die Stalinlinie
durchbricht, will Hoepner direkt auf das 180 Kilometer entfernte Leningrad zufahren. Sein Angriff wird jedoch angehalten, Leningrad
soll eingeschlossen und ausgehungert werden. General Dietls Ge-
birgsjäger versuchen am 29. Juni vergeblich, den wichtigen Hafen
Murmansk einzunehmen. Er bleibt während des ganzen Krieges in
sowjetischer Hand, so dass wichtige Kriegslieferungen der Westalli-

ierten die Sowjetunion erreichen können. Aber Manstein gewinnt die Schlacht am Ilmensee, Nowgorod fällt.

In der Mitte konzentrieren sich die deutschen Streitkräfte auf die Eroberung von Smolensk, eine Stadt, die in der Geschichte der Invasionen Russlands immer eine wichtige Rolle gespielt hat. Alle Eroberer, die auf Moskau marschiert sind, haben hier Halt gemacht, auch Napoleon. Die deutschen Panzer überqueren den Dnjepr und schließen Smolensk ein. Am 16. Juli wird die unzerstörte Stadt erobert. Ihr Verlust wird von der Sowjetregierung mehrere Wochen lang verschwiegen. Nach Beendigung der Kesselschlachten von Mogilew, Smolensk und Roslawl steigt die Zahl der Gefangenen allein bei der Heeresgruppe Mitte auf über 650 000 Mann. Nun ist Moskau ernsthaft bedroht. Stalin ist davon überzeugt, nur seine Hauptstadt könne das Ziel der weiteren deutschen Vorstöße sein. Das entschlossene Vordringen entlang der napoleonischen Route weist darauf hin, dass Hitler den Spuren des Korsen folgen will. Alle Welt erwartet die baldige Einnahme Moskaus. Deshalb löst Stalin die sowjetische Zentralfront auf, die mit zwei Armeen die Ukraine gegen einen Angriff aus dem Norden abdeckt, und unterstellt sie General Jeremenko in der Mitte. Er soll im Raum Brjansk schnell eine neue Verteidigungsfront aufbauen, um Moskau zu schützen. So gestärkt, erwartet Jeremenko den deutschen Angriff. Aber er wartet vergebens. Stalin hat sich geirrt, die Deutschen kommen nicht. Stattdessen greifen sie im Süden, in der Ukraine an.

Hitler hat seinen Generälen schon am 19. Juli die Weisung Nr. 33 übermittelt. Mit ihr wird die Zerkleinerung der Heeresgruppe Mitte befohlen, sie muss starke Kräfte an die Heeresgruppen Süd und Nord abgeben. Leningrad und die Ukraine haben Vorrang. Am 23. Juli versuchen Brauchitsch und Halder Hitler umzustimmen. Moskau sei als wichtiger Verkehrsknotenpunkt zwischen Nord und Süd und auch zwischen dem europäischen und asiatischen Russland das strategische Hauptziel. Hier, wo der Feind seine letzten Kräfte versammelt hat, müsse der entscheidende Schlag geführt werden. »Moskau ist für mich nur ein geographischer Begriff«, erwidert Hitler. Er befiehlt

Terrorangriffe der Luftwaffe auf die Stadt, die am 21. Juli beginnen. Die Auswirkungen entsprechen allerdings bei weitem nicht seinen Erwartungen. Am 4. August fliegt Hitler überraschend ins Hauptquartier der Heeresgruppe Mitte und ruft dort sämtliche Armeeoberbefehlshaber zusammen. Er befragt sie einzeln über das Ziel der nächsten Operation. Alle sind der gleichen Meinung: Moskau. Auch die Soldaten sind es. Obwohl sich der feindliche Widerstand verstärkt hat, neue sowjetische Panzer und Geschütze aufgetaucht sind und Stalin dazu aufgerufen hat, alles zu vernichten, was sich auf dem Wege der vorrückenden deutschen Armeen findet, ist ihre Moral nach wie vor gut. Sie schreiben auf ihre Panzer und Lastkraftwagen: »Nach Moskau!«

Am 23. August überbringt Halder im Hauptquartier von Feldmarschall Bock Hitlers Entscheidung. Weder Moskau noch Leningrad, sondern die Ukraine! Hitler will sie nicht nur wegen der wirtschaftlichen Vorteile schnell erobern, er möchte auch eine strategische Wende herbeiführen, die den ganzen Feldzug beendet. Seine Generäle begreifen diese Entscheidung nicht, sie halten sie für falsch. Sie verstößt gegen die strategische Grundregel, dem Operationsplan treu zu bleiben und alle Kräfte gegen den Schwerpunkt der feindlichen Macht einzusetzen. Die Generalstabsoffiziere sehen in der Abkehr von Moskau einen schweren Führungsfehler. Bocks Truppen sind in der Mitte 300 Kilometer weiter vorgestoßen als die von Rundstedt im Süden. Das bringt ihn in die Flanke der dort versammelten russischen Streitkräfte. Guderians und Kleists Panzer führen die größte Kesselschlacht des Krieges herbei. Ihre Zange droht sich hinter der eine Million Mann starken Heeresgruppe des schnauzbärtigen Sowjetmarschalls Budjonny zu schließen. Budjonny erkennt die Gefahr und will sich mit seinen 2400 Panzern, darunter zahlreiche T 34, der Umklammerung entziehen und auf den Donez zurückweichen. Doch Stalin glaubt, nur durch das Halten der Stellungen einen Sieg erringen zu können. »Keinen Schritt zurück!«, befiehlt er unerbittlich und schickt alles, was er an Soldaten, Panzern und schweren Waffen aufbringen kann, noch zusätzlich in den

Dnjepr-Bogen. »Stehen oder sterben!«, das kostet Stalin eine Million Soldaten, das kostet die ganze Ukraine. Von innen und außen stürmen die zahlenmäßig weit überlegenen Sowjets gegen den dünnen Einschließungsring an. Aber er hält. Am 19. September fällt Kiew. Der Zugang zur Krim und zum Donezbecken, dem sowjetischen Ruhrgebiet, liegt offen.

Die erstaunlichen Resultate dieser am 26. September zu Ende gehenden Schlacht übertreffen alle Erwartungen und stellen alles in den Schatten, was sich bisher in diesem Krieg ereignet hat. Eine Schlacht mit solchen Zahlen hat es in der Geschichte bisher noch nicht gegeben. Fünf sowjetische Armeen sind zerschlagen, 665 000 Mann marschieren in die Gefangenschaft, 900 Panzer und 3718 Geschütze werden zerstört oder erobert. Hitler hat gegen alle Erwartungen seiner Generäle einen ungeheuren Sieg errungen, der ihn in den Augen seiner Verehrer zum »Größten Feldherrn aller Zeiten« macht. Das Volk kürzt den Titel spöttisch zu »Gröfaz« ab. Jetzt kann Hitler sich den Lebensraum nehmen, den er in »Mein Kampf« gefordert hat. Er spricht davon, das deutsche Herrschaftsgebiet bis 300 Kilometer hinter den Ural auszudehnen. Die Krim, nur von Deutschen besiedelt und mit Berlin durch eine mehrspurige schnelle Autobahn verbunden, soll zur Riviera des Reiches werden. Der gewaltige Sieg überzeugt Hitler davon, dass sein glücklicher Stern ihn nicht verlassen hat und der Feind am Ende seiner Kräfte ist. Doch die schwerste Entscheidung steht Hitler noch bevor.

Napoleon hat einmal gesagt, das Einzige, was ein Feldherr nicht zurückgewinnen könne, sei die Zeit. Sie läuft den Deutschen nun davon und wird zum Bundesgenossen der Sowjets. Schon Anfang September hat es zu regnen begonnen. Die Straßen verwandeln sich in Schlamm. Doch die wirkliche Schlammperiode, die »Rasputiza«, kommt erst jetzt. Man hat davon gehört, aber kein deutscher General kennt sie wirklich. Ende September rechnet die sowjetische Führung nicht damit, dass die Deutschen nach der Schlacht um Kiew noch eine weitere größere Operation beginnen würden. Sie weiß, die große, alle Bewegungen lähmende Schlammperiode wird spätestens

Mitte Oktober einsetzen. Und sie hält Hitler für so klug, seine Armeen nicht in die »Rasputiza« hineinmarschieren zu lassen, während in Russland jeder Verkehr auf dem Lande ruht. Die verbleibenden 14 Tage reichen nach sowjetischer Vorstellung nicht aus, die Armeen so umzustrukturieren und umzudirigieren, dass unmittelbar nach dem Sieg im Süden ein neuer Angriff in der Mitte erfolgen kann. Doch Stalin verkalkuliert sich erneut, die Deutschen schaffen es. Für die Heeresgruppe Mitte werden die größten Kräfte zusammengezogen, die jemals unter dem Kommando eines Frontgenerals standen: 47 Infanteriedivisionen, 14 Panzerdivisionen, neun motorisierte Divisionen, sechs Polizeidivisionen, eine Kavalleriedivision und eine SS-Kavalleriebrigade, insgesamt mehr als 1,5 Millionen Mann. Der Angriff, das Unternehmen »Taifun«, soll am 2. Oktober beginnen. Am gleichen Tag wird in Moskau ein Abkommen unterzeichnet, das Stalin vom 1. Oktober 1941 bis zum 1. Juli 1942 eine umfangreiche Hilfe der Westalliierten verspricht, insbesondere 4000 Panzer, 3000 Flugzeuge, 30 000 LKWs und 100 000 Tonnen Treibstoff. Hitlers Tagesbefehl an die Soldaten der Ostfront beginnt mit den Worten: »Heute ist nun der Beginn der letzten großen Entscheidungsschlacht dieses Jahres.« Man rechnet mit dem Wintereinbruch in etwa sechs Wochen, Mitte November. Bis dahin sollen die deutschen Soldaten längst auf dem Roten Platz in Moskau sein.

Feldmarschall Bock muss nun auf einer viermal längeren Front angreifen, als es die gesamte Wehrmacht am 12. Mai 1940 im Westen getan hat. Die Straßen, die ihm zur Verfügung stehen, machen nur ein Zehntel des belgisch-französischen Straßennetzes aus. Nach Frankreich ist eine deutsche Panzerdivision noch mit 400 Panzern gerollt, nach Russland mit 200. In die Schlacht vor Moskau fährt sie mit 60 – 150 Panzern. Der linke und der rechte Flügel der Heeresgruppe Mitte sollen nördlich und südlich an Moskau vorbeistoßen und die Wolga bis Gorki besetzen, während die Streitkräfte in der Mitte Moskau einschließen und erobern sollen. Die Russen werden von dem Angriff vollkommen überrascht. Die Befestigungsanlagen, die im Raum Moskau in enormen Erdarbeiten errichtet worden sind, werden durchstoßen und überrannt. Schon am 3. Oktober sagt Hitler in einer Rede anlässlich der Eröffnung des Winterhilfswerks: »Ich spreche das hier heute aus, weil ich es heute sagen darf, dass dieser Gegner bereits gebrochen ist und sich nie wieder erheben wird!« Am 7. Oktober, nur fünf Tage nach Beginn der Offensive, ist Wjasma, eine kleine, in einem grünen Tal gelegene Stadt mit 20 000 Einwohnern, in deutscher Hand. Der Feind wird, nachdem er eingekreist ist, von hinten angegriffen. Auch bei Brjansk entsteht ein riesiger Kessel. Noch einmal erringen die deutschen Streitkräfte einen überwältigenden Sieg. Die Erfolge der Doppelschlacht von Wjasma und Brjansk kommen dem Sieg in der Ukraine gleich: 80 Divisionen werden vernichtet und 650 000 Gefangene gemacht. Nichts scheint die Deutschen aufhalten zu können.

Mitte Oktober bricht in Moskau eine Panik aus. Trotz der Zensur der Nachrichten lässt sich nicht verheimlichen, dass die Regierung und das Diplomatische Korps sich ins 900 Kilometer entfernte Kuibyschew abgesetzt haben. Stalin allerdings bleibt im Kreml. Die hastige Evakuierung von Regierung, Behörden und Parteidienststellen signalisiert das nahe Ende. Es kommt zu Aufruhr, Plünderungen und Auseinandersetzungen mit der Polizei. Ruhe kehrt erst wieder ein, als Militär in die Stadt einrückt und der Ausnahmezustand verhängt wird. Marschall Timoschenko wird durch Marschall Schukow ersetzt, derselbe Schukow, der dreieinhalb Jahre später, am 8. Mai 1945, in Berlin-Karlshorst die Kapitulation des Deutschen Reiches entgegennehmen wird. Die Moskauer Bevölkerung wird requiriert und zum Bau von Panzergräben rings um die Hauptstadt eingesetzt. Die Wälder und Felder um Moskau werden vermint. Der russische Rundfunk erinnert in patriotischen Parolen an 1812, trotzdem sind die Straßen nach Osten voller Flüchtlinge. Hitler hat, ebenso wie in Leningrad, untersagt, die Kapitulation Moskaus entgegenzunehmen. Die Einwohner sollen ausgehungert und durch Bombardements zur Flucht aus der Stadt gezwungen werden. Hitler will erst in Moskau einziehen, wenn die Stadt leer ist. Dann soll der ganze Kreml in die Luft gesprengt werden.

Ein russisches Sprichwort sagt: »Im Herbst gibt ein Löffel voll Wasser einen Eimer voll Schlamm.« Am 10. Oktober beginnt der große Regen, vermischt mit erstem Schnee. Die Flüsse treten über die Ufer, riesige Überschwemmungen bilden unüberwindbare Hindernisse. In den grundlosen Wegen sinken die Fahrzeuge bis zur Achse ein und die Pferde bis zum Bauch. Schneeketten oder Raupenschlepper, die die Fahrzeuge hätten ziehen können, sind nicht vorhanden. Von einer halben Million Fahrzeugen verliert das deutsche Heer in kurzer Zeit 150 000. Der gesamte Vormarsch bleibt in der »Rasputiza« stecken, überall in dem Halbkreis vor Moskau heißt es: »Das Ganze halt!« Schnell gebaute Knüppeldämme versinken im Schlamm, selbst die »Rollbahn« nach Moskau ist unbrauchbar geworden. Jeder Nachschub hört auf. Die Soldaten erhalten tagelang kein Brot und müssen sich von dem Wenigen ernähren, was sie im Lande vorfinden. Ihr Schuhwerk ist zerschlissen, die dünnen Uniformen sind verdreckt. Die meisten Häuser sind niedergebrannt, die Fabriken ausgeräumt, die Brücken gesprengt und die Silos zerstört.

Jetzt wird auch ein weiterer Irrtum der Deutschen offenbar. Sie haben die Partisanengefahr nicht ernst genommen. Keiner hat sich vorstellen können, dass der Kampf gegen die Partisanen Form und Ausmaß eines echten Krieges annehmen könnte. Ständige Überfälle aus dem Hinterhalt und Sabotageakte werden nun zu einer ständigen Gefahr. Und es gibt auch keine Reserven mehr, alle Divisionen stehen in der vordersten Linie. Total erschöpft warten sie auf den ersten Frost, warten darauf, dass der Boden hart wird, damit man wieder fahren kann. Der Frost kommt in diesem Jahr sehr früh. Die Temperaturen sinken schnell auf minus 15 Grad. Am 17. November wird der Angriff auf Moskau bei klarem Winterwetter fortgesetzt. Am 20. November setzt starker Schneefall ein. Kurz darauf fällt das Thermometer auf 30 Grad, dann Anfang Dezember auf 40 Grad minus. Der Winter bricht ungewöhnlich früh und mit voller Kraft herein. Es wird ein extrem harter und kalter Winter, wie ihn das Land lange nicht erlebt hat.

Für die Truppen der Roten Armee ist der russische Winter nichts Ungewöhnliches. Sie sind mit wattierten Jacken und dicken Filzstiefeln warm gekleidet, besitzen Ski und wissen, wie man auch bei Schnee und Eis kämpfen kann. Die deutschen Soldaten beginnen zu Tausenden in ihren Sommeruniformen zu erfrieren. Selbst Handschuhe und Schals sind Mangelware. Die Männer ziehen alles übereinander, was sie finden können. Die Knobelbecher der Landser mit den genagelten Sohlen passen so genau, dass Erfrierungen garantiert sind. Die russischen Soldaten bekommen seit eh und je Stiefel mindestens eine Nummer zu groß, damit sie im Winter Stroh oder Zeitungspapier einlegen können. In Deutschland beginnen die Menschen Wolle und warme Kleidung für die Soldaten der Ostfront zu sammeln. Die deutschen Panzer können nicht mehr fahren. Ihre Ketten sind zu Eisblöcken gefroren, das Öl erstarrt in den Motoren, Benzin gefriert zu Klumpen. Kanonen, Maschinengewehre und sogar Handfeuerwaffen werden unbrauchbar. Am 5. Dezember sind die deutschen Truppen, das Ziel vor Augen, vor Moskau buchstäblich festgefroren. Ein Aufklärungstrupp erreicht die Trambahnstation von Chimki, einer Moskauer Vorstadt. Von hier aus sind es nur noch knapp 20 Kilometer bis zum Kreml, die Soldaten können im Rauch der Schlacht seine Türme sehen.

Am 6. Dezember 1941, einem Sonntag, treten die Russen zum Gegenangriff an. Stalin wirft Sibirier und Mongolen in die Schlacht, frische, ausgeruhte Kräfte mit langen Fellmänteln, Schneehemden, Pelzmützen und pelzgefütterten Filzstiefeln. Ihre Waffen schießen dank des Winteröls, und ihre T 34 fahren. Sie rollen zum Teil direkt aus den Moskauer Fabriken aufs Schlachtfeld. Generaloberst Guderian gibt am gleichen Tag bei Temperaturen von über minus 50 Grad auf dem Gut Jasnaja Poljana, wo Tolstoi »Krieg und Frieden« geschrieben hat und wo er auch begraben ist, den Rückzugsbefehl. Es ist ihm nicht gelungen Tula, den Eckpfeiler im Südosten Moskaus, zu nehmen. Guderian meldet Bock telefonisch, dass seine Truppe am Ende ist und nicht mehr weiter kann. In sein Tagebuch schreibt er: »Der Angriff auf Moskau ist gescheitert. Wir haben eine Niederlage erlitten.«

Vor den Toren Moskaus kehren die deutschen Soldaten um, der Traum von der Eroberung der russischen Hauptstadt ist verflogen. Sie lassen Panzer und Fahrzeuge liegen, sprengen sie in die Luft und strömen über kilometerweite Eiswüsten unter großen Menschen- und Materialverlusten zurück. Es gibt keine Auffanglinien, Hitler hat sie verboten. Die einzig mögliche Auffanglinie liegt an der Düna und am Dnjepr. Das bedeutet einen Rückzug von 500 Kilometern bei eisiger Kälte und katastrophalen Wegen. Was würde dann von der deutschen Wehrmacht übrig bleiben? Ein solcher Rückzug hat im Winter 1812 die Grande Armée vernichtet.

Daran hat Hitler sicher gedacht, als er am 16. Dezember aus seinem Hauptquartier in Rastenburg den Befehl erteilt: »Halt! Keinen Schritt mehr zurück!« Kein Fußbreit Boden soll mehr preisgegeben werden. Die Truppe wird zu fanatischem Widerstand gezwungen. Es gelingt ihr später tatsächlich, fast überall die Front zu halten, die russische Winteroffensive abzuwehren und diesen außergewöhnlichen Schreckenswinter in Russland zu überstehen. Hitler entlässt Brauchitsch und macht sich selbst zum Oberbefehlshaber der Wehrmacht. Feldmarschall Bock wird durch Feldmarschall Kluge ersetzt. Wenige Tage vor dem Weihnachtsfest, an dem die deutsche Armee als Sieger in die Heimat hätte zurückkehren sollen, kämpft sie in Eis und Schnee ums nackte Überleben. Die Deutschen gelten nun nicht mehr als unbesiegbar. Hitlers Vorstellung, Sowjetrussland in wenigen Monaten in einem Blitzfeldzug bezwingen zu können, erweist sich als große Illusion. Mit der Niederlage vor Moskau verliert er im Grunde schon den ganzen Krieg. Trotz aller Wachsamkeit der Zensur erfährt die Bevölkerung in der Heimat von der Katastrophe, zum Jahresende macht sich große Ernüchterung breit. Die Absetzung höherer Generäle erweckt den Eindruck, als seien ungeheure Fehler gemacht worden. Goebbels lässt die Parole verbreiten, die Pläne des Führers seien durch die Unfähigkeit und den schlechten Willen der Generäle sabotiert worden. Aber es ist Hitler ganz allein, der ihnen durch die Abänderung des Planes, den zentralen Stoß frühzeitig auf Moskau zu führen, ins Handwerk gepfuscht und in grenzenloser Selbstüberschätzung die Niederlage vor Moskau zu verantworten hat.

Die Kriegserklärung an die USA
(Berlin, 11. Dezember 1941)

Wie kaum ein anderer Mann der Geschichte ist Adolf Hitler bei vielen seiner Entscheidungen großen Irrtümern unterlegen. Er hat, wie Sebastian Haffner es ausgedrückt hat, »mit Staunen erregender Wucht danebengehauen« und letztlich nichts ausgerichtet, sondern nur Ungeheuerliches angerichtet. Der immer noch unerklärlichste Irrtum, sein vielleicht größter Fehler, mit dem er sich 1941 sein eigenes Grab gräbt, ist seine Kriegserklärung an die Vereinigten Staaten vom 11. Dezember 1941. Sie erfolgt wenige Tage nach der Winterkatastrophe an der Ostfront, nach der wahrscheinlich auch Hitler selbst klar geworden ist, dass ein deutscher Sieg in weite Ferne gerückt ist. Warum wird dennoch gegenüber der damals schon stärksten Weltmacht eine Kriegserklärung ausgesprochen, die praktisch eine Einladung an die USA ist, seinerseits Krieg gegen Deutschland zu führen? Denn für eine aktive Kriegführung Deutschlands gegenüber den USA besitzt Hitler nicht genug Mittel. Er verfügt nicht einmal über Fernbomber, mit denen er Amerikas Industriezentren und Städte hätte angreifen können. Wieso ist es dennoch zu diesem »Wahnsinnsakt« gekommen?

Bei dem Versuch, diese Frage zu beantworten, trifft man auch heute noch auf die in unserem Lande weit verbreitete irrige Volksmeinung, Hitler hätte aufgrund seines Bündnisses mit Japan gar keine andere Wahl gehabt. Am Morgen des 7. Dezember 1941 greifen die Japaner ohne Kriegserklärung Pearl Harbor an, den amerikanischen Flottenstützpunkt im Pazifik. Amerika befindet sich nun mit Japan im Krieg. Aber es gibt keine Verpflichtung Deutschlands, diesem Krieg beizutreten. Der deutsch-japanisch-italienische Dreierpakt vom September 1940 ist ein reines Defensivbündnis. Deshalb nimmt Japan an dem deutschen Angriffskrieg gegen Russland auch nicht teil. Es schließt vielmehr mit Russland sogar ein Neutralitätsabkommen, das Russland in die Lage versetzt, sibirische Truppen von der russisch-japanischen Grenze im Osten abzuziehen und gegen die Deutschen vor Moskau einzusetzen. Hitler hätte sich also in der japanisch-amerikanischen Auseinandersetzung ebenso auf die Rolle des Zuschauers beschränken können.

Doch er fasst einen einsamen Entschluss und erklärt während einer am 11. Dezember 1941 extra zu diesem Zweck einberufenen Reichstagssitzung Amerika den Krieg. Mit niemand hat er zuvor darüber gesprochen, weder mit seinem Außenminister noch mit seinen Generalen oder engeren Vertrauten. Mit der Kriegserklärung tut er Roosevelt einen großen Gefallen. Denn der amerikanische Präsident hat seit mehr als einem Jahr vergeblich versucht, Hitler zum Kriegseintritt zu provozieren. Während des ganzen Jahres 1941 hat es solche Provokationen gegeben. Seit dem Leih- und Pachtgesetz vom 11. März 1941 unterstützen die USA die deutschen Kriegsgegner mit Rohstoffen, Nahrungsmitteln und Rüstungsgütern. Im Juni werden deutsche Handelsschiffe in USA-Häfen beschlagnahmt, die deutschen Konsulate geschlossen und alle deutschen Guthaben in den USA konfisziert. Im Juli wird Island als Stützpunkt gegen Deutschland besetzt. Seit August geben amerikanische Schiffe alliierten Transportern im Nordatlantik Geleitschutz und im September erhält die USA-Flotte den Schießbefehl gegenüber allen deutschen Schiffen. Im November werden alle amerikanischen Handelsschiffe bewaffnet.

Die Amerikaner haben hauptsächlich zwei Gründe, einen Krieg gegen Nazi-Deutschland zu führen. Zum einen ist es die Verfolgung der Juden, zum anderen stört Hitler den weltwirtschaftlichen Status quo. Die Vereinigten Staaten sind auf ihren weltweiten Handel existenziell angewiesen, zumal zu dieser Zeit in den USA eine Wirtschaftsflaute herrscht mit 13 Millionen Arbeitslosen. Deutschland und Japan versuchen, die USA aus Europa und Asien zu verdrängen und gefährden damit lebenswichtige USA-Belange. Aber selbst einen Krieg gegen Deutschland zu beginnen, ist für Roosevelt unmöglich. Er hätte das dem amerikanischen Volk nicht erklären können. Hitlers Kriegserklärung nimmt ihm diese Arbeit ab.

Hitler hält Roosevelt allen Ernstes für geisteskrank. Während der Tischgespräche im Führerhauptquartier erklärt er seinen verblüfften Gästen, ein Professor hätte das schon vor Jahren bereits öffentlich festgestellt. Ende 1941 sieht Hitler in den USA die einzige noch kriegsentscheidende Bedrohung. Umso erfreuter ist er, als sie nun in einen schwierigen Pazifikkrieg mit Japan verwickelt werden. Das wird, so glaubt er, die amerikanische Kriegführung in Europa und im Atlantik so gut wie unmöglich machen. Außerdem verschleiert die Kriegserklärung die an der Ostfront eingetretene Krise. Hitler ist tatsächlich davon überzeugt, die USA zusammen mit Japan besiegen zu können. Nun kann er der bisherigen amerikanischen »short-of-war-Politik« (bis an den Rand des Krieges) offensiv begegnen und insbesondere die amerikanischen Rüstungsgeleitzüge und Lebensmittel- und Rohstoffkonvois auf der Fahrt Richtung Großbritannien und Russland uneingeschränkt von seinen U-Booten torpedieren lassen.

Hitler hat keine Ahnung von der tatsächlichen Rüstungskapazität der Amerikaner und ihren hoch technisierten Streitkräften. Nach der Kriegserklärung steigert Roosevelt innerhalb eines Jahres den Bau von Panzern auf 24 000, den von Flugzeugen auf 48 000 Stück. Die Mannschaftsstärke des amerikanischen Heeres wird bis 1943 auf sieben Millionen Mann gesteigert. Und schon am Ende des ersten Kriegsjahres produziert die amerikanische Rüstungsindustrie so viel wie die der drei Achsenmächte zusammen. Bis 1944 wird sie dann noch einmal verdoppelt.

Dieser fast unglaubliche Irrtum Hitlers über das amerikanische Potenzial, das schon im Ersten Weltkrieg letztlich die Entscheidung zugunsten der Alliierten gebracht hat, hat erheblich zur totalen Niederlage Nazi-Deutschlands beigetragen. In völliger Verkennung der Realitäten notiert Goebbels am 11. Dezember 1941 in seinem Tagebuch, die Vereinigten Staaten seien nun nicht mehr in der Lage, »nennenswertes Material« nach England oder Russland zu schicken. Das sei England auch schon klar geworden, es herrsche dort ein »sehr nutzbarer Katzenjammer«. Und voller Überzeugung schreibt er: »Die militär-politische Lage wird im Jahr 1942 für uns nicht ungünstiger, sondern eher noch günstiger sein.«

Der Untergang der 6. Armee
(Stalingrad, 28. Juni 1942–3. Februar 1943)

Keine Schlacht der deutschen Kriegsgeschichte ist so bekannt geworden wie die Schlacht um Stalingrad, der russischen Industriestadt an der Wolga, die heute Wolgograd heißt. Stalingrad kennt jeder. Es ist eine große, erbitterte Schlacht, aber keine Entscheidungsschlacht. Der Krieg dauert noch über zwei Jahre. Aber Stalingrad kennzeichnet das Ende des deutschen Vordringens im Osten, es zerstört endgültig Hitlers Traum vom Großreich. In der »größten Tragödie der deutschen Militärgeschichte«, wie Goebbels am 3. Februar 1943, dem Ende des dramatischen Ringens, emphatisch verkündet, müssen über 150 000 Deutsche ihr Leben lassen. Mythos, Legende und Lügen haben nach dem Krieg eine heftige Kontroverse ausgelöst, die sich mit den Irrtümern auseinander setzt, die auf deutscher Seite der Katastrophe vorausgegangen sind und zu ihr geführt haben.

Schon das Unternehmen »Blau« selbst, Hitlers großer Sommerfeldzug des Jahres 1942, der ihn an die Wolga und zu den Ölquellen des Kaukasus und des Kaspischen Meeres bringen soll, ist mit grundlegenden Irrtümern behaftet. Der erste beginnt damit, dass ein Generalstabsoffizier einer Panzerdivision im Niemandsland eine Bruchlandung macht. Die Russen schlagen ihn tot und nehmen ihm die Geheimpapiere ab, die er bei sich trägt: Die vollständigen Pläne der ersten Phase des Unternehmens »Blau«, des Panzervorstoßes an den Don bei Woronesch. Die Geschichte scheint sich zu wiederholen, denn Ähnliches ist schon im Januar 1940 bei Mechelen mit dem gesamten Feldzugsplan im Westen passiert. Die Operation »Blau«, die weit gefasste Sommeroffensive, soll am 28. Juni 1942 beginnen. Kaltblütig befiehlt Hitler, die operativen Ziele unverändert zu lassen. Er glaubt, die Russen seien nicht imstande, schnell genug zu reagieren. Doch sie reagieren sofort und ziehen starke Kräfte bei Woronesch zusammen. Als General Hoths 4. Panzerarmee am Abend des 3. Juli den Don beiderseits Woronesch' erreicht und mehrere Brücken über den Fluss nimmt, sieht es so aus, als könne die als Eckpfeiler und Verkehrknotenpunkt wichtige Stadt rasch erobert und Marschall Timoschenko der Rückzug über den Don abgeschnitten werden. Aber Woronesch ist vollgestopft mit Truppen und leistet heftigen Widerstand. Es gelingt nicht, die Russen wie geplant einzukesseln und entscheidend zu schlagen.

»Die Russen setzen sich planmäßig ab, mein Führer!«, äußert sich Generalstabschef Halder in einer Lagebesprechung vom 13. Juli. »Unsinn!«, fährt ihn Hitler an, »sie fliehen, sie sind fertig, am Ende!« Er glaubt das tatsächlich und befiehlt, den Angriff auf Woronesch einzustellen und weiter nach Süden vorzudringen. Was sich jetzt abspielt, ist geradezu grotesk. Hitler beginnt zu improvisieren und den ursprünglichen Plan der Operation »Blau« abzuändern, der vorsieht, mit allen Kräften am Don entlang und über die Landbrücke zwischen Don und Wolga auf Stalingrad vorzustoßen. Voller verblendeter Siegeszuversicht zieht er kampferprobte Verbände aus der Front heraus und schickt sie nach Leningrad an die russische Nordfront und, wie zum Beispiel die glänzend ausgerüstete Panzergrenadierdivision »SS-Leibstandarte Adolf Hitler«, an die Westfront nach Frankreich. Außerdem drehen am 13. Juli die 4. Panzerarmee und das 40. Panzerkorps nach Süden ab, um die Russen dort einzukesseln. Das gelingt abermals nicht.

Die 6. Armee des Generals Paulus zieht allein nach Stalingrad weiter. Hitler zersplittert seine Kräfte und verkennt die Lage völlig. Er entlässt den bisherigen Oberbefehlshaber der Heeresgruppe Süd, Generalfeldmarschall von Bock, und teilt sie in zwei Hälften, die

Heeresgruppen A und B. »Damit wird die Schlacht in zwei Hälften zerschnitten«, notiert Bock verärgert in seinem Tagebuch. Hitlers Irrtum, die beiden, zeitlich gestaffelten Ziele der Operation »Blau«, Stalingrad und die Ölfelder bei Baku, durch simple Zweiteilung der vorhandenen Kräfte gleichzeitig erreichen zu können, ist eine der schwerwiegendsten militärischen Fehlentscheidungen, die er während des Zweiten Weltkriegs getroffen hat. Der Vorstoß an die Wolga nach Stalingrad und in den Kaukasus soll jetzt nicht mehr hintereinander, sondern parallel zueinander durchgeführt werden. Die herausgezogenen sieben Divisionen fehlen nun bei Stalingrad. Wären sie geblieben, hätte die Katastrophe von Stalingrad verhindert werden können.

Noch etwas geschieht in diesem für den weiteren Verlauf des Krieges bedeutsamen Monat. Stalin hält am 13. Juli im Kreml Kriegsrat. Sein Stabschef trägt das neue Konzept vor: Keine Kesselschlachten mehr, sondern beweglicher Rückzug, bis hinter die Wolga und tief in den Kaukasus hinein, um den Gegner festzuhalten und zu einer erneuten Überwinterung unter ungünstigen Verhältnissen zu zwingen. Wahrlich kein heroisches Prinzip, aber ein sehr wirksames, dem Stalin schließlich zustimmt. Es ist im Grunde die alte Strategie, an der schon Napoleon gescheitert ist: den Feind in die Tiefe des Raumes und die Weiten Russlands zu locken, bis er erschöpft ist und ein leichtes Opfer wird. Dieses Prinzip hat Hitler bei seiner Entscheidung gründlich verkannt und missachtet. Er irrt auch in der Annahme, die Sowjets hätten keine Reserven und ihre Widerstandskraft würde nun rasch und endgültig zusammenbrechen. In den geringen Beute- und Gefangenenzahlen der letzten Tage und Wochen sieht er einen Beweis dafür, dass die Rote Armee in den letzten Zügen liegt. Ende Juli erklärt er, der Feldzug werde in wenig mehr als drei Wochen die gesteckten Ziele erreicht haben.

Ende Juli 1942 sind die deutschen Panzer nur noch 150 Kilometer von Stalingrad entfernt. Zeit ist ein wichtiger Faktor der Operation. Doch ausgerechnet jetzt bricht während schwerer Gewitterregen der deutsche Nachschub zusammen. Die Panzer der 6. Armee stehen zehn Tage ohne Treibstoff und Munition da. Der Sommer geht vorüber, ohne dass Stalingrad erobert wird. Seine immer wieder angekündigte Einnahme dauert nun bereits schon länger als der ganze Frankreichfeldzug, in der Heimat gibt es nervöse, zunehmende Ungeduld. Ende August haben die Spitzen der 16. Panzerdivision zwar die Wolga erreicht und nördliche Teile der lang gestreckten Industriestadt eingenommen. Aber jetzt geht der Bewegungskrieg in einen Stellungskrieg über, die Generalstabskarte weicht dem Stadtplan. Ein mit äußerster Härte auf und unter der Erde geführter Häuser- und Straßenkampf beginnt. Die Russen sitzen in den Trümmern, Kanälen und Kellern sowie in den tiefen, steil zur Wolga abfallenden Löß-Schluchten und leisten erbitterten Widerstand. Nirgendwo sonst hat es in diesem Krieg bisher einen derartigen Einsatz von Menschen und Material auf engstem Raum gegeben, ganze Divisionen kämpfen um einzelne Häuserblocks, um Fabriken und Trümmerfelder. Deutsche Truppen nehmen das Wasserwerk, den Südbahnhof und hissen die Hakenkreuzfahne auf dem Parteigebäude. Namen wie Geschützfabrik »Rote Barrikade« und Hüttenwerk »Roter Oktober« gehen in die Kriegsgeschichte ein.

Am 9. November hält Hitler im Löwenbräukeller von München seine alljährliche Rede vor den »alten Marschierern von 1923«. Großsprecherisch prahlt er: »Ich wollte zur Wolga kommen, und zwar an einer bestimmten Stelle, an einer bestimmten Stadt. Zufälligerweise trägt sie den Namen von Stalin selber. Aber denken Sie nur nicht, dass ich aus diesem Grunde dorthin marschiert bin, sie könnte auch ganz anders heißen, sondern weil dort ein ganz wichtiger Punkt ist. Dort schneidet man nämlich 30 Millionen Tonnen Verkehr ab, darunter fast neun Millionen Tonnen Ölverkehr …, dort ist ein gigantischer Umschlagsplatz. Den wollte ich nehmen, und, wissen Sie, wir sind bescheiden, wir haben ihn nämlich! Es sind nur noch ein paar ganz kleine Plätzchen da.« Hitler ist mit seiner Ankündigung, Stalingrad sei gefallen, einer Meldung des Generalstabschefs der Heeresgruppe B gefolgt. Doch sie erweist sich als Irrtum. Neun Zehntel der Stadt sind Ende Oktober zwar erobert, aber kleine Teile

im Norden bleiben unter den Augen des fanatischen Politkommis-
sars Nikita Chruschtschow in den Händen der 62. sowjetischen Armee des Generals Tschuikow. Stalingrad ist nicht gefallen.

Am 19. November beginnt tief im Rücken der deutschen Stalin-
gradkämpfer die Operation »Uranus«, die sowjetische Großoffensive. Der Angriff am Don richtet sich gegen die verbündete, schlecht
geführte und unzureichend ausgerüstete und im Panzerkampf völlig
unerfahrene 3. rumänische Armee, einem Schwachpunkt in der lang
gedehnten deutschen Frontlinie. Nach dem Krieg verbreitet sich
weitgehend die Meinung, dieser Gegenstoß, der zur Einkesselung
der 6. Armee in Stalingrad führt, wäre für die Deutschen völlig überraschend gekommen. Dem ist keineswegs so. Die operative Gefähr-
dung der nördlichen Flanke ist im Generalstab seit langem erkannt
worden, und auch einen gleichzeitigen Stoß im Süden Stalingrads mit
der Möglichkeit einer doppelseitigen Umfassung der 6. Armee hat
man ins Auge gefasst. Die Feindaufklärung meldet ab Anfang November immer wieder große russische Bereitstellungen vor den deutschen Fronten nordwestlich und südlich von Stalingrad, Abschnitte,
die von verbündeten Einheiten gehalten werden. Aber man traut den
Sowjets die erfolgreiche Durchführung derart weiträumiger Operationen nicht zu und nimmt deshalb die immer bedrohlichere strategische Lage an den Nebenfronten zugunsten einer taktischen Er-
zwingung des Sieges in der Stadt in Kauf. Es fehlt an Truppen und
Material, um beide Unternehmungen durchzuführen, Einnahme der
Stadt und feste Sicherung der Flanken. Ebenso falsch ist die Behauptung, die verbündeten Truppen der Rumänen, Italiener und Ungarn
trügen die Alleinschuld für die Katastrophe an der Wolga.

Schon am 23. November ist die ganze 6. Armee eingeschlossen. Es
stehen hinter der Front keine ausgeruhten Eingreifreserven zur Verfügung, die den Russen entgegengeworfen werden könnten. Rund
eine Viertelmillion Mann sitzen in der Falle. Das Wetter ist auch diesmal Stalins Verbündeter. Schneestürme fegen über die Steppe und
nehmen jede Sicht, Stukas und Schlachtflieger können kaum zum
Einsatz kommen. Paulus funkt an das Oberkommando des Heeres,

er werde sich einigeln. Aber gleichzeitig erbittet er Handlungsfreiheit für den Fall, dass die Lage es erfordert, sich schnell abzusetzen und in südwestlicher Richtung auszubrechen. Hitler verweigert die Handlungsfreiheit und befiehlt in einem persönlichen Funkspruch der Armee, stehen zu bleiben. »Die 6. Armee muss wissen, dass ich alles tun werde, ihr zu helfen und sie zu entsetzen.« Am 23. November bittet Paulus kurz vor Mitternacht nach Rücksprache mit den Kommandierenden Generalen seiner Armee noch einmal dringend um die Genehmigung zum Ausbruch. Am 24. geht gegen 8.30 Uhr morgens Hitlers Antwort ein. Sie trägt die Überschrift »Führerentscheid«, das ist die höchste und strikteste Befehlsstufe. Hitler befiehlt, alle noch westlich des Don stehenden Verbände in den Kessel hineinzuziehen und die jetzige Wolgafront und Nordfront unter allen Umständen zu halten. Am Schluss steht lapidar das Wort »Luftversorgung«. Das ist das Todesurteil für die 6. Armee, die Konsequenz aus einem weiteren Irrtum.

Die Führung der Luftwaffe glaubt nämlich allen Ernstes, dass es möglich ist, eine Luftbrücke nach Stalingrad zu organisieren und eine ganze Armee aus der Luft zu versorgen. Das hat Göring seinem Führer persönlich garantiert. Hitler fühlt sich in seiner unerschütterlichen Überzeugung bestärkt, dass er Recht hat und er es erneut allein ist, der inmitten einer schweren Krise einen kühlen Kopf bewahrt. Zwischen Januar und April 1942 ist eine Versorgung von sechs Divisionen mit über 100 000 Mann im Kessel von Demjansk aus der Luft schon einmal gelungen. Aber Stalingrad ist nicht Demjansk. Der Kommandeur der Luftflotte 4, Generaloberst von Richthofen, spricht von »hellem Wahnsinn«. Dennoch erhält er am 24. November den Befehl, täglich und auf unbegrenzte Zeit 300 Tonnen Sprit, Waffen, Munition und Lebensmittel in den Kessel zu fliegen. Aber die 6. Armee braucht mindestens 1000 Tonnen täglich. Die Luftwaffe ist eindeutig überfordert, die Transportstaffeln können ihren Auftrag nicht einmal annähernd erfüllen. Sie schaffen höchstens 20% des Tagesbedarfs, an den meisten Tagen viel weniger. Dichter Nebel, wechselnd mit Eisregen und Schnee, verhindern jeden regelmäßigen Flugbetrieb. Die Verpflegungssätze müssen auf ein Minimum gesenkt werden, und am 21. Dezember gibt es die ersten Hungertoten. Dennoch versuchen die tapferen Flieger alles, um ihren eingeschlossenen und hungernden Kameraden zu helfen. Bis zum 31. Januar 1943 gehen 488 Maschinen verloren, das entspricht der Stärke eines ganzen Fliegerkorps.

In der Nacht zum 24. November nimmt General Seydlitz-Kurzbach den linken Flügel seines Korps an der Wolgafront des Kessels entgegen den klaren Befehlen zurück. Er überreicht Paulus anschließend eine Denkschrift, in der er ihn zum Ungehorsam auffordert und den sofortigen Ausbruch der gesamten Armee verlangt. Doch Paulus ist kein Rebell, er hält sich an den Führerbefehl. Nach dem Kriege ist ihm vorgeworfen worden, er hätte diesen Befehl, der erkennbar das Ende für die 6. Armee bedeutete, nicht befolgen dürfen, sondern auf eigene Faust ausbrechen müssen. Auch das ist ein Irrtum. Denn die 6. Armee ist Ende November 1942 gar nicht dazu in der Lage, aus eigener Kraft den Ausbruch zu schaffen. Paulus kann von sich aus einen solchen Entschluss gar nicht fassen und auch nicht voraussehen, dass seine Forderungen hinsichtlich Entsatz und Versorgung nicht erfüllt werden. Er kann gar nicht anders handeln. Und als sich herausstellt, dass eine ausreichende Luftversorgung nicht möglich ist, ist es für einen selbstständigen Ausbruch zu spät. Die Kräfte reichen gerade noch zum Halten, nicht mehr für einen Angriff.

Die Soldaten von Stalingrad hoffen auf einen Entsatz von außen, auf einen Mann, der seit dem 26. November den Oberbefehl über die neu gebildete Heeresgruppe Don übernommen hat: Generalfeldmarschall von Manstein. Er funkt an Paulus: »Wir werden alles tun, um Sie herauszuhauen!« Zwei frische Panzerdivisionen werden aus Frankreich herangeführt, und aus dem Kaukasus kommt die 23. Panzerdivision in Eilmärschen heran. Am 12. Dezember tritt der erfahrene und kühne Generaloberst Hoth mit den ihm unterstellten Verbänden und 232 Panzern von Süden her zur Operation »Wintergewitter« an, den Entsatzangriff auf den Kessel von Stalingrad. Vor den Panzern liegen 100 Kilometer stark verteidigtes Feindgebiet. Der

Angriff kommt trotz des meterhohen Schnees gut voran. Die überraschten Russen werden geschlagen und weichen aus. Am 20. Dezember ist Hoth nur noch 50 Kilometer vom Südrand des Kessels
entfernt. Hinter den Panzertruppen stehen Kolonnen mit 3000 Tonnen Verpflegung und Munition bereit, genug, um der 6. Armee neue
Kampfkraft zu geben. Für sie hat Manstein die Operation »Don-
nerschlag« vorbereitet, sie soll, ohne dass Hitler das genehmigt hat,
unter Zurücklassung schwerer Waffen und allen Geräts zum Befrei-
ungsmarsch antreten und einen Korridor zu Hoths Divisionen
schlagen. Das Drama hat seinen Höhepunkt erreicht.

Bereits am 16. Dezember sind drei russische Armeen am mittleren
Don zum Gegenangriff angetreten. Sie überrennen die 8. italienische
Armee und stürmen südwärts Richtung Rostow. Es ist nichts da, was
sie aufhalten könnte. Kommen die Sowjets bis Rostow durch, ist die
ganze Heeresgruppe Don abgeschnitten und dazu die Heeresgruppe
A, die im Kaukasus steht. Es droht ein Über-Stalingrad. Es geht nicht
mehr um 200 000 Soldaten, sondern um anderthalb Millionen. Manstein steht vor einer schweren Entscheidung. Ihm bleibt gar nichts
anderes übrig, als Hoths besten Verband, die aus Frankreich gekom-
mene 6. Panzerdivision des Generals Raus, herauszulösen und Richtung Rostow zu schicken, um den Vorstoß abzublocken. Das bedeutet das Ende von »Wintergewitter«. Nun hat Hoth keine Chance
mehr, bis nach Stalingrad vorzudringen.

Am 9. Januar 1943 bieten die Russen eine ehrenvolle Kapitulation
an. Paulus lehnt ab. Er glaubt, was das Führerhauptquartier ihm sagt:
Die 6. Armee bindet durch ihren Kampf mehrere sowjetische Armeen und schützt damit den ganzen bedrohten Südflügel der Ostfront. Der Ring um Stalingrad zieht sich immer enger. Am 16. Januar geht der Flughafen Pitomnik verloren, kurz darauf auch der letzte
Flughafen Gumrak. Nun muss alles mit Fallschirmen abgeworfen
werden. Aber bei der schlechten Sicht verfehlen viele ihr Ziel, Brot
und Munition gehen beim Gegner nieder. Paulus bittet Hitler um
Genehmigung, kapitulieren zu dürfen. Hitler verbietet eine Kapitulation. Für ihn ist Stalins Stadt ein Symbol, das unter allen Umstän-

den gehalten werden muss, genauso wie Stalin es für seine Soldaten angeordnet hat. Hitler befiehlt »heldenhaftes Ausharren bis zum letzten Soldaten« und befiehlt damit den Untergang. Am 30. Januar ernennt er Paulus zum Generalfeldmarschall. Noch nie hat sich in der Kriegsgeschichte ein deutscher Feldmarschall in Gefangenschaft begeben. Mit der Ernennung will Hitler verhindern, dass Paulus das tut, der letzte Irrtum, dem Hitler in der Schlacht um Stalingrad unterliegt. Einen Tag später fordert Paulus seine Kommandeure auf sich zu ergeben. Er selbst geht, ohne zu kapitulieren, in Gefangenschaft. »Der Mann hat sich totzuschießen«, tobt Hitler vor Wut, »so wie sich früher die Feldherren in das Schwert stürzten, wenn sie sahen, dass die Sache verloren war!«

Am 2. Februar 1943 erlischt der letzte Widerstand in Stalingrad. Über 80 000 Soldaten bleiben auf dem Schlachtfeld, über 90 000 elende und nur noch in Lumpen gekleidete Männer begeben sich in russische Gefangenschaft. Von ihnen kehren Jahre später nur 6000 in die Heimat zurück. Am 3. Februar geht eine Meldung aus dem Führerhauptquartier über alle deutschen Sender. Als die Bevölkerung sie vernimmt, sitzt der Schock tief. Der Sprecher verkündet pathetisch: »Der Kampf um Stalingrad ist zu Ende. Ihrem Fahneneid getreu ist die 6. Armee unter der vorbildlichen Führung des Generalfeldmarschalls Paulus der Übermacht des Feindes und der Ungunst der Verhältnisse erlegen … Unter der Hakenkreuzflagge, die auf der höchsten Ruine gehisst wurde, vollzog sich der letzte Kampf. Generale, Offiziere, Unteroffiziere und Mannschaften fochten Schulter an Schulter bis zur letzten Patrone. Das Opfer der Armee war nicht umsonst. Sie starben, damit Deutschland lebe.« Und dann spricht Heinrich George mit dunkler fester Stimme die Worte: »Wie geht der Starke in den Tod? Der Krieger antwortet: Die Haltung, die der Mensch dem Tode gegenüber einnimmt, zeigt seinen wahren Wert. Der Schwache zittert vor dem Tod wie er vor dem Leben zittert. Der Tod ist wie das Leben eine Entscheidung, zu der nur starke Herzen sich bekennen können. Der Starke, der nach dem Gesetze wertet, hat weder Furcht noch Liebe dem Tode gegenüber. Weil er die Furcht nicht kennt, nimmt er im Kampfe seines Lebens auf den Tod nicht Rücksicht.« Markige Worte, die mit keiner Silbe gewahr werden lassen, dass Hunderttausende sinnlos und erbarmungslos ein Opfer katastrophaler Irrtümer und Fehler der deutschen Führung geworden sind.

Unternehmen »Overlord« (Normandie, 6. Juni 1944)

Ende 1941 beherrscht Hitler fast ganz Europa und scheint auch in Russland zu siegen. Dennoch hat der britische Premierminister Winston Churchill den Gedanken an eine Rückkehr auf das europäische Festland nicht aufgegeben. Es ist seine Idee, für die alliierte Landeoperation in Frankreich, die den Namen »Overlord« erhält, künstliche Häfen zu bauen, so genannte »Mulberries« (Maulbeeren), deren Kopfenden draußen im Wasser schwimmen sollen. Denn es ist klar, dass jede zunächst geglückte Landung scheitern muss, wenn der Nachschub nicht sichergestellt ist. Churchill ist sich bewusst, dass die Invasionstruppe täglich Tausende von Tonnen an Brennstoff, Munition und Verpflegung benötigen wird. Aber einen Hafen mit entsprechender Kapazität frühzeitig zu erobern, scheint unmöglich. Deshalb beginnt man auf Churchills Weisung schon im Mai 1942 mit der Planung und Konstruktion solcher »Maulbeerhäfen«. Und im Dezember desselben Jahres erhält der britische General Frederick E. Morgan den Befehl, mit seinem Stab die Invasion Europas technisch vorzubereiten. Es entsteht die umfangreichste Generalstabsstudie, die je erstellt worden ist.

Die Frage, welches die geeignetste Landezone ist, führt zu einem bis ins Jahr 1944 andauernden Disput. Holland scheidet aus, weil die Küstengebiete leicht unter Wasser gesetzt werden können. Ebenso Belgien, weil die Meeresströmungen dort zu stark sind. Die Bretagne ist zu weit entfernt. Der Pas de Calais, die engste Stelle des

Kanals mit den kürzesten Anmarschwegen, bietet einige Vorteile. Aber gerade sie ist stark befestigt. Und die gegenüberliegenden Häfen Dover und Folkestone sind viel zu klein, um die Invasionsflotte aufzunehmen. Sie hätte von der gesamten englischen Südküste, insbesondere den großen Häfen zwischen Plymouth und Brighton, losfahren müssen. Diesen gegenüber liegt verlockend die weit weniger befestigte Halbinsel Cotentin, noch nah genug, um den alliierten Fliegern mehrere Starts pro Tag zu ermöglichen. So fällt die Wahl schließlich auf die untere Normandie, den Raum zwischen Cherbourg und Caen. Anfang 1944 wird der endgültige Plan ausgearbeitet. Die zunächst gleichzeitig vorgesehene, auf der Konferenz in Teheran 1943 beschlossene Operation »Anvil«, die Landung in der Provence, wird zugunsten von »Overlord« fallen gelassen. Am 14. Januar 1944 übernimmt General Eisenhower an der Spitze eines britisch-amerikanischen Generalstabs (SHAEF) sein Kommando.

Die Alliierten möchten die Deutschen gern zu der nahe liegenden Annahme verleiten, eine Landung würde tatsächlich am Pas de Calais stattfinden. Deshalb wird in Dover eine Geisterflotte aus Landungsboot-Attrappen zusammengezogen. Man täuscht Militärlager vor und bombardiert die Region um Calais fast jede Nacht und viel stärker als andere Gebiete. Und man hat tatsächlich Erfolg damit, in einem Ausmaß, das die Erwartungen weit übertrifft. Denn es ist Hitler selbst, der noch an ein Ablenkungsmanöver und einen Hauptstoß weiter östlich glaubt, als die Alliierten bereits in der Normandie gelandet sind. Er ist ebenso wie der Chef des Wehrmachtführungsstabes, Generaloberst Jodl, davon überzeugt, sie würden den kürzesten Weg über das Meer wählen, weil er auch gleichzeitig den schnellsten Zugang zum Ruhrgebiet verspricht.

Der »Atlantikwall« wird zum Lieblingskind der deutschen Propaganda. Hitler holt Ende 1943 Generalfeldmarschall Erwin Rommel nach Frankreich und übergibt ihm den Oberbefehl über die Heeresgruppe B, deren Befehlsbereich sich von der deutsch-holländischen Grenze bis zur Loiremündung erstreckt. Rommel soll die bedrohten Küsten verteidigungsbereit machen. Er macht sich sofort an die Arbeit und unternimmt alles, um eine Invasion zu vereiteln. Er lässt fast 50 Millionen Minen verlegen und mit Sprengkörpern versehene Hindernisse in den Strandabschnitten errichten, zum Teil unter Wasser. Auf allen ebenen Flächen an der Küste und im Hinterland werden kräftige Pfähle eingerammt, die so genannten »Rommel-Spargel«, die feindliche Lastensegler an der Landung hindern sollen. Mit Hilfe der Organisation Todt werden die Bunker und Küstenbatterien verstärkt und tiefer gelegene Landflächen durch das Anstauen von Flüssen überflutet. Und an der Straße von Dover sind die Verteidigungsanlagen auf Befehl des Führers besonders stark. Millionen Menschen in den von den Deutschen besetzten Gebieten sind davon überzeugt, dass sich jeder Landungsversuch der Alliierten an diesen unbezwingbaren Hindernissen festrennen und mit einem großen Fehlschlag enden wird.

Rommels Plan ist, die Invasoren sofort zurück ins Meer zu werfen. Er kalkuliert die alliierte Luftüberlegenheit ein, durch die jede größere Truppenbewegung am Tage gegen einen bereits gelandeten Gegner von vornherein zum Scheitern verurteilt ist. Rommel sieht die einzige Chance darin, den Feind in dem Augenblick zu schlagen, da er von den Schiffen geht. Deshalb sollen Waffen und Hindernisse in unmittelbarer Nähe der Strandzonen bereitstehen und die Kampfeinheiten einschließlich der Divisionsstäbe unmittelbar an die Küste verlegt werden. Und vor allem muss über möglichst in der Nähe stehende Reserven sofort verfügt werden können. Das sieht der Oberbefehlshaber West, Generalfeldmarschall von Rundstedt, allerdings ganz anders. Der Aristokrat und Generalstäbler alter Schule glaubt nicht an den Erfolg einer Abwehrschlacht auf dem Strand. Er bezweifelt, ob Rommel wirklich für ein derart großes Kommando geeignet ist und setzt alles daran, dass er ihm wieder unterstellt wird. Rundstedt will die feindlichen Armeen kommen lassen und dann im weiträumigen Bewegungskrieg, wie 1939 in Polen, 1940 in Frankreich und 1941 in Russland, den Gegner schlagen. Deshalb befürwortet er Panzer-Eingreifreserven weit im Hinterland. Er will nicht einsehen, dass die Möglichkeiten klassischer, schneller Panzervorstöße angesichts der totalen alliierten Luftüberlegenheit begrenzt sind. Hitler stimmt zu, dass wenigstens die 21. Panzerdivision in den Raum von Caen vorgezogen wird. Denn hier erwartet er ja die Landung. Aber die 12. SS-Panzerdivision »Hitlerjugend« und vor allem die kampfkräftige Panzer-Lehrdivision werden weit gestaffelt bis in den Raum von Orleans zurückverlegt und als OKW-Reserve dem Führerhauptquartier direkt unterstellt. Eine Entscheidung mit katastrophalen Folgen.

Die Deutschen wissen also weder genau, wann die Landung stattfinden, noch wo sie erfolgen wird. Sie wissen nur, dass sich in England etwas Großes vorbereitet. Hier ist eine gewaltige Streitmacht aufmarschiert, eine Armee von insgesamt 3,5 Millionen Mann. Dazu kommt Kriegsmaterial von 20 Millionen Tonnen. Für das Übersetzen derart riesiger Materialmengen und eines derart großen Heeres mit über 4000 Schiffen gibt es in der Geschichte bisher kein Beispiel. Und es soll nicht nur landen und in künstlichen Häfen ausgeschifft werden, sondern sofort auch schnelle und weiträumige Bewegungen durchführen. Die ursprünglich für den Mai vorgesehene Operation wird auf den Juni 1944 verschoben, weil man hofft, dass dort klares Sommerwetter mit wenig Wind und guter Sicht vorherrschen würde. In der Zeit vom 5. bis 7. Juni kommen noch mondhelle Nächte für die Luftlandeeinheiten hinzu, und die Flut setzt erst im Morgengrauen ein. Deshalb setzt Eisenhower die Landung für den 5. Juni fest.

Aber dann zieht Anfang Juni ein ausgedehntes Tiefdrucksystem mit heftigen Regenschauern, starken Windböen und tief hängenden Wolken vom Atlantik her über Westeuropa hinweg. Bei solch hohem Wellengang können die Schiffe unmöglich auslaufen und noch weniger Truppen anlanden. Das Unternehmen »Overlord« wird gestoppt. Eine Verlegung, möglicherweise bis in den August hinein, zeichnet sich ab. Am 5. Juni abends hält Eisenhower eine Besprechung ab, bei der auch der Chefmeteorologe, Gruppenkapitän J. F. Stagg von der Royal Airforce, zugegen ist. Die nun für den 6. Juni, fünf Uhr morgens vorgesehene Landung könnte seiner Ansicht nach wegen der schlechten Wetterbedingungen zu einem Desaster führen. Aber dann sagt er für die nächsten 24 Stunden eine leichte Tendenz zur Besserung voraus. Der Wind würde wahrscheinlich abflauen und der Himmel stellenweise aufreißen. Aber garantieren könne er das nicht. Montgomery spricht sich dafür aus, »Overlord« unverzüglich durchzuführen. Es sind nur noch wenige Minuten bis 22 Uhr, dem spätesten Zeitpunkt, zu dem eine Entscheidung noch getroffen werden kann. Dann gibt Eisenhower den Startbefehl für »Overlord.« »Ich treffe diese Entscheidung mit Bedauern«, sagt er, »aber sie muss jetzt getroffen werden.«

Die deutschen Meteorologen sind sich dagegen sicher, dass vorerst keine Wetterbesserung zu erwarten ist. Ihnen fehlen die weiträumigen Wetterbeobachtungen vom Atlantik. Dementsprechend rechnen die Generäle an der Westfront mit keinen Landeoperationen um den 6. Juni herum. Die Kommandeure der 7. Armee sind zu einem Kriegsspiel nach Rennes befohlen worden. Und Rommel fährt in den Urlaub nach Deutschland. Er glaubt sowieso nicht, dass die Alliierten noch vor Einsetzen der Flut im Morgengrauen landen würden. Er nimmt an, sie würden sich der Flut bedienen, um möglichst nahe an die Küste heranzukommen. Doch die Alliierten entscheiden sich für eine Landung bei Ebbe. Nun liegen die von den Deutschen eingebauten Hindernisse deutlich sichtbar über dem Wasserspiegel und können größtenteils umgangen werden. Und auch das Wetter bessert sich tatsächlich. Schon in der Nacht landen Luftlandeeinheiten und Fallschirmjäger im Hinterland. Aber die Alliierten werfen auch als Fallschirmjäger verkleidete Puppen ab, die mit Feuerwerkskörpern behängt sind. Bei der Landung krepieren sie und täuschen einen wild um sich schießenden Mann vor. Als diese Nachricht bei den Stabsoffizieren der Heeresgruppe B eintrifft, verbreitet sich noch mehr Gelassenheit.

Die Nachrichtenstelle der am Pas de Calais liegenden 15. Armee hat allerdings erfahren, dass die französischen Widerstandsorganisationen verschlüsselt über den britischen Rundfunk (BBC) vorgewarnt werden sollen. Sobald die erste Zeile des Herbstgedichtes von Paul Verlaine (»Les sanglots long des violons de l' automne …«) zitiert würde, soll Alarmbereitschaft herrschen. Die Durchgabe der zweiten Zeile (… blessent mon cœur d' une langeur monotone«) bedeutet, dass die Landung in den nächsten 48 Stunden erfolgt. Die deutsche Abwehr hört die erste Zeile am 1., 2. und 3. Juni. Und dann fangen sie in der Sendung der BBC am 5. Juni um 21 Uhr die zweite Zeile auf. Der Befehlshaber der 15. Armee, Generaloberst von Salmuth, versetzt seine Einheiten daraufhin in höchste Alarmbereitschaft und gibt die Nachricht sofort ans OKW in Rastenburg und den OB West weiter. Aber Rundstedt winkt ab und meint, Eisenhower würde die Invasion doch nicht über den Rundfunk ankündigen.

Am Pas de Calais steht alles in Bereitschaft, aber in der Normandie rührt sich nichts. Eine groteske Situation. Aber Rundstedt alarmiert immerhin die OKW-Reserve und bittet im Führerhauptquartier um sofortige Freigabe der beiden Divisionen. Dort will man jedoch den schlafenden Führer nicht wecken. Die Freigabe erfolgt erst am späten Nachmittag des 6. Juni. Und wegen der alliierten Luftüberlegenheit können die Panzer nur nachts fahren. Hitler stellt ausdrücklich klar, dass es sich bei dieser Landung nur um eine Finte handeln könne. Die eigentliche Invasion stehe noch bevor. Deshalb verbietet er strikt, auch nur eine einzige Einheit aus dem Bereich der 15. Armee am Pas de Calais abzuziehen. Zu diesem Zeitpunkt haben bereits fast 20 000 alliierte Soldaten auf dem Boden der Normandie die Brückenköpfe »Utah«, »Omaha«, »Gold«, »Juno« und »Sword« gebildet. Schon am Abend des 6. Juni steht es fest, die Landung ist geglückt. Und Rommel behält Recht: Ist erst die Schlacht um den Strand verloren, kann die Invasion nach Europa nicht mehr aufgehalten werden. Der deutsche Wehrmachtsbericht spricht am Abend des 6. Juni lediglich von heftigen Kämpfen an der Küste. Dass die Amerikaner bereits befestigte Brückenköpfe errichtet und auch schon die ersten kleinen Städte erobert haben, wie zum Beispiel Sainte-Mère-Eglise, erwähnt er nicht.

Deckname: »Wacht am Rhein«
(Ardennen, 16.–28. Dezember 1944)

Im Spätherbst 1944 liegt die »Festung Deutschland« bereits unter
Direktbeschuss. Im Westen hat der Vormarsch der Alliierten durch
Frankreich die deutschen Grenzen erreicht und zum ersten Mal seit
dem Stellungskrieg im Winter 1939/40 findet der Krieg auf deutschem Boden statt. An der Ostfront steht die Rote Armee an der
Weichsel und sammelt sich für eine neue Großoffensive. Die Hoffnungen der Alliierten, den Krieg noch 1944 beenden zu können,
haben sich allerdings nicht erfüllt. Wider Erwarten haben die Deutschen an der Reichsgrenze, am so genannten Westwall, wieder eine
geschlossene Front hergestellt, was nach Hitlers eigenen Worten an
ein Wunder grenzt. In blutigen Abwehrschlachten, insbesondere
im Hürtgenwald, haben sie erbitterten Widerstand geleistet und
mit großer Zähigkeit gekämpft. In der amerikanischen Armee
herrscht über den fortgesetzten hartnäckigen Widerstand eine
leichte Verblüffung. Irgendwie ist man frustriert und verärgert,
Weihnachten nun doch nicht zu Hause sein zu können. Man hat geglaubt, die Deutschen seien ausgeblutet und am Ende. Über vier
Millionen Soldaten sind seit Kriegsbeginn gefallen. Allein in den
letzten drei Monaten betrugen die Verluste 1,2 Millionen Mann, die
Hälfte davon an der Westfront. Und bei der Flucht aus Frankreich
sind über 2000 Panzer und Sturmgeschütze verloren gegangen. Aber
noch immer hat die Wehrmacht rund zehn Millionen Mann unter
Waffen.

Im Dezember 1944 glaubt in der amerikanischen Armee allerdings
kaum jemand ernsthaft daran, dass die Deutschen nach den Aderläs-
sen der letzten Zeit noch in der Lage sein würden, einen wirkungs-
vollen Schlag zu führen. Das ganze Denken ist auf Angriff ausgerichtet, Abwehrüberlegungen und Verteidigungsstrategien zählen
nicht zu den Stärken der amerikanischen Soldaten. Diese übertriebe-
ne Angriffspsychologie führt im Dezember 1944 fast zur Katastrophe, als die Amerikaner ihre Fehleinschätzung erkennen müssen und

von den Deutschen geradezu übertölpelt werden. Der Generalstab hat fertige Pläne für die Winteroffensive über den Rhein in der Schublade, mit einer deutschen Großoffensive im Westen rechnet niemand. Sie kommt völlig überraschend.

Die Vorbereitungen dazu liegen schon Monate zurück. Das deutsche Oberkommando hat beschlossen, sämtliche neu aufgestellten und wieder aktivierten Panzer- und Infanteriedivisionen zu einer frischen Stoßtruppe zusammenzufassen. Bis November 1944 stehen allein 18 neue, wohl ausgerüstete Volksgrenadierdivisionen bereit. Bereits am 16. September 1944 hat Hitler nach einer Lagebesprechung in der »Wolfsschanze« in Gegenwart von Keitel, Jodl und Guderian seine Absicht kundgetan, in den Ardennen alsbald eine Offensive zu starten. Sie soll schräg hinauf über die Maas bis nach Antwerpen führen, den Alliierten den wichtigen Nachschubhafen nehmen und im südlichen Holland und nördlichen Belgien rund 30 alliierte Divisionen abschneiden. Der Feind sei erschöpft, erklärt Hitler, und seine 70 Divisionen reichten nicht aus, um eine Front von 700 Kilometer Länge zu halten. Glatteis und Schnee könnten zwar die Durchquerung der Ardennen schwieriger gestalten als im Mai 1940. Aber gerade in diesem Gebiet sei der Gegner schwach. Vorausgesetzt, dass die völlige Geheimhaltung gelänge, bestehe eine Chance von neun zu eins, ihn zu überrumpeln.

Hitler entwickelt die Pläne weitgehend allein, in erbittertem Misstrauen gegenüber seinen Generälen. Nur Jodl zieht er zur näheren Ausarbeitung heran. Ein umfangreicher Verrat wie bei der Sommeroffensive 1943 bei Kursk soll sich nicht noch einmal wiederholen. Bereits am 11. Oktober legt Jodl den ersten kompletten Entwurf für die Ardennenoffensive vor. Er trägt den symbolischen Namen »Christrose« und sieht den Einsatz dreier Armeen vor mit zusammen 12 Panzerdivisionen und 18 Infanteriedivisionen. Sie sollen auf breiter Front durchbrechen, am zweiten Tag die Maas überqueren und am siebenten Tag Antwerpen einnehmen. Das Unternehmen beruht auf zwei Voraussetzungen: völlige Überrumpelung des Feindes und eine Wetterlage, die den Einsatz von alliierten Flugzeugen unmöglich macht. Hitler ist begeistert und ändert lediglich den Decknamen in »Wacht am Rhein« um.

Die Vorbereitungen für die Ardennenoffensive werden durch umfassende Sicherheitsmaßnahmen und Täuschungsmanöver verschleiert. Am 12. Oktober erlässt Keitel an alle Kommandeure der Westfront einen Tagesbefehl. Darin heißt es, eine Gegenoffensive sei zurzeit nicht durchführbar, weil alle militärischen Reserven für die lebenswichtige Verteidigung des Vaterlandes benötigt würden. Zur selben Zeit wird ein großer blonder Mann, den die englische Abwehr für den gefährlichsten Mann Europas hält, in die »Wolfsschanze« befohlen: SS-Obersturmbannführer Otto Skorzeny. Er hat in einem spektakulären Coup Mussolini aus den Händen der Alliierten befreit. Nun soll er mit ausgesuchten und speziell geschulten Männern in amerikanischen Uniformen und mit amerikanischen Fahrzeugen hinter den amerikanischen Linien Verwirrung und Panik stiften, Gerüchte verbreiten, Straßen- und Richtungsschilder vertauschen und falsche Befehle ausgeben. Hitler persönlich erteilt ihm und seiner Brigade zur Durchführung der Operation »Greif« unbeschränkte Vollmachten.

Bis zum letzten Moment werden nur wenige hohe Offiziere in das große Geheimnis der bevorstehenden Offensive eingeweiht. Jeder Einzelne von ihnen muss mehrfach beeiden und beschwören, strengste Geheimhaltung zu wahren, andernfalls droht ihm die Todesstrafe. Elitetruppen werden aus der Ostfront herausgelöst und nach Westen verlegt. Die 6. SS-Panzerarmee wird neu aufgestellt. Die Führung vertraut Hitler dem ehemaligen Münchener Bäckergehilfen Sepp Dietrich an, der einst seine Leibstandarte kommandierte. Dietrich soll mit vier SS-Panzerdivisionen und fünf Infanteriedivisionen die Hauptaufgabe übernehmen: Die Überquerung der Maas beiderseits von Lüttich, die Überquerung des Alterkanals und die Eroberung Antwerpens. In der Mitte soll Manteuffels 5. Panzerarmee mit ihren vier Panzer- und drei Infanteriedivisionen die wichtigen Straßenknotenpunkte St. Vith und Bastogne nehmen, bei Namur über die Maas setzen, südlich an Brüssel vorbeistoßen und gegen die

Scheldemündung vordringen. Und im Süden sollen die vier Infanteriedivisionen der 7. Armee Brandenbergers bei Echternach den Übergang über die Sauer erzwingen und nördlich von Luxemburg eine feste Flankensperre errichten.

Hitler erwartet von dem großen Gegenstoß im Westen nicht mehr und nicht weniger, als das Kriegsgeschehen zu wenden und dem Deutschen Reich den Sieg zu bringen, zu einem Zeitpunkt, in dem seine Gegner glauben, es sei bereits besiegt. Schnelligkeit und Überraschung seien die wichtigsten Erfolgsgaranten, verkündet er, körperlich gebrochen und sichtlich gealtert, mit zitternder Hand seinen skeptischen Marschällen und verlangt von ihnen und ihren Soldaten den härtesten, mitleidlosesten Kampfgeist. Die Schlacht müsse mit aller Brutalität geführt und jeder Widerstand gebrochen werden, sie entscheide über Sein oder Nichtsein der deutschen Nation. Rundstedt und Model befürworten zwar eine Offensive, sehen aber die vorgegebenen Ziele als unrealistisch an. Model schlägt eine »kleine Lösung« vor. Statt sich Kilometer über die Maas zu wagen, solle man lieber mit vorgezogenen Flanken nach Norden operieren und etwa 20 amerikanische Divisionen in einem Frontvorsprung einkesseln. Alle Generäle schließen sich diesem Vorschlag an. Aber Hitler bleibt unerschütterlich und setzt den Angriffstermin für die »große Lösung« auf den 27. November fest. Er wird aber auf den 12. Dezember verschoben, da die 5. Panzerarmee nicht einsatzbereit ist. Sie wird durch heftige Kämpfe im Raum Aachen festgehalten. An diesem Tag herrschen jedoch nicht die erwünschten Wetterbedingungen. Deshalb wird der Angriff noch einmal auf den 16. Dezember verschoben.

Ende November wimmelt das gesamte Gebiet zwischen Westwall und Rhein und Mosel von deutschen Truppen. Sie meiden Straßen und liegen in den Kiefernwäldern versteckt. Aus den Frontgebieten werden sämtliche Zivilisten zweifelhafter Herkunft evakuiert und die Truppen dürfen nur nachts in ihre Sammelgebiete einrücken. Über 14 Millionen Liter Treibstoff sind an die Front gebracht worden und über 15 000 Tonnen Munition, die Reichsbahn hat wahre

Wunder vollbracht. Angesichts des schon schwer mitgenommenen Eisenbahnnetzes ist die logistische Leistung außerordentlich. Jeder Panzer hat Sprit für eine Fahrt von rund 150 Kilometer, ein zweiter Vorrat für acht Tage liegt zum Nachschub bereit. 350 Flugzeuge sind einsatzbereit, darunter auch die neuen Düsenjäger Me 262. In der Nacht des 15. Dezember sind 250 000 vergeltungshungrige Soldaten voll patriotischer Begeisterung sowie Tausende von Fahrzeugen bereit zum Angriff. Die Nacht ist eisig und in den Wäldern liegt der Schnee zwei Fuß hoch.

Die Amerikaner wissen von diesem riesigen Aufmarsch so gut wie nichts. Den Generalstäben ist zwar eine gewisse Konzentration der deutschen Kräfte nicht verborgen geblieben. Aber die Luftaufklärung ist, bedingt durch das schlechte Wetter, mangelhaft. Der einzige Umstand, der Erstaunen weckt, sind die vielen deutschen Flugzeuge, die in den letzten Nächten offenbar grundlos durch die Lüfte kurven und kostbaren Treibstoff verbrauchen. Auf die Idee, dass das Geräusch ihrer Motoren den Lärm der in Stellung rollenden Panzer übertönen soll, kommt niemand. Die Amerikaner haben den 140 Kilometer langen Ardennenabschnitt mit seinem schwierigen Terrain und seinem schwachen Straßennetz seit September als »Erholungsgebiet« für abgekämpfte Verbände und zur Eingewöhnung neuer Einheiten benutzt. Mit nur vier Divisionen ist die Ardennenfront schwach besetzt. Ihre Hauptmacht haben die Amerikaner nördlich und südlich der Ardennen konzentriert.

Am 16. Dezember werden sie um 5.30 Uhr durch ein einstündiges Trommelfeuer der deutschen Artillerie aus dem Schlaf gerissen. Scheinwerfer schaffen ein künstliches Mondlicht, das den Angriff der in weiße Winterkleidung gehüllten Infanteriesoldaten im Morgennebel erleichtern soll. Die Überraschung gelingt tatsächlich vollkommen. Die Alliierten reagieren mit Erstaunen und Ungläubigkeit. Die deutschen Truppen brechen überall durch, voller Siegeszuversicht stoßen sie vor. Noch immer herrscht unter ihnen die geringschätzige Meinung vor, dass die Amerikaner im Angriff zwar einigermaßen schneidig sein können, zu einer zähen Verteidigung unter ungünstigen Umständen aber, anders als die hartnäckigen Engländer, nicht fähig sind. Doch die Deutschen werden schnell eines Besseren belehrt. Die GIs in den vordersten Linien wehren sich tapfer. Sie igeln sich ein, leisten heftigen Widerstand und ergreifen sofort Gegenmaßnahmen. Alle verfügbaren Panzer werden schnellstens in den angegriffenen Frontabschnitt beordert. Als strategische Reserve sind nur zwei Luftlandedivisionen im Raum Reims vorhanden. Nach einigem Zögern werden sie von Eisenhower ins Zentrum der Ardennen, nach Houffalize und Bastogne, in Marsch gesetzt.

Am Abend des 16. Dezember haben die Deutschen keines ihrer Tagesziele erreicht. Auf den von »Tiger«-Ketten zermalmten, kurvenreichen und verschneiten Straßen kommt es zum Verkehrschaos. Die Nachschubwege sind total verstopft. Auch am nächsten Tag kommt Dietrichs Armee nur langsam voran und kann weder Monschau noch die strategisch wichtigen Bergrücken bei Elsenborn nehmen. Die Angriffsspitze der 1. SS-Panzerdivision, die Kampfgruppe Peiper, ist am Abend des zweiten Tages allerdings tief ins Hinterland vorgedrungen. In der Nacht erreicht sie Stavelot und ist nur wenige Kilometer vom Hauptquartier der 1. US-Armee in Spa entfernt, was in den amerikanischen Stäben beträchtliche Bestürzung hervorruft. Aber insgesamt sind die Hoffnungen der Deutschen auf einen schnellen Durchbruch zur Maas vereitelt. Am 19. Dezember erreichen Manteuffels Panzer Bastogne. Sie können diesen wichtigen und hart umkämpften Verkehrsknotenpunkt jedoch nicht nehmen, der kurz zuvor von der kompletten 101. Luftlandedivision aus Reims besetzt worden ist. Am 22. Dezember erreichen die Spitzen der 2. Panzerdivision die Maas, werden aber von amerikanischen Panzern in der Flanke erfasst und bleiben schließlich wegen Treibstoffmangels unbeweglich liegen. Das Wetter bessert sich, und am wolkenlosen Himmel erscheinen die Jagdbomber der Alliierten. Auch die zweite Voraussetzung für ein Gelingen der »Wacht am Rhein« trifft nun nicht mehr zu. Bastogne kann aus der Luft versorgt werden und am 26. Dezember wird der Ring um die Stadt durch herankommende amerikanische Panzer des Generals Patton aufgebrochen.

Am 28. Dezember ist endgültig klar, dass die große deutsche Offensive gescheitert ist. Hitler selbst gesteht das in einer Ansprache gegenüber seinen Generälen ein. Sein Irrtum bestand darin, dass er geglaubt hat, die Wehrmacht könne ihre Leistung von 1940 wiederholen. Er hat die eigene Stärke grob überschätzt und die der Amerikaner unterschätzt, insbesondere die Fähigkeit, sich schnell zu fangen und zu erholen. Die Gesamtverluste der Alliierten sind mit 76 000 Mann sehr hoch. Sie verlieren fast 500 Panzer und ebenso viele Geschütze. Aber auch die Deutschen zahlen einen enormen Preis. Sie verlieren über 100 000 Mann, über ein Drittel der angreifenden Truppen, und rund 800 Panzer sowie ungefähr 1000 Flugzeuge, darunter fast die Hälfte der gesamten Jagdwaffe. Die Materialeinbußen sind nicht wieder gutzumachen.

Die Ardennenoffensive verschafft der deutschen Führung lediglich eine momentane Atempause, die Alliierten müssen ihre geplante Schlussoffensive auf den Rhein um Monate aufschieben. Die Offensive verlängert den Krieg um Wochen und verschiebt die spätere Demarkationslinie zwischen West und Ost zugunsten der Sowjets. Sie beginnen am 12. Januar ihre große Offensive aus dem Weichselbrückenkopf bei Baranow, die zur Einnahme Berlins im Mai 1945 führt. Die Deutschen können ihr kaum noch etwas entgegensetzen, denn die besten Verbände und kampfkräftigsten Reserven sind in den Ardennen verheizt worden.

Irrtümer nach 1945

Unmöglicher Sieg
(Inchon, 15. September 1950)

Im Februar 1945 steht die Niederlage Deutschlands so gut wie fest. Stalin, Roosevelt und Churchill einigen sich in der Jalta-Konferenz auf der Krim (4. bis 11. Februar) darüber, in welche Besatzungszonen das Land nach der bedingungslosen Kapitulation aufgeteilt werden soll. Doch speziell die Amerikaner haben noch ein weiteres Problem im Fernen Osten. Um Sowjetrussland zum Eintritt in den Krieg gegen Japan zu bewegen, werden Stalin in einem Geheimabkommen vom 11. Februar die Kurileninseln, Südsachalin sowie der Status quo in der Mongolei und in den pazifischen Häfen zugestanden. Er bekommt praktisch freie Hand, gegen die japanischen Truppen vorzugehen, die noch immer in der Mandschurei und in Korea stehen, in Korea schon seit der japanischen Annexion im Jahre 1910. Doch Stalin lässt sich Zeit damit. Die Sowjetunion erklärt Japan erst am 8. August 1945 den Krieg, zwei Tage nach dem Abwurf der ersten Atombombe auf Hiroshima durch die Amerikaner. Erst jetzt marschiert die Rote Armee in die Mandschurei und Nordkorea ein. Japan kapituliert am 11. August nach dem Abwurf der zweiten Atombombe auf Nagasaki. Auf dem Schlachtschiff »Missouri« in der Tokio-Bucht unterzeichnen der japanische Außenminister und der alliierte Oberbefehlshaber im Südwestpazifik, General MacArthur, am 2. September die Kapitulationsurkunde.

Nun sind US-Truppen für die Besetzung Koreas verfügbar, und Amerika beginnt, strategische Interessen auch in dieser Region zu bekunden. Um zu verhindern, dass ganz Korea unter kommunistischen Einfluss gerät, schlägt man den Sowjets vor, nur bis zum 38.

Breitengrad vorzurücken. Niemand im Pentagon glaubt, dass die Sowjets dem Vorschlag zustimmen werden. Doch erstaunlicherweise
tun sie das doch. Die Demarkationslinie teilt das Land in zwei Hälften, Nord- und Südkorea entstehen. Moskau stimmt im Dezember
1945 auch dem weiteren amerikanischen Vorschlag zu, Korea für die
Dauer von fünf Jahren unter ein »Internationales Mandat« von vier
Mächten zu stellen, um eine Wiedervereinigung beider Staaten zu ermöglichen. Zwei Jahre später beschließen die Vereinten Nationen bei
Stimmenthaltung des gesamten Ostblocks, dass in Korea unter der
Kontrolle der UN freie Wahlen zur Bildung einer unabhängigen Regierung durchgeführt werden sollen. Sämtliche ausländischen Truppen sollen das Gebiet verlassen. Die Sowjets richten in Nordkorea
eine kommunistische Regierung ein und verlassen 1948 das Land.
1949 wird die Demokratische Volksrepublik Nordkorea unter dem
kommunistischen Führer Kim Il Sung ausgerufen, in Südkorea wird
Syngman Rhee zum Präsidenten der Republik Südkorea gewählt. Im
Juli 1949 verlassen auch die amerikanischen Truppen das Land.

Die Grenzzwischenfälle am 38. Breitengrad nehmen zu. Mit Billi-
gung Moskaus marschieren am 25. Juni 1950 überraschend nordkoreanische Truppen in Südkorea ein. Den hoch motivierten 135 000
Soldaten der Volksarmee, unterstützt von 150 russischen T 34-Pan-
zern sowie Yak 9-Kampfflugzeugen und »Sturmovik«-Schlachtflie-
gern, steht eine korrupte Armee Südkoreas mit nur 95 000 Mann
gegenüber. Die Nordkoreaner stoßen mit mehreren Infanterie-Divi-
sionen in einem wuchtigen Keil nach Süden vor. Der Weltsicher-
heitsrat verurteilt den Angriff und verfügt in einer Resolution den
Rückzug der kommunistischen Truppen hinter die Demarkationslinie. Gleichzeitig werden die Mitgliedsstaaten aufgefordert, Südkorea
»jede Unterstützung zu gewähren, die erforderlich ist, um den bewaffneten Angriff zurückzuweisen und den internationalen Frieden
und die Sicherheit des Gebiets wiederherzustellen«. US-Präsident
Truman befiehlt seinen Truppen, Südkorea im Rahmen der »UN-Po-
lizeiaktion« zu unterstützen. General MacArthur erhält den Auftrag,
einen begrenzten Krieg zu führen und Bodentruppen einzusetzen.

Aber die vier Divisionen, die er zur Verfügung hat und die nach und nach in Südkorea landen und zur 8. Armee zusammengefasst werden, sind keine Kampftruppen, sondern typische Friedenssoldaten. Sie haben es sich in Japan als Besatzungssoldaten gut gehen lassen und sind schlecht ausgebildet und ausgerüstet.

Die 24. US-Division unter General Dean kommt als Erste zum Einsatz. Sie wird in aufopferndem Kampf fast völlig aufgerieben und Dean gerät in Gefangenschaft. Aber es gelingt der Division tatsächlich, die feindlichen Stoßtruppen für ein paar Tage aufzuhalten, weil die Nordkoreaner sich irren. Als sie die erste Berührung mit US-Streitkräften haben, glauben sie nämlich, einer ganzen amerikanischen Armee gegenüberzustehen. Sie stoppen sofort ihren Vormarsch, um ihre Artillerie nachzuziehen. Sie wollen nichts riskieren und ziehen ihre Truppen in dem schwierigen Gelände zu einer Kampflinie alten Stils auseinander, statt ihre Panzerspitzen weiter vorstoßen zu lassen. Ein schwerer Fehler. Wären die Panzer weitergerollt, hätten sie bis Pusan an der Südspitze Koreas durchbrechen können. Dann wäre der Krieg wahrscheinlich vorzeitig entschieden gewesen. Die Umgruppierung ihrer Truppen auf eine 250 Kilometer lange Frontlinie quer über die südkoreanische Halbinsel hinweg verschafft MacArthur genau die Zeit, die er braucht, um drei weitere Divisionen aus Japan herüberzuholen. General Walker übernimmt das Kommando über alle amerikanischen Einheiten. Er reiht kurzerhand alle südkoreanischen Soldaten, die sich in seinem Bereich befinden, in die US-Einheiten ein.

Als die an Zahl und Ausrüstung noch immer überlegenen Nordkoreaner ihren Irrtum erkennen, setzen sie wütend ihren Vorstoß weiter fort. Aber sie kommen jetzt nur noch langsam vorwärts, der »Blitzkrieg« ist vorbei. Die Verteidiger, denen das bergige und hügelige Gelände zugute kommt, krallen sich fest. Die wenigen guten Straßen nach Süden sind blockiert, und der zähe, verbissene Kampf verlagert sich in panzerfeindliches Gelände. Dennoch können die Amerikaner nicht verhindern, dass die Kommunisten Anfang August 1950 die gesamte Westküste erobern und von dort aus die Südküste entlang nach Osten vorstoßen. Sie stehen nur noch 50 Kilometer vor dem eingeschlossenen Pusan. Hier halten die Amerikaner und Südkoreaner einen kleinen Brückenkopf. Sie stehen mit dem Rücken zur Wand. Ein Ausbruch oder gar eine eigene Offensive ist ausgeschlossen. Trotz eingeflogener Verstärkungen, darunter auch die US-Marinebrigade und zwei britische Infanteriebataillone, ist die militärische Lage ziemlich aussichtslos. Die totale Niederlage steht kurz bevor, mit eklatanten politischen Auswirkungen. Amerika scheint das erste Mal einen Krieg zu verlieren. Davon sind die Nordkoreaner zutiefst überzeugt. Aber sie irren sich ein zweites Mal.

Für diesen Irrtum ist im Grunde ein einzelner Mann verantwortlich: General MacArthur. Er sieht die einzige Chance in einem groß angelegten strategischen Gegenzug. Sein Plan sieht vor, den Feind tief in seinem Rücken von seinen überdehnten Nachschublinien abzuschneiden und südlich von Seoul seine gesamte Streitmacht einzukesseln. Ein solches Manöver ist nur über See möglich, durch eine Landung bei Inchon, dem zweitgrößten Hafen. Die Marine lehnt den Plan rundheraus ab, weil ihr wegen des riesigen, sechs Meter hohen Tidehubs mit Flutwellen bis zu neun Meter eine Landung im stark verminten Hafen undurchführbar erscheint. Zudem herrscht in dem engen Fahrwasser vor Inchon eine wilde Strömung, und die starke Inselfestung Wolmi-Do mitten vor dem Landeplatz beherrscht das ganze Gelände. Wie sollen die GIs aus ihren Landungsbooten heraus die meterhohen Kaimauern erklimmen? »Mit Leitern«, antwortet MacArthur. Aber auch die Armee ist skeptisch. Sie könne es nicht schaffen, eine Verbindung mit General Walker im Brückenkopf von Pusan herzustellen. Selbst wenn die Landung gelänge, sei die Gefahr einer totalen Niederlage gegen die feindliche Übermacht bei Seoul viel zu groß. General MacArthur kann die Stabschefs jedoch in einer eindrucksvollen Rede überzeugen. »Auch das feindliche Oberkommando wird einen so verwegenen Angriff für unmöglich halten«, sagt er. »Überrumpelung ist im Kriege die Seele des Erfolgs. Ich werde durch Überrumpelung siegen!« Am 29. August wird das abenteuerliche Unternehmen, dessen Erfolgschancen MacArthur selbst auf 1 : 5000 beziffert, in Washington tatsächlich genehmigt.

Das verrückt-geniale Unternehmen glückt, es wird zum glanzvollen Volltreffer. Am 15. September 1950 landen 70 000 Mann des X. Korps. Die Verluste sind gering. Die wenigen Widerstandsnester im Hafen und in der Stadt können rasch niedergekämpft werden. Am nächsten Tag stehen die Marineinfanteristen schon vor Seoul. Die Nordkoreaner sind völlig überrascht. Sie werden praktisch in die Zange genommen. Denn als der Vormarsch des X. Korps nach Süden und Osten beginnt, bricht die 8. Armee unter General Walker aus ihrem Pusan-Brückenkopf nach Norden und Westen aus. Nur elf Tage später vereinigen sich die amerikanischen Streitkräfte bei Osan, und über 125 000 feindliche Soldaten geraten in Gefangenschaft. Bereits am 27. September wird Seoul zurückerobert, nachdem Bomber und Artillerie die Stadt zuvor in einen Feuerorkan verwandelt haben.

Selten hat es in der Kriegsgeschichte einen derart kurzfristigen Umschwung von greifbarem Sieg zur totalen Niederlage gegeben. Die Armee der Angreifer ist zerschlagen. Die Nordkoreaner begreifen das nicht. Dass sie sich so geirrt und verrechnet haben, demoralisiert sie völlig. Südkorea ist befreit. Doch der brillante Sieg trägt den Keim einer bitteren Niederlage, die ihm nun folgt, bereits in sich.

Überraschung am Yalu
(Korea, November 1950–Januar 1951)

Nach der erfolgreichen Landung bei Inchon stehen die Zeichen im Koreakrieg Anfang Oktober 1950 für die Amerikaner auf Sieg. Die Armee der nordkoreanischen Angreifer ist zerschlagen und die Republik Südkorea befreit und wiederhergestellt. Am 4. Oktober stößt die 1. US-Kavallerie-Division über die alte Grenzlinie vor, den 38. Breitengrad. Und am 7. Oktober beschließt die UNO-Vollversammlung eine Resolution, die es den UNO-Truppen ermöglicht,

»in Verfolgung der Aggressoren die Polizeiaktion auf Nordkorea auszudehnen und den gesamtkoreanischen Staat wiederherzustellen«. Die 8. Armee unter General Walker soll die nordkoreanische Hauptstadt Pjöngjang nehmen und dann weiter nordwärts bis zum koreanisch-chinesischen Grenzfluss Yalu vorstoßen. Und das X. Korps unter General Almond, das so erfolgreich bei Inchon operierte, soll gemäß dem neuen Plan von General MacArthur um ganz Korea herumfahren und dann bei Wonsan an der Nordostküste erneut im Rücken des Feindes landen. Das sind immerhin 1400 Kilometer Seeweg, zu Lande wäre der Weg quer über die Halbinsel nur 200 Kilometer weit. MacArthur, der eine Vorliebe für amphibische Landeoperationen hat, ist vom Gelingen auch dieses Plans überzeugt. Sein ganzer militärischer Ruhm gründet sich auf erfolgreiche Landungsunternehmen wie 1942 in Guadalcanal oder 1945 in Okinawa und jetzt 1950 in Inchon. Aber diesmal wird seine Planung von einigen Irrtümern und Fehlschlüssen begleitet.

Die erste Operation beginnt mit einem Irrtum, der gar keiner ist, das heißt, MacArthurs Aktion wird nachträglich und offiziell zu einem bedauerlichen Irrtum erklärt. Am 9. Oktober hält er es für militärisch sinnvoll, einen sowjetischen Militärflughafen in der Nähe von Wladiwostok, gut 80 Kilometer hinter der Grenze, aus der Luft anzugreifen. Dabei werden zahlreiche moderne MiGs zerstört. Die amerikanische Verlautbarung, es handele sich um ein äußerst bedauerliches Versehen der Piloten, glaubt kaum jemand. Die Amerikaner bitten für dieses Bubenstück bei den Sowjets fast unterwürfig um Entschuldigung und bieten Entschädigung in beliebiger Höhe an.

Der zweite Irrtum ist echt. Er besteht darin, dass man glaubt, genug Zeit zu haben. General Walker erobert zwar am 19. Oktober Pjöngjang. Aber das umständliche und überflüssige Landungsunternehmen bei Wonsan kostet drei Wochen Zeit und zieht sich bis Anfang November hin. Keiner denkt daran, dass der Winter in Korea sehr früh kommt, mit sibirischer Kälte und viel Schnee. Die amerikanischen Truppen besitzen keinerlei Winterausrüstung. Ein Ver-

säumnis, das der Situation der deutschen Wehrmacht im Herbst/
Winter 1941 beim Vorstoß auf Moskau frappierend gleicht.

Der dritte Irrtum ist der folgenschwerste. MacArthur versichert
seinem Präsidenten Truman, dass während des Vorrückens amerikanischer Truppen in Nordkorea eine chinesische oder sowjetische
Intervention nicht zu befürchten sei. Vor allem die Chinesen seien
dazu militärisch gar nicht in der Lage. Sie hätten zwar rund 300 000
Mann in der Mandschurei stehen, aber kaum die Hälfte davon am
Grenzfluss Yalu. Über dessen wenige Brücken könnten sie höchsten
60 000 Mann nach Nordkorea bringen. Aber die Chinesen würden
sich hüten, das zu tun. »Spätestens am Thanksgiving-Day ist der
Krieg zu Ende!«, verspricht MacArthur seinem Präsidenten. Das ist
das Erntedankfest, der letzte Donnerstag im November.

Aber die Wirklichkeit sieht anders aus. Als die amerikanischen
Vorausabteilungen am 21. November den Yalu erreichen, sind über
100 000 Chinesen bereits in Nordkorea eingesickert. Und täglich
werden es mehr. Sie kommen nachts zu Fuß, verstecken sich in den
Bergen und abgelegenen Dörfern und werden von der Luftaufklärung nicht entdeckt. Sie tragen Maschinenpistolen bei sich und leichte Granatwerfer sowie modernste rückstoßfreie Infanteriegeschütze,
die bequem von zwei Mann getragen werden können. Ihr heimlicher
Aufmarsch ist äußerst geschickt getarnt. Ahnungslos folgen die amerikanischen Soldaten MacArthurs Befehl, über den Tschongtschon
zu setzen und am Yalu entlangzumarschieren, um mit zwei Zangenarmen die restlichen nordkoreanischen Truppen einzukesseln und zu
vernichten. Zwischen dem westlichen und dem östlichen Zangenarm
klafft eine von Bergen ausgefüllte Lücke von rund 70 Kilometer.
Darin sammeln sich die Chinesen zum Angriff, während die Amerikaner den endgültigen Sieg dicht vor ihren Augen wähnen. Der vierte und tödliche Irrtum, der direkt in die Katastrophe führt, der
schlimmsten der amerikanischen Kriegsgeschichte.

In der Nacht zum 26. November greifen die chinesischen Sturmtruppen, die sich bereits an drei Stellen unbemerkt mitten in der amerikanischen Front befinden, durch das unwegsame Berggelände nach

jeweils zwei Seiten an. Die UNO-Soldaten sind vollkommen überrascht. Ein größerer Schock ist für eine Truppe kaum denkbar. Eben
noch einen geschlagenen Gegner, den totalen Sieg und die baldige
Heimkehr vor Augen, und nun plötzlich von allen Seiten von einem
neuen Feind mit ungeheurer Wucht und großer Überzahl angegriffen. Der Rückzug der UNO-Truppen wird zu einer panischen
Flucht. In den ersten Tagen der chinesischen Offensive, die auf 18 Divisionen und mehr als 180 000 Soldaten anwächst, verliert die 8. Armee 11 000 Mann. Die Chinesen greifen am liebsten nachts an, meist
mit schauerlichem Kriegsgeheul, das sie durch Pfeifen, Flöten, Klappern, Rasseln und andere Lärminstrumente noch verstärken. Sie suchen sofort den Nahkampf Mann gegen Mann, für den sie offensichtlich sehr gut ausgebildet sind. Den amerikanischen Einheiten
droht die Einkesselung.

Sie müssen sich auch eines weiteren Feindes erwehren, auf den sie
ebenso wenig vorbereitet sind wie auf den chinesischen Angriff.
Schon Mitte November fällt das Thermometer auf minus 35 Grad.
Das Öl in den Gewehr- und Geschützverschlüssen friert ein, die
Panzer springen nicht mehr an. Sie werden zum größten Teil zusammen mit den Geschützen gesprengt. Schneestürme erschweren jede
Bewegung. Die Lastkraftwagen kommen im tiefen Schnee nicht
mehr voran und werden in Brand gesteckt. Über 2500 Marineinfanteristen werden durch die Kälte kampfunfähig, die meisten sterben
an Erfrierungen.

Die Reste des abgeschnittenen X. amerikanischen Korps und der
Marineinfanterie-Division erreichen im Osten die Küstenstadt
Hungnan, wo inzwischen eine Flotte von 193 Schiffen bereitliegt, um
über 100 000 Soldaten, drei amerikanische und zwei südkoreanische
Divisionen sowie ein britisches Bataillon, und dazu 91 000 koreanische Zivilisten und 350 000 Tonnen Nachschubmaterial aufzunehmen und nach Pusan zu evakuieren. Im Westen überschreiten die
Truppen der 8. US-Armee wieder den 38. Breitengrad südwärts. Am
23. Dezember verlässt der letzte amerikanische Soldat Nordkorea.
An diesem Tag verunglückt General Walker, der Befehlshaber der

8. Armee, mit seinem Jeep auf vereister Straße tödlich. Am 4. Januar erobern die Chinesen Seoul. Ihr Erfolg ist verlustreich, aber eindeutig.

General MacArthur will, um eine gänzliche Räumung Koreas zu verhindern, Rotchina bombardieren. »Industrie und Rohstoffquellen Chinas müssen mit vernichtenden Schlägen durch Schiffsartillerie und Bomber so zerstört werden«, fordert er, »dass das Land auf Generationen keinen Krieg mehr führen kann.« Außerdem will er Tschiangkaischeks nationalchinesische Soldaten von Formosa herüberholen. Aber er irrt sich erneut, ein letztes Mal. Er unterschätzt nämlich die Entschlossenheit von Präsident Truman, sich nicht von einem seiner Generäle in einen Krieg größten Ausmaßes treiben zu lassen. Washington will einen solchen Krieg nicht, in den dann auch aufgrund ihrer Bündnisverpflichtung die Sowjetunion mit ihrem enormen Atomwaffenpotenzial hätte eingreifen müssen. Der drohende Dritte Weltkrieg findet nicht statt.

Am 11. April 1951 wird General MacArthur abgesetzt und durch General Ridgway ersetzt. In hinhaltenden Zermürbungskämpfen, die sich noch zwei Jahre hinziehen, gelingt es ihm, den Zustand vor Beginn des Krieges wiederherzustellen. Seoul wechselt zum vierten Mal, und diesmal endgültig, den Besitzer. Die Chinesen erreichen ihr Ziel, die zweite Eroberung Südkoreas, nicht. Erst im Juli 1953 wird in Panmunjon ein Waffenstillstandsabkommen unterzeichnet. Die Grenze zwischen Nord- und Südkorea wird auf den 38. Breitengrad festgelegt, ein Zustand, der schon vor Beginn des Krieges bestand und über das Ende des 20. Jahrhunderts hinaus fortdauert.

Die Hölle von Dien Bien Phu
(Indochina, 13. März–7. Mai 1954)

Die Kolonialherrschaft der Franzosen in Indochina dauert fast 100 Jahre. Sie beginnt zu bröckeln, als die Japaner 1941 Vietnam besetzen. Aus dem Widerstand der vietnamesischen Bevölkerung gegen jegliche Fremdherrschaft geht im letzten Kriegsjahr eine von Ho Chi Minh geführte kommunistische Befreiungsbewegung hervor. Er verkündet am 2. September 1945 in Hanoi die Unabhängigkeit des Landes. Den Franzosen, deren Ansehen als Großmacht durch den Weltkrieg sehr gelitten hat, bedeutet ihr Kolonialreich viel. Der französische General Leclerc stellt in wenigen Monaten die Kontrolle über Laos und Kambodscha wieder her, und im März 1946 unterzeichnet Ho Chi Minh ein Abkommen, das die französische Oberhoheit über ein unabhängiges Vietnam anerkennt. Aber trotzdem häufen sich bewaffnete Auseinandersetzungen. Die Franzosen sind davon überzeugt, Aufstände wie in der Vergangenheit rasch niederschlagen zu können. Sie irren sich gewaltig, wie die weitere Entwicklung zeigt.

Zwischen 1947 und 1950 steigt die Anzahl der französischen Soldaten in Vietnam zwar um mehr als das Doppelte auf rund 145 000 Mann, aber auch die Vietminh stellen eine reguläre Armee auf. Unter General Giap wächst sie 1950 auf 20 000 Mann an, hinzu kommen zahlreiche Guerillakämpfer. Rotchina gewährt Hilfe in Form von Waffen und Militärberatern, und bis Mitte 1953 bringen die Vietminh große Teile des Landes unter ihre Kontrolle. Inzwischen kämpfen 375 000 französische Soldaten in Vietnam. Ihre Verluste sind mit 90 000 Mann so beträchtlich, dass die Verpflichtungen Frankreichs im Rahmen der Nato gefährdet sind. Deshalb möchte Paris den Krieg durch Verhandlungen beenden. Allerdings wird ein militärischer Sieg in Vietnam als Voraussetzung für einen ehrenvollen Friedensschluss betrachtet, man will nicht aus einer Position der Schwäche heraus verhandeln. Für den entscheidenden Schlag, den die Franzosen führen wollen, stellen die USA ihnen 385 Millionen Dollar zur Verfügung. Das Kommando soll ein Veteran beider Weltkriege übernehmen, Generalleutnant Henri Navarre. Er ist noch nie zuvor in Vietnam gewesen, begibt sich im Mai 1953 nach Saigon und präsentiert schon zwei Monate später dem nationalen Verteidigungskomitee in Paris seinen Plan.

Dien Bien Phu, ein kleines Dorf in einem Tal des Berglands, 300 Kilometer nordwestlich von Hanoi entfernt und im Siedlungsgebiet der mit den Franzosen verbündeten Thai gelegen, soll eingenommen und zu einer Festung ausgebaut werden, von der aus man weitere feindliche Operationen in Laos unterbinden kann. Die entscheidende Frage ist: Kann der Feind diese Bastion zurückerobern? Navarre glaubt das angesichts der Luftüberlegenheit der Franzosen nicht. Außerdem sind die Straßenverhältnisse so schlecht, dass die Vietminh seiner Meinung nach nicht genug Soldaten heranführen können. Ein krasser Irrtum, wie sich zeigen wird. Navarres Offiziere melden Bedenken an, sie halten den Plan angesichts der beträchtlichen Entfernung nach Hanoi für zu riskant. »Europäische Strategiekonzepte kann man nicht einfach auf Dschungelgebiete Südostasiens übertragen«, warnen sie. Aber Navarre wischt alle Einwände beiseite. Die Operation »Castor« beginnt plangemäß am 20. November 1953. Um 10.30 Uhr springen 1500 Fallschirmjäger über Dien Bien Phu ab und kämpfen die zwei Vietminh-Kompanien nieder. Nach der Eroberung des Flugplatzes beginnt man sogleich mit der Errichtung von Befestigungsanlagen. In den nächsten Tagen werden weitere 5000 Soldaten eingeflogen, darunter Elitetruppen und zwei Bataillone der Fremdenlegion. Um das Dorf herum entsteht auf den Hügeln ein starker Befestigungsring mit Mörsern, schweren Granatwerfern, elektrischen Minen und Stacheldraht. Binnen kurzem ist Dien Bien Phu eine der stärksten Festungen in ganz Südostasien.

General Giap nimmt die Herausforderung an. Sofort beginnt er damit, Dien Bien Phu zu belagern und die Bevölkerung der von den Vietminh beherrschten Nordgebiete für den Befreiungskampf zu gewinnen. Für die Nordvietnamesen geht es nicht nur um ihr persönliches Überleben, sondern um das ihres ganzen Volkes. Auf Dschungelpfaden und über Holzbrücken führt Giap 47 500 Soldaten, jede Menge Reis sowie aus China stammende Waffen und Munition heran und lässt rund um das Dorf Gräben ausheben. Über ein 100 Kilometer langes Tunnelsystem können die Vietminh bis in die unmittelbare Nähe der Befestigungen gelangen. Eine logistische Meisterleistung, die den Franzosen weitgehend verborgen bleibt.

Der kommandierende Offizier in Dien Bien Phu, Oberstleutnant de Castries, ist sich sicher, dass es dem Feind niemals gelingen werde, die Festung von den umliegenden Bergen aus zu beschießen, eine krasse Fehleinschätzung. Schon im Januar 1954 feuern 75-Millimeter-Kanonen fast pausenlos in das Tal. Giap hat bis zu zehn Meter tiefe Kasematten in die steilen Kalkfelsen schlagen lassen. Fast 150 tonnenschwere 10,5-cm-Geschütze mit hoher Durchschlagskraft sind auf schmalen, provisorischen Pfaden mühsam per Handzug Zentimeter für Zentimeter die Berge hinaufgeschleppt worden, sorgsam nach oben abgedeckt durch breitblättrige Bambusstauden. Ein Teil der Geschütze steckt ganz im Berg, zum Feind hin ragt nur die Rohrmündung wenige Zentimeter aus dem Loch im Felsen hervor. Sie schießen noch nicht, Giap hält sie bis zum geplanten Angriffstermin bewusst zurück. Die Franzosen entdecken keine einzige Geschützstellung, selbst Infrarot-Aufnahmen erbringen keine Hinweise. Giap lässt sogar eine ganze Reihe von Scheinstellungen anlegen und mit Knallkörpern bestücken. Sie sollen bei Kampfbeginn Abschussrauch und Mündungsfeuer vortäuschen und die gegnerische Artillerie auf sich ziehen.

Der Kommandeur der französischen Artillerie, der einarmige Oberst Pieroth, vertraut auf die Feuerkraft seiner eigenen 10,5-cm-Geschütze, die Batterie der schweren 15,5-cm-Langrohrgeschütze und der 16 überschweren Granatwerfer. »Selbst wenn es ihnen gelungen sein sollte, ein paar gut getarnte schwere Kanonen auf die talseitigen Hänge zu bringen, was ich nicht glaube, wird das Mündungsfeuer sie sofort verraten«, sagt Pieroth geringschätzig. »Meine Brummer werden sie dann sofort herunterpflücken!« Er lehnt es ab, seine Kanonen einzugraben, sie sollen nach allen Seiten hin schwenkbar und schießbereit bleiben. Pieroth ist von seinem Konzept so sehr überzeugt, dass er sogar angebotene Verstärkungen ablehnt. Eine geradezu groteske Unterschätzung des Gegners.

Mit offensiven französischen Operationen ist es zwar ein für alle Mal vorbei, Dien Bien Phu ist eingeschlossen und kann nur noch aus der Luft erreicht werden. Aber die Zuversicht der Offiziere und Soldaten in der Festung ist dennoch groß. Flugblätter gehen von Hand zu Hand: »Wo bleibt ihr denn, ihr Feiglinge, wir warten ungeduldig auf euch!« Niemand ist sich in der Festung der in Wahrheit misslichen Situation bewusst. General Fay, der Stabschef der französischen Luftwaffe, äußert sich besorgt. »Ich rate General Navarre, alle Einheiten schnellstens herauszubringen. Denn hier ist er verloren!«

In der Nacht zum 13. März schleichen sich Vietminh-Stoßtrupps bis zu den Landebahnen des Flugplatzes vor, zerstören sie durch Sprengladungen und lassen Flugblätter zurück, auf denen steht: »Dien Bien Phu wird euer Grab!« Am Nachmittag des 13. März beginnt ein mörderisches Trommelfeuer der feindlichen Artillerie auf die Festung und richtet in den offenen Geschützstellungen der Franzosen ein Blutbad an. Die Franzosen sind völlig überrascht, entsetzt zählen sie 18 Einschläge schwerer Kaliber pro Minute. Die sechs Sturmbrigaden der Vietminh haben den Auftrag, die drei nördlichen Befestigungen »Annemarie«, »Gabrielle« und »Beatrice« zu nehmen. Selbstmord-Kämpfer robben immer wieder an die Bunker heran, um sich vor die Schießscharten zu werfen und ihren Kameraden auf diese Weise das Vorrücken zu ermöglichen. »Beatrice« wird noch in der Nacht überrannt, in der nächsten auch der nördlichste Stützpunkt »Gabrielle«. Der Verlust der beiden Anhöhen reißt eine empfindliche Lücke in den äußeren Verteidigungsring. Oberst Pieroth erkennt seinen Irrtum und sein Versagen. Er nimmt eine Eierhandgranate von seinem Gürtel, zieht sie, da er ja nur einen Arm hat, mit den Zähnen ab und presst sie gegen sein Herz. Die Zuversicht in einen französischen Sieg schwindet, massenhafte Desertionen vor allem der Thais und Nordafrikaner sind die Folge.

Seit dem 28. März ist die Flugpiste nicht mehr zu gebrauchen, Verwundete können nicht mehr ausgeflogen und aller Nachschub muss über der eingeschlossenen Festung abgeworfen werden. Die Amerikaner bieten an, kurzfristig 60 B 29-Bomber mit über 100 Begleitjägern nach Vietnam zu schicken. Ihr Luftwaffenchef prüft sogar die Möglichkeit eines atomaren Angriffs. Aber der amerikanische Kongress hat noch nicht zugestimmt, und Großbritannien möchte sich auch nicht beteiligen, weil es die Auslösung eines Dritten Weltkriegs befürchtet. Außerdem lehnt General Navarre das amerikanische Angebot ab, weil er befürchtet, bei einem derart interalliierten Unternehmen den Oberbefehl loszuwerden. Er hat sich etwas anderes ausgedacht. Allen Ernstes hofft er, Dien Bien Phu durch künstlichen Regen zu retten. Mit silberjodidgetränkter Holzkohle sollen Wolken derart »gemolken« werden, dass der Regen die Nachschubwege der Vietminh in unpassierbaren Schlamm verwandelt. Aber auch das bleibt ein Hirngespinst, der letzte Irrtum des Generals Navarre.

Bis Anfang Mai springen 4000 Fallschirmjäger über der Festung ab. Die Franzosen kämpfen mit dem Mut der Verzweiflung um das nackte Überleben. Die Operation »Albatross« läuft an, der beabsichtigte Ausbruch der Soldaten aus der Hölle von Dien Bien Phu. Doch das Unternehmen scheitert kläglich. Es gelingt den durch wochenlangen Beschuss und eingeschränkte Rationen geschwächten Truppen nicht, den Einschließungsring zu durchbrechen. »Dien Bien Phu hat bereits seinen Zweck erfüllt«, erklärt Navarre, »es hat über viele Monate die Hälfte aller feindlichen Truppen gebunden. Die Verluste machen nicht einmal 5% des französischen Expeditionskorps aus.« Seine Worte erinnern in fataler Weise an die Äußerungen der NS-Propaganda nach dem Fall des eingeschlossenen Stalingrad im Februar 1943.

General Giap setzt zum letzten Sturm an. Die noch verbliebenen Befestigungen werden mit ohrenbetäubendem Lärm von Stalinorgeln zertrümmert, Depots explodieren, die Wasser- und Stromversorgung fällt aus. Es sind nur noch 700 bis 800 halbwegs kampfkräftige Männer in der Festung, aber über 4000 Verwundete. Weiße Fahnen sind nirgends zu sehen. Dien Bien Phu fällt am 7. Mai 1954, ohne zu kapitulieren. Die Vietminh beklagen 7900 Tote und etwa 15 000 Verwundete, die Franzosen über 5000 Tote und Vermisste und fast ebenso viel Verwundete. Die völlig entkräfteten Überlebenden müssen einen 500 Kilometer langen gnadenlosen Marsch in die Gefangenschaft antreten, auf dem viele Soldaten ebenfalls ihr Leben lassen.

Schon einen Tag nach dem Fall von Dien Bien Phu versammeln sich in Genf die Diplomaten Frankreichs, Großbritanniens, der USA, der Sowjetunion, Chinas sowie Vertreter der Vietminh und der von Frankreich gestützten Bao Dai-Regierung, um über das Schicksal des französischen Kolonialreichs in Indochina zu beraten. Die Schlussakte der Indochina-Konferenz vom 21. Juli 1954 bringt Laos, Kambodscha und Vietnam vollständige Unabhängigkeit. Vietnam wird in Höhe des 17. Breitengrades geteilt, die französischen Streitkräfte müssen den Nordteil des Landes verlassen. Die Amerikaner überflügeln die Franzosen in der Region politisch vollkommen, nicht ahnend, welch böses Erbe sie antreten.

Das Fiasko in der Schweinebucht
(Kuba, 17.–20. April 1961)

Nachdem der kubanische Ministerpräsident und Diktator Batista, seit 1933 fast ununterbrochen an der Macht, im Januar 1959 vom jungen Fidel Castro und seinen Anhängern durch einen mutigen Staatsstreich aus Kuba vertrieben worden ist, werden Tausende Kubaner eingekerkert oder müssen ins Ausland fliehen. Viele Flüchtlinge ersuchen in den USA um Asyl. Über 700 ehemalige Batista-Anhänger werden nach kurzen und leichtfertigen Prozessen erschossen. Das von Castro errichtete kommunistische Regime ist ebenfalls eine Diktatur. Im Oktober 1960 gibt es keine einzige freie Zeitung mehr in Kuba. In großem Stil finden Enteignungen statt. Die meistens von Amerikanern betriebenen Bergwerke, Industriebetriebe oder Hotels werden beschlagnahmt.

Bereits Ende 1959 entwickeln Exilkubaner in Miami einen Plan, in ihre Heimat zurückzukehren und Castro zu stürzen. Unterstützung finden sie in Regierungskreisen der USA. Anfang 1960 genehmigt Präsident Eisenhower die Gründung einer exilkubanischen Befreiungsarmee. Unter Leitung der CIA soll sie auf geheimen Stützpunkten in Guatemala ausgebildet und bewaffnet werden. Das Ziel ist eine Invasion Kubas. Bei der Landung soll die Armee durch 16 alte B 26-Bomber der US-Airforce unterstützt werden, die von Nicaragua aus starten und von Exilkubanern geflogen werden sollen. Denn offiziell will sich die amerikanische Regierung nicht einmischen.

Als John F. Kennedy 1960 amerikanischer Präsident wird, behagt ihm der Invasionsplan der CIA gar nicht. Aber die Vorbereitungen sind schon viel zu weit gediehen, als dass man das Unternehmen noch hätte aufgeben können. Von der ursprünglichen Idee einer guerilla-ähnlichen Infiltration ist nicht mehr viel übrig geblieben. Die B 26-Bomber sollen Castros Luftwaffe zerstören und die Landeoperation unterstützen. Mit Artillerie ausgerüstete Einheiten sollen einen großen Küstenabschnitt unter ihre Kontrolle bringen und darauf warten, dass es zu einem Aufstand kommt und Castrogegner aus dem Inneren der Insel zu ihnen stoßen. Anschließend soll eine provisorische Regierung gebildet werden, die dann von den USA anerkannt und militärisch unterstützt werden könnte. Keine sehr überzeugende Strategie. Doch die Stabschefs versichern, der Plan hätte gute Erfolgsaussichten. Es verwundert, wie erfahrene, hochrangige Militärs zu der Auffassung gelangen können, rund 1400 Exilkubaner, von denen die wenigsten regulär ausgebildete Soldaten sind, könnten einen Sieg über eine Armee und Miliz von 200 000 Mann erringen. Sie irren sich gründlich.

Kennedy ist nach wie vor skeptisch. Die Moral der Soldaten der Befreiungsarmee mag hoch sein. Aber unter ihnen befinden sich überwiegend Studenten, Bauern, Fischer und freiberufliche Geschäftsleute, die noch nie in einem Kampf gestanden haben. Viele sind erst 16 Jahre alt und manche schon älter als 60. Doch CIA-Chef Allen Dulles versichert dem Präsidenten, dass es auf Kuba 2500 organisierte Widerstandskämpfer gäbe und mindestens 20 000 Sympathisanten. Das ist ebenso falsch wie die Behauptung, gut 25 % der kubanischen Bevölkerung würden die Invasionsstreitkräfte unterstützen und zum Aufstand bereit sein. Diese Informationen von so genannten Kontaktpersonen stimmen nicht. Und auch die Annahme, die Soldaten der »Befreiungsarmee« könnten im Falle eines Fehlschlags in die Berge entkommen und von dort aus einen Guerillakrieg führen, entbehrt jeder realistischen Grundlage. Sie sind für einen solchen Kampf gar nicht ausgebildet. Und das Escambray-Gebirge liegt jenseits eines kaum passierbaren Sumpfgebietes und 80 Meilen von der Schweinebucht entfernt, in der die Landung am 17. April 1961 stattfinden soll.

Kennedy möchte sich noch auf anderem Wege Gewissheit über das Gelingen der Operation verschaffen. Ein altgedienter Marineoberst erhält den Auftrag, die Invasionseinheiten, die sich in Guatemala sammeln, zu inspizieren und dem Präsidenten darüber Bericht zu erstatten. Der Oberst schreibt: »Meine Beobachtungen haben mich in dem Vertrauen bestärkt, dass diese Streitmacht in der Lage ist, nicht nur die anfänglichen Kampfhandlungen durchzuführen, sondern auch das eigentliche Ziel, den Sturz Castros, zu erreichen. Die Brigade- und Bataillonskommandanten kennen jetzt alle Einzelheiten des Plans und sind begeistert. Es sind junge, tatkräftige, intelligente Offiziere, die es kaum erwarten können, mit der Schlacht zu beginnen. Sie sagen, dass sie ihr Volk gut kennen und glauben, dass die gegnerischen Kräfte von Castro abfallen werden, wenn sie die erste schwere Niederlage erlitten haben.« Ein höchst erstaunlicher Bericht. Von Castros 200 000 Mann ist gar keine Rede und von seiner Luftwaffe auch nicht. Die CIA hat sie als »völlig desorganisiert und zum größten Teil veraltet und nicht mehr funktionsfähig« bezeichnet. Dass Fidel Castro auch moderne T 33-Düsenjäger einsetzen kann, weiß die CIA nicht.

Kennedy gibt nun seine endgültige Zustimmung, besteht aber darauf, dass es keinesfalls eine militärische Intervention seitens der USA geben dürfe. Dennoch teilen CIA-Berater den Kommandeuren der Befreiungsarmee mit, ihre Soldaten wären nicht die einzigen bei der Landung. Binnen 72 Stunden könnten sie mit militärischer Unterstützung der USA rechnen. Daraufhin nehmen die Invasionstruppen am 14. April 1961 mit fünf kleinen Frachtdampfern Kurs auf Kuba.

Am 17. April erreichen sie die Schweinebucht und landen in der Nähe des Seebades Playa Giron. Hier erleben sie die erste Überraschung. Statt des flachen Sandstrandes, wie die CIA ihnen versichert hat, treffen sie auf vorgelagerte Korallenriffe. Zwei Landungsfahrzeuge werden aufgeschlitzt und die Soldaten landen in den Fluten. Es gibt die ersten Ausfälle. Die zweite Überraschung besteht darin, dass die Invasoren aus Miami den Funkspruch erhalten, der Luftangriff durch die von Exilkubanern geflogenen B 26 habe nicht alle Flugzeuge Castros zerstört, so dass ein zweiter Angriff erforderlich sei. Doch dieser zweite Angriff wird von Kennedy nicht genehmigt. Er ist bestrebt die politischen Risiken des Unternehmens zu minimieren. Dadurch erhöht er aber die militärischen. Nun ist die Invasion in der Schweinebucht endgültig zum Scheitern verurteilt.

Auch die dritte Überraschung ist böse und hat unmittelbare Folgen. Die CIA hatte versichert, im weiten Umkreis der Landestelle gäbe es keine Funkstationen. Ein weiterer Irrtum, denn nur 100 Meter entfernt ist eine in Betrieb und kann Alarm- und Warnmeldungen an Castro weitergeben. Der reagiert unerwartet schnell und heftig. Im Morgengrauen des nächsten Tages greift der Rest seiner Luftwaffe mit Präzision und Härte an und versenkt das Schiff mit der Reservemunition und der Funkausrüstung. Als die B 26 der Exilkubaner zu Hilfe kommen, werden sie völlig überraschend von mit MGs bestückten T 33-Düsenjägern angegriffen. Vier B 26 werden abgeschossen. Zugleich rücken 20 000 Mann mit Panzern und Artillerie gegen die Invasionsstreitkräfte vor.

CIA und amerikanische Regierung erkennen entsetzt, dass sie Castros militärische Stärke erheblich unterschätzt haben. Zudem bleibt der erwartete Massenaufstand in der Bevölkerung aus. Die Invasion droht zu scheitern. Vor der kubanischen Küste liegt der US-Flugzeugträger »Essex«. Die CIA-Chefs bedrängen Kennedy, einen verdeckten Angriff der Maschinen dieses Trägers zu genehmigen, um die T 33-Düsenjäger auszuschalten und den B 26-Bombern den Angriff auf Castros Panzer zu ermöglichen. Aber Kennedy kann sich nur dazu bereit finden, den Start von sechs nicht gekennzeichneten

Maschinen freizugeben, die die B 26-Bomber decken sollen. Die Exilkubaner weigern sich jedoch, die B 26 zu fliegen, weil sie zu erschöpft seien. Nun müssen amerikanische, von der CIA unter Vertrag genommene Piloten einspringen.

Jetzt kommt es zu einem letzten, unglaublichen Irrtum in dieser militärischen Tragödie. Aufgrund einer Verwechslung wird versäumt, die Unterschiede in den Zeitzonen zwischen Nicaragua und Kuba zu berücksichtigen. Das führt dazu, dass die B 26-Bomber eine Stunde früher am Strand auftauchen und von den Maschinen der »Essex« keine einzige da ist, um die Bomber zu schützen. Die Bomber geraten in heftiges Feuer der Düsenjäger, vier Amerikaner werden getötet. Castros Truppen kreisen die verlorene Invasionsstreitmacht ein. Rund 1200 Soldaten, die bis zuletzt auf ein Eingreifen der Amerikaner gehofft haben, geraten in Gefangenschaft, 114 lassen ihr Leben in der Schweinebucht. Schon 64 Stunden nach der Landung ist der Kampf beendet.

Dieses Fiasko beschädigt Kennedys Prestige und das Ansehen der USA stark. Es führt dazu, dass die Bindungen zwischen Kuba und der Sowjetunion noch enger werden. Und es zieht noch einen weiteren Irrtum nach sich. Der sowjetische Staats- und Parteichef Nikita Chruschtschow glaubt nämlich nun, Kennedy sei ein unfähiger und schwacher Präsident. Er wird erst eines Besseren belehrt, als die Welt 1962 in der kubanischen Raketenkrise an den Rand eines Atomkriegs gerät.

Der Jom Kippur-Krieg
(Israel, 6.–24. Oktober 1973)

Durch den Sechs-Tage-Krieg vom Juni 1967 hat Ägypten seine Armee und die Halbinsel Sinai verloren. Im Nationalstolz tief verletzt und von einer Welle des ägyptischen Nationalismus getragen, ist der ägyptische Präsident Gamal Abdel Nasser fest entschlossen, die

Schmach dieser Niederlage durch eine Rückeroberung der verlorenen Gebiete auszulöschen. Er versucht es zunächst durch einen Abnutzungskrieg. Die Ägypter provozieren ständig Grenzzwischenfälle, die die israelische Armee veranlassen sollen, sich vom Ostufer des Suezkanals zurückzuziehen. Doch stattdessen befestigen die Israelis ihre Stellungen am Ostufer und greifen mit ihren Flugzeugen das ägyptische Hinterland an. Im August 1970 akzeptieren die Ägypter einen Waffenstillstand. Einen Monat später stirbt Nasser. Sein Nachfolger, Anwar as-Sadat, will Israel anerkennen, wenn seine Truppen den Sinai verlassen. Als sich eine diplomatische Lösung des Konflikts zerschlägt, entschließt sich Sadat zu einem begrenzten Feldzug. Er ist davon überzeugt, dass die Rückeroberung eines Teils des Sinai und die anschließende Verteidigung der Halbinsel ausreichen, die Pattsituation zu beseitigen und die Israelis zum Rückzug zu bewegen.

Umfangreiche Hilfslieferungen aus der UdSSR tragen dazu bei, der ägyptischen Armee ein neues Gesicht zu verleihen. Die Truppe wird reorganisiert und nachhaltig ausgebildet, sie hat aus den Fehlern von 1967 gelernt. Die ägyptischen Offiziere, die 1967 ihre Befehle aus rückwärtigen Positionen erteilt und dann als Erste die Flucht ergriffen haben, sollen nun in vorderster Linie kämpfen und siegen. Dementsprechend erhält der Angriffsplan den Codenamen »Badr«, benannt nach dem Ort, an dem Mohammed im Jahr 624 seinen ersten Sieg errang. Dennoch weiß Sadat sehr wohl, dass seine Armee nicht stark genug ist, die israelischen Streitkräfte in einer offenen Feldschlacht herauszufordern. Sie sind zwar zahlenmäßig überlegen und verfügen auch über die größere Feuerkraft, aber die Israelis sind besser ausgebildet und haben die besseren Waffen. Sie sollen deshalb »in den Fleischwolf«, wie General Shazli es ausdrückt, und in einem Stellungs- und Abnutzungskrieg dezimiert werden. Das ist nichts anderes als die deutsche Ausblutungsstrategie des Generals Falkenhayn im Frühjahr 1916 vor Verdun. Shazli weiß, dass sie damals nicht funktioniert hat. Aber er glaubt, die Rechnung wird diesmal aufgehen, weil ihm ein Bundesgenosse zur Seite steht. Die Syrer sollen im Norden angreifen und die Luftwaffe und die Hälfte der israelischen

Reserven binden. Gleichzeitig mit diesem Überfall sollen zwei ägyptische Armeen mit 1100 Panzern und fünf verstärkten Infanteriedivisionen den 180 Meter breiten Suezkanal auf der gesamten Frontlänge überqueren und zwei 15 Kilometer tiefe Brückenköpfe bilden. Dann sollen die Soldaten sich eingraben und die Gegenangriffe der Israelis auf die gut verteidigten Stellungen abwarten. Jetzt setzt Stufe zwei des Plans ein: Eine operative Reserve von zwei Panzer- und drei motorisierten Divisionen stößt mit 600 Panzern überraschend aus der Tiefe vor und besetzt die 50 Kilometer entfernten, strategisch wichtigen Bergpässe des Sinai. Phase zwei ist allerdings nur in groben Zügen geplant, und man hat sich keine Gedanken darüber gemacht, wie es dann weitergehen soll.

Die Israelis haben keine Ahnung von diesen geheimen Angriffsvorbereitungen. Ihre Wachsamkeit hat seit 1967 etwas nachgelassen, weil sie der Auffassung sind, Ägypten würde wenigstens für die Dauer einer ganzen Generation zu einem erneuten Krieg nicht mehr in der Lage sein. Sie senken ihre Verteidigungsausgaben um ein Drittel, bauen jedoch ihre Panzerwaffe weiter aus. Die Sinaiwüste könnte als Pufferzone benutzt werden, mit beweglichen, sofort einsatzbereiten Eingreiftruppen dahinter. Doch man möchte jeden ägyptischen Versuch, verlorene Gebiete zurückzuerobern, von vornherein verhindern, und in vorderster Linie präsent sein. Deshalb werden 33 befestigte Beobachtungsposten direkt am östlichen Kanalufer errichtet und ausgebaut. Der Oberkommandierende der Südfront, General Ariel Sharon, hält allerdings wenig von dieser »Bar-Lev-Linie«. Er schließt mehr als die Hälfte aller Stützpunkte und hält nur noch 14 besetzt. Sie liegen nun zwischen 10 und 30 Kilometer auseinander. Sharon will mit der einzigen Panzerdivision, die ihm im Sinai zur Verfügung steht, eine elastische, mobile Verteidigung aufbauen. Um in den unpassierbaren Sümpfen und der sandigen Wüste einen schnellen Einsatz der Panzer zu ermöglichen, lässt er ein Netz von Straßen anlegen. Dazu gehören auch drei Straßen, die in verschiedenen Entfernungen parallel zum Suezkanal verlaufen. Die erste verbindet die Stützpunkte zwischen dem Bittersee und dem

Golf von Suez, die zweite, die »Artillery Road«, verläuft zehn Kilometer von den steilen Uferböschungen des Kanals entfernt hinter einer Hügelkette, und die dritte erstreckt sich in 30 Kilometer Entfernung von Baluza bis Tassa und die südlich davon gelegenen Querverbindungen über den Gidi- und Mitla-Pass. Darüber hinaus vertraut Sharon auf die Überlegenheit der israelischen Luftstreitkräfte.

Aber die Ägypter besitzen inzwischen russische SAM-Raketen. Die Sowjets haben ihnen am westlichen Kanalufer ein sehr komplexes Luftverteidigungssystem aufgebaut, bestehend aus 150 Batterien von Boden-Luft-Raketen und 2500 Flakgeschützen, die ostwärts einen zehn Kilometer breiten Streifen abschirmen. Als Sadat 1972 die sowjetischen Soldaten und Berater nach Hause schickt, sehen die Israelis darin einen Beweis dafür, dass mit einem Krieg nicht zu rechnen ist. Denn niemand in Israel traut den Ägyptern zu, dass sie dieses Raketensystem auch selbst bedienen können. Es gelingt ihnen, die Israelis zu täuschen. Jedes Jahr finden in Ägypten ausgedehnte Herbstmanöver statt. Die Israelis schöpfen daher keinen Verdacht, als im Herbst 1973 Infanterie- und Panzereinheiten in die Ausgangsstellungen verlegt werden. Die Tarnung ist so vollständig, dass sogar die meisten ranghohen ägyptischen Offiziere erst am Morgen des 6. Oktober 1973 erfahren, dass wenige Stunden später aus den Übungen heraus ein Angriff auf Israel erfolgen wird. Es ist zudem Jom Kippur, der jüdische Versöhnungstag. Der Leiter des israelischen Nachrichtendienstes hat noch einen Tag zuvor die Kriegsgefahr als »mehr als gering« eingeschätzt. Ungeachtet der ständigen Anwesenheit ägyptischer und syrischer Truppen an den Frontlinien hat er für den Ernstfall eine Vorwarnzeit von mindestens 48 Stunden versprochen. Aber die Israelis bemerken erst am Morgen des Jom Kippur-Tages, dass ein Angriff unmittelbar bevorsteht. Generalstabschef Elazar befürwortet einen sofortigen Erstschlag. Premierministerin Golda Meir befürchtet politische Verwicklungen und kann sich dazu nicht entschließen. Erst um 10.00 Uhr genehmigt sie eine Teilmobilmachung, und die Reservisten beginnen sich zu sammeln. Als um 14.00 Uhr massives ägyptisches Artilleriefeuer einsetzt, stehen nur ein Infanteriebataillon und drei israelische Panzer in vorderster Linie.

Um 14.15 Uhr setzen unter dem Schutz der Artillerie 8000 ägyptische Soldaten in Schlauchbooten über den Kanal und dringen ins Hinterland ein. In viertelstündigem Abstand folgen elf weitere Wellen. Fähren bringen Panzer und andere Fahrzeuge ans andere Ufer, 20 Pontonbrücken sowjetischer Bauart werden errichtet. Alles läuft mit der Präzision eines Uhrwerks ab, geschickt und schnell und so, wie es zuvor etliche Male geprobt worden ist. Israelische Experten haben für die Verlegung von Brücken eine Zeit von 48 Stunden veranschlagt, die Ägypter schaffen es in neun Stunden. Die Masse von fünf Infanteriedivisionen kann nahezu ungehindert übersetzen. Man hat mit etwa 26 000 Toten gerechnet, tatsächlich sind es nur 300. Die nach und nach eintreffenden israelischen Panzer werden von der feindlichen Infanterie umzingelt und abgeschossen. Am nächsten Morgen sind von 290 Panzern nur noch 114 einsatzbereit.

Die Israelis entschließen sich, die Stützpunkte am Kanal aufzugeben. Die Bar-Lev-Linie ist schon wenige Stunden nach Beginn des Angriffs gefallen, nachdem auch im dichten Abwehrfeuer die Versuche israelischer Kampfbomber gescheitert sind, die SAM-Raketenstellungen am Kanal auszuschalten. Israelische Piloten fliegen geradezu selbstmörderische Einsätze gegen die Kanalbrücken, von denen sieben getroffen, jedoch innerhalb weniger Stunden von den Ägyptern wiederhergestellt werden.

Die gesamte israelische Luftwaffe muss schon am 7. Oktober an die Nordfront verlegt werden, wo sich die Lage nach dem Durchbruch der syrischen Panzer bei den Golanhöhen dramatisch zugespitzt hat. Zivile Wohngebiete der Israelis sind unmittelbar bedroht. 1600 Panzer, darunter 600 moderne sowjetische T 54, T 55 und T 64, stehen kurz davor, die galiläischen Hügel zu durchbrechen. Die Israelis leisten erbitterten Widerstand. Mit 50 mit einer 10,5-cm-Kanone aufgerüsteten britischen Centurion-Panzern und einigen amerikanischen Sherman-Panzern, Veteranen aus dem II. Weltkrieg, werfen sie sich der feindlichen Übermacht entgegen. Verteidigungsminister Moshe Dayan hat ihnen befohlen, bis zum Letzten zu kämpfen. Nachdem Verstärkungen eingetroffen sind, gelingt es den israelischen Streitkräften, die Syrer aufzuhalten und zurückzuwerfen. Die arabischen Strategen haben damit gerechnet, dass gerade am Jom Kippur-Tag die Mobilmachung und die Einberufung der Reservisten schleppend verlaufen würde, weil am höchsten jüdischen Feiertag die meisten Israelis nicht am Fernseher oder Radio sitzen. Aber das Gegenteil ist der Fall. Die Militärtransporte werden kaum durch zivilen Straßenverkehr behindert, und in weniger als 24 Stunden sind die ersten Reservedivisionen an der Front.

Schon am Morgen des 8. Oktober tritt eine dieser Reservedivisionen mit 183 Panzern am Südrand der Sümpfe von Baluza aus zum Gegenangriff an. Sie rückt parallel zum Kanal nach Süden in der Absicht vor, ihn auf den gegnerischen Brücken zu überqueren. An die Stelle ihrer Siegeszuversicht tritt schnell große Ernüchterung. Die Ägypter ergreifen nicht wie noch vor sieben Jahren beim bloßen Anblick vorpreschender Panzer oder heulender Kampfjets die Flucht, sondern sie stellen sich mutig zum Kampf und schlagen den israelischen Gegenangriff zurück. Fast alle Panzer werden vernichtet und 44 Flugzeuge abgeschossen, eine Verlustrate, die die Einsatzfähigkeit der israelischen Luftwaffe ernsthaft bedroht. Der 8. Oktober wird zum »schwarzen Tag der israelischen Armee«. Bis zum Abend haben 100 000 ägyptische Soldaten und über 1000 Panzer den Kanal überquert. Das israelische Oberkommando beschließt, im Süden solange zur Defensive überzugehen, bis im Norden ein Sieg über die Syrer errungen ist. Hier wendet sich am 10. Oktober das Blatt tatsächlich. Die Israelis haben sich von ihrem anfänglichen Schock erholt, die apokalyptische Stimmung der ersten Tage und die Furcht vor einem neuen Holocaust sind einem zähen Widerstandsgeist gewichen. Israelische Truppen erobern die Golanhöhen und dringen in Syrien ein. Damaskus ist schon in Reichweite ihrer Artillerie. Eingreifenden irakischen und jordanischen Verbänden gelingt es, das Schlimmste zu verhindern.

Die verzweifelte Lage der Syrer zwingt die Ägypter, ihre Offensive fortzusetzen. Trotz der Befürchtung, dass Israel über Atomwaffen verfügt und auch bereit ist, sie einzusetzen, läuft am 12. Oktober Phase zwei ihres Plans an. Die Reserve-Panzerdivisionen setzen sich Richtung Ostufer in Marsch. Doch nur 500 Panzer und zwei motorisierte Brigaden stoßen am 14. Oktober um 6.30 Uhr morgens mit der Zuversicht vor, den Gidi- und Mitla-Pass zu erreichen und zu überqueren. Die weiteren, bereits am Ostufer stehenden zwölf Brigaden beteiligen sich nicht an diesem Vorstoß, weil man annimmt, der formierte Angriffskeil reiche für einen konzentrierten Schlag aus. Aber als die ägyptischen Truppen den Schutz ihres Flugabwehrsystems verlassen haben, stürzt sich die israelische Luftwaffe auf sie und zerstört in wenigen Stunden 250 Panzer. Am gleichen Tag trifft das erste C 5-Galaxy Frachtflugzeug mit amerikanischen Hilfslieferungen ein. Die Moral der Israelis steigt und die Zuversicht wird größer, diesen Krieg siegreich beenden zu können. Die Ägypter sind bei der Infanterie und Artillerie zwar immer noch 7 : 1 überlegen und bei den Panzern 2 : 1, aber die Initiative geht nun auf die Israelis über. Das israelische Kabinett stimmt am 14. Oktober um Mitternacht einer Kanalüberquerung zu.

Die Offensive beginnt am 15. Oktober nachmittags mit einem Scheinangriff, durch den die gesamte Reserve der 2. ägyptischen Armee an die falsche Stelle gelockt wird. Die israelischen Panzer umgehen dann in einem Linksschwenk die feindlichen Verteidigungsstellungen, setzen nördlich des Bittersees fast ohne Gegenwehr über den Kanal und bilden einen Brückenkopf am westlichen Ufer. Davon weiß Sadat zunächst nichts. Er erfährt am Nachmittag des 16. Oktober quasi aus dem Radio, dass israelische Truppen, wie Golda Meir verkündet hat, nun »in Afrika« kämpfen, und bittet seinen Kriegsminister, die Lage zu überprüfen. Der meldet ihm nach Rücksprache mit seinen Befehlshabern vor Ort, nur sieben Schwimmpanzer hätten übergesetzt und alles sei unter Kontrolle. Sadat bekommt ein völlig falsches Bild. Am Abend hält er im Hauptquartier eine Lagebesprechung ab. General Shazli schlägt vor, alle östlich des Kanals stehenden Panzerverbände zurückzuziehen, um damit den israelischen Brückenkopf zu zerschlagen. »Das wird die zurückbleibende Infanterie zutiefst demoralisieren«, meint Sadat und lehnt den Vorschlag ab. Stattdessen wird der Brückenkopf von Westen her mit den bisher zurückgehaltenen strategischen Reserven angegriffen. Die Israelis machen die anrückenden T 62 auf dem 40 Kilometer langen Anmarschweg schon frühzeitig aus und greifen in der Flanke mit zwei Panzerbrigaden an. Die Panzerschlacht endet mit einem Sieg der Israelis. Sie zerstören anschließend eine Reihe von SAM-Raketenstellungen und stoßen auf die Stadt Suez am Golf vor. Um die Einnahme der Stadt zu verhindern, wirft Sadat seine letzte Reserve, die Elite-Panzerbrigade der Republikanischen Garde, in den Kampf. Doch nun haben die Israelis die vollständige Lufthoheit über dem Gebiet gewonnen.

Die Sowjets versuchen, Sadat zur Beendigung des Kampfes zu überreden, solange er sich noch in einer akzeptablen Verhandlungsposition befindet. Sadat überschätzt seine Lage. Erst als am 21. Oktober die gesamte 3. Armee von einer Einkesselung bedroht ist, ist er zu Waffenstillstandsverhandlungen bereit. Golda Meir lehnt zunächst ab, lenkt dann auf amerikanischen Druck hin jedoch ein. Der Waffenstillstand tritt am 22. Oktober um 18. 52 Uhr in Kraft. Noch sind die Beobachtungstruppen der UN nicht eingetroffen, aber die Ägypter glauben dennoch, dass die Israelis den vereinbarten Waffenstillstand einhalten. Umso überraschter sind sie, als israelische Panzer in den frühen Morgenstunden des 23. Oktober noch weiter nach Süden vorrücken, den Hafen Adabiya einnehmen und die Einschließung der 3. ägyptischen Armee vollenden. Sie sitzt auf dem Ostufer des Kanals mit 45 000 Soldaten und 250 Panzern ohne Wasser und medizinische Versorgung wie eine Maus in der Falle. Israelische Kampfjets stürzen sich auf die nahezu schutzlosen Soldaten und richten ein Blutbad unter ihnen an. Daraufhin drohen die Sowjets mit der sofortigen Entsendung von Truppen in die Region. Auch die Amerikaner geben für ihre Einheiten die Alarmstufe drei aus, zum ersten Mal seit der Kubakrise im Jahr 1962. Wieder droht das Gespenst eines atomaren Krieges.

Am 25. Oktober verabschiedet die UNO eine zweite Waffenstill-
standsresolution. Auch sie wird mehrmals verletzt, bis die Israelis im
Februar 1974 ihre Streitkräfte von der Westseite des Suezkanals zurückziehen. Insgesamt haben sie 830 Kampfpanzer verloren, ein
hoher Preis. Der Sinai, der eigentliche Kriegsgrund, wird erst 1981
im Zuge eines detaillierten Friedensvertrages an Ägypten zurück-
gegeben. Nach dem militärischen Sieg der Israelis erfolgt nun ihre
politische Niederlage. Bis in die heutigen Tage feiern die Ägypter
jedes Jahr ihren Erfolg.

Die Irrtümer des ersten Golfkrieges
(Irak, 17. Januar–28. Februar 1991)

Die militärische Auseinandersetzung der »Coalition Forces« mit den
irakischen Streitkräften des Diktators Saddam Hussein zu Beginn
des Jahres 1991 ist in die Kriegsgeschichte als der »Erste Golfkrieg«
eingegangen. Auslöser ist der Überfall auf das Ölscheichtum Kuwait.
Am Morgen des 2. August 1990 rasseln irakische Panzer auf der
sechsspurigen Autobahn nach Kuwait City und stoßen bis an die
Grenze zu Saudi-Arabien vor, um sich der kuwaitischen Ölquellen
zu bemächtigen. In Bagdad rufen die Schulkinder: »Saddam, wir
werden unser Blut für dich geben!« Überall in den Straßen ist sein
Porträt zu sehen, das irakische Volk feiert ihn als die Wiedergeburt
von Saladin, dem »Schwert des Islam«. Das Ziel ist ein vereinigtes is-
lamisches Reich. Der Überfall auf Kuwait soll nur der erste Schritt
dahin sein. Ihm liegt bereits ein großer Irrtum zugrunde, dem im
nachfolgenden Golfkrieg weitere folgen werden.

Der irakische Diktator glaubt nämlich, die USA würden dieser
Entwicklung tatenlos zusehen und sich nicht einmischen. Die
Berichte seiner Geheimdienstchefs sind sehr optimistisch. Als der
amerikanische Botschafter Saddam Hussein vor seiner Kuwait-
Operation eine Nachricht des US-Präsidenten George Bush sen.

übermittelt, betrachtet der Diktator dies als versöhnliches Zeichen. Doch er verrechnet sich völlig. Nach dem Angriff auf Kuwait geraten die Börsenkurse des gesamten Weltölmarkts aus den Fugen. Die Kontrolle über einen Großteil der Ölreserven der nächsten hundert Jahre ist in Gefahr, eine Energiekrise steht bevor. Damit sind die strategischen Interessen der Vereinigten Staaten herausgefordert. Eine solche Entwicklung können die Westmächte und ihre arabischen Öllieferanten nicht zulassen.

Zudem hat Saddam Hussein die meisten seiner Einnahmen aus dem Ölgeschäft dafür verwandt, in erheblichem Umfang aufzurüsten. Er verfügt über 6000 Panzer, 600 moderne Flugzeuge und mindestens eine Million kampferfahrener Männer. Und vor allem besitzt er ein Potenzial für chemische Kriegführung sowie die erforderlichen ballistischen Raketen, um es auch einzusetzen. Damit ist aber das westliche und auch israelische politische Konzept des Gleichgewichts im Mittleren Osten umgestoßen. Kein Staat darf so mächtig werden, dass er seine Nachbarländer unterwerfen und die Ölinteressen des Westens und der »Weltpolizei« USA gefährden kann.

Auf Betreiben der Amerikaner erlässt der UN-Sicherheitsrat die Resolution 660, die die irakische Invasion verurteilt. US-Außenminister Baker unternimmt eine Weltreise, um ein Kriegsbündnis zusammenzuschmieden. Das gelingt ihm auch. Saddam ist vollkommen überrascht, als er feststellen muss, mit welcher Schärfe die USA gegen ihn Front machen und sein Reich zerstören wollen. Er hat nicht damit gerechnet, dass ein moralischer Kreuzzug gegen ihn in Gang gesetzt wird. Am 9. Januar 1991 übergibt Baker in Genf seinem Kollegen Tarek Aziz ein Ultimatum. Es ist in einem derart aggressiven Ton abgefasst, dass der irakische Außenminister es nicht mitnimmt, sondern auf dem Konferenztisch liegen lässt. Offiziell teilt Baker nach der Konferenz mit, er habe gegenüber Aziz mit dem Abwurf einer Atombombe über Bagdad gedroht, falls der Irak verbotene Waffen wie Giftgas einsetzen würde. Zu diesem Zeitpunkt liegt bereits das amerikanische Schlachtschiff »Wisconsin« im Golf. Es hat drei nukleare Tomahawk-Marschflugkörper an Bord.

Die Iraker haben kaum eine genaue Vorstellung von der gigantischen Kriegstechnologie der USA. Viele ihrer Soldaten glauben sogar, in der bevorstehenden Auseinandersetzung, die Saddam Hussein großsprecherisch die »Mutter aller Kriege« nennt, eine echte Chance gegen die Amerikaner zu haben. In nur wenigen Tagen werden sie auf den Boden blutiger Tatsachen zurückgerufen. Der Krieg wird mit der absoluten technologischen Übermacht der USA bereits in den ersten Stunden entschieden. Denn mit einem dreidimensionalen Erstschlag aus der Luft wird die gesamte Kommandostruktur des Feindes schon am ersten Tag ausgeschaltet. Auf unterer Ebene wird der irakische Militärapparat durch bewaffnete Hubschrauber und Spezialeinheiten außer Kraft gesetzt. Auf mittlerer Ebene sperren Spezialflugzeuge der US-Navy den gesamten Luftraum. Und auf höchster Ebene, aus 36 000 Kilometer Entfernung, wird der Kriegsschauplatz durch Erdsatelliten genauestens überwacht.

Der Angriff, die Operation »Desert Storm« unter dem Kommando von General Schwarzkopf, beginnt in der mondlosen Nacht vom 16. auf den 17. Januar 1991. »Apache«-Kampfhubschrauber, von Navstar-Satelliten zum Ziel geleitet, eröffnen das Feuer auf Radarantennen, elektronische Einrichtungen und Telegraphenmasten. Etwa 100 Raketen, 30 Hellfire-Geschosse und über 4000 Schuss aus Kleingeschützen leisten ganze Arbeit. Die Besatzungen tragen Nachtsichthelme, die das Gebiet sichtbar machen. Zur gleichen Zeit landen Spezialteams der Delta Force, der US-Army Rangers, der Navy-SEALs und der britischen SAS und überwältigen in mutigen Einzelaktionen feindliche Kommandostellen und Militärposten. Sie errichten ein eigenes Kommunikationssteuerungssystem. Besonders ausgerüstete Flugzeuge blockieren mit elektronischen Mitteln das gesamte irakische Nachrichten- und Telefonsystem.

In den Morgenstunden des 17. Januar erfolgt der erste Luftangriff auf Bagdad. Von den sechs im Golf und im Roten Meer stationierten Flugzeugträgerverbänden sowie von den Flugbasen von Diego Garcia im Indischen Ozean und Incirlik in der Türkei sind 2430 Flugzeuge gestartet, aufgetankt in der Luft von über 60 großen Tankerflugzeugen. B 52-Bomber schießen Marschflugkörper ab, britische Tornados verwandeln im Tiefflug Landebahnen in Kraterlandschaften und von See her feuern Schlachtschiffe und Raketenkreuzer Tomahawks ab, die durch Lasersteuerung mit höchster Präzision zu den Zielen gelenkt werden. Die tödlichen F 117 A-Stealth-Bomber können sich dem Radar entziehen und lasergesteuerte 450-Kilo-Bomben auf speziell ausgewählte Bunkerziele und lebensnotwendige Knotenpunkte, Kraftwerke und Brücken abfeuern. Ihre erste Angriffswelle erreicht Bagdad kurz vor drei Uhr nachts und schaltet alle ausgewählten Ziele aus. Die irakische Flugabwehr wird völlig überrumpelt. Als sie den vernichtenden Angriff registriert und sich zur Verteidigung bereitmachen will, sind die Stellungen fast sämtlich zerstört und die Bomber schon wieder weg. Verwirrt sprechen einige Soldaten, die das Inferno überlebt haben, vom Angriff eines »shabah«, eines Geistes.

Der Nachthimmel über Bagdad ist hellrot. Die Welt kann auf sensationellen Fernsehbildern das unheimliche Schauspiel mitverfolgen, während der irakische Diktator in seinem atombombensicheren Bunker seinem Volk einen bevorstehenden großen politischen Sieg über die verhassten Amerikaner verkündet. Er glaubt, er kann die Amerikaner in einen blutigen Stellungskrieg locken. Doch seine zahlenmäßig überlegenen Panzer- und Artilleriestreitkräfte kommen überhaupt nicht zum Zug. Und Teile seiner Luftstreitmacht entziehen sich der totalen Vernichtung durch Flucht in den Iran.

Kurz vor Tagesanbruch erreichen neue Bomberwellen irakisches Gebiet, zerstören sämtliche Flugplätze und nehmen die Elitedivision Tawakalna unter Feuer. Gegen die Überschallflugzeuge können die 50 eingesetzten irakischen Abfangjäger kaum etwas ausrichten, zwei MiG 29 werden abgeschossen. Die wichtigsten Ziele sind die von den Sowjets gekauften Scud-Raketen, die von mobilen Fahrzeugen aus abgefeuert werden können. Am 28. Januar geht eine Scud-Rakete auf Tel Aviv nieder. Die Amerikaner müssen ihr ganzes diplomatisches Geschick aufwenden, um Israel von Vergeltungsmaßnahmen abzuhalten.

Fast 100 000 Tonnen Bomben gehen in den ersten Tagen auf den Irak nieder. Saddams Bodentruppen werden durch einen unaufhörlichen Bombenhagel dezimiert. Aber wenn der Irak endgültig besiegt werden soll, muss man das Land auch besetzen und den Diktator entmachten. Alle Welt ist davon überzeugt, dass dies nun auch geschieht, als am 24. Februar 1991 der Bodenangriff beginnt und alliierte Panzerkolonnen, unterstützt von Schwärmen von Apache- und Blackhawk-Hubschraubern, in die irakische Wüste vorstoßen. Ihre Ziele sind Kuwait City und Bagdad. In nur 24 Stunden legen sie 200 Kilometer zurück. Die irakische Armee muss sich aus Kuwait zurückziehen, ihre Flucht verwandelt sich auf dem »Highway zur Hölle« in ein Massaker. Die Iraker verlieren über 100 000 Mann, die Alliierten nur knapp 200, davon allein 35 durch »friendly fire«.

Doch als die Panzer der »Coalition Forces« nach vier Tagen vor den Toren Bagdads stehen, machen sie plötzlich Halt. Zur Überraschung der ganzen Welt tritt am 28. Februar eine Feuerpause ein, der Landkrieg dauert nur 100 Stunden. Die Amerikaner sehen es als politisch zweckmäßig an, Saddam Hussein und seinen sunnitischen Staat als Garanten eines regionalen Gleichgewichts am Leben zu lassen. Mit den Resten seiner Armee kann und soll er die islamischen Fundamentalisten im Iran in Schach halten. Die amerikanische Führung glaubt, die Lage im Irak sei nun beruhigt. Ein fundamentaler Irrtum, wie sich in den nächsten Jahren herausstellt. General Schwarzkopf erklärt im März 1991 verbittert, der Präsident der Vereinigten Staaten, George Bush sen., habe ihn um den endgültigen Sieg gebracht.

»Operation Iraqi Freedom«
(Irak, 19. März–1. Mai 2003)

Im »Situation Room«, dem Lagezentrum im Erdgeschoss des Westflügels des Weißen Hauses, antwortet General Tommy Franks am Mittwoch, dem 19. März, auf die entsprechende Frage des amerika-

nischen Präsidenten: »This force is ready to go.« Daraufhin erteilt
George W. Bush jun. den Befehl für die »Operation Iraqi Freedom«.
Der Krieg gegen den Irak soll am 21. März beginnen. Die US-Solda-
ten sind bereits in die entmilitarisierte Zone an der irakisch-kuwaiti-
schen Grenze eingedrungen und warten auf das Angriffssignal. Der
Oberbefehlshaber Tommy Franks, ein Texaner, der aus Vietnam mit
drei Tapferkeitsorden zurückgekehrt ist, führt als einziger Vierster-
negeneral der alliierten Truppen den Krieg vom »Centcom« aus, dem
Hauptquartier »U. S. Central Command«. Es liegt mitten in der
Wüste von Katar unweit des Kamelmarkts von Doha.

Die Legitimität für diesen Krieg ist umstritten. Schon im Jahr 2001
hat der italienische Geheimdienst angeblich echte Belege für Saddam
Husseins Bemühungen erhalten, in Niger mehrere hundert Tonnen
Uranoxid zu kaufen, einen möglichen Grundstoff für den Atom-
bombenbau. Kopien dieser Unterlagen gehen an die amerikanischen
und britischen Geheimdienste. Ex-Botschafter Wilson aus Niger
wird mit Nachforschungen beauftragt. »Alles Schwindel!«, berichtet
er im März 2002. Dennoch befürworten das amerikanische Reprä-
sentantenhaus und einen Tag später auch der Senat im Oktober 2002
die Anwendung von Gewalt gegen den Irak, auch ohne entsprechende UN-Resolution. Daraufhin legt der Irak am 7. Dezember
2002 eine 12 000 Seiten umfassende Rüstungsdokumentation vor, die
aber nach der Auffassung Washingtons »schwerwiegende Auslas-
sungen« enthält. Experten bezweifeln die Echtheit der Niger-Akte.
Sie stellt sich später als plumpe Fälschung heraus. Und CIA-Chef
Tenet räumt nach dem Krieg ein, er hätte auf deren Streichung bestehen müssen.

So basiert der Irakkrieg von Anfang an auf einem grundlegenden
Irrtum. Und als er beginnt, kommt ein weiterer Irrtum hinzu. CIA-
Agenten übermitteln am Nachmittag des 19. März 2003 aufregende
Neuigkeiten in die amerikanische Hauptstadt. Sie haben angeblich
eine konkrete Spur von Saddam Hussein ausgemacht. Nach einer
Fernsehansprache vom Vortag an sein Volk soll er sich in ein Haus
im Süden von Bagdad zurückgezogen haben. Wie elektronische Ab-

hörmaßnahmen ergeben hätten, halte er gerade in dem »Dora Farms« genannten Haus mit seinem Stab Kriegsrat. Ein übergelaufener hoher irakischer Offizier habe das bestätigt und auch einen 30 Meter entfernten Bunker erwähnt, in den sich der irakische Diktator wahrscheinlich im Falle eines Angriffs zusammen mit seinen Söhnen begeben würde.

Verteidigungsminister Rumsfeld informiert sofort seinen Präsidenten von der realistischen Chance, einen »Enthauptungsschlag« zu führen. Er könnte den Krieg beenden, bevor er richtig begonnen hat. Die folgende Sitzung des US-Präsidenten mit seinen engsten Beratern dauert drei Stunden. Der Krieg sollte aus wetterbedingten Gründen erst am Freitag, dem 21. März, mit schweren Bombardements aus der Luft beginnen. Jetzt drängt CIA-Chef Tenet darauf, den Angriff um 24 Stunden vorzuverlegen, weil die Chance, Saddam gleich zu Beginn zu töten, sehr groß sei. Alle stimmen diesem »Enthauptungsschlag« zu. Das Pentagon setzt die US-Luftwaffenbasen von den neuen Befehlen in Kenntnis. Das Hauptquartier übermittelt berichtigte Zieldaten an die Piloten. Aber die britische Regierung wird über die geänderten Pläne nicht informiert.

Um 3.30 Uhr nachts starten auf der Al-Udeid Airbase in Katar zwei F 117-Tarnkappenbomber der 8. Jagdbomberstaffel mit den Codenamen »Ram 01« und »Ram 02«. Sie sollen im Bagdader Stadtteil Dora je zwei Präzisionsbomben vom Typ EGBU-27 abwerfen. Die satellitengesteuerten Bunkerbrecher sind fünf Meter lang und jeweils eine Tonne schwer. Bisher sind sie im Kampf noch nicht eingesetzt worden. Das einzige Schutzschild der F 117-Bomber ist ihre Unsichtbarkeit, sie haben keine Verteidigungswaffen an Bord. Deshalb brauchen sie Geleitschutz. Im irakischen Luftraum, der südlichen Flugverbotszone, stoßen zwei F 16-Kampfjets dazu, die gegnerische Luftabwehranlagen ausschalten sollen, und drei Marineflugzeuge vom Typ EA-6B »Prowler«, spezialisiert auf die Zerstörung von Radar. Die sieben Flugzeuge werden auf ihrem Flug nach Norden in der Luft aufgetankt. Kurz vor 5.30 Uhr erreichen sie Bagdad. Der Himmel wird schon hell. Beide Tarnkappenbomber fliegen ihr Ziel aus verschiedenen Richtungen an. Als die Piloten die Bombenschächte öffnen, verändert sich die Form des Flugzeugs. Jetzt werden die F 117 für das gegnerische Radar sichtbar. Die ausgeklinkten Bomben verursachen am Boden gewaltige Explosionen. Das irakische Flugabwehrfeuer setzt erst ein, als die Bomber, unerreichbar hoch und schnell, schon wieder auf dem Rückflug sind. Hinter ihnen schlagen auf den Verteidigungsanlagen Bagdads 40 »Tomahawks« ein. Diese Marschflugkörper sind vor einigen Stunden von zwei Flugzeugträgern im Golf sowie zwei U-Booten und zwei Zerstörern abgeschossen worden.

Die amerikanischen Fernsehsender zeigen am 20. März um 21.30 Uhr Washingtoner Ortszeit erste Fernsehbilder von dem Angriff. Bush wendet sich mit einer kurzen Fernsehansprache an das amerikanische Volk. »Auf meinen Befehl hin haben die Truppen der Koalition begonnen, ausgewählte militärische Ziele anzugreifen«, sagt er. Ziel sei es, den Irak zu entwaffnen, das irakische Volk zu befreien und die Welt vor großer Gefahr zu schützen. Zu diesem Zeitpunkt weiß Bush noch nichts davon, dass dieser vorgezogene »Enthauptungsschlag« einem Ziel gegolten hat, dass gar nicht existierte. Als Bagdad später eingenommen ist, finden die amerikanischen Truppen im Stadtteil Dora nichts, was auf eine unterirdische Festung hinweist. Die Meldung, dass Saddam Hussein sich dort aufgehalten haben soll, stellt sich als eine riesengroße »Ente« heraus. Die Spekulationen über seinen angeblichen Tod reißen dennoch nicht ab und finden neue Nahrung, als am Donnerstagabend, dem 20. März, über das irakische Fernsehen eine Botschaft Saddams gesendet wird, die offensichtlich aufgezeichnet ist.

Etwa zur gleichen Zeit beginnen die 1. Division der Marines mit 42 000 Soldaten und die 3. US-Infanteriedivision mit 15 000 Soldaten im Süden Iraks mit dem Vormarsch auf Bagdad. Die »Abrams«- und die »Bradley«-Panzer fahren nordwärts durch die Wüste, so schnell wie möglich. Sie schaffen 70 Kilometer in der Stunde, wofür sie gut 200 Liter Benzin brauchen. Deshalb rollen hinter ihnen auf den Straßen die Nachschubfahrzeuge und Tankwagen, von denen jeder jeweils 23 000 Liter Sprit fasst. Die 1. US-Marinedivision ist der älteste und am häufigsten ausgezeichnete Großverband der US-Marineinfanterie. Im Zweiten Weltkrieg wurde er bei fast allen Kämpfen im Pazifik eingesetzt. Auf der roten »1« in der blauen Raute, dem taktischen Zeichen der Division, steht deshalb in großen Lettern »Guadalcanal«. Später kämpften ihre Soldaten in Korea und Vietnam und auch im Ersten Golfkrieg.

Unterstützt werden beide Divisionen von den 16 000 Soldaten der nachfolgenden 101. Airborne Division mit ihren gefürchteten 256 Kampfhubschraubern, den »Apaches« und »Black Hawks«. Sie nennen sich »Screaming Eagles«, denn ihr taktisches Zeichen ist ein weißer Adlerkopf auf schwarzem Grund. Die elitäre Einheit hat schon 1944 im Zweiten Weltkrieg in der Normandie gekämpft und bis 1972 in Vietnam, das sie als Letzte verließen. Östlich von diesen drei Divisionen stößt die 1. Britische Panzerdivision auf Basra vor. Zu ihren 26 000 Soldaten gehören auch die »Desert Rats« der 7. Panzerbrigade, die schon in Nordafrika gegen Rommel gekämpft haben und auch im Ersten Golfkrieg und an der internationalen Friedenstruppe auf dem Balkan beteiligt waren. Die Alliierten hoffen, dass die eine Million Einwohner von Basra, fast ausschließlich Schiiten, nicht kämpfen werden, sondern dass sie die britischen Truppen vielmehr als Befreier begrüßen.

Dem amerikanischen Vorstoß aus Kuwait nach Norden geht ein weiterer Irrtum voraus. Ursprünglich sollten 62 000 US-Soldaten von der Türkei aus die Nordflanke des Irak angreifen. Diese Zangenoperation gehörte zum festen Bestandteil des amerikanischen Operationsplanes. Doch das türkische Parlament stellt sich quer und verweigert den Durchmarsch amerikanischer Truppen. Nun bleibt nur der »einarmige« Vorstoß aus Süden übrig und die Hoffnung, dass die verbündeten 70 000 kurdischen Milizionäre in die aus der Luft bombardierten nordirakischen Stellungen nachrücken werden.

Während des Vorstoßes aus dem Süden stellt sich schnell heraus, dass die Moral der irakischen Truppen nicht mehr die beste ist. Die meisten ergeben sich sofort. Die US-Airforce hat zwei Millionen

Flugblätter mit entsprechenden Aufrufen an die irakischen Soldaten abgeworfen. Die Iraker hatten allerdings schon vorher angekündigt, dass sie nicht in der Wüste, sondern in Bagdad kämpfen wollen. Die amerikanischen Panzer schaffen fast 200 Kilometer pro Tag und stoßen nur beim Ölhafen Umm Quasr südlich von Basra auf härteren Widerstand. Die wichtigen Rumeila-Ölfelder werden eingenommen. Auf die Rohre ihrer Panzerkanonen haben die Soldaten geschrieben: »The big show«. Es ist wirklich eine »große Schau«. Verteidigungsminister Donald Rumsfeld will einen »German Blitzkrieg«, einen Krieg mit weniger, dafür aber umso besser ausgerüsteten und trainierten Elitesoldaten gewinnen, die lückenlos vernetzt und logistisch nahtlos vereinigt sind. Nicht mehr neun Divisionen mit 365 000 Soldaten wie im letzten Golfkrieg sind im Einsatz, sondern nur noch 150 000 mit lediglich vier Divisionen, eine kleine »Hightech-Armee«. Dies sei »ein Krieg wie kein anderer in der Geschichte«, sagt Tommy Franks, »der Beginn einer neuen Kultur des Krieges und ein Paradebeispiel für Taktik und Technik der Kriegführung im 21. Jahrhundert.«

Am Abend des 21. März beginnt die Aktion »Shock and Awe«, Schock und Schrecken, das massive Bombardement Bagdads, das nach der ursprünglichen Planung den Krieg eröffnen sollte. Es zielt auf die Telekommunikation und die Führungseinrichtungen, vor allem aber auf den Kampfeswillen des Feindes. Die irakische Armee soll durch Einschüchterung und Demoralisierung zur Kapitulation gezwungen werden. Insgesamt 3500 präzisionsgesteuerte Bomben und Marschflugkörper werden auf militärische Objekte und Paläste des Diktators niedergehen, ungefähr das Zehnfache dessen, was die Amerikaner zu Beginn des Ersten Golfkrieges verschossen haben.

Es sind nur vier B 2-Bomber, die Bagdad von Diego Garcia aus ansteuern, dem Inselstützpunkt im Indischen Ozean. Die großen Tarnkappenbomber in der charakteristischen Fledermausform sind fast unsichtbar für die feindliche Radarpeilung. Begleitet werden sie von einem Dutzend der älteren, in Großbritannien gestarteten B 52-Bomber sowie von Tankflugzeugen. Auf zahlreichen kleineren Flugplätzen der Hauptstadt sollen irakische Flugzeuge stehen, die in der Lage seien, Massenvernichtungswaffen zu transportieren und abzufeuern. Diese Flugplätze sind deshalb ebenfalls Angriffsziel der Bomber. Auch das ist einer der vielen Irrtümer des Irakkriegs. Die Massenvernichtungswaffen, die als Grund für den Krieg ausgegeben worden sind, werden nirgendwo gefunden. Nach dem Krieg bestätigt sich, was die Waffeninspekteure der UNO schon vorher als wahrscheinlich ausgegeben hatten: Der Irak hat solche Waffen nie besessen.

Die Bordcomputer der vier Tarnkappenbomber kennen ihre Ziele und berechnen anhand von Geschwindigkeit und Höhe den optimalen Zeitpunkt zum Abwurf. Den Rest erledigt die JDAM-Bombe (joint direct attack munition) allein, sie findet ihr Ziel mit Hilfe von Satellitennavigation. Der Mikroprozessor in der Bombe justiert über kleine Elektromotoren die Stellung der Heckklappen. Unter den geworfenen 48 Bomben befinden sich auch Neuentwicklungen wie ein verstärkter »Bunkerbrecher« mit gigantischen zwei Tonnen Sprengladung. Die ebenfalls neuartigen Mikrowellenbomben lassen Schaltkreise von Computern schmelzen und setzen im Umkreis von 100 Metern elektronische Geräte außer Gefecht. Riesige Feuerbälle und Rauchpilze erheben sich in den nächtlichen Himmel Bagdads, ohrenbetäubende Detonationen erschüttern die Stadt. Der Präsidentenpalast steht in Flammen und viele andere Regierungsgebäude auch.

Nach nur wenigen Tagen stellt sich ein weiterer Irrtum heraus. Viele Kriegsgegner und Friedensinstitute haben ein blutiges Schlachtfeld im ganzen Nahen Osten vorausgesagt und einen erbitterten Widerstand der irakischen Armee in einem langen Krieg, der Hunderttausenden von Zivilisten das Leben kosten würde. Nichts davon tritt ein. Auch die Prophezeiung, dass Bagdad mit seinen 16 000 Soldaten der kampfkräftigen und disziplinierten Republikanischen Garde und den 150 000 Männern der Volksarmee und Parteimiliz ein zweites Stalingrad werden würde mit heroischen Straßenkämpfen und wochenlangem Gemetzel, erfüllt sich nicht.

Aber gerade dort, wo man damit gerechnet hat, dass die Schiiten die amerikanischen Soldaten freundlich empfangen und die Soldaten der regulären irakischen Armee schnell kapitulieren würden, treffen die GIs auf erbitterten Widerstand. Die Schlacht um Nassirijah wird zur härtesten des ganzen Krieges. Das 1. Bataillon des 2. Marines-Regiments soll die zwei strategisch wichtigen Brücken in dieser Stadt sichern: die Brücke über den Euphrat im Süden und die Brücke über den Saddam-Kanal im Norden. Dazwischen liegen etwa fünf Kilometer Straße, die Ambush Alley. Bei der Einsatzbesprechung ist den Soldaten gesagt worden, Nassirijah sei die Hochburg der Saddamgegner und der Kampfwert der dort stehenden 11. Infanterie-Division der Iraker sei gering. Doch als sich am Vormittag des 23. März die amerikanischen »Amtracks«, kettengetriebene Amphibienpanzer, die bis zu 25 Marines in voller Kampfausrüstung befördern können, der ersten Brücke nähern, empfängt sie von allen Seiten heftiges Abwehrfeuer. Maschinengewehre, Granatwerfer und Panzerabwehrraketen nehmen die drei angreifenden Kompanien unter Beschuss, der hinter der Brücke noch zunimmt. Das ist kein unorganisierter Widerstand und kein Hinterhalt, das ist eine starke strategische Verteidigungsstellung. 18 amerikanische Soldaten sterben, so viele wie in keiner anderen Kompanie während des gesamten Feldzugs.

Die Iraker erhalten eine besondere Motivation durch einen glücklichen Zufallserfolg, den sie in der Nacht zuvor erzielt haben. Ein Konvoi der 507. Instandsetzungkompanie, der auf der Autobahn an Nassirijah vorbei nach Norden rollen soll, verirrt sich und fährt auf die Euphrat-Brücke zu. Diese unglückliche Irrfahrt im Dunkeln durch Nassirijah ist wie ein Stich ins Wespennest, der die Verteidiger aufscheucht. Die kleine Gruppe aus Kraftfahrern, Mechanikern und Köchen ist keine Kampfeinheit. Einige Soldaten werden erschossen, fünf werden gefangen genommen, darunter eine 30-jährige farbige Köchin aus Texas und die verwundete Soldatin Jessica Lynch, und später im irakischen Fernsehen vorgeführt. Die Bilder sind auch auf al-Dschasira und anderen arabischen Sendern zu sehen.

Dieser Überfall hat den Widerstand in der Stadt stark gemacht. Die Iraker fühlen sich plötzlich in der Lage, amerikanische Soldaten zu bezwingen oder zumindest aufzuhalten. Sie kämpfen an jeder Straßenecke, Scharfschützen liegen in Erdlöchern, stehen hinter Bäumen und die Soldaten, unterstützt von bewaffneten Zivilisten und paramilitärischen Fedajeen, fahren auf Motorrädern oder vereinzelten Panzern ins Gefecht. Unvorhergesehene Unterstützung erhalten sie durch ein amerikanisches A 10-Kampfflugzeug, das versehentlich eigene Einheiten angreift und einige Soldaten tötet. Auch britische Soldaten sterben beim Kampf um Basra durch »friendly fire«, eine US-Patriot-Rakete schießt ein Tornado-Flugzeug ab. Am 24. März verliest Saddam im Fernsehen eine Botschaft: »Der Sieg ist nah!« Er ruft die Iraker zum Heiligen Krieg gegen die Invasoren auf. Am selben Tag finden die bisher schwersten Luftangriffe auf Bagdad statt.

Am 25. März ist die Vorhut der 3. US-Infanteriedivision nur noch 80 Kilometer von Bagdad entfernt. Am nächsten Tag schon könnte die 2. Brigade die irakische Hauptstadt erreichen. Doch wider Erwarten kommen die Truppen bei Kerbela zum Stehen. Der Grund dafür ist im Schlachtplan überhaupt nicht vorgesehen, es ist der Sand. Er erweist sich als stärker als die Hightech-Truppen. Ein heftiger Sandsturm bricht los, der schlimmste seit Jahren. Mitten am Tag wird es dunkel, die Sichtweite beträgt nur noch ein paar Meter. Die Panzer bleiben stecken, nichts geht mehr. Auch die auf dem Boden aus südwestlicher Richtung vorrückende 101. Airborne Division ist davon betroffen. Ihre Kampfhubschrauber können wegen des Sandsturms nicht eingesetzt werden.

Ein weiteres Problem kommt noch hinzu. Der lange Korridor, den die Amerikaner in den Irak getrieben haben, ist an den Flanken bedroht. Der Nachschub muss über 500 Kilometer gesichert und nach vorne gebracht werden. Das bindet etwa ein Drittel der 3. Infanterie-Division. Sie allein benötigt pro Tag 56,8 Millionen Liter Treibstoff. Ein endloser Konvoi von 50 000 Mann und 7000 Fahrzeugen zieht sich von Kuwait aus die Straße entlang nach Norden. Außerdem stellt sich heraus, dass die ursprüngliche Absicht der Amerikaner,

Widerstand leistende Städte nicht einzunehmen, sondern nur zu umfahren, zu gefährlich ist. Denn die dort in Sandhügeln und Wäldern versteckten Iraker halten den Vormarsch auf und locken die US-Truppen in Hinterhalte. Deshalb ändert man den Kriegsplan und nimmt diese Städte ein. Das gilt auch für Nadschaf, die heilige Stadt der Schiiten mit über 500 000 Einwohnern. Sie wurden von Saddam blutig unterdrückt und verfolgt, nachdem 1991 der von den Amerikanern geforderte, aber dann nicht unterstützte Aufstand zusammenbrach. Die Amerikaner glauben, sie würden gerade hier als Befreier begrüßt, ein Irrtum. Als die ersten Panzer über die Euphrat-Brücke rollen, werden sie von russischen »Cornet«-Raketen beschossen. Ähnlich wie in Nassirijah ist auch in Nadschaf der Widerstand erheblich.

Nun zeigt sich, dass es doch nicht so einfach ist, mit nur wenigen Divisionen ein Land von der Größe Frankreichs zu erobern und zu besetzen. Deshalb werden die US-Truppen im Kampfgebiet verstärkt. Insgesamt 12 000 Soldaten der 4. US-Infanterie-Division werden am 27. März vom Stützpunkt Fort Hood in Texas nach Bagdad geschickt. Bush erklärt auf dem Luftwaffenstützpunkt MacDill in Florida vor seinen Soldaten: »Unsere Kräfte machen gute Fortschritte im Irak, aber der Krieg ist noch lange nicht beendet.«

Aber dann geht alles doch unerwartet schnell. In drei Keilen stoßen die US-Truppen nach Bagdad vor und durchbrechen am 3. April den Verteidigungsring der Iraker um die Stadt. Am 4. April ist der Internationale Flughafen von Bagdad in amerikanischer Hand, nachdem zuvor Kampfflugzeuge die Flughafenhallen und die Treibstoffdepots bombardiert haben. Im Südosten der Stadt erreichen Marine-Infanteristen die Außenbezirke der Stadt und stoßen nur vereinzelt auf Widerstand. Rund 2500 Soldaten der Republikanischen Garde ergeben sich. Am 7. April ist die Fünf-Millionen-Metropole eingekesselt. Alle wichtigen Ausfallstraßen sind unter amerikanischer Kontrolle und die Truppen stoßen bis ins Zentrum vor. Der Neue Palast am Tigris-Ufer, bis vor kurzem Sitz von Saddam Hussein, wird ebenso erobert wie der riesige, 38 000 Quadratmeter große Palast der

Republik. Das Volk plündert die Regierungsgebäude, das Regime löst sich auf. Am 10. April, nach nur 21 Kriegstagen, ist bereits ganz Bagdad besetzt und auch Basra im Südosten ist gefallen.

Entgegen den Prognosen werden weder Chemiewaffen eingesetzt noch gefunden. Ebenso ist die vorhergesagte Umweltkatastrophe durch brennende Ölquellen ausgeblieben. Geirrt haben sich auch die Experten, die zuvor mit etwa 5000 toten alliierten Soldaten gerechnet haben. Es sind nur etwa 150. Im Norden gehen die Kämpfe um Mossul und Kirkuk zwar noch weiter. Aber am 14. April wird auch Tikrit, Saddams letzte Festung 175 Kilometer nördlich von Bagdad, eingenommen. Im Westen Iraks ergibt sich eine Armeeeinheit mit 16 000 irakischen Soldaten. Der Krieg ist praktisch vorbei. Der Gegner hat sich als sehr viel schwächer herausgestellt als erwartet. Noch ist der irakische Diktator zwar nicht gefangen, wenn auch am 24. Juli seine beiden Söhne Udai und Kusai gefasst und getötet werden. Doch am 1. Mai erklärt der amerikanische Präsident offiziell das Ende des Krieges.

Er hat seinem Volk und der Welt eine globale Bedrohung durch einen bis an die Zähne mit Raketen und Massenvernichtungsmitteln bewaffneten Irak vor Augen geführt sowie Verbindungen zwischen Saddam Hussein und Al-Kaida. Nun gerät George W. Bush in Beweisnot. Irak habe gar keine unmittelbare Bedrohung dargestellt, erklärt der demokratische Senator Robert Byrd aus West Virginia Ende Mai in der »New York Times«. Das werde »schmerzhaft deutlich« und sei »mehr als peinlich«. Die US-Bürger seien offenbar unter falschen Voraussetzungen dazu verleitet worden, den »nicht provozierten Angriff auf eine souveräne Nation unter Verstoß gegen internationales Recht« zu akzeptieren. Mit diesem Krieg hätten die USA möglicherweise »das Anliegen der Freiheit um 200 Jahre zurückgeworfen«. Die »New York Times« zitiert zugleich Geheimdienstmitarbeiter mit der Aussage, die CIA sei bewusst politisch instrumentalisiert worden. Pentagon und Bush-Regierung hätten den Geheimdienst dazu gedrängt, nur solche Berichte abzuliefern, die als Rechtfertigung für einen Militäreinsatz dienen könnten.

Die Amerikaner müssen nun auch einen weiteren Irrtum eingestehen: Ihr Blitzkrieg-Konzept geht letztlich doch nicht auf. In Wahrheit ist der Krieg noch nicht zu Ende, er setzt sich in den kommenden Wochen und Monaten als hinterhältiger Guerillakrieg fort. Ständig werden amerikanische Soldaten aus dem Untergrund überfallen und getötet. Und statt Truppen abzuziehen, richtet man sich nun auf einen langen Truppeneinsatz im Irak ein. Ende Juli 2003 sind bereits 60 Prozent der aktiven Soldaten des gesamten US-Heeres im Irak stationiert.

Auch die Festnahme von Saddam Hussein am 13. Dezember 2003 in der Nähe seiner Heimatstadt Tikrit, wo er sich über Monate in einem Erdloch verborgen hielt, bedeutet noch nicht das Ende der Gewalt im Irak.

Irrtümer über Kriegsereignisse
in Quellen und Meinungen

In der Kriegsgeschichte gibt es eine ganze Reihe von Ereignissen, über die in einigen Quellen irrtümlich falsch berichtet worden ist. Diese Aufzeichnungen haben sich erst durch spätere Erkenntnisse als Irrtümer herausgestellt. Ebenso gibt es Fälle, über die sich in dem Bewusstsein des Volkes Vorstellungen festgesetzt haben, die nicht den Tatsachen entsprechen. Auch diese zum Teil weit verbreiteten Irrtümer haben sich hartnäckig erhalten. Über einige solcher Beispiele wird nachfolgend berichtet.

Über den Tod der Spartaner am Engpass der Thermopylen 480 v. Chr. herrscht noch immer eine falsche Meinung vor. Man glaubt, beeinflusst durch die antiken Dichter, es wären nur 300 gewesen, die sich, »treu wie das Gesetz es befahl«, von den persischen Soldaten niedermetzeln ließen und sich für Athen zwecklos aufopferten. Tatsächlich waren es weit mehr Soldaten. 700 Thepier und 400 Thebaner waren auch noch dabei. Außerdem begleiteten jeden spartanischen Krieger noch sieben Heloten, so dass 2100 Staatssklaven ebenfalls noch dazukamen. Insgesamt fielen fast 4000 Mann bei den Thermopylen. Ebenso ist der Verräter Ephialtes eine Erfindung der Dicht- und Bühnenkunst. Der Fußpfad über das Gebirge, auf dem die Perser nach Herodot die Verteidiger des Engpasses umgingen, war auch den auf persischer Seite kämpfenden Maliern und Thessaliern bekannt. Xerxes hatte daher einen Verräter gar nicht nötig.

Es ist weithin bekannt, dass die berühmte, von den Ptolemäern 280 v. Chr. gegründete Bibliothek von Alexandria, die über 400 000 Manuskripte enthielt, durch einen großen Brand vernichtet worden ist. Vielfach wird auch heute noch angenommen, dass die Araber diese Kulturschande begingen, als sie im Jahre 642 unter ihrem Feldherrn Amru Alexandria eroberten. So haben es zwei mittelalterliche

Schriftsteller dargestellt. Nach ihren falschen Berichten, die die Schuld auf die Araber abzuwälzen versuchten, soll der Kalif Omar erklärt haben, die Bücher seien nutzlos, wenn ihr Inhalt mit dem Koran übereinstimmte. Wenn nicht, seien sie schädlich und müssten daher vernichtet werden. Daraufhin seien die 4000 Bäder der Stadt sechs Monate lang mit den Büchern der Bibliothek geheizt worden. Nichts davon ist wahr. Tatsächlich sind es die Truppen Caesars, die bei den Kämpfen um die Eroberung der Stadt die Hafenanlagen und die große Bibliothek in Brand stecken.

In der deutschen Stadt Naumburg ziehen die Kinder jahrhundertelang am 28. Juli hinaus auf die Vogelwiese, um mit »Husrufen« ein Kirschenfest zu feiern und »Viktoria, Hussitenkrieg!« zu schreien. Im Jahr 1801 nimmt der deutsche Dichter August von Kotzebue während einer Reise an einem solchen Sommerfest teil. Er schreibt anschließend das Schauspiel »Die Hussiten vor Naumburg im Jahr 1432«, dessen Chöre Carl Maria von Weber vertont. 1832 entsteht das gleichnamige Volkslied und trägt wesentlich zur Verbreitung des Irrtums bei, die Hussiten hätten tatsächlich Naumburg erobert. Sie sind niemals dort gewesen, haben die Stadt nicht belagert und sind auch nicht durch die Fürbitte von Kindern zum Abzug bewogen worden. Die Hussiten unternehmen 1432 zwar einen Raubzug, aber nur durch die Mark Brandenburg. Das Kirschenfest von Naumburg verdankt die Errettung vor dem grimmigen Feind einem anderen Geschehen, vermutlich der glücklich abgewiesenen Belagerung der Stadt im Jahr 1642 durch den schwedischen General Hans Christoph von Königsmarck.

Über den Dreißigjährigen Krieg sind durch die Dichter noch weitere Irrtümer verbreitet worden. Viele Menschen glauben noch heute, Graf Tilly habe bei der Einnahme Magdeburgs am 20. Mai 1631 die Stadt geplündert. Schuld daran ist Friedrich Schiller, der Tilly sagen lässt, als seine Offiziere ihn auffordern, der Plünderung und Zerstörung Einhalt zu gebieten: »Kommt in einer Stunde wieder, ich will mich eines weiteren besinnen. Der Soldat muss etwas haben für seine Arbeiten und Gefahren.« In Wahrheit hat Tilly gar kein Interesse daran, die Stadt zu zerstören. Sie bietet ihm unzerstört einen hervorragenden Stützpunkt für weitere Operationen. Tilly lässt Brot an die hungernden Menschen austeilen, als er durch die mit Leichen bedeckten Straßen reitet. Er wirft den gefangenen Soldaten vor, sie hätten die Stadt sehr schlecht verteidigt. Die Zerstörung und Plünderung hat er weder befohlen noch gebilligt.

Von den Armeen Friedrichs des Großen und dem Soldatentum seiner Zeit herrscht heute im Bewusstsein der Bevölkerung nicht selten eine falsche Vorstellung vor. Der preußische Soldat gilt als Inbegriff des disziplinierten, pflichtbewussten und gehorsamen Gefolgsmannes der Obrigkeit, der seinem Feldherrn und König treu ergeben ist und für ihn voller Begeisterung und Inbrunst in die Schlacht zieht. Dem war keineswegs so. Die oft bewunderte Manneszucht in der preußischen Armee war hauptsächlich auf den Prügelbock und das Spießrutenlaufen zurückzuführen, auf die Furcht vor Strafe. Und Desertionen nahmen insbesondere in der Zeit zwischen 1756 und 1763 erstaunliche Ausmaße an. So hat das ruhmreichste Regiment in der Armee Friedrichs des Großen durch Desertionen 1525 Soldaten, 32 Musiker, 93 Unteroffiziere und drei Offiziere verloren. Außerdem haben noch 130 weitere Soldaten Selbstmord begangen und 29 sind hingerichtet worden. Auch mit dem Mut und der Tapferkeit war es nicht immer gut bestellt. In der Schlacht von Prag versteckten sich 1757 zum Beispiel viele von Friedrichs Offizieren und dazu noch einer seiner Adjutanten während des Gefechts hinter einem Hügel. Und 1760 beteiligten sich in der Schlacht von Torgau preußische Truppen nicht am Kampf, sondern zogen sich in die Sicherheit der umliegenden Wälder zurück. Hier verbargen sie sich zusammen mit einigen österreichischen Soldaten, die ebenfalls das Weite gesucht hatten, und kamen erst wieder zum Vorschein, als die Schlacht vorüber war.

Nach dem Ende des Ersten Weltkriegs bildet sich sofort die Dolchstoßlegende. Die Menschen glauben der Propaganda, nach der die Widerstandskraft der angeblich unbesiegten deutschen Armeen nicht durch den äußeren Feind gebrochen worden sei, sondern durch die Revolution im November 1918. Der Londoner Korrespondent der »Neuen Zürcher Zeitung« schreibt bereits am 17. Dezember 1918: »Was die deutsche Armee betrifft, so kann die allgemeine Ansicht in das Wort zusammengefasst werden: Sie wurde von der Zivilbevölkerung von hinten erdolcht.« Dieser Vorwurf richtet sich gegen die sozialistische Linke und wird zum Kampfinstrument der rechten Parteien. Aber er ist völlig falsch und wird schon 1925 durch einen Untersuchungsausschuss widerlegt. Die militärische Niederlage Deutschlands steht fest. Dennoch bleibt die Vorstellung vom Dolchstoß noch bis in den Zweiten Weltkrieg hinein im deutschen Volksbewusstsein lebendig.

Ebenso hat sich nach dem Zweiten Weltkrieg die Meinung erhalten, Hitler habe Ende Mai 1940 den Kern des bei Dünkirchen eingekesselten englischen Heeres bewusst entkommen lassen, um Churchill zum Einlenken oder gar Friedensschluss zu bewegen. Einige Generäle und Historiker haben das tatsächlich behauptet. Doch diese Nachkriegslegende ist heute widerlegt. Die eingeschlossenen Verbände sollten vernichtet werden. Die diesbezüglichen Befehle an die Luftwaffe sind klar und eindeutig. Görings Flieger schaffen es nur nicht, diese Befehle auch umzusetzen. Dünkirchen ist alles andere als eine ritterliche Geste.

Der Zweite Weltkrieg ist überhaupt ein Hort vieler Gerüchte und Irrtümer in der Meinung vor allem der deutschen Bevölkerung. Sie führen insbesondere nach Kriegsende zu mancher Legendenbildung. Eine davon ist die Behauptung, Hitlerdeutschland habe bei der Produktion seiner Wunderwaffen kurz davor gestanden, eine Atombombe zu bauen. Die deutschen Wissenschaftler Otto Hahn und Fritz Strassmann entdecken zwar 1938 die Kernspaltung und es entwickelt sich auch ein deutsches Kernforschungsprogramm, das bis 1941 sogar vom Heereswaffenamt stark gefördert wird. Aber Hitler braucht rasche Erfolge und favorisiert daher die Raketenwaffe. Deshalb wird – im Gegensatz zu den USA – industriell kein nuklearer Brennstoff entwickelt. Der Bau einer Atombombe wird daher überhaupt nicht in Betracht gezogen. Die deutschen Forscher verfügen zwar 1942 über ausreichende Mengen schweren Wassers, so dass ein Reaktor hätte gebaut und in Gang gesetzt werden können. Doch die Industriekapazitäten und finanziellen Möglichkeiten reichen bei weitem nicht aus, eine A-Bombe zu bauen. Die USA setzen dafür über 300 000 Mitarbeiter und rund zwei Milliarden Dollar ein. Über derartige Ressourcen verfügt das Deutsche Reich nicht, so dass an den Bau, geschweige denn den Einsatz einer solchen Waffe noch während des Krieges gar nicht zu denken ist.

Viele Menschen glauben, in den Einheiten der Waffen-SS hätte es durchweg nur fanatische und hervorragende Soldaten gegeben, tapfere und verbissene Kämpfer, die sich dank guter Ausbildung, weltanschaulicher Überzeugung, tüchtiger Führung und erstklassiger Bewaffnung an der Front immer und überall ausgezeichnet haben. Doch es gibt auch Fälle, in denen das nicht zutrifft. Am 2. Juli ereignet sich bei der SS-Kampfgruppe »Nord« ein Vorfall, der als »Fiasko von Salla« in die Kriegsgeschichte eingegangen ist. Zusammen mit einer finnischen und einer deutschen Heeresdivision sollen die fünf eingesetzten SS-Verbände im Nordabschnitt der finnischen Front den russischen Stützpunkt Salla einnehmen. Doch die ehemaligen »Totenkopf«-Verbände werden zweimal unter schweren Verlusten zurückgeworfen. Die überalterten Soldaten sind zwar überzeugte Nazis. Aber sie sind für Polizeiaufgaben ausgebildet, nicht für den Krieg. Ihr Einsatz hat sich bisher auf den Befehl über Wachabteilungen von Konzentrationslagern und auf die Hinrichtung wehrloser Zivilisten beschränkt. Als sie ein drittes Mal versuchen, Salla zu erobern, unternehmen die Russen einen Gegenangriff. Jetzt packt die SS-Männer blanke Furcht. Nach Augenzeugenberichten, die Himmler vorgelegt werden, warfen sie mit dem Schreckensruf »Russische Panzer kommen!« ihre Waffen weg. Sie rennen davon, mitten durch die Linien der deutschen Artillerie. Einige SS-Soldaten geraten in Gefangenschaft, trotz Himmlers wiederholter ausdrücklicher Befehle, bis zum Tod zu kämpfen. Die SS-Kampfgruppe wird nur durch das mutige Eingreifen der Finnen und der deutschen Heeresdivision davor bewahrt, vollständig überrannt und vernichtet zu werden.

Nach dieser schmählichen Niederlage werden diese SS-Bataillone vorübergehend aufgelöst.

Die Schlacht im Atlantik steuert in den Monaten April/Mai 1943 ihrem Höhepunkt zu. Die deutschen U-Boote erleiden mit ihrer Rudeltaktik im Kampf gegen die alliierten Geleitzüge hohe Verluste. Zusammen mit anderen Booten greift U 404 ostwärts von Neufundland einen Konvoi an, der von starken Sicherungskräften bewacht wird, darunter mehrere Zerstörer sowie der Geleitträger »Biter«. Am Morgen des 25. April 1943 meldet der Kommandant von U 404, Korvettenkapitän Otto von Bülow, dem Befehlshaber der U-Boote Dönitz per Funkspruch im Planquadrat AK 4737 den Angriff auf einen amerikanischen Flugzeugträger, den er als USS »Ranger« identifiziert hat. Er habe einen Fächer von fünf Torpedos auf ihn verschossen und zwei Flammenzungen und mehrere schwere Erschütterungen beobachtet, als er über Wasser abgelaufen sei. Dönitz antwortet um 12.37 Uhr: »Gut, gut. Melden Sie, ob der Flugzeugträger nach Ihrer Einschätzung gesunken ist.« Bülow funkt zurück: »Nehme an, dass Träger gesunken, da keine Abwehrmaßnahmen nach den Treffern festzustellen waren, obwohl sehr gute Sicht und ohne Frage schwerer Schaden auf dem Träger. Nachsuche verlief ohne Ergebnis.« So steht es auch in seinem Logbuch. Kurz darauf erhält Bülow Glückwünsche von höchster Stelle: »In dankbarer Anerkennung Ihres heroischen Beitrages zum Kampf um die Zukunft unseres Volkes verleihe ich Ihnen als dem 234. Angehörigen der deutschen Wehrmacht das Eichenlaub zum Ritterkreuz des Eisernen Kreuzes. Adolf Hitler.« Am nächsten Morgen gratuliert auch Dönitz. Später stellt sich die Versenkung der »Ranger« oder eines anderen Trägers jedoch als Irrtum heraus. Vielleicht hat Bülow den Geleitträger »Biter« angegriffen und die Torpedos hatten Fehlzündungen. Denn der Träger hat den Angriff überhaupt nicht bemerkt. Eine Versenkung wird in den britischen und amerikanischen Unterlagen nirgendwo erwähnt. Dönitz hält die Meldung nicht aufrecht und ist über die voreilige Verbreitung verärgert. Zwar sind Fehlmeldungen über Versenkungen oder Abschüsse sowohl in der Marine als auch bei der Luftwaffe immer wieder einmal vorgekommen. Aber eine derart spektakuläre irrtümliche Eintragung in ein Kriegstagebuch bleibt doch eine Ausnahme. Bülow darf sein Eichenlaub behalten, muss das Kommando über U 404 jedoch abgeben.

Im April 1943 verkündet der Deutsche Nachrichtendienst dem In- und Ausland: Deutsche Nachrichtensoldaten haben in den Birkenwäldern von Katyn, 20 Kilometer westlich von Smolensk an der Straße nach Witebsk, acht Massengräber mit Tausenden ermordeter Offiziere der ehemaligen polnischen Wehrmacht entdeckt. Goebbels benutzt den Fund in größtem Stil zur antibolschewistischen Propaganda. Die Deutschen behaupten, diese polnischen Offiziere seien im September 1939 beim sowjetischen Einmarsch in Ostpolen gefangen genommen und vom sowjetischen Geheimdienst durch Pistolenschüsse in den Hinterkopf ermordet worden. Aber kaum jemand glaubt ihnen, auch die Westalliierten nicht. Denn die Sowjets beschuldigen die deutschen Faschisten, auch für diesen Massenmord verantwortlich zu sein. Ihre anderslautende Darstellung sei nur einer der üblichen üblen Goebbels'schen Propagandatricks. In der irregeführten Weltöffentlichkeit sind die Nazis die Schuldigen, noch Jahrzehnte nach dem Krieg, weil das gut ins Bild passt. Aber die Wahrheit sieht anders aus. Schon wenige Monate nach dem grausigen Fund ist auf deutsche Initiative eine internationale Ärztekommission zusammengekommen, die einige Leichen obduziert und festgestellt hat, die 4143 ausgegrabenen polnischen Offiziere seien schon mindestens drei Jahre tot. Die deutschen Truppen haben aber erst im Juli 1941 Smolensk erobert. Dennoch versucht die sowjetische Anklagebehörde im Nürnberger Prozess im Februar 1946 erneut, den Massenmord von Katyn den Deutschen anzulasten. Obwohl das nicht gelingt, behauptet die sowjetische Presse in den 60er- und 70er-Jahren weiterhin, das Blutbad hätten die »hitlerischen Henker« begangen. Es dauert bis zum Jahre 1990, dass die Sowjetregierung unter Gorbatschow angesichts der immer erdrückender gewordenen Beweislast die sowjetische Schuld an dem Verbrechen eingesteht. Stalin hat die dem Kommunismus feindliche Klasse kurzerhand liquidieren lassen. Am 14. Oktober 1992 werden der polnischen Regierung Dokumente mit den Namen der wahren Schuldigen übergeben. Außer Stalin selbst ist die gesamte Staats- und Parteiführung darin verwickelt.

Eine der abenteuerlichsten Legenden bildet sich nach Kriegsende zu der Frage, ob Adolf Hitler wirklich tot sei. Denn seine vollständige Leiche wird nie gefunden. Am 6. Juni 1945 erklärt Stalin gegenüber den Westalliierten, er halte es für möglich, dass Hitler noch am Leben sei. Und auf der Potsdamer Konferenz im Juli 1945 behauptet er, Hitler halte sich wahrscheinlich in Spanien auf, nachdem ihm vom Berliner Tiergarten aus die Flucht aus der eingeschlossenen Stadt mit einem Flugzeug gelungen ist. Stalin weiß längst, dass das nicht stimmt. Die Sowjets haben die Reste der verkohlten und im Garten der Reichskanzlei sichergestellten Leiche untersucht und insbesondere aufgrund des einigermaßen gut erhaltenen Gebisses feststellen können, dass es sich tatsächlich um den »Führer« handelte. Er hat sich am 30. April 1945 in seinem Führerbunker durch einen Pistolenschuss in die rechte Schläfe selbst getötet. Stalin hat jedoch ein Interesse daran, die Überlebenstheorie aufrechtzuerhalten. Die Kriegsallianz soll nicht auseinander fallen und deshalb soll Druck auf die Staaten ausgeübt werden, die kurz davor stehen, sich den Westalliierten anzuschließen. Es sind vor allem hohe US-Militärs, die auf das Gerücht hereinfallen und nun zur Jagd auf Hitler aufrufen. Hitler sei mit einem U-Boot entkommen, heißt es. Oder: Im Bunker sei nur ein Double gestorben, der echte Hitler halte sich in Argentinien, Kolumbien, Palästina oder Japan auf. Man habe ihn mit einer V 2-Rakete aus Berlin weggeschossen, er halte sich im Kyffhäuser verborgen oder, von Chirurgen unkenntlich gemacht, in einem Keller in Berlin. Oder er lebe als Hirte in den Schweizer Bergen oder als Mönch in Italien. Manche Leute wollen wissen, die Sowjets würden Hitler als Berater in Moskau verwahren. Andere glauben, er würde die arabische Welt beim Kampf gegen die Israelis unterstützen. Und eine weitere These lautet sogar, der echte Hitler sei schon am 20. Juli an den Folgen des Attentats verstorben und ein sehr fähiger Schauspieler sei danach im Bunker an seine Stelle getreten. Eine andere Legende geht sogar noch einen Schritt weiter: Bereits 1919 habe der britische Geheimdienst einen Agenten nach München geschickt, mit dem Auftrag, Deutschland in den totalen Untergang zu treiben. Der Weltkriegssoldat Hitler sei nach England entführt und der Agent mit seiner Identität ausgestattet worden. Nach 1945 sei der echte Hitler dann nach Berlin gebracht und in der Nähe des Führerbunkers ermordet worden. Und noch 1987 schreibt ein chilenischer Diplomat tatsächlich in einem Buch, Hitler warte im Erdinneren unterhalb der Antarktis auf die Gelegenheit zur Rückkehr.

Die häufigsten Ursachen der Irrtümer im Kriege

Der Krieg ist nicht nur ein Akt der Gewalt, um den Gegner zur Erfüllung des eigenen Willens zu zwingen. Er ist zugleich die Domäne des Ungewissen und des Unerwarteten, der gegenseitigen Reibungen (»Friktionen«) und oft auch des Chaos. Das hat Clausewitz in seinem Buch »Vom Kriege« meisterhaft dargelegt. Es ist nahe liegend, dass dieses Unbestimmte und Fragliche des Krieges, das Unsichere und Zweifelhafte, ein guter Nährboden für Irrtümer aller Art ist. Von der Antike bis in die Neuzeit kommen sie immer wieder vor und entscheiden Schlachten und Feldzüge. Das wird auch in Zukunft so sein, solange der Krieg nicht von Maschinen, sondern von Menschen ausgefochten wird, von ihren Kräften des Geistes und Willens.

Die Irrtümer im Kriege sind im Grunde immer die gleichen. Das ist erstaunlich und lässt den Schluss zu, dass die militärischen Befehlshaber aus den Fehlern ihrer Vorfahren nichts gelernt haben. Aber es ist immer wieder aufs Neue schwierig, inmitten von tödlichen Gefahren die Lage richtig einzuschätzen und die Reaktionen des Gegners vorauszusehen. Insoweit ähnelt der Krieg einer Schachpartie, in der immer der gewinnt, der den vorletzten Fehler macht. Doch der Krieg ist kein Zeitvertreib, keine bloße Lust am Wagen und Gelingen. Er ist, wie Clausewitz es formuliert hat, ein ernstes Mittel für einen ernsten Zweck.

Auch der moderne Krieg lässt sich nicht mit Managementmethoden beherrschen. Welchen Irrtümern und Fehleinschätzungen auch er unterliegen kann, haben beide Irak-Kriege der USA hinlänglich bewiesen. Den ersten brachen sie viel zu früh und aus falschen Erwägungen ab. Den zweiten haben die Amerikaner im Frühjahr 2003 zwar in wenigen Wochen in glänzender Manier überlegen gewonnen und damit viele Skeptiker und Kriegsgegner Lügen gestraft, die eine lange blutige Dauer voraussagten. Aber beruht nicht schon der Anlass für diese kriegerische Auseinandersetzung, der vorgegebene Grund für die Entmachtung des Diktators Saddam Hussein, auf einem Irrtum? Die biologischen Kampfstoffe und gefürchteten ABC-Waffen, über die er angeblich in erheblichem Umfang verfügen sollte, wurden bis heute nicht gefunden. Verdächtige Chemikalien erwiesen sich als Pflanzenschutzmittel, mutmaßlich mobile Labors zur Herstellung von Massenvernichtungswaffen entpuppten sich als normale Sattelschlepper.

Die wichtigsten Ursachen für Irrtümer im Kriege, für gravierende Fehlentscheidungen während einer Schlacht, lassen sich in acht Punkten zusammenfassen und systematisieren. Sie werden nachfolgend noch einmal erläutert und jeweils an konkreten Beispielen kurz veranschaulicht. Die meisten der exemplarischen Ereignisse sind in den vorangegangenen 46 Fallstudien bereits im Einzelnen dargestellt worden. Einige Beispiele kommen neu hinzu.

1. Die Täuschung des Feindes

Die List ist eine der ältesten Kampfesmittel. Ihre versteckte Absicht führt ähnlich wie die des Betruges zu einem Irrtum auf Seiten desjenigen, gegen den sie angewandt wird. Der Listige lässt denjenigen, den er täuschen will, die Irrtümer des Verstandes selbst begehen. Clausewitz nennt die List »eine Taschenspielerei der Handlungen«, die einen beträchtlichen Aufwand von Zeit und Kräften erfordert. Und er warnt auch davor, bedeutende Kräfte für längere Zeit nur zum bloßen Schein zu verwenden, da immer die Gefahr bestehe, dass es umsonst geschieht und diese Kräfte dann am entscheidenden Ort fehlen. Je schwächer die Kräfte seien, die der strategischen Führung zur Verfügung stehen, je eher würde sie auf eine List verfallen, um den Sieg herbeizuführen. Wenn dem Schwachen und Kleinen sich die List als letzte Hilfe anbiete, sein Heil in einem mutigen, verzweifelten Schlag zu suchen, trete die List der Kühnheit zur Seite und könne ungeheure Erfolge erzwingen.

Ein ruhmreiches Beispiel dafür liegt schon über 3000 Jahre zurück und hat die Menschen und vor allem Dichter aller Epochen von der griechischen Antike bis ins 20. Jahrhundert immer wieder interessiert und fasziniert. Das gilt in gleichem Maße für die Versuche der archäologischen Forschung, zu klären, ob die antiken Dichtungen auf ein reales historisches Ereignis zurückgehen. Es ist die Geschichte vom »Trojanischen Pferd«, einer Kriegslist des Odysseus, die Jahrtausende überdauert hat und zum geflügelten Wort geworden ist.

Zehn Jahre schon dauert der Trojanische Krieg. Noch immer hält Troja der Belagerung stand. Die Griechen schaffen es nicht, die Stadtmauern zu durchbrechen und die Stadt zu erobern. Es sieht so aus, als wenn sie den Krieg verlieren würden. Da entwickelt der gerissene Odysseus einen teuflischen Plan. Er lässt ein hölzernes Pferd bauen, nur wenig höher als das Stadttor Trojas, und lässt es vor die Stadtmauern bringen. Im Innern des Pferdes sind die tapfersten griechischen Krieger einschließlich Odysseus verborgen. Die griechischen Schiffe setzen die Segel und verstecken sich hinter der nächstgelegenen Insel. Nur der Grieche Sinon ist zurückgeblieben, er soll die Trojaner davon überzeugen, das Pferd als Geschenk für Pallas Athene in die Stadt zu holen. König Priamos fällt tatsächlich auf die List herein und befiehlt, ein Loch in die Stadtmauer zu brechen, um das Pferd hereinzubringen. Er hört nicht auf die Warnungen seiner Tochter Kassandra und des obersten Priesters Laokoon, der seinem König sagt, er fürchte die Griechen, auch wenn sie Geschenke bringen. Die Trojaner schleppen das Pferd zum Tempel und feiern ein großes Friedensfest. Aber in der Nacht klettern die griechischen Krieger aus dem Pferd und metzeln zusammen mit dem Rest des zurückgekehrten Heeres die schlafenden Trojaner nieder. Am nächsten Tag ist das tapfere Troja nur noch ein rauchender Trümmerhaufen. Ein verhängnisvoller Irrtum der Trojaner hat zu ihrem Untergang geführt.

Die Täuschung des Feindes durch eine Kriegslist hat noch viele weitere Schlachten entschieden, von denen einige welthistorische Bedeutung erlangt haben. Die Perser fallen 480 v. Chr. in der Bucht von Salamis auf die Kriegslist von Themistokles ebenso herein wie 9 n. Chr. die römischen Legionen des Varus in der Schlacht am Teutoburger Wald auf die Täuschungsmanöver der Cherusker.

Die Mongolen übernehmen bei ihrem Vormarsch in Osteuropa eine alte Kriegslist der Parther und täuschen am 10. April 1241 in der Schlacht bei Liegnitz eine Flucht vor. Sie locken das nachsetzende deutsche Ritterheer in einen Hinterhalt und vernichten es völlig.

Auch Scheinangriffe gehören zur Kriegslist. In der Schlacht bei Leuthen gewinnt 1757 Friedrich der Große gegen die zahlenmäßig um ein Vielfaches überlegenen Österreicher, weil er sie durch ein gewagtes Manöver zu einem Irrtum verleitet. Ein Jahr später wird er bei Hochkirch dann allerdings selbst das Opfer einer Täuschung.

Im Zweiten Weltkrieg verhilft der vielgerühmte »Sichelschnittplan« den Deutschen zu einem schnellen Sieg über Frankreich, weil die Alliierten über die tatsächlichen strategischen Absichten des Feindes im Unklaren sind. Als sie ihren Irrtum erkennen, ist es zu spät und der Feldzug schon verloren.

2. Falsche Einschätzung der Stärke

Nach Clausewitz ist die Überlegenheit der Zahl in der Strategie wie in der Taktik das allgemeinste Prinzip des Sieges und der wichtigste Faktor in einer Schlacht. Die Überschätzung der eigenen Stärke und Kampfkraft sowie die Unterschätzung der des Gegners gehört zugleich zu den häufigsten Irrtümern, die im Kriege geschehen.

Als die kleine Vorhut der kaiserlichen Truppen unter der Führung von Reinald von Dassel Ende Mai 1167 das stark befestigte Rom erreicht, sind die Verteidiger der Stadt zahlenmäßig 20-mal so stark. Im Vertrauen auf ihre Überlegenheit und den bevorstehenden Sieg verlassen die römischen Truppen ihre Befestigungen und werden geschlagen.

1758, 1760 und 1807 gelingt es dem Feind nicht, die Festung Kolberg zu nehmen, weil die Kampfkraft und der Widerstandswille der Verteidiger falsch eingeschätzt werden. Und 1812 unterschätzt Napoleon bei seinem Marsch auf Moskau die Verteidigungsfähigkeiten der Russen ebenso wie 1815 in der Schlacht bei Waterloo die des »eisernen« Herzogs Wellington.

Eine geradezu wahnwitzige Fehleinschätzung der gegnerischen Stärke unterläuft 1876 dem eitlen und krankhaft selbstsüchtigen Oberstleutnant George Custer in der berühmt gewordenen Schlacht am Little Big Horn gegen eine vereinte Streitmacht der Sioux und Cheyenne. Custer, der an der Akademie von West Point unter 34 Offiziersanwärtern den letzten Platz belegt hat, zählt sicherlich zu den schlechtesten und unfähigsten Befehlshabern, die jemals Soldaten in eine Schlacht geführt haben. Die Legende hat aus ihm einen blondgelockten Helden gemacht, der unter der Fahne des unsterblichen 7. Kavallerieregiments aufopfernd gegen den Häuptling Crazy Horse gekämpft und dabei sein Leben gelassen hat. Custer hat sich selbst den Rang eines Generals zugelegt und sich eine eigene Uniform aus Samt, Gold und Lametta schneidern lassen. Erstmals macht er von sich reden, als er in einem Massaker an über 100 Cheyenne auch Frauen und Kinder niedermetzeln lässt. Im Juni 1876 führt Custer eine der drei Kolonnen an, die sich auf das Indianerlager am Little Big Horn zu bewegen. In dem Lager sind 15 000 Menschen, darunter fünf- bis sechstausend kampferprobte Krieger der Sioux und Cheyenne. Aber Custer will das nicht wahrhaben. Auf die Warnung seiner Späher, keine Lagerfeuer zu machen, um seine Position nicht zu verraten, hört er nicht. Er prahlt damit, seine Kavallerieabteilung würde die Indianer ganz allein vernichten. Die Sioux haben ihn längst ausgemacht und eingekreist, die Chance eines Überraschungsangriffs ist dahin. Als mehrere Indianer davongaloppieren, glaubt Custer, sie würden fliehen und entschließt sich ungeachtet des Befehls seiner Vorgesetzten, nicht eigenmächtig zu handeln, zum Angriff. Erneut warnen ihn seine indianischen Späher und versuchen ihm seinen Irrtum klar zu machen. Der Gegner sei zehnmal stärker und ein Angriff sei heller

Wahnsinn. Doch Custer hört nicht auf sie und teilt seine Abteilung nun auch noch in drei Unterabteilungen auf, die das Lager von Süden, Norden und Westen angreifen sollen. Die 112 Mann des Majors Reno werden von den Sioux ebenso zurückgeschlagen wie die 125 Mann des Hauptmanns Benteen. Custer greift mit seiner Gruppe, von jeder Verstärkung abgeschnitten, von Norden her über einen Fluss an. Die Hauptmacht der Sioux treibt ihn auf eine Anhöhe, umzingelt ihn und vernichtet die Gruppe bis auf den letzten Mann. Die Leichen werden entkleidet und skalpiert. Selten hat ein überheblicher, verblendeter Offizier seine Männer so blindlings in den Tod geführt.

Auch Hitler unterläuft im Juni 1941 bei seinem Unternehmen »Barbarossa« ein ähnlicher Fehler. Der Russlandfeldzug wird zur großen Katastrophe. Noch Ende 1944 überschätzt Hitler in der Ardennenoffensive seine Möglichkeiten und die Stärke der Wehrmacht und sieht die Kampfkraft der in die Defensive gedrängten amerikanischen Truppen als gering an. Ein Irrtum, den Deutschland teuer bezahlen muss.

Die französische Generalität ist sich im Frühjahr 1954 im Kampf um Dien Bien Phu sicher, dass die Vietkong-Kämpfer zu schwach seien, die Festung zu erobern, und lehnt deshalb angebotene Verstärkungen ab. Eine groteske Unterschätzung des Gegners. Dien Bien Phu fällt in wenigen Wochen.

Ein ähnlich schlimmer Irrtum unterläuft der amerikanischen Regierung und der CIA im April 1961 bei der Landung exilkubanischer Invasionstruppen auf Kuba. Sie unterschätzen die Stärke und Kampfkraft der Truppen Fidel Castros völlig. Die Landung in der Schweinebucht wird zu einem militärischen Fiasko.

3. Falschbeurteilung der operativen Lage

Ebenso häufig kommt es vor, dass sich die militärischen Führer über die tatsächliche operative Lage irren und deshalb falsche Entscheidungen treffen.

In der Seeschlacht bei Actium gegen die Römer gibt Kleopatra den Kampf viel zu früh verloren. Erst die überstürzte Flucht der ägyptischen Schiffe führt zur endgültigen Niederlage des Antonius gegen Octavian.

Als Konstantin 312 n. Chr. mit seinem kleinen Heer ohne Katapulte und Belagerungsmaschinen auf das befestigte Rom marschiert, hat er kaum eine Chance, die Stadt zu erobern. Doch Maxentius verlässt mit seiner Streitmacht die schützenden Mauern und tritt Konstantin auf offenem Felde entgegen, weil er irrtümlich glaubt, ein Aufstand der Bevölkerung gegen ihn stehe kurz bevor. Er hat die Lage völlig falsch eingeschätzt.

Die spanische Armada hätte England 1588 wohl erobert, wenn sie nicht erst nach Calais gesegelt wäre, um dort weitere Truppen aufzunehmen, sondern gleich auf die englische Küste im Süden von London zugehalten hätte. Und als sich 1601 eine weitere spanische Flotte Irland nähert, um sich mit den irischen Soldaten O'Neills zu vereinigen, wäre die Niederlage der englischen Truppen bei Kinsale besiegelt gewesen, wenn der irische Feldherr sich nicht über den Ort der Landung der Spanier geirrt hätte und nach Süden marschiert wäre statt nach Norden.

Wallenstein glaubt 1632 in der Schlacht bei Lützen, der Sieg seiner Reichsarmee sei ihm nicht mehr zu nehmen, nachdem Pappenheim mit seinen Reitern rechtzeitig auf dem Schlachtfeld eingetroffen ist und der von den Schweden hart bedrängte linke Flügel gerettet scheint. Aber seine Lagebeurteilung trifft nicht zu, der Einsatz der schwedischen Kavalleriereserven entscheidet die Schlacht.

Getrieben von der Sucht nach Ruhm, die schon Friedrich den Großen 1740 zum Angriff auf Schlesien veranlasst hat, zieht der kranke und schwächliche österreichische Kaiser Joseph II. 1788 an der Spitze seiner Truppen gegen die Türken ins Feld. Er sei der »Rächer der Menschheit«, erklärt er und werde »die Welt von einem barbarischen Volksstamm befreien«. Aber schon am Beginn des Feldzuges steht eine vermeidbare Katastrophe. Gegen den Rat von Einheimischen schlagen die Österreicher ihr Lager in einem Malariagebiet bei Belgrad auf. Innerhalb kurzer Zeit erkranken 172 000 Soldaten, 33 000 sterben. Als der Kaiser erfährt, dass sich die türkische Armee unter Führung des Großwesirs auf ihn zu bewegt, bricht er mit der Hälfte seiner Truppen auf, um in der Nähe der Stadt Karansebes die Schlacht zu suchen. Die Infanterie marschiert, flankiert von Husarenregimentern, in geordneter Formation. Nachts erreichen sie unweit von Karansebes eine Brücke, auf der sich einige Hausierer niedergelassen haben. Die Husaren halten an, um ihnen Schnaps abzukaufen. Die Infanteriesoldaten sehen das und wollen es ihnen gleichtun, werden aber von den Husaren weggetrieben. Voller Wut auf ihre arroganten Kameraden schießen die Infanteristen in die Luft und rufen, um die Husaren zu erschrecken, laut »Turci! Turci!« Die schon betrunkenen Husaren glauben, sie würden angegriffen, und schreien nun ebenfalls, wild um sich feuernd, »Turci! Turci!«. Die hinteren Kolonnen, noch im Anmarsch auf die Brücke, geraten daraufhin in Panik und schießen in der Dunkelheit aufeinander. Die Truppen glauben irrtümlich, sie seien in eine Falle geraten und würden von der gesamten türkischen Armee, die in Wahrheit noch weit entfernt ist, angegriffen. Heftige Kämpfe brechen aus und Tausende von Soldaten fliehen. Kanonen werden im Stich gelassen, Wagen stürzen um und überall ertönen die Rufe: »Die Türken sind da, alles ist verloren, rette sich, wer kann!« Als der Morgen dämmert, wird das ganze Ausmaß des Desasters ersichtlich. Über 10 000 Mann sind durch ihre eigenen Kameraden getötet oder verwundet worden. Ein gewiss einmaliges Ereignis in der Kriegsgeschichte, hervorgerufen durch eine völlig falsche Einschätzung der Lage.

Selbst dem militärischen Genie Napoleon sind derartige Irrtümer unterlaufen. 1815 bei Waterloo glaubt er, die 33 000 nachmittags in der rechten Flanke auftauchenden Soldaten des Marschalls Grouchy würden das erbitterte Ringen nun zu seinen Gunsten entscheiden. Aber es sind nicht Grouchys Soldaten, die in die Schlacht eingreifen, sondern die preußischen Korps des Marschalls Blücher.

Auch der Oberbefehlshaber der 2. preußischen Armee, Prinz Friedrich Karl, leistet sich im August 1870 in der Schlacht bei Vionville eine kapitale Fehleinschätzung der operativen Lage. Er schickt fünf seiner Armeekorps nach Westen, um die Franzosen dort abzufangen. Auf den Gedanken, dass Marschall Bazaines gesamte Armee noch im Osten bei Metz stehen könnte, kommt er gar nicht.

Für die Franzosen geschieht im August 1914 ein Wunder, als zwei siegreiche deutsche Armeen an der Marne plötzlich zurückgehen und den Sieg verschenken, weil jede von der anderen fälschlich annimmt, sie könne sich nicht mehr halten. Im selben Monat glauben die Russen nach ihren anfänglichen Siegen an der Ostfront, die deutschen Truppen zögen sich nach Westen zurück. Aber sie machen einen Schwenk und kesseln in zwei mächtigen Zangenarmen die gesamte Armee Samsonows bei Tannenberg ein.

Auch die äußerst verlustreichen Angriffe der Engländer am 25. und 26. September 1915 in der Schlacht von Ypern, die als das Massaker von Loos in die Militärgeschichte eingegangen sind, beruhen auf einer falschen Einschätzung der Lage. Zwischen den Schlackebergen und Zechendörfern des französischen Kohlereviers rücken um sechs Uhr morgens sechs britische Divisionen gegen die starken Stellungen der Deutschen vor. Da schwere Artillerie fehlt, wird Giftgas eingesetzt. Grüne und gelbe Rauchwolken quellen in dichten Schwaden bis ins Niemandsland vor und nehmen den mit Gasmasken vorstürmenden Truppen die Sicht. Die Soldaten verlieren sich bald in einem undurchdringlichen Nebel von Chlorgas. Gegen Mittag entschließt sich General Haig auch seine Reserven einzusetzen, um den Sieg sicherzustellen. Die Deutschen seien durch den ersten Schlag bereits besiegt, versichert er seinem Oberbefehlshaber, Feldmarschall French. Nun gelte es, sie durch einen letzten Schlag endgültig zu vernichten. Eine völlig falsche Beurteilung der Situation. Die Deutschen sind alles andere als besiegt. In gut ausgebauten, durch Stacheldraht gesicherten Schützengräben erwarten sie in kaum geschwächter Verteidigungsbereitschaft den nächsten feindlichen Angriff. Er erfolgt am 26. September um elf Uhr morgens durch die 21. und 24. Division. Sie sind noch ohne jede Kampferfahrung. Im strömendem Regen und mit leerem Magen marschieren die jungen

Soldaten 18 Stunden lang, zumeist bei Dunkelheit, an die Front, ohne Landkarten und ohne Unterstützung. Sie wissen nicht genau, wo ihre Ziele eigentlich liegen. Man zeigt ihnen nur grobe Orientierungspunkte, wie zum Beispiel die Höhe 70. Die Briten marschieren in zehn Reihen zu je 1000 Mann. Die Deutschen trauen ihren Augen nicht. Noch nie haben sie derart kompakte Massen von Soldaten gegen Maschinengewehre vorrücken sehen. Sie bieten leichte Ziele. Als einige Soldaten den ein Meter hohen und sechs Meter tiefen Stacheldraht erreichen, versuchen sie vergeblich, ihn mit dafür völlig ungeeigneten kleinen Scheren zu durchtrennen. Zu Tausenden werden sie von den MG-Garben niedergemäht. Viele Deutsche stellen das Feuer ein, als sie sehen, wie sich die schrecklich dezimierten Divisionen wieder auf ihre Ausgangslinie zurückziehen. Von den 10 000 Soldaten bleiben 7861 und 385 Offiziere auf dem Schlachtfeld. Die Deutschen haben überhaupt keine Verluste. Kaum jemals in der Kriegsgeschichte hat es eine noch größere Diskrepanz gegeben. Aber das sinnlose Massaker von Loos ist nur ein Vorläufer noch größerer Schlächtereien.

Im April 1917 sind fast 50 kriegsmüde französische Divisionen in Aufruhr. Zwischen der Front und Paris stehen nur noch zwei Divisionen. Die Deutschen könnten jetzt vorstoßen und in schnellem Zugriff ganz Frankreich ohne große Gegenwehr erobern. Aber sie erkennen die günstige Situation nicht und vergeben die einmalige Chance.

Im Sommer 1944 ist Hitler ebenso wie ein Teil seiner Generäle davon überzeugt, dass die erwartete alliierte Invasion im Pas de Calais stattfinden wird. Die Masse der in Frankreich stationierten Truppen steht deshalb dort in Bereitschaft und nicht in der Normandie, wo die Landung am 6. Juni tatsächlich erfolgt, zu einem Zeitpunkt, mit dem die Deutschen nicht gerechnet haben.

Als die Amerikaner im Winter 1950/51 in Nordkorea vorrücken, versichert General MacArthur seinem Präsidenten, eine chinesische Intervention sei nicht zu befürchten. Er weiß nicht, dass bereits über 100 000 chinesische Soldaten in Nordkorea eingesickert sind, die den

Amerikanern am Grenzfluss Yalu eine der schlimmsten Niederlagen ihrer Kriegsgeschichte zufügen.

4. Die Ahnungslosigkeit des Gegners

In der Kriegsgeschichte gibt es genug Beispiele dafür, dass eine Kriegspartei von einem Angriff des Gegners völlig überrumpelt wird. Sie glaubt, alles sei in bester Ordnung, wird dann aber durch ein plötzliches, schnelles Zupacken des Feindes niedergeworfen. Geheimnis und Schnelligkeit sind die entscheidenden Faktoren der Überraschung. »Wo sie in einem hohen Grade gelingt«, sagt Clausewitz, »sind Verwirrung, gebrochener Mut beim Gegner die Folgen.«

Im Winter 1740/41 wagt es der junge, gerade auf den Thron gelangte Preußenkönig Friedrich II., die Habsburger Supermacht Österreich anzugreifen. Als preußische Truppen im Dezember 1740 in Schlesien einmarschieren, sind die Österreicher völlig überrascht. Die Hauptmasse ihrer Armee steht in Ungarn.

Ein unglaubliches Gaunerstück ereignet sich im November 1805 beim Vormarsch der napoleonischen Truppen auf Wien. Marschall Lannes V. Korps und Marschall Murats sechs Kavalleriedivisionen bilden die Vorhut der »Grande Armée«. Die Donau versperrt ihnen als natürliche Barriere den Weg. Die Österreicher haben einige Brücken gesprengt. Aber die Taborbrücke nördlich des zur offenen Stadt erklärten Wien ist noch intakt. Sie besteht aus einer Reihe von Holzkonstruktionen und verbindenden Dämmen, über die die Hauptstraße hinwegführt, quer über bewaldete Inseln und viele kleine Kanäle. Der letzte Brückenbogen von der Insel Wolfsau bis zum Nordufer bei Spitz ist über 500 Meter lang. Auf den Planken liegen Brennholz, Stroh und Pulverladungen bereit. Am Nordufer, ganz in der Nähe der Brücke, ist ein österreichisches Reservekorps unter dem Kommando des hochbetagten Generalleutnants Fürst Auersperg postiert, der für diese Aufgabe reaktiviert worden ist. Eine schwere Batterie sperrt die nördliche Zufahrt zur Brücke. Wenn die Franzosen schnell weiter vorstoßen wollen, benötigen sie unbedingt diese Brücke, und zwar unzerstört. Am 13. November 1805 marschieren vor den Augen der verdutzten Österreicher Generaladjutant Bertrand, General Belliard und die Marschälle Lannes und Murat in ihren schmucken Uniformen über die Brücke und erklären dem wachhabenden Offizier, Husarenoberst Geringer, der Krieg zwischen Frankreich und Österreich sei durch einen Waffenstillstand beendet und die Brücke gehöre jetzt den Franzosen. Marschall Murat, ein heißblütiger, mutiger Gascogner, geht auf die feindlichen Geschütze zu und setzt sich lächelnd auf eine Kanone. Weitere Franzosen rücken nach, schütteln den Österreichern die Hände und rufen ihnen zu, sie alle seien nun gute Freunde. Sie schneiden die Zündschnüre ab und werfen alles brennbare Material in den Fluss. Ein dreister Bluff, der erstaunlicherweise funktioniert, weil der herbeigerufene General Auersperg völlig ahnungslos ist. Marschall Murat gibt ihm sein Ehrenwort als Offizier, dass die Feindseligkeiten beendet seien und er den Österreichern gestatten würde sich unbehelligt zurückzuziehen. Die Batterie müsse er jedoch behalten. Auersperg glaubt ihm. Ein haarsträubender Irrtum, der wenige Tage darauf mitentscheidend ist für Napoleons glänzenden Sieg bei Austerlitz. Der senile Auersperg wird später vor ein Kriegsgericht gestellt und zum Tode verurteilt, vom Kaiser jedoch begnadigt. Er stirbt im Gefängnis.

Die Amerikaner werden im Dezember 1941 durch den Angriff der Japaner bei Pearl Harbor ebenso überrumpelt wie im Dezember 1944 in den Ardennen durch die Großoffensive der deutschen Armeen. Aber den Amerikanern gelingt im September 1950 im Koreakrieg ein ähnlicher Überraschungscoup gegen die Nordkoreaner. In einem gewagten Unternehmen landen 70 000 amerikanische Soldaten bei Inchon tief im Rücken des Feindes und wenden damit die drohende Niederlage ab.

Im Jom Kippur-Krieg werden die Israelis im Oktober 1973 vom Angriff der Ägypter über den Suezkanal vollkommen überrascht. Noch einen Tag vor dem Angriff am jüdischen Versöhnungstag be-

zeichnet der Leiter des israelischen Nachrichtendienstes die Kriegsgefahr als mehr als gering.

5. Falsche Truppenaufstellung

Zu den Irrtümern, die im Kriege passieren können, gehört auch eine
falsche Aufstellung der für eine Schlacht verfügbaren Truppen.

Die Schlacht bei Cannae 216 n. Chr. ist ein klassisches Beispiel
dafür. Varro stellt im römischen Zentrum das Fußvolk in einer einzigen geraden Linie auf und tiefer gestaffelt als sonst üblich, so dass die
Frontbreite viel kleiner ist als die Tiefe. Er geht dabei von der Annahme aus, dass die Legionäre auf diese Weise die erwarteten zentralen
Stöße von Hannibals Karthagern besser auffangen und ein Durchstoßen verhindern können. Doch das Gegenteil ist der Fall. Die Beweglichkeit der römischen Infanterie wird sträflich eingeschränkt und nur
wenige Soldaten können sich jeweils am Kampfgeschehen beteiligen.

Die Schlacht bei Abukir im August 1798 gegen Nelsons Flotte
wäre anders verlaufen, wenn der französische Flottenchef seine 17
Kriegsschiffe anders aufgestellt hätte. Sie ankerten in der halbkreisförmigen Bucht zu weit vom Ufer entfernt, so dass einige britische
Schiffe durch die Lücke schlüpfen und die Franzosen von zwei Seiten angreifen konnten.

Österreich muss 1866 im Krieg gegen Preußen an zwei Fronten
kämpfen, denn die Italiener sind Preußens Verbündete. Erzherzog
Albrecht, ein fähiger und erfahrener Befehlshaber, soll mit 75 000
Soldaten die Südfront halten, wo 175 000 Italiener mit zwei Armeen
aufmarschiert sind, um die Provinz Venetien zu erobern. Befehlshaber sind die Generäle Lamarmora und Cialdini. Aber da auch der italienische König Viktor Emanuel II. mitgereist ist und bei den Truppen weilt, bleibt von Anfang an unklar, wer die eigentliche
Befehlsgewalt über die beiden Armeen hat. Sie marschieren unkoor-
diniert umher, haben keinen telegraphischen Kontakt miteinander
und wissen nicht, wo sich die österreichische Armee genau befindet

und was sie vorhat. Die Italiener rücken gänzlich ohne Aufklärung vor und dazu noch in einer verfehlten Aufstellung. Die Kavallerieregimenter sind nicht vorn oder an den Flanken postiert, wo sie ihre Beweglichkeit hätten entfalten können, sondern als Nachhut. Das ist ein entscheidender Fehler. Als die Österreicher plötzlich bei Custozza in der ungedeckten Flanke auftauchen und angreifen, wird General Lamarmora völlig überrascht. Die meisten seiner zwölf Divisionen sind überhaupt nicht gefechtsbereit und die Armee ist ohne konkrete Führung. Sie verliert binnen kurzem 3500 Mann und ihr Vormarsch endet in einer Katastrophe. Die Italiener werfen ihre Waffen weg und fliehen vom Schlachtfeld.

6. Irrtum über den Standort der feindlichen Truppen

Ein solcher Irrtum, häufig durch mangelnde Aufklärung bedingt, hat meist verheerende, unmittelbar schlachtentscheidende Folgen.

Ein klassisches Beispiel aus der Antike ist 217 v. Chr. die Schlacht am Trasimenischen See, westlich des Tiber in der Provinz Umbrien gelegen, in der Nähe der heutigen Stadt Perugia. Hannibal hat sich der Verfolgung durch die römischen Truppen des Konsuls Flaminius entzogen und am Ufer des Sees in den aufragenden und bewaldeten Hügeln versteckt, begünstigt durch den vom Wasser aufsteigenden dichten Nebel. Hannibals afrikanische und iberische Truppen halten, von den Römern unbemerkt, den Talausgang versperrt. Flaminius hat keine Ahnung, wo sich der Feind befindet. Er schickt keine Späher aus, um das Gelände zu erkunden, obwohl die schlechte Sicht und die enge Schlucht eigentlich zur Vorsicht hätten mahnen müssen. Ahnungslos marschieren die Römer auf der Uferstraße in den Hinterhalt und ihrem vollständigen Untergang entgegen. Hannibals Soldaten brechen plötzlich aus den Wäldern hervor, stürzen die Hügel hinab und treiben die Römer in den See, in dem viele von ihnen ertrinken. Fast vier römische Legionen werden vernichtet. Hannibal erringt einen glänzenden Sieg.

Im Juli 1866 hat der österreichische Oberbefehlshaber Benedek die Schlacht bei Königgrätz schon so gut wie gewonnen. Statt zu einem Gegenangriff überzugehen, harrt er jedoch in seiner Defensivposition aus, um die Preußen an seinem Bollwerk nach und nach verbluten zu lassen. Er tut das, weil er annimmt, er habe noch die Zeit dazu und die 2. preußische Armee des Kronprinzen Wilhelm in seiner rechten Flanke sei noch weit entfernt. Aber diese Armee kommt in Gewaltmärschen eiligst heran und steht viel näher am Schlachtgeschehen, als Benedek das zum Zeitpunkt seiner Entscheidung vermutet, und entscheidet die Schlacht.

Als die russische Flotte im Mai 1905 kampfbereit Richtung Wladiwostok in die Tsushima-Straße einläuft, weiß sie nicht, wo genau die japanische Flotte steht. Das verschafft Admiral Togo den taktischen Vorteil, mit seinen Großkampfschiffen das klassische »Crossing the T«-Manöver durchzuführen und den Kurs der russischen Flotte von Ost nach West zu kreuzen, so dass sie sämtlich Breitseiten auf die in Kiellinie fahrenden russischen Schiffe abfeuern können, die fast alle verloren gehen.

7. Falsche Einschätzung natürlicher Gegebenheiten

Einflüsse der Naturgewalten und eine falsche Einschätzung ihrer Auswirkungen haben immer wieder Schlachten beeinflusst oder gar entschieden. Im weiteren Sinne können auch durch das Klima hervorgerufene Krankheiten dazu gezählt werden.

Im Jahr 331 v. Chr. ist es in der Schlacht von Gaugamela der Staub. Als König Dareios auf der knochentrockenen Ebene seine zahlenmäßig weit überlegenen persischen Reiter und Streitwagen zum Angriff auf Alexanders Zentrum losschickt, hat er den dadurch aufgewirbelten Staub nicht ins Kalkül gezogen. Die auf wenige Meter eingeschränkte Sichtweite beeinträchtigt die persische Kommunikation und Truppenführung derart, dass der Angriff überwiegend ins Leere geht

Im August 1336 ist es die Nässe vorausgegangener heftiger Regenfälle, die in der Schlacht von Crécy von den Franzosen falsch eingeschätzt wird. Die Armbrustsehnen der gefürchteten Genuesen sind so feucht geworden, dass ihre Spannkraft dezimiert ist. Die Reichweite ist nicht mehr groß genug, die Bolzen erreichen die englischen Stellungen nicht, so dass ihre Langbogenschützen zum entscheidenden Gegenangriff antreten können.

Im Krieg gegen Napoleon schickt Großbritannien 1809 auf 616 Schiffen ein Expeditionskorps von 70 000 gut ausgebildeten Soldaten in die Niederlande. Dieses große Landunternehmen soll zum einen die in der Schelde ankernde französische Flotte zerstören und zum andern den an der Donau verzweifelt gegen die Franzosen kämpfenden Österreichern durch die Errichtung einer zweiten Front helfen. Aber die Engländer unterlassen es, ausreichende medizinische Vorkehrungen zu treffen, obwohl bekannt ist, dass auf der Insel Walcheren ein sehr ungesundes Klima herrscht. In dem flachen, dem Meer nur durch Eindeichungen entrissenen Land befinden sich ausgedehnte Moorflächen mit fauligen Wassertümpeln, über denen es von Mückenschwärmen nur so wimmelt. Und der August 1809 ist gewitterig und heiß, über den Mooren liegt feuchter Dunst. Als die Engländer in der Scheldemündung landen und auf der Insel Verteidigungsanlagen errichten, messen sie den vielen Mücken, die sie stechen und plagen, keine Bedeutung bei. Sie wissen nicht, dass durch sie Malaria übertragen wird. Damals glaubt man noch, schlechte Luft sei für die Entstehung der Krankheit verantwortlich, daher der Name. Doch dann überfallen die ahnungslosen britischen Soldaten hohes Fieber und quälender Durst. Das Sumpffieber rafft sie reihenweise dahin. Am 6. August sind 688 Männer krank und am 3. September sind es schon 8134. Man hat viel zu wenig Ärzte mitgenommen und viel zu wenig Chinin. Im Oktober sind von den 40 000 auf Walcheren stationierten Soldaten, dem besten Teil der britischen Armee, nur noch 5616 einsatzfähig. Im Kampf sterben lediglich 106 Soldaten, am »Scheldefieber« jedoch über 4000. Die Walcheren-Expedition endet in einer Katastrophe und wird zu einem der leichtesten Siege, die Napoleon je über eine bedeutsame Streitmacht errungen hat.

Doch drei Jahre später ist es Napoleon selbst, der die natürlichen Gegebenheiten falsch einschätzt. Als er 1812 nach Russland marschiert, schlägt er alle Warnungen in den Wind, die ihn auf selbst nach damaligen Verhältnissen völlig verdreckte Gebiete in Polen mit der Gefahr von Typhusepidemien aufmerksam machen. Der Sommer des Jahres 1812 ist ungewöhnlich heiß und trocken. Das Wasser in den polnischen Brunnen ist schmutzig. Typhus, der durch Läuse übertragen wird, ist in den Dörfern und Städten, die die Grande Armée durchqueren muss, weit verbreitet. Schon kurz nach Überquerung der Memel treten die ersten Fälle auf. Die Soldaten bekommen hohes Fieber und Hautausschlag. Ende Juli 1812 sind schon 80 000 Mann an Typhus erkrankt oder gestorben. Dennoch legt Napoleon im eroberten Smolensk keine Rast ein, wie ihm seine Marschälle geraten haben. Er unterschätzt die Krankheit ebenso wie die Weite des Landes und gönnt seinen Soldaten keine Ruhe und Erholung. Denn er will noch vor Einbruch des Winters in Moskau sein. Im September ist seine ursprünglich fast eine halbe Million starke Armee auf 160 000 Mann geschrumpft. Als er in Moskau ankommt, hat er nur noch 95 000 gesunde Soldaten. Seine Niederlage ist schon vor der Schlacht bei Borodino besiegelt. Durch den früh einbrechenden äußerst kalten Winter wird sie zur Katastrophe. Am Ende des Feldzuges verfügt Napoleon, ohne dass er eine Schlacht verloren hat, nur noch über rund 10 000 Männer, die eine Waffe tragen können. Die falsche Einschätzung der Naturgegebenheiten und der Naturgewalten haben zu einer der größten Niederlagen der Geschichte geführt.

8. Die falsche Strategie

Nicht nur einzelne Schlachten, sondern ganze Feldzüge und Kriege können dadurch verloren gehen, dass eine falsche Strategie gewählt wird.

Ein typisches Beispiel dafür ist die Schlacht um Verdun vom Februar bis September 1916. Der deutsche Generalstabschef Falkenhayn legt seinem Offensivplan die Idee zugrunde, die französische Armee zu zermürben und auszubluten. Ziel der großen Ausblutungsschlacht sind nicht mehr Geländegewinne, sondern möglichst große Verluste des Gegners. Aber die Rechnung geht nicht auf. Die grauenhaften Verluste der Deutschen sind fast ebenso hoch wie die der Franzosen und Verdun kann nicht erobert werden.

Die deutsche Luftwaffe ändert im September 1940 ihre Strategie und greift London an, statt die siegverheißenden Angriffe auf die englischen Flugplätze, Radarstationen und Fabriken fortzusetzen. Damit sollen britische Bombenangriffe auf deutsche Städte vergolten werden. Das wendet die »Battle of Britain« zugunsten der Engländer.

9. Fazit

Aus der Vielzahl der im Kriege auf allen Seiten begangenen Irrtümer und den daraus resultierenden Siegen und Niederlagen kann eine Erkenntnis gewonnen werden, zu der schon vor fast 2000 Jahren der griechische Schriftsteller Plutarch in seinem Bericht über die Kimbern und Teutonen gelangt ist: »Es gibt eine Macht, die Glück und Unglück mischt zu wechselvollem Menschengeschick.« So gesehen, sind Irrtümer im Kriege eine schicksalhafte Notwendigkeit.

In den kommenden Jahrhunderten wird sich die Art und Weise der Kriegführung allerdings grundlegend ändern. Schon die beiden letzten Golfkriege haben gezeigt, dass nicht Menschenhand, sondern daumennagelgroße Mikrochips den Lauf der Geschosse bestimmen. Der Tag wird kommen, an dem menschliche Intelligenz von künstlicher Intelligenz eingeholt, vielleicht sogar übertroffen wird. Selbstständig denkende Roboter werden, bar aller menschlichen Schwächen und Tugenden, die künftigen Schlachten schlagen. Auf neuen Schlachtfeldern des Weltraums. Sie werden vermutlich weniger oder gar nicht mehr irren. Die typisch menschlichen Irrtümer, so wie sie hier aufgeführt worden sind, wird es in den Kriegen der Zukunft wahrscheinlich nicht mehr geben. Die Kriege selbst dagegen wohl. Denn es besteht leider wenig Hoffnung zu der Annahme, dass die Menschen künftig ganz ohne Krieg auskommen werden.

Oswald Spengler (»Philosophie der Politik« in: »Untergang des Abendlandes«) sieht in ihm sogar das »natürliche, rassenhafte Verhältnis« zwischen Völkern, die »Urpolitik alles Lebendigen«. Nach seiner Interpretation ist auch der Weltfriede nichts anderes als »die Sklaverei einer ganzen Menschheit unter dem Regiment einer kleinen Zahl zum Herrschen entschlossener Kraftnaturen«. Doch vielleicht steckt in diesen pessimistischen Betrachtungsweisen ja selbst ein Irrtum und alle Kriege werden eines Tages ersetzt durch einen ständigen, dauerhaften Frieden auf unserem Planten. Die Zukunft wird es uns lehren.

Quellenverzeichnis

Hanson W. Baldwin, »Große Schlachten des 2. Weltkriegs«, Lübbe Verlag, 2. Auflage 1977

Friedemann Bedürftig, »Als Hitler die Atombombe baute«, Piper Verlag, München, 2003

Cajus Bekker, »Angriffshöhe 4000«, Heyne TB, 3. Auflage 1973

Nicolaus v. Below, »Als Hitlers Adjutant 1937-45«, v. Hase & Köhler Verlag, Mainz, 1980

Geoffrey Bennett, »Die Skagerrakschlacht«, Heyne TB, 2. Auflage 1976

Bruno Bleckmann, »Konstantin der Große«, Rowohlt TB, 1996

Paul Carell, »Unternehmen Barbarossa«, Ullstein Verlag, 1963

Paul Carell, »Verbrannte Erde«, Ullstein Verlag, 1966

Raymond Cartier, »Der Zweite Weltkrieg«, Band 1 und 2, Sonderausgabe Piper Verlag, München

Manfred Claus, »Konstantin der Große und seine Zeit«. Beck'sche Reihe, München, 1996

Robert Cowley (Herausg.), »Was wäre gewesen, wenn?«, Knaur Verlag, 2000

Saul David, »Die größten Fehlschläge der Militärgeschichte«, Heyne Verlag, München, 2. Auflage 2001

Len Deighton, »Luftschlacht über England«, Heyne-TB, München, 1982

»Der Zweite Weltkrieg«, Historische Collage 1938-1945, Band 1 bis 6, John Jahr Verlag, Hamburg, 1975

Hellmut Diwald, »Der Kampf um die Weltmeere«, Droemer-Knaur, 1980

Günter Dorn, Joachim Engelmann, »Die Schlachten Friedrichs des Großen«, Bechtermünz Verlag, 1996

Christopher Duffy, »Die Schlacht bei Austerlitz«, Heyne TB, 1979

Erik Durschmied, »Wie Zufall und Dummheit Weltgeschichte schreiben«, Komet Verlag

Hans-Jürgen Eitner, »Kolberg«, Edition q, Berlin, 1999

Jürgen Elvert, »Geschichte Irlands«, DTV Wissenschaft, 2. Auflage 1996

Paul Ettighoffer, »Verdun«, Universitas Verlag, 6. Auflage 1992

Joachim C. Fest, »Hitler«, Ullstein Verlag, 2. Auflage 1973

Stig Förster, Markus Pöhlmann, Dierk Walter (Herausgeber), »Schlachten der Weltgeschichte«, Verlag C.H. Beck, München, 2. Auflage 2002

Adolf Galland, »Die Ersten und die Letzten«, Heyne TB, 4. Auflage 1974

Michael Gannon, »Schwarzer Mai«, Econ Ullstein List Verlag, München, 1. Auflage 2001

Joseph Goebbels, »Tagebücher«, Band 1–5, Erweiterte Sonderausgabe, Piper Verlag, München, 2. Auflage 2000

Walter Görlitz, »Geschichte des preußischen Generalstabs«, Bechtermünz Verlag, Lizenzausgabe für Weltbildverlag, Augsburg, 1997

Friedrich der Große, »Gedanken und Erinnerungen«, Werke, Briefe, Gespräche, Gedichte, Erlasse, Berichte, Phaidon Verlag, Essen

Sebastian Haffner, »Anmerkungen zu Hitler«, Kindler Verlag, 14. Auflage 1978

Sebastian Haffner, Wolfgang Venohr, »Preußische Profile«, Ullstein Verlag, 1986

William Lewis Hertslet, Winfrid Hofman, »Der Treppenwitz der Weltgeschichte«, Ullstein Verlag, 7. Auflage 1995

Joe J. Heydecker, »Der große Krieg 1914-1918«, Ullstein TB-Verlag, 1976

Joachim Hoffmann, »Stalins Vernichtungskrieg«, Herbig Verlag, 8. Auflage 2001

Alistair Horne, »Der Frankreichfeldzug 1940«, Molden TB-Verlag, 1976

Hans-Christian Huf (Herausg.), »Quo vadis«, Lübbe Verlag, 1997

David Howarth, »›A near Run thing‹ – The Day of Waterloo«, Collins, St.James Place London, 1968

David Irving, »Hitler und seine Feldherren«, Ullstein Verlag, 1975

David Irving, »Hitlers Weg zum Krieg«, Heyne TB Nr. 5864, München, 1981

John Keegan, »Das Antlitz des Krieges«, Campus Verlag, Frankfurt, 1991

John Keegan, »Die Maske des Feldherrn«, Beltz Quadriga Verlag, Weinheim, Berlin, 1997

Hellmuth Konrad von Keusgen, »Waterloo 1815«, Keusgen Verlag, 1997

Hannsjoachim W. Koch, »Geschichte Preußens«, List Verlag

Franz Kugler, »Geschichte Friedrichs des Großen«, Seemann Verlag, Leipzig, 1936

Johannes Lehmann, »Die Staufer«, Goldmann TB, 1. Auflage 1981

Kenneth Macksey, »Guderian«, Heyne TB Nr. 5457, München, 1978

A. S. Manfred, »Napoleon Bonaparte«, VEB Deutscher Verlag der Wissenschaften, 4. Auflage, Berlin, 1989

Golo Mann, »Wallenstein«, Fischer Verlag, 5. Auflage 1994

Golo Mann, Alfred Heuss (Herausg.), »Propyläen Weltgeschichte«, Ullstein Verlag, 1976

Werner Maser, »Der Wortbruch«, Heyne Sachbuch 19/469, 3. Auflage 1997

Oskar Meding, »Ein Vermächtnis Kaiser Wilhelm I.«, DVA, 1889

Charles Messenger, »Blitzkrieg«, Bechtermünz/Weltbildverlag, Augsburg, 2000

Theodor Mommsen, »Römische Geschichte«, Volksausgabe Safari-Verlag, Berlin

Bernhard Law Viscount Montgomery of Alamein, »Weltgeschichte der Schlachten und Kriege«, Band 1 und 2, DTV, 1975

Hans-Dieter Otto, »Stunde der Frauen«, Soldi Verlag, Hamburg, 1. Auflage 1999

Wolfgang Paul, »Die Schlacht um Moskau«, Heyne TB, 1978

Henry Picker, »Tischgespräche im Führerhauptquartier«, Seewald Verlag, 3. Auflage 1976

Janusz Piekalkiewicz, »Luftkrieg 1939 – 1945«, Heyne TB, München, 1982

Heinrich Pleticha (Hrsg.), »Deutsche Geschichte«, Band 1-12, Bertelsmann, 1981

Gerhard Prause, »Niemand hat Kolumbus ausgelacht«, Econ Verlag, Düsseldorf, 7. Auflage 1995

Geoffrey Regan, »Militärische Blindgänger«, Komet Verlag, 1998

Chris Scarre, »Die römischen Kaiser«, Econ Verlag, 1996

Dr. Paul Schmidt, »Statist auf diplomatischer Bühne«, Athenäum-Verlag, Bonn, 1953

Franz W. Seidler, Dieter Zeigert, »Die Führerhauptquartiere«, Herbig Verlag, München, 2000

Roland Smelser, Enrico Syring (Herausg.), »Die Militärelite des Dritten Reiches«, Ullstein Verlag, 1995

George H. Stein, »Geschichte der Waffen-SS«, Droste Verlag, Düsseldorf, Lizenzausgabe Panorama Verlag, Wiesbaden

Raymond F. Toliver, Trevor J. Constable, »Adolf Galland«, Herbig Verlag, 1992

Barbara Tuchman, »August 1914«, Fischer TB Verlag, 1990

Franz Uhle-Wetter, »Höhe- und Wendepunkte deutscher Militärgeschichte«, Mittler Verlag, 2000

Wolfgang Venohr, »Fritz der König«, Lübbe Verlag, 2000

H. D. L. Viereck, »Die römische Flotte«, Köhlers Verlagsgesellschaft, Hamburg, Lizenzausgabe 1996

Leopold Vrba, in: »Von Hitler zu Adenauer«, Verlag für geschichtliche Dokumentation, Hamburg

Rudolph Wahl, »Friedrich Barbarossa«, Lizenzausgabe Bastei-Lübbe Verlag, 1978

German Werth, »1916 – Schlachtfeld Verdun«, Brandenburgisches Verlagshaus, 1. Auflage 1994

Chester Wilmot, »Der Kampf um Europa«, Alfred Metzler Verlag, 1. Auflage 1954

Erich Winhold, in: »Krieg und Frieden, Weltgeschichte von 1945 bis zur Gegenwart«, Band 1 und 2, Jahr Verlag, Hamburg, 1976, Sonderausgabe für den Pawlak Verlag, Herrsching

Christian Zentner, »Schlacht um England«, Ullstein TB Nr. 33053, 1980

Zeitschriften und Zeitungen:

»Das C-Waffen.Phantom«, Hamburger Abendblatt vom 25. März 2003

»Der endlose Blitzkrieg«, Spiegel Nr. 30–35 (2003)

Register

Bredow, von (preuß. Generalmajor
der Kavallerie) 150
Breitenfeld (Ort in Sachsen) 90
Breslau 69, 102 ff, 106, 109
Brest 227, 232
Brest-Litowsk 233
Bretagne 74, 249, 255
Brighton 256
Britannien 49
Briten 117, 121, 123 ff, 133, 142, 188,
211, 214 ff, 224, 331
Brjansk 235, 239
Brueys, Paul (Admiral Napoleons)
121 ff
Brügge 83
Brüssel 128, 162, 165, 263
Brutus 36
Buch, Christian von (Erzbischof von
Mainz) 59
Buchara 68
Buckingham Palast 120
Budjonny (Sowjetmarschall) 236
Bülow, von (preuß. General bei
Waterloo) 129
Bülow, von (preuß. General im
1. Weltkrieg) 161, 167 ff
Bülow, Otto von (Korvettenkapitän,
U 404) 318
Burchard III. von Schwaben 54
Burgund 52, 62
Bush, George sen. 296, 300
Bush, George W. jun. 13, 301 ff
Byrd, Robert (US-Senator) 310

Caelius (röm. Feldherr) 39
Caen 256 ff
Caesar 37, 42, 314
Calais 79, 82, 83, 88, 213, 256, 328
Cambrai 210

Cambronne (General Napoleons) 135
Campagna 61
Campo Formio 120
Canaris, Wilhelm 206
Cannae 32 ff, 46, 109, 179, 208, 334
Capet, Hugo (franz. König) 64, 72
Cardiff 154
Cassius 36
»Castor« (Operation) 280
Castries, de (franz. Oberstleutnant,
Dien Bien Phu) 281 ff
Castro, Fidel 284 ff, 327
Centcom (US-Hauptquartier Irak) 301
»Centurion« (engl. Panzer) 292
Chalkidike 22
Châlons-sur-Marne 148
Chamberlain, Neville 203
Charleville 213
Chemin des Dames 194
Cherbourg 221, 256
Cherusker 41, 42, 44, 45, 325
Cheyenne 326
Chimki (Vorort von Moskau) 241
China 280, 284
Chinesen 276 ff
Chinesisches Meer 153
Chlodwig 52
Chlum (Dorf bei Königgrätz) 141 ff
»Christrose« (Operation) 262
Chrocus (König der Alemannen) 49
Chruschtschow, Nikita 250, 288
Churchill, Winston 217, 223, 225,
255, 270, 316
CIA 284 ff, 301, 310, 327
Cialdini (italien. General) 334
Cicero 16
Cistowes (Dorf bei Königgrätz) 140
Clausewitz, Carl von 12, 14, 106, 127,
139, 207, 225, 322 ff, 325, 332

353

Karansebes 329
Karl der Große 52, 56
Karl V. 144
Karl von Lothringen, Prinz 104, 106, 107
Karpaten 69
Karthager 334
Karthago 32
Kaspisches Meer 27, 68, 226, 246
Kassandra 324
Kastilien 58
Katar 301, 302
Katyn 319 ff
Kaukasus 246 ff, 252 ff
Keitel, Wilhelm (Generalfeldmarschall) 233, 262 ff
Keith (Feldmarschall Friedrichs d. Großen) 110, 112
Kellermann (Marschall Napoleons) 130, 133
Kelten 33 ff, 36
Kennedy, John F. 285 ff
Kent 79, 81, 83
Kerbela 308
Kerkyra (Korfu) 37
Kimbern 339
Kim Il Sung (nordkorean. Kommunistenführer) 271
Kiew 68, 237
Kinsale 85, 87, 88, 328
Kirkuk 310
Kitchener, Lord 166
Kition (König von Zypern) 29
Kleinasien 41
Kleist, Ewald von (Generalfeldmarschall) 210 ff, 236
Kleopatra 36 ff, 328
Kluck, von (deutscher General im 1. Weltkrieg) 164 ff

Kluge, Hans Günther von (Generalfeldmarschall) 212, 242
Koblenz 174
Kolberg 113 ff, 326
Köln 60, 206
Kolobrzeg (Kolberg) 113
Kolumbien 320
Königsmarck, Hans Christoph von (schwed. General) 314
Königsberg 114, 143, 171, 232
Königgrätz 136 ff, 336
Konjew 118
Konrad der Rote 53 ff
Konrad von Salzburg (Bischof) 59
Konstantin der Große 47 ff, 328
Konstantinopel 122
Korea 152, 155, 158, 270 ff, 274 ff, 304
Korfu 37, 122
Korinth 22, 24
Kosaken 115, 173
Kösen 91
Kotzebue, August von 314
Kreml 227, 239, 241, 248
Kreta 122
Krim 146, 237, 270
Kroaten 92, 111
Krockow, von (General Friedrichs d. Großen) 113
Kroll-Oper (Berlin) 201, 219
Kronstadt 155
Krupp 154
Kuba 284 ff, 327
Kubakrise 295
Kubaner 284 ff
Kuhl (Stabschef der 1. Armee im 1. Weltkrieg) 170
Kuibyschew 239
Kulverine (Bronzekanone) 81
Kunersdorf 100

Walter-Jörg Langbein
Lexikon der biblischen Irrtümer

»Langbein stellt viele Fragen, ohne die Bibel in Frage zu stellen.« Focus

Wie war das mit dem Kamel und dem Nadelöhr? Gab es einen Auszug aus Ägypten? Konnte Jesus wirklich auf dem Wasser wandeln? Dieses Lexikon deckt Irrtümer, falsche Übersetzungen und Widersprüche in der Bibel rückhaltlos auf und entstaubt so das »Buch der Bücher«. Kein Buch gegen die Bibel, sondern für ein zeitgemäßes Bibelverständnis.

»Hier kommen ehrliche Antworten, die auf dem neuesten Stand sind.« Bücher

»Ein provokantes, aber ebenso oft unterhaltsames Lesevergnügen.« P.M. History

352 Seiten, ISBN 3-7844-2922-X
Langen Müller

BUCHVERLAGE
LANGEN MÜLLER HERBIG
WWW.HERBIG.NET